北京理工大学 法学文库

英格兰十九世纪民事诉讼启动程序及变革史考

张江涛 著

法律出版社
LAW PRESS
北京

图书在版编目(CIP)数据

英格兰十九世纪民事诉讼启动程序及变革史考 / 张江涛著. -- 北京 : 法律出版社, 2022
ISBN 978-7-5197-6921-5

Ⅰ. ①英… Ⅱ. ①张… Ⅲ. ①民事诉讼法-法制史-研究-英国-19世纪 Ⅳ. ①D956.151

中国版本图书馆CIP数据核字(2022)第126590号

英格兰十九世纪民事诉讼启动程序及变革史考
YINGGELAN SHIJIU SHIJI MINSHI SUSONG QIDONG CHENGXU JI BIANGESHI KAO

张江涛 著

策划编辑 周丽君
责任编辑 周丽君
装帧设计 鲍龙卉

出版发行 法律出版社
编辑统筹 法律应用出版分社
责任校对 王晓萍
责任印制 刘晓伟
经　　销 新华书店

开本 A5
印张 12.25　**字数** 357千
版本 2022年9月第1版
印次 2022年9月第1次印刷
印刷 唐山玺诚印务有限公司

地址:北京市丰台区莲花池西里7号(100073)
网址:www.lawpress.com.cn
投稿邮箱:info@lawpress.com.cn
举报盗版邮箱:jbwq@lawpress.com.cn
销售电话:010-83938349
客服电话:010-83938350
咨询电话:010-63939796

书号:ISBN 978-7-5197-6921-5
定价:55.00元
凡购买本社图书,如有印装错误,我社负责退换。电话:010-83938349

目 录

导 言

一、英格兰 19 世纪司法改革前民事诉讼程序概况

“具有高度技术性,崇尚形式,受各种严格规则支配,由专门人士把持,他们衣装奇特,操着让人难以理解的语言,举行着外人看不懂的仪式。”①如果问这是什么地方诉讼的特色,或许会得到一致的答案:英格兰。若论时期,19 世纪尤为典型。

本书研究 19 世纪英格兰的民事诉讼的变革。英格兰民事诉讼是适用于英格兰和威尔士的民事诉讼,它不等同于英国民事诉讼,②正如英格兰法不能等同于英国法。英国国内法律适用并不统一,英格兰和威尔士适用同一法律,③苏格兰和北爱尔兰是独立法域,有着自己的法律和诉讼程序制度,苏格兰还属于大陆法系。普通法系的民事诉讼有广义、狭义之分。广义

---

① Jack I. H. Jacob, *The Fabric of English Civil Justice*, Stevens & Sons, 1987, p. 3.

② 英国全称大不列颠和北爱尔兰联合王国(United Kingdom of Great Britain and North Ireland),简称联合王国(United Kingdom),由英格兰、威尔士、苏格兰及北爱尔兰四个地区(country)组成。16 世纪威尔士在政治上并入英格兰。1603 年继位的詹姆斯一世既是英格兰又是苏格兰国王,因此称为“大不列颠国王”(King of Great Britain)。1707 年英格兰和苏格兰合并为大不列颠王国(Kingdom of Great Britain; Great Britain)。1801 年大不列颠和爱尔兰合并为大不列颠和爱尔兰联合王国(United Kingdom of Great Britain and Ireland)。因此 19 世纪时联合王国有英格兰、威尔士、苏格兰及爱尔兰四个地区。严格而言,现今称英国为不列颠(Britain)或大不列颠(Great Britain),并不准确。

③ 1536 年《合并法》(Act of Union, 1536)将英格兰法律适用于威尔士,但直至 1830 年威尔士仍拥有独立的司法组织。

民事诉讼与“民事司法”(civil justice)同义,指由民事司法组织、民事司法人员和民事诉讼程序三个部分组成的整个的司法体系。[①] 本书主要讨论民事诉讼程序,开篇作为必要之基础,就英格兰法院体系及法院管辖权也作出了说明。19 世纪是英格兰的伟大变革时代,这个世纪的 30 年代至 70 年代,延续了 700 年之久的司法组织和民事诉讼程序完成了一场前所未有的现代化的变革。对这一诉讼程序新旧变更过程作出描述,探究背后的制度支持和依据,应是一件有意义的事情。

作为引言,首先就变革前夕的民事诉讼程序作以概括性的介绍。中世纪以降,英格兰形成了以王座法院(Queen's Bench)、民诉法院(Common Pleas)、财税法院(Exchequer)、大法官法院(Chancery)为主体的王室法院体系。前三个法院性质上是中央高级普通法法院,但是通过巡回审理,几乎垄断了英格兰所有的普通法案件的初审管辖权。大法官法院享有全国范围的衡平诉讼初审管辖权。

司法改革前中央高级普通法法院适用普通法诉讼程序,大法官法院则适用自成一体的衡平诉讼程序。普通法民事诉讼程序更为古老和典型,通常划分为如下步骤:(1)原告以适当的方式如通过提交诉状或申请签发初始令状提起诉讼。(2)原告向法院申请签发司法令状通知或强迫被告出庭。(3)被告出庭。被告通常自愿出庭,也可能会被法院签发的针对财产或人身的司法令状强迫出庭。(4)原告提交第一诉答状(declaration; count),由此进入确定诉讼争点(issue)的诉答程序(pleading)。[②] 诉答发生在审理前,不同于当事人律师在庭审过程中向法官或者陪审团作出的口头辩论或口头答辩。[③] (5)被告提交第一诉答状(plea)即答辩状,第一轮诉答完成。(6)对被告第一诉答状,原告可提交第二诉答状(replication),被告再对此诉答,是为第二轮诉答。[④] 如

---

① Jack I. H. Jacob, *The Fabric of English Civil Justice*, Stevens & Sons, 1987, p. 2.

② 争点指诉讼双方当事人事实或法律上的争议或问题,分为事实争点和法律争点两种,形成供陪审团或法官解决的争点是诉答程序的主要目的。

③ Charles E. Clark. History, *Systems and Functions of Pleading*, 11 Virginia Law Review 517, 1925.

④ 诉答先后提交下述诉答状(pleadings):原告第一诉答状;被告第一诉答状;原告第二诉答状(replication);被告第二诉答状(rejoinder);原告第三诉答状(surrejoinder);被告第三诉答状(rebutter);原告第四诉答状(surrebutter)。此后,诉答状极少出现,因此不再有专门名称。

此往复,直至最终争点达成。争点记录在卷,诉答程序结束。(7)案件审理。如果争点是事实争点(issue of fact),由法院召集陪审团裁断;如果争点是法律争点(issue of law),则由法官直接判决。(8)陪审团裁断后当事人可提出否认裁断效力的动议(motion)。① (9)如果不存在上述动议或者动议被驳回,法院根据陪审团裁断作出判决。(10)上诉。(11)判决执行。由此可见,撇开执行和上诉程序的英格兰普通法民事诉讼初审程序明显分为两部分,即审前程序和审判程序。② 上述第1~6项属审前程序,而第7~9项为审理和判决程序。审前程序由诉讼启动程序和诉答程序组成:第1~3项属诉讼启动程序,第4~6项属诉答程序。③ 总体而言,19世纪司法改革前普通法民事诉讼程序表现出以下特点:

第一,诉讼程序严格遵循顺序原则(principle of sequence),明显划分为相互衔接的若干阶段。各个阶段界限分明,依次进行,不能任意打乱顺序,也不能跳过某个阶段。每阶段都有自己的特定程序步骤,本阶段的争议或必要事项全部作出决定或实施完毕后,才能结束本阶段,进入下阶段。本阶段一旦结束,构成下一阶段的基础,本阶段所决定和完成的事项也不能再行撤销。

第二,审前程序明显划分出诉讼启动程序和诉答程序两个阶段。诉讼启动程序是原告提出诉讼请求,法院受理并通知被告诉讼,直至被告出庭的整个步骤和过程。诉答程序是当事人互相提交起诉状、答辩状等诉答状,形成供陪审团或法官判定的争点的程序。19世纪司法改革前诉讼启动程序和诉答程序前后衔接,以被告出庭为明确分界点。民事诉讼一直有个严格遵守的观念——被告出庭是法院对被告取得裁判管辖权并继续诉讼的基础;如果被告未出庭,诉讼启动阶段结束不

---

① 例如,败诉的任何一方,都可提出重新审理(new trial)或重新召集陪审团令状(venire de novo)的动议。如果裁断不利于原告,原告可提出无顾陪审团裁断判决(judgment non ostante veredicto);如果裁断不利于被告,被告可提出中止判决(arrest of judgment)的动议。Roscoe Pound, *The History and System of the Common Law*, Collier, 1939, p. 151.

② 古代作品中,判决作出时诉讼即告结束。Litt. §604; Co. Litt. 289a.

③ 大法官法院衡平初审程序通常包括诉讼启动、诉答、证据取得、审理和判决几个阶段。与普通法程序明显不同在于,衡平程序审前有专门的证据取得阶段,在此阶段法官可询问证人获得书面证词(depositions),还可要求当事人作出证据开示(discovery)。

了,诉讼无法进入诉答阶段,法院更不可能对案件作出审理和判决。因此民事诉讼启动程序的中心任务是确保被告出庭,此阶段几乎所有措施都围绕着这一任务实行。

第三,审前程序在英格兰民事诉讼程序中极为重要,是整个民事司法大厦的基石。① 民事诉讼的事实问题由陪审团裁断,不得不集中快速审理,为此审前需完成大量准备工作,包括确保被告参与庭审,通过诉答程序形成事实争点。审前程序任务繁重,过程漫长,占据了诉讼程序的很大比重,这一点从19世纪初诉讼法经典教科书的章节比例中即得以明证。蒂德于1821年出版的《王座法院和民诉法院对人诉讼和驱逐之诉诉讼程序》②一书中,第1页至第103页是诉讼概述,介绍了诉讼类型、法院分类和法院管辖权等内容;第104页至第421页是诉讼启动程序;第422页至第780页是诉答程序;第781页至第1007页是审理、判决程序;第1008页至第1240页是执行和上诉程序。抛开执行和上诉程序,诉讼启动程序和诉答程序的章节分别占初审程序章节的35.1%和39.6%的篇幅。可以毫无夸张地说,诉讼启动程序以及诉答程序完成后,诉讼的高潮已经过去,剩下的只是尾声。

二、英格兰19世纪司法改革前诉讼启动程序概况

受篇幅所限,本书研究锁定在民事诉讼启动程序领域。民事诉讼启动(initiation;commencement),又称民事诉讼起始、民事诉讼开始、民事诉讼发生,指诉讼事项(subject matter)在法院进入受审理状态。

对于诉讼启动的含义有两种观点:一是"时点说"。该说认为诉讼启动是当事人或法院实施某一行为使诉讼开始系属于法院的具体时点。诉讼启动需要当事人和法院两个方面采取相应的行为。因诉讼具被动性,法院不会主动启动诉讼,须由原告提出诉讼请求。但仅有原告提出诉讼请求,并不必然引起诉讼启动,诉讼启动须有法院的介入,例如法院接收或受理原告诉讼请求、签发或送达针对被告的诉讼通知书才能使诉讼系属法院。二是"过程说"。该说认为诉讼启动是一个过程和步骤,即诉讼启动是原告将诉讼请求提交法院,法院对之审查或确

---

① Jack I. H. Jacob, *The Fabric of English Civil Justice*, Stevens & Sons, 1987, p. 68.

② William Tidd, *The Practice of the Courts of King's Bench and Common Pleas in Personal Actions and Ejectment*, 7th Edition, Volumes 1–2, J. Butterworth and Son, 1821.

认,然后签发传票,并将传票送达被告的整个过程和相应的程序。与“时点说”认为诉讼启动是原告或法院采取的使诉讼系属于法院的某项具体行为,从而表现为特定时间点不同,过程说认为诉讼启动是诉讼起始的整个过程和步骤的总和,表现为一定时间段。

本书认为,诉讼启动是启动时点和启动过程的有机结合。民事诉讼必须自某一特定时间点方始存在,这个时间点标志着诉讼的启动和开始,它是诉讼的起始点。但诉讼启动本身有起始点,也有结束点,诉讼启动是从起始点至结束点的一个延续的过程和程序,由一系列的步骤组成。

现代民事诉讼法上,作为程序和过程的诉讼启动至少由两个基本环节组成:一是诉讼提起,即当事人向适当的法院提出诉讼请求;二是诉讼通知,即将诉讼事项通知被告。这两个环节有先后顺序,通常先向法院提出诉讼请求,后向被告作出诉讼通知。诉讼提起,又称提起诉讼或起诉,是原告向法院提出诉讼请求,要求法院通过审判给予诉讼救济的行为。原告提起诉讼是诉讼存在的基础,当事人根据自己的意思决定是否提出诉讼请求,有请求法院才为当事人提供诉讼救济,“无请求则无诉讼”,这也是司法被动理念在诉讼中的具体体现。诉讼提起是诉讼启动的首先环节和步骤,但诉讼提起不能等同于诉讼启动。诉讼提起是当事人单方的自愿行为,而诉讼启动是诉讼因当事人地提起开始进入审理状态的事实,诉讼启动必须有法院的介入如法院收取、受理诉讼请求或者通知被告诉讼。诉讼启动源于诉讼提起,是诉讼提起的直接目的和结果,但诉讼提起并不必然引起诉讼启动。

诉讼通知涉及两个具体步骤:第一步是法院签发或确认诉讼通知文书。诉讼通知文书包括原告提交的起诉状的副本以及法院签发的传票。法院签发或确认诉讼通知文书是法院介入诉讼的重要标志,也常常作为诉讼启动的起始点。例如,依据19世纪司法改革后的英格兰民事诉讼规则,诉讼启动的时间是传唤令状签发之时,而不是其前的当事人提出诉讼请求或者其后的传唤令状送达被告之时。第二步是向被告送达诉讼通知文书。诉讼事项必须通知被告,一方面,通知被告原告已对其提起诉讼,被告应作出回应,否则会产生不利后果;另一方面,通知诉讼请求和诉讼理由(cause of action)。诉讼通知送达被告是法院作出有效判决的前提,也是诉讼有效启动的前提;如果诉讼通知未送达被告,法院不能对被告作出审理和判决,自然不能给原告任何救济。这是自然正义或正当程序的基本要求。

总体而言,现代民事诉讼启动过程相对简单,前后持续时间短,以至于在民事诉讼程序法的教科书中,根本不会将它作为"程序"专章讲述。但是历史地看,诉讼启动并非一直如此简捷,英格兰司法改革前的民事诉讼启动就是一个复杂漫长且相对完整的过程——自原告提出诉讼请求时开始持续至被告出庭时结束。这一启动程序有两个方面明显特点:第一,诉讼启动方式繁多。诉讼启动方式即提出诉讼请求的方式,涉及的是原告以何种方式向法院提出诉讼请求从而使诉讼得以开始的问题。与现代民事诉讼普遍以提交起诉状提出诉讼请求不同,司法改革前,英格兰民事诉讼除了通过向法院提交诉状(bill)外,还包括向法院申请签发初始令状(original writ)、司法令状(judicial writ)方式启动诉讼。因为历史上的诸多原因,这三大基本方式又细分出几近20种的具体启动方式,原告起诉时必须从中选择适合自己诉讼的启动方式。第二,诉讼启动过程的结束点不是被告收到诉讼通知,而是收到通知的被告出庭。司法改革前英格兰民事诉讼启动程序的最大特点在于诉讼启动延伸至被告出庭,从而在提出诉讼请求和诉讼通知外,增加了一个强制被告出庭环节。历史上,出庭(appearance in court)是具有特别含义的专门术语,它与通常理解的"出席法庭",尤其是出席庭审有很大不同。司法改革前,英格兰普通法民事诉讼的启动、诉答、审理和判决四个阶段都会涉及出席法庭,但出庭只发生在诉讼启动阶段,是当事人初次来到法庭参加诉讼,表明接受法院管辖的行为。出庭作为当事人第一项正式诉讼行为,是一种要式行为,必须采用特别形式正式实施。司法改革前,被告只能采用下述法定形式之一出庭——通过提交出庭备忘录自愿登录出庭或者通过提供诉讼保释保证出庭。被告出庭被赋予了特别的程序法意义——构成法院对被告获得裁判管辖权的基础;被告如果不出庭,法院无法取得针对被告的裁判管辖权,不得对被告作出实体判决。但同时法院认为出庭是被告的义务,法院对不出庭的被告具有强制出庭管辖权,可签发针对被告人身或财产的司法令状强迫其出庭。

这样,司法改革前的英格兰民事诉讼启动程序形成以下环节和步骤:原告以一定方式提起诉讼、向被告通知诉讼、强制被告出庭、被告出庭。这些环节中,强制被告出庭最为突出,占据了诉讼启动过程的主要部分,使得诉讼启动过程漫长复杂,成为名副其实的"启动程序"。而在普通法民事诉讼初审程序的启动、诉答、审理、判决四大阶段中,若从持续时间和复杂程度上看,诉讼启动地位非常突出和重要。

三、本书框架结构

历经几百年演化的普通法诉讼程序高度专门化、技术化,形式严格,程序繁巧,规则严谨缜密,体系发达完整,俨如炫美华丽的哥特式城堡。历史上,普通法甚或英格兰社会从程序法的高度专门化、技术化和形式化得益甚多。历史上,普通法的实体规则正是在诉讼程序的"缝隙"中孕育产生。[①] 发达的诉讼程序制度使得普通法能够独立一隅,一直固守日耳曼法的传统,完全抵御住了罗马法的实质影响。在16世纪至17世纪同专制王权的斗争过程中,借助于诉讼程序繁难的、形式化的技术,普通法成为民众对抗王权的最强大武器,王权难以攻破的堡垒。"自那时起,英国人便把普通法看作基本自由的保障,用它保护公民的权利,对抗专制权力的肆虐,而在欧洲大陆国家,这种职能是由宪法履行的。"[②]

伟大的事物总会成为过往,璀璨者也将衰朽。日往月来,时移世易,至19世纪时古老的普通法诉讼程序已百弊丛生,饱受诟病。过去的优点也成了弊端,批评者高频率地使用以下措辞大张挞伐:烦琐、复杂、僵化、混乱、费解、陈旧,费用高昂,规则奸巧如乱麻般错缪、迷宫般难辨。而法院亦受波及,常被批评职能重叠、因循守旧、腐化贪虐。就民事诉讼启动程序而言,亦是积弊重重。有些是民事诉讼整体上的弊端,如烦琐、拖延、形式严苛、费用高昂;有些是诉讼启动程序特有的弊端,如繁杂的诉讼启动方式、过度滥用的强迫出庭令状、严酷的民事逮捕制度。

---

① Henry Sumner Maine, *Dissertations on Early Law and Custom: Chiefly Selected from Lectures Delivered at Oxford*, John Murray, 1883, p. 389.

② [德]K. 茨威格特、H. 克茨:《比较法总论》,潘汉典、米健、高鸿钧、贺卫方译,法律出版社2003年版,第291页。

19 世纪时这些弊端到了必须改革的时候。改革面临的首要问题是模式问题,即现有的诉讼启动方式和强迫出庭制度究竟要局部修改还是彻底变革。19 世纪司法改革最终选择对诉讼启动程序彻底变革。诉讼启动方式统一为传唤令状方式,针对财产或人身签发司法令状的强迫被告出庭制度完全废止。诉讼启动程序完成了现代化的变革,全然改变了面貌,漫长烦琐的环节简化到几乎只剩下传唤令状签发和送达两个简单步骤的程度。面对这一变革,可以从不同角度作出分析和研究,本书意图从制度层面探究旧时诉讼启动程序存在的缘由和彻底变革的基础。一项存在 700 年的复杂程序必然有它存在的合理性,而它也不能凭空废除,必须有废除的具体制度依据和支持。本书因此形成两大主题:一是对司法改革前的诉讼启动程序从历史角度进行制度梳理,厘清其脉络和机理;二是对诉讼启动程序的变革予以分析并论证变革的制度支持。笔者认为,司法改革前诉讼启动程序存在两大核心制度——诉讼启动方式和强制出庭制度。英格兰创设了诉讼史上的最为繁杂的诉讼启动方式和最为复杂、严厉的强制出庭制度。本书分析了诉讼启动程序改革的必要性和现代化变革的成果,探讨了改革的制度依据和制度支持。因此形成的基本观点是,19 世纪英格兰诉讼启动程序的变革表现为启动方式的简化和统一以及强制出庭制度的废止,而这场现代化变革的制度依据和支持是裁判管辖权出庭基础规则的废除、传唤令状的现代化以及缺席判决制度的确立。为此,本书作出以下章节安排:

第一章作为背景知识,对 19 世纪初英格兰法院组织、法院管辖权及其相关制度做了说明。

第二章对英格兰民事诉讼启动程序做了历史源头的考察。英格兰民事诉讼的直接历史渊源是日耳曼法,但英格兰的民事诉讼多少都能从罗马法,尤其是古典罗马法诉讼程序中找到自己的影子。

第三章介绍了作为诉讼启动程序基础的诉讼程式和令状制度。诉讼程式是民事诉讼程序和实体制度的基础。初始令状和司法令状所组成的令状体系是诉讼程式的突出特征,初始令状和司法令状也是诉讼启动和强制被告出庭的基本诉讼文书。

第四章分析了 19 世纪司法改革前英格兰民事诉讼启动方式。诉讼启动的基本方式有初始令状、诉状和司法令状三种。初始令状是王座法院和民诉法院诉讼启动的最基本方式。但是初始令状因为费用高昂,形式要求严苛,19 世纪司法改革前即已基本弃用。诉状则是大法官法院衡平诉讼初审程序几乎唯一的诉讼启动方式,普通法法院少数情形才采用诉状启动诉讼。普通法法院对人诉讼最主要的启动方式是司法令状方式,主要包括王座法院的米德尔塞克斯郡令和潜逃拘捕令状、民诉法院的侵入私地拘捕令状、财税法院的君主债权减少拘捕令状。这些司法令状拘捕被告人身,能有效启动诉讼。总体而言,19 世纪司法改革前英格兰民事诉讼启动方式繁多,这看似给了原告很多选择机会,但实际上是原告的巨大负担,原告必须慎重选择正确的启动方式;如果选择错误,将承担起诉无效的后果。

第五章考察了 19 世纪司法改革前英格兰民事诉讼中强迫被告出庭制度。被告出庭是法院对被告获得裁判管辖权的基础,法院为取得裁判管辖权,会应原告申请签发系列的司法令状强迫被告出庭。对人诉讼强迫出庭的司法令状主要有针对财产的出庭担保令状、扣押财物令状,针对人身的拘捕令状;如果被告逃避令状执行,还可以对之采用严厉的逐出法外程序。民事诉讼中实施逮捕强制被告出庭是司法改革前诉讼启动程序的重大缺陷所在。

第六章和第七章论述了旧有的诉讼启动程序的变革过程以及变革的制度支持。第六章对 19 世纪 30 年代至 70 年代的诉讼启动程序改革做了概述。旧有的初始令状、诉状、司法令状启动方式完全废止,诉讼启动方式统一为传唤令状这一现代的司法令状方式。强制出庭制度彻底变革,拘捕令状、扣押财物令状、逐出法外程序被取消,严苛的民事逮捕制度被废除。第七章就 19 世纪诉讼启动程序的具体制度,包括诉讼启动方式、裁判管辖权基础规则、缺席判决制度的变革或确立作出分析。诉讼启动方式上英格兰最终选择了“传唤令状 + 诉状”的范式:诉讼以传唤令状方式启动,通过向被告送达传唤令状通知被告诉讼,令状送达同时或在之后限定时间内必须将记载诉讼请求和诉讼理由的诉状副本送达被告。与大多数国家诉讼启动做法不同,此种范式下传唤令状而非起诉状起主导作用。裁判管辖权的出庭基础规则被废止,强制被告出庭不再必要,这为强制出庭的司法令状的废除提供了制度依据。

强制出庭司法令状废除的另一制度支持是缺席判决。缺席判决的引入是英格兰民事诉讼程序的重大事件。缺席判决制度下,被告即使不出庭,法院仍能取得对被告的裁判管辖权并作出缺席判决,缺席判决因此能够起到间接强迫被告出庭的作用,填补了强制出庭司法令状废除后的制度真空。

“日光之下,并无新事”。历史的问题,总是现实的问题;现实的问题求助历史,似乎总会给出答案。笔者带着好奇,试图将 19 世纪诉讼启动程序的状况以及发生的改革作以还原,厘清这一纠缠复杂的程序的原理和机制及其变革的脉络。笔者重点分析和探究的裁判管辖权基础、诉讼启动方式、强制出庭、缺席判决等规则和制度,都是现代民事诉讼法不可绕过的问题。笔者作此研究,冀望能对当今世界和中国的民事诉讼法发展能有些许提示和裨益。

当代美国名法律史学家弗里德曼(Friedman)有云,“民事程序是法律的丑小鸭……在旧的普通法……中,程序是一个迷宫,是一团乱麻,是一堆既晦涩难懂又复杂微妙的规则”。[①] 探索英格兰古老复杂的民事诉讼程序历史是一项无比艰难的事情,笔者不揣谫陋,始终战战兢兢、若履薄冰般推究这个遥远神秘、让人难以窥得门径,动辄出错、某种程度上不得不满怀敬畏的领域。

---

① [美]劳伦斯·弗里德曼:《二十世纪美国法律史》,周大伟等译,北京大学出版社 2016 年版,第 312 页。

第一章　英格兰19世纪司法改革前法院和管辖权的划分

第一节　英格兰法院和管辖权概述

诉讼程序和法院紧密关联,都是民事司法的重要组成部分。诉讼程序的各个阶段都在法院或围绕法院发生,分析诉讼程序及其历史时需要研究一些法院的组织和制度以及有关历史沿革。

关于法院,英格兰历史上最伟大的法学家爱德华·柯克爵士(Sir Edward Coke)在《柯克论利特尔顿》一书中给出了最为著名的定义:"法院是司法实施的场所。"[①]这一定义曾被威廉·布莱克斯通爵士(Sir William Blackstone)在《英格兰法释义》中援引过。[②]在英格兰,作为司法实施的场所的法院具有以下特点:(1)法院行使适用法律审理和裁决争议的司法职能,当然这一职能受到法律设定的管辖权的限制;(2)审理和裁决争议的法官须依法任命并由法院指定,当事人不能自由选择审理案件的法官;[③](3)法院

---

① "A court is a place where justice is administered." Co. Litt. 58a.

② 3 Bl. Comm. 23.

③ 这是法院和仲裁庭的重要区别之一,仲裁庭的仲裁员可由当事人指定。

须于指定的时间开庭,法院都有规定的开庭期;[①](4)法院设立方式法定。[②] 英格兰有且唯有三种设立法院的方式——议会立法(Parliament Act)、开封特许状(letters patent)、长期习惯(prescription)。[③] 在英格兰唯一拥有法律实施权的人是君主本人,而所有法院都是君主实施法律的中介,需基于君主的权力设立。因此,法院无论以哪一种方式设立最终要经过君主的同意。议会立法需经御准(royal assent),开封特许状由君主直接盖印颁发,因此是君主的明示同意;依长期习惯设立法院则属于君主的默示同意。[④]

法院能否实施司法受管辖权的限制。管辖权指法院享有的审理案件或进行其他司法程序的权力。法院的管辖权类型多样,法院因之有诸多分类。法院的管辖权首先划分为刑事管辖权(criminal jurisdiction)和民事管辖权(civil jurisdiction)。涉及公共不法行为的是刑事管辖权,不涉及公共不法行为的则为民事管辖权。享有刑事管辖权的法院称为刑事法院(criminal court),享有民事管辖权的法院称为民事法院(civil court)。

管辖权又可分为初审管辖权(original jurisdiction)和上诉管辖权(appellate jurisdiction)。初审管辖权指法院对当事人提交的特定事项第一次审理的权力。上诉管辖权指初审法院对当事人提交的特定事项裁决后,上级法院对之复审的权力。享有初审管辖权的法院称为初审法院(trial court),享有上诉管辖权的上级法院称为上诉法院(appellate court)。

以是否受其他法院支配(control)为标准,管辖权分为不受支配的管辖权和受支配的管辖权两类。所谓受其他法院支配指本法院的管辖

---

① 开庭期是一年中法院处理司法事务和开庭审案的期间。现今高等法院和上诉法院一年有4个开庭期,分别是希拉利节开庭期(Hilary Sittings),自1月11日至复活节前的星期三;复活节开庭期(Easter Sittings),自复活节后的第二个星期二至圣灵降临节(Whit Sunday)前的星期五;三一节开庭期(Trinity Sittings),自圣灵降临节后的第二个星期二至7月31日;米迦勒节开庭期(Michaelmas Sittings),自10月1日至12月21日。一年的开庭期总共91天。先前开庭期称为terms,1873年后改称sittings。参见薛波主编:《元照英美法词典》(缩印版),潘汉典总审订,北京大学出版社第2014年版,词条sittings。

② Henry John Stephen, *New Commentaries on the Laws of England*, Volume 3, Henry Butterworth, 1844, p. 382.

③ Co. Litt. 260; 3 Bl. Comm. 24.

④ Henry John Stephen, *New Commentaries on the Laws of England*, Volume 3, Henry Butterworth, 1844, p. 382.

权受其他法院司法审查(judical review)的制约,但受上级法院的上诉复审的制约不属于受其他法院支配。司法审查主要有以下方式:若某法院拒绝行使管辖权,可通过执行职务令状(*mandamus*)强制其管辖;如超越管辖权,可以禁审令状(*prohibition*)①限制其审理案件或以调卷令状(*certiorari*)撤销其判决。根据管辖权是否受支配为标准,英格兰的法院有低级法院、高级法院和最高法院的划分。低级法院(inferior court)指管辖权受其他法院支配的法院如郡法院(county court)、伦敦市长和伦敦城法院(Mayor's and City of London Court)、自治市法院(borough court)、领主法院(court baron)、采邑刑事法院(court-leet)。低级法院享有的管辖权通常受地域、案件类型以及标的金额上的限制,审理重要性较低的普通案件。高级法院(Superior Court)指享有一般管辖权,不受任何其他法院支配但受上诉复审制约的法院。② 19世纪司法组织改革前位于威斯敏斯特的大法官法院(Court of Chancery)、王座法院(Queen's Bench)、民诉法院(Common Pleas)、财税法院(Exchequer)为高级法院。旧时兰开斯特巴拉丁伯爵领地民诉法院(Court of Common Pleas of the County Palatine of Lancaster)、达勒姆巴拉丁伯爵领地民诉法院(Court of Pleas of the County Palatine of Durham)、切斯特巴拉丁伯爵领地大法院(Court of Great Sessions of the County Palatine of Chester)也是高级法院,这是因为巴拉丁伯爵(Count Palatine)在其领地内拥有王权(*jura regalia*),③其主持的普通法法院并不受其他法院支配。威尔士亲王领地大法院(Courts of Great Sessions in the Principality of Wales)也是高级法院。④ 在英格兰,威斯敏斯特的高级法院具有初审管辖权,审理较为重要和复杂的案件,并实际上审理了全国大部分的普通法和衡平法初审案件。高级法院的判决可根据制定法规定上诉,但不受

---

① 禁审令状指禁止下级法院审理无权管辖或超越管辖权的事项的令状。

② 在英格兰,区分了以下用语:superior(senior) court(高级法院)、High Court of Justice(高等法院)、supreme court(最高法院)。高级法院又可称为 upper court(上级法院),低级法院又可称为 lower court(下级法院)。

③ 又称君主特权。

④ *First Report Made to His Majesty by the Commissioners Appointed to Inquire into the Practice and Proceedings of the Superior Courts of Common Law*, ordered by the House of Commons to be printed 20th Feb. 1829, p. 8.

司法审查和非制定法规定的上诉复审的制约。除主要行使初审管辖权外，高级法院还可以通过上诉复审或司法审查方式复审低级法院的案件。19 世纪司法改革后，高等法院（High Court of Justice）和上诉法院（Court of Appeal）是高级法院，①1971 年后新设立的刑事法院（Crown Court）也归入高级法院。最高法院（supreme court; ultimate court）是指不仅不受其他法院支配，也不受其他法院上诉管辖，其判决具有终局性的法院。司法改革后，虽然高等法院和上诉法院组成了名义上的“最高法院”（Supreme Court of Judicature），②但实质上的最高法院是上议院（House of Lords）和枢密院（Privy Council）。③ 根据 2005 年《宪法改革法》（Constitutional Reform Act），2009 年 10 月 1 日设立了联合王国最高法院（Supreme Court of the United Kingdom），④取代了上议院，成为整个联合王国民事案件，苏格兰外的联合王国刑事案件的上诉终审法院。

就民事管辖权而言，依适用的法律不同可分为普通法管辖权和衡平管辖权。普通法管辖权指适用普通法审理普通法案件的管辖权。衡平管辖权指适用衡平法原则和规则审理衡平案件的管辖权。根据这种

---

① 一说上议院（House of Lords）也属于高级法院。David Walker, *The Oxford Companion to Law*, Clarendon Press, 1980, p. 1198, entry superior court.

② 最高法院（Supreme Court of Judicature）设立之初本打算将上议院和枢密院的更高级别的上诉管辖权并入，未克实现，因此只包括高等法院和上诉法院。是虽“名不副实”，但因是《司法组织法》（Judicature Acts）所定名称，故沿用下来。1981 年《最高法院法》（Supreme Court Act）第 1 条将其更其名为“英格兰和威尔士最高法院”（Supreme Court of England and Wales），除高等法院和上诉法院外，1971 年设立的刑事法院（Crown Court）亦被纳入。2005 年《宪法改革法》（Constitutional Reform Act）决定设立“联合王国最高法院”（Supreme Court of the United Kingdom），为避免混淆，该法第 59 条将“英格兰和威尔士最高法院”更名为“英格兰和威尔士高级法院”（Senior Court of England and Wales）。

③ 枢密院根据 1833 年《司法委员会法》（Judicial Committee Act）成立了司法裁判机构枢密院司法委员会（Judicial Committee of the Privy Council），受理来自英国各自治领或附属领地的任何刑事和民事上诉案件，但已成为独立国家且取消了向该委员会上诉的地区除外，有些案件的上诉需要取得枢密院的特别许可。司法委员会的管辖权还包括受理来自教会法院和捕获法院的上诉案件，其对案件的审理是终局的。此外，司法委员会还有权听审对某些专业组织[如医疗总会（General Medical Council）]所作的取消其注册成员资格的决定提出的上诉。司法委员会不正式发布判决，但对案件的裁决结果会在公开法庭上宣读，并告知君主。为使裁决结果生效，尚需签发枢密院君令（order in Council）。参见薛波主编：《元照英美法词典》（缩印版），潘汉典总审订，北京大学出版社 2014 年版，词条 Judicial Committee of the Privy Council。

④ 又称英国最高法院。

管辖权的区分,英格兰的民事法院历史上分为普通法法院(common law court; law court)和衡平法院(equity court)两类。普通法法院具有普通法管辖权,适用普通法规则和普通法程序审理案件;衡平法院具有衡平管辖权,适用衡平规则和衡平程序审理案件。19世纪司法改革前位于威斯敏斯特的王座法院、民诉法院、财税法院为普通法法院。历史上,15世纪设立的大法官法院(Court of Chancery; Chancery Court; Chancery)是最主要的衡平法院,同一时期设立的星室法院(Star Chamber)、上请法院(Court of Requests)、高等海事法院(High Court of Admiralty)性质上也是衡平法院。①

根据适用的地域范围,管辖权可分为及于司法管辖区全部地域的管辖权和仅及于司法管辖区一部分地域的管辖权。据此法院划分为中央法院(central courts)和地方法院(local courts)两种类型。中央法院指管辖权及于整个英格兰的法院;地方法院指管辖权限于英格兰某一特定区域的法院。19世纪司法组织改革前的大法官法院、王座法院、民诉法院、财税法院作为位于威斯敏斯特的王室法院,管辖权及于英格兰全部领域,是中央法院。司法改革后的高等法院、上诉法院可归入中央法院。英格兰历史上很早就形成了一套复杂的地方法院体系,这一体系由遍布全国的特许权法院(franchise courts)、封地法院(feudal courts)、庄园法院(court of manor)、地方自治体法院(communal courts)组成。②特许权法院是指由私人根据君主授予的特许权审理案件的法院。典型的特许权法院是王室猎场法院(forest courts)。土地所有人、自治市、商人和手工业者行会、专业人士组织也会设立特许权法院如庄园特许权法院(manorial franchise court)、锡矿区法院(stannary court)、③自治市法

① R. C. Van Caenegem, *History of European Civil Procedure*, in Mauro Cappelletti ed., International Encyclopedia of Comparative Law: Civil Procedure, J. C. B. Mohr, 1973, p. 70.

② William Searle Holdsworth, *A History of English Law*, 3rd Edition, Volume 1, Methuen & Co. Ltd, 1923, p. 64.

③ 13世纪在德文郡(Devon)和康沃尔郡(Cornwall)的锡矿开采区设立的法院。属于特许权法院(franchise courts)。国王以纳税为条件允许此一地区的矿主拥有一些特权,因此形成了锡矿区法院,审理除土地、命案、肢体伤残以外的案件。锡矿区法院在19世纪末归入郡法院。参见薛波主编:《元照英美法词典》(缩印版),潘汉典总审订,北京大学出版社2014年版,词条stannary courts。

院(court of borough)。特许权法院区别于基于土地保有产生管辖权的封地法院。封地法院,又称领地法院或封建法院,是封建领主以领主身份为其土地保有人(tenant)(封臣)设立的法院。庄园法院指领主对庄园内的土地保有人行使管辖权的法院,包括领主法院(court baron)和习惯法院(court customary),分别处理自由地产保有人(freeholder)之间和公簿地产保有人(copyholder)之间发生的纠纷。有时庄园法院也会享有特许权(此时宜称为庄园特许权法院),如取得刑事巡回审司法权,从而以采邑刑事法院名义审理案件。[①] 地方自治体法院指在英格兰地方行政区设立的法院,地方自治体法院以国王名义行使管辖权。[②] 地方自治体法院历史上包括郡法院(county court)、百户区法院(hundred court)[③]及镇区(township)或村庄(village)的十户连保审查法庭(view of frankpledge)。地方自治体法院的主体是郡法院。郡法院最初由郡伯(earl of the county)主持,郡伯缺席时由郡长(sheriff)主持,后来专由郡长主持定期审理案件。郡内的全体自由地产保有人具有出席郡法庭的义务,由他们担任案件的裁判人(suitors)。在巡回审理制度确立前郡法院是中世纪主要的地方性民事法院,依据霍尔兹沃思(Holdsworth)的说法,郡法院曾广泛享有以下民事管辖权:(1)审理定额金钱债务之诉(debt),不当扣留动产之诉(detinue)和盖印合同之诉(covenant),甚至包括非暴力和武力性质的侵害之诉(trespass)的初审管辖权。但根据1290年《格洛斯特制定法》(Statute of Gloucester)即爱德华一世6年律目8制定法(6 Edw. I,c. 8)规定,郡法院的管辖权限于争议金额不超过40先令的案件。当时40先令是很大金额,后来货币不断贬值,郡法院管辖的案件的重要性也就越来越低。(2)根据特别授权审理令状(writ of *justicies*)审理各种金额案件,甚至包括暴力和武力侵害之诉案件。

---

① John Baker, *An Introduction to English Legal History*, 5th Edition, Oxford University Press, 2019, p. 30.

② 地方自治体法院又称为社区法院。在英格兰,郡、百户区、村庄都是地方自治体(community),具有并适用各自地方习惯,居民参与本地治理。[日]望月礼二郎:《英美法》,郭建、王仲涛译,商务印书馆2005年版,第7页。

③ 百户区是盎格鲁-撒克逊时期建立的郡下面的一级行政单位。百户区法院是为全体百户区居民设立的法院,除了管辖地域较大外,各个方面与领主法院类似。一般每3~4周开庭一次。

但特别授权审理令状后来实际上停止签发。(3)审理自由保有地产占有和所有权案件。自由保有地产占有案件的管辖权从亨利二世(1154—1189年在位)时期转由王室法院行使。自由保有地产所有权的案件本由王室法院和领主法院分别行使管辖权,郡长可根据移送郡法院令状(tolt)将案件从领主法院移送郡法院审理,但后来这种做法实际上已经废弃,所有的此类不动产案件总是在民诉法院提起。(4)对郡内的其他法院享有上诉管辖权。亨利三世(1216—1272年在位)统治时期,郡法院不再行使该上诉管辖权。① 根据1267年《马尔伯勒制定法》(Statute of Marlborough)第19章即亨利三世52年律目19制定法(52 Hen. Ⅲ,c. 19)规定,郡法院作出判决后威斯敏斯特的王室法院可以通过错误判决令状(writ of false judgment)对案件复审。当事人还可申请签发诉讼记录移送令状(*recordari facias loquelam*)要求将案件移送王室法院复审,或申请禁审令状(writ of prohibition)禁止郡法院审理某案件。随着王室法院的兴起,司法权越来越中央化,15世纪时郡法院逐渐式微,已很少实质性审理案件,只剩下宣告逐出法外、选举郡长的管辖权。可以说,普通法的历史是王室法院逐渐取代地方法院的历史。为给小额索赔提供费用低廉的本地的简易救济程序,英格兰在19世纪初尝试恢复地方法院的作用首先设立了地方性的小额索赔法院(Court of Requests),并最终根据1846年《郡法院法》(County Courts Act,1846)即维多利亚女王9年和10年律目95制定法(9 & 10 Vict. ,c. 95)建立了一套全新的郡法院体系。根据该法,英格兰和威尔士划分为500个地区(districts),每个地区设立一个郡法院,两个或更多的地区组成一个巡回区,总共有59个巡回区(circuits)。新的郡法院具有有限初审管辖权,主要审理金额不超过50镑的债务或损害赔偿请求,年价值不超过20镑的土地回复请求,以及标的金额不超500镑的遗产管理、信托执行、抵押回赎和终止回赎权和特定履行请求。司法改革后,对于郡法院具有初审管辖权的事项,高等法院享有并行管辖权。但对于这些事项,如果原告在高等法院提起诉讼,即使原告胜诉,原告也不能要求对方支付诉讼费用。另外,如果被告提出申请案件也会发送郡法院审理。

---

① William Searle Holdsworth, *A History of English Law*, 3rd Edition, Volume 2, Methuen & Co. Ltd, 1923, p. 72 - 73.

根据管辖权的限制程度,民事管辖权可分为有限管辖权(limited jurisdiction)和一般管辖权(general jurisdiction)两种。如果法院管辖的案件具有诉讼数额或财产价值上的限制,或者案件性质受限制,则管辖权属有限管辖权;反之,法院享有一般管辖权。法院管辖权受案件性质限制,只能审理特定类型案件时,这种有限管辖权有时称为专门管辖权或特别管辖权(special jurisdiction)。历史上享有专门管辖权的法院主要有海事法院(maritime courts)、王室猎场法院(forest courts)、骑士法院(Court of Chilvary)、教会法院(ecclesiastical courts)、集市法院(court of piepoudre)、[1]水利专员法院(Commissioners of Sewers)、保单法院(Court of Policies of Assurance)、宫廷侍臣法院(Court of Marshalsea)、德文郡和康沃尔郡锡矿区法院(stannary courts in Devonshire and Cornwall)、英格兰牛津剑桥两大学校长法院(Chancellor's Courts in the two Universities of England)等。一般认为,在英格兰历史上,地方性的领主法院、百户区法院以及郡法院因其管辖权的诸多限制,包括地域范围和审理的案件金额等限制,享有的管辖权为有限管辖权。但也有观点认为法院享有的管辖权是有限管辖权还是一般管辖权取决于管辖权的性质,而非管辖的地域范围。因此领主法院、百户区法院以及郡法院虽然管辖权仅限于特定地域,但在所在地方仍享有一般管辖权。[2] 这些法院遍布英格兰各地,与威斯敏斯特在全国范围内具有一般管辖权的王室法院在管辖权上关系密切。[3] 教会法院是对宗教事务享有管辖权的专门法院。盎格鲁-撒克逊时期宗教事务争议由郡法院或百户区法院在主教的参与下审理。诺曼征服后,威廉一世1072年颁布了一项法律即《威廉一世法令》(Ordinance of William Ⅰ),规定主教或执事长不

---

① piepoudre 常拼作 pie-powder,指"足泥"或"泥足",引申指行商。因此 court of piepoudre 又可译为"泥足法院"或"行商法院"。

② Henry John Stephen, *New Commentaries on the Laws of England*, Volume 3, Henry Butterworth, 1844, p. 397.

③ 例如,在领主法院启动不动产所有权回复诉讼(action of right),需要向大法官法院申请签发初始令状。而领主法院的不动产所有权回复诉讼可以通过移送郡法院令状(*tolt*)交由郡法院审理。在领主法院和百户区法院的所有其他诉讼,在判决前可以根据案件性质通过移审令状(writ of *pone*)或者移送王室法院令状(*accedas ad curiam*),移送威斯敏斯特的王座法院或民诉法院审理;如果案件已经判决,威斯敏斯特的王室法院可以通过签发错误判决令状(writ of false judgment)对案件复审。

得在百户区法院审理案件或者作出诉答,也不得将教会案件提交世俗民众审判,宗教事务应由专门的教会法院管辖。[①] 英格兰教会法院自兹兴起。12世纪末,罗马天主教会建立了一套国际性的教会法院体系,亦将英格兰的教会法院纳入其中。英格兰的教会法院主要有以下层级:最初级的是执事长法院(Court of Archdeacon),由执事长主持,执事长法院的判决可上诉到主教教区法院(consistory court)[在坎特伯雷教区为代理主教法院(commissary court)]。主教教区法院的上诉法院为大主教法院(court of archbishop)即坎特伯雷教省拱顶法院(Court of Arches)和约克教省的约克教区大法官法院(Chancery Court of York)。从大主教法院可以上诉至教宗代表(papal delegate)或者位于罗马的天主教教廷法院(*Rota* Court)。亨利八世(1509—1547年在位)宗教改革后,禁止向教廷法院上诉,不服大主教法院的判决须上诉至由君主任命法官的君主教务代表法院(Court of Delegates)。1833年君主教务代表法院废止,枢密院成为宗教事务的最高上诉法院,并由枢密院司法委员会(Judicial Committee of the Privy Council)实际负责审理上诉案件。[②] 教会法院适用深受罗马法影响的教会法审理案件,[③]最初初审管辖权十分广泛,并不限于纯粹宗教事务,主要包括:(1)以一定级别的教士为被害人或针对教会犯罪的刑事案件;(2)婚姻、离婚和分居、准正(legitimacy)案件;(3)遗嘱检验批准、遗嘱和无遗嘱继承、遗嘱执行人和遗产管理人(executor and administrator)监督的案件;(4)诽谤案件;(5)违背信义保证的契约案件;(6)具有宗教性质的事项如授圣职礼、祝圣礼、教会人员和财产、自由教役保有地产的管辖权。[④] 19世纪司法改革时,教会法院管辖权大幅削减。1855年教会法院失去诽谤的管辖权,

---

① Ernest F Henderson, *Select Historical Documents of the Middle Ages*, George Bell and Sons, 1896, p. 9.

② John Baker, *An Introduction to English Legal History*, 5th Edition, Oxford University Press, 2019, p. 151.

③ 英格兰的教会法院适用罗马天主教教会法(canon law)审理案件。宗教改革后,英格兰否定了罗马教宗的权威,但天主教教会法仍适用于英格兰,除非违反王国法律或与君主特权不一致。天主教教会法遂转变为英格兰国家教会法(ecclesiastical law)。

④ [日]田中英夫:《英美法总论》(上),东京大学出版会1980年版,第101页;[美]哈罗德·J.伯尔曼:《法律与革命——西方法律传统的形成》,贺卫方、高鸿钧、张志铭、夏勇译,中国大百科全书出版社1996年版,第269页。

1857 年所有的遗嘱和无遗嘱继承案件转移给新成立的遗嘱检验法院(Court of Probate)。1860 年教会法院审理和惩罚破坏教堂秩序行为的权限被废止。同一年,教会法院的婚姻和离婚管辖权转移给新成立的离婚及婚姻案件法院(Court for Divorce and Matrimonial Causes)。

最后补充一种法院的分类——存卷法院和非存卷法院。存卷法院(Court of Record),又称记录法院,是指将诉讼活动和诉讼程序记录(record)存档的法院;非存卷法院(Court not of Record)与之相反,不对诉讼活动和诉讼程序记录存档。存卷法院和非存卷法院主要有两个方面的区别:(1)存卷法院须作成记录。所谓记录,是指记载诉讼程序和诉讼活动的卷宗。记录须存放于国库(treasury)。记录具有高度权威,对记录的真实性不得提出相反证据否认,但记录是否存在可予以质疑。记录是否存在的诉讼不由陪审团审理,而采用记录审理(trial by record)方式。非存卷法院的诉讼程序不会被记录,对诉讼程序有关的事实,以及诉讼程序是否存在,皆可质疑。(2)记录法院具有更高的权限,可对藐视法庭的行为处以罚金或监禁。除非得到议会立法的明确授权,非存卷法院没有此种权力。19 世纪司法改革前王座法院、民诉法院、财税法院以及上议院为存卷法院,但郡法院不是存卷法院,司法改革后的高等法院和上诉法院都是存卷法院,新设的郡法院也转为存卷法院。

第二节　威斯敏斯特高级法院的管辖权

普通法和普通法诉讼程序的形成始于诺曼征服后的司法组织变革即王室法院的确立。至 15 世纪末(中世纪末),地方法院式微,威斯敏斯特高级法院管辖的初审案件越来越多,可以说几乎所有的司法工作实际上都由威斯敏斯特高级法院或其巡回法院完成。[①] 鉴于威斯敏斯特高级法院的重要性,有必要对其产生的历史及其管辖权做以专门说明。

---

① William Searle Holdsworth, *A History of English Law*, 3rd Edition, Volume 1, Methuen & Co. Ltd, 1923, p. 285.

一、英格兰王室法院的形成过程

英格兰法院的发展过程表现出强烈的连贯性。可以说，现在英格兰几乎所有的法院都可以追溯到久远的过去的某个机构，威斯敏斯特高级法院即是如此。威斯敏斯特高级法院有一个共同的起源——征服者威廉(1066—1087年在位)创设的御前会议。御前会议是由国王挑选的人员组成的经常召集在一起协助国王处理事务的机构。御前会议拉丁文名称 *Curia Regis*，[①]英文 King's Court，[②]字义"国王宫廷"或"王廷"。御前会议有两种议事方式——大御前会议(*Magnum Concilium*; Great Council; Great *Curia Regis*)和小御前会议(Lesser *Curia Regis*)。[③]大御前会议由国王的所有世俗和教会的直属封臣，以及国家和王室的高级官员组成，在特殊情形下偶尔召集；小御前会议由王室官员、侍奉国王的直属封臣组成，具有常设机构性质，通常在大御前会议间隔期召集。大御前会议和小御前会议虽然组成和会期不同，各自独立，但职能上无甚区别，都行使立法、咨议和司法职能。就司法职能而言，早先大部分的司法事务都由地方法院承担，因此御前会议审理的案件比重很低。[④] 小御前会议追随国王在全国巡游，具有巡回法院(itinerant court)的性质。1099年威廉二世(1087—1100年在位)将威斯敏斯特大厅(Westminster Hall)定为中央王宫，并以之作为御前会议所在地，[⑤]当国王巡游到海外时，御前会议就固定在威斯敏斯特大厅行使职能。

御前会议是现代英国国家机构的"母体"，从御前会议先后分化或发展出包括财税法院、民诉法院、王座法院和大法官法院在内的各高级司法机构，以及兼行司法权的立法和行政机构。按时间顺序，分述如下：

(1)财税署(Exchequer)。1118年前某一时间第一个从御前会议分

---

① 御前会议另有一个拉丁名称 *Aula Regis*，字义"国王大厅"，得名于国王和御前会议处理事务所在的大厅。

② King's Court 更常指王室法院，与封地法院(feudal court)和地方自治体法院(communal court)相对。

③ 又分别称大咨议会和小咨议会。

④ R. C. Van Caenegem, *History of European Civil Procedure*, in Mauro Cappelletti ed., International Encyclopedia of Comparative Law: Civil Procedure, J. C. B. Mohr, 1973, p. 24.

⑤ George Jarvis Thompson, *Development of the Anglo-American Judicial System*, 17 Cornell Law Review 9 (1931). 威斯敏斯特大厅一直是英格兰中央高级法院所在地，直至1872年高级法院迁移至斯特兰大街(the Strand)。

离出来的专门处理财税事务的机构,[①]行使与君主岁入有关的职能,主要包括收取君主岁入、索要拖欠君主的债务和税费。依据完成于1177年至1189年的《财政署对话》(*Dialogus de Scaccario*; Dialogue concerning the Exchequer)一书,财政署兼具行政和司法职能。[②] 13世纪时财政署分化出两个部门:一个是财政署税收处(Receipt),单纯行使行政职能;另一个是财税法院(Court of Exchequer; Exchequer of Pleas; Exchequer),行使司法职能。

(2)大巡回审法院(General Eyre)。12世纪后期和13世纪国王从御前会议或其派生法院选择法官,在全英格兰范围内(达拉姆郡和切斯特郡除外)巡回审理案件。因为国王给法官签发的是授权处理全部案件的一般委任状(general commission),后世称这种审理方式为大巡回审(general eyre),由此组织的临时法院称大巡回审法院。亨利二世(1154—1189年在位)时期,为实施1166年颁布的《克拉伦登法令》(Assize of Clarendon),当年开始了第一次大巡回审理。大巡回审法官不仅可以行使司法职能,还行使监督地方政府和征收岁入的职能,[③]因此给地方造成了巨大负担。1294年大巡回审中止后,除偶尔在个别郡实行大巡回审外,再也没有全国范围的大巡回审。

(3)民诉法院(Court of Common Pleas)。所谓"民诉"(*communia placita*; common pleas)指王国臣民相互之间的不涉及王室的诉讼。1178年,亨利二世(1133—1189年在位)第一次选择了五名王室成员——二名教士和三名世俗人员,"听审王国的所有诉请并主持正义",他们成为民诉法院最早的法官。[④] 民诉法院最初一直跟随国王和御前

---

① George Jarvis Thompson, *Development of the Anglo-American Judicial System*, 17 Cornell Law Review 9 (1931).

② John Baker, *An Introduction to English Legal History*, 5th Edition, Oxford University Press, 2019, p. 54.

③ John Baker, *An Introduction to English Legal History*, 5th Edition, Oxford University Press, 2019, p. 19.

④ 见于1178年一编年史家的记录。早先,人们认为这是王座法院的开始设立的时间。直至1888年梅特兰在《君主之诉选编》(Select Pleas of the Crown)第一卷的导言中,认为1178年新设立的法院是民诉法院,并且是从御前会议分化而来。但亚当斯认为,民诉法院非从御前会议分化而来,而是国王和御前会议新创设的机构。See George Burton Adams, *Origin of the English Courts of Common Law*, 30 Yale Law Journal 798 (1921).

会议巡游,这给参加诉讼的臣民带来很大不便,1215年《大宪章》(Magna Carta)要求民诉法院在固定地方审理案件。[①] 后来臣民间诉讼越来越多,亨利三世(1216—1272年在位)时期的1234年专门审理民诉案件的民诉法院便从御前会议(实质上是从财税法院)完全分离出来。19世纪司法改革前民诉法院一直固定在威斯敏斯特大厅审理案件。[②] 民诉法院审理普通的民事诉讼,普通法即在此法院产生。[③]

(4)王座法院(King's Bench)。大约1230年时,小御前会议职能发生分化,专事司法的王座法院开始出现。1268年亨利三世(1207—1272年在位)任命了首位首席法官(Chief Justice),但王座法院与御前会议仍实际一体,直至14世纪末才真正分离。王座法院因此是最后一个从御前会议分离出来的高级法院,即使分离后,王座法院也一直自称在"国王陛下本人面前"(*coram ipso domino rege*)审理案件。[④]

(5)文秘署(Chancery)。文秘署是文秘大臣(Chancellor)[⑤]的办公室。文秘大臣是办理文秘事务的官员,负责签发令状,准备和保存各种文书,掌管并在文书上加盖国玺(Great Seal)。随着令状司法化,文秘大臣具有了后世所谓的普通法方面管辖权(law side jurisdiction)。14世纪时,文秘署从御前会议独立出来,文秘大臣的职能逐渐转向司法领域,取得了衡平方面管辖权(equity side jurisdiction),转变为大法官[(Lord) Chancellor,2006年前都是英格兰最高法官],文秘署则变身为大法官法院(Court of Chancery; Chancery)。

(6)国王咨议会(King's Council)。形成于13世纪。当财税法院、民诉法院和王座法院陆续从御前会议分离出来成为常规法院后,国王仍然继续在御前会议咨询意见并行使司法管辖权。此时御前会议更宜

---

① 《大宪章》第17条规定,"民诉法院不应追随朕的宫廷,而应在某一特定地点开庭"。

② William Searle Holdsworth, *A History of English Law*, Volume 1, Methuen & Co. Ltd., 1903, p. 74 - 75.

③ R. C. Van Caenegem, *History of European Civil Procedure*, in Mauro Cappelletti ed., International Encyclopedia of Comparative Law: Civil Procedure, J. C. B. Mohr, 1973, p. 25.

④ 王座法院在国王统治期间,称为King's Bench,在女王统治期间称为Queen's Bench,中文统一译为王座法院。克伦威尔父子的护国公时期(1653—1659年)则称为上座法院(Upper Bench)。

⑤ 又称御前大臣。

称为国王咨议会。国王咨议会由国王宫廷里的政务官员、法官、主教和贵族组成,行使咨询、司法和行政上的广泛权力。① 后世出现的各种咨议会法院(conciliar courts),例如星室法院、上请法院都源自咨议会。

(7)枢密院(Privy Council)。形成于15世纪。枢密院源自国王咨议会,是由国王信任的人员组成的主要处理国务的小型机构。1526年枢密院行政和司法职能分离,行政部门跟随国王服务,而司法部门保留在威斯敏斯特。1833年《司法委员会法》(Judicial Committee Act,1833)即威廉四世3年和4年律目41制定法(3 &4 Will. Ⅳ,c. 41)设立司法委员会作为枢密院的裁判机构,受理来自英国各自治领或附属领地的刑事、民事上诉案件,以及来自教会法院、捕获法院(Prize Courts)、高等骑士法院(High Court of Chivalry)、五港海事法院(Court of Admiralty of the Cinque Ports)等法院的境内事项的上诉案件。查理二世(1660—1685年在位)时期出现的负责行政事务的内阁(Cabinet)也是从枢密院发展而来。

(8)议会(Parliament)。议会由大御前会议发展而来。爱德华一世(1272—1307年在位)于1295年举行的"模范议会"(Model Parliament)通常被认为是英格兰历史上的第一次议会。该议会由大主教、主教、男修道院院长、伯爵、男爵、郡骑士议员和自治市市民议员组成。爱德华三世(1327—1377年在位)时期议会分裂为上议院和下议院。下议院由郡和自治市代表议员组成,上议院由高级教士和贵族组成。议会行使立法职能,上议院还享有司法权,2009年司法权被取消前一直是英格兰事实上的最高法院。17世纪上议院曾经受理过一审案件,但因为不能给予当事人上诉机会,招致了批评,就不再行使初审管辖权,只行使上诉管辖权。先前,王座法院、财税法院内室法庭(Court of Exchequer Chamber)的判决错误,可通过纠错令状上诉到上议院。17世纪时上议院取得了对大法官法院判决错误的纠错复审管辖权。②

二、威斯敏斯特普通法法院和大法官法院的管辖权

中世纪前期,即盎格鲁-撒克逊时期和诺曼征服后一个世纪里,英

---

① L. B. Curzon, *English Legal History*, 2nd Edition, Macdonald & Evans, 1979, p. 176.

② John Baker, *An Introduction to English Legal History*, 5th Edition, Oxford University Press, 2019, p. 151.

格兰的诉讼一般在地方法院，主要是郡法院、百户区法院以及诺曼征服后逐渐设立的封地法院、庄园法院，适用本地习惯法审理。御前会议作为当时唯一的中央法院，不是对所有人开放的普通法院，只审理涉及最重要的人物和争议的案件。① 从 12 世纪开始直至中世纪结束，民诉法院、财税法院、王座法院等中央法院逐渐从御前会议中分离出来。最初这些中央法院的民事管辖权性质上是一种国王恩惠，只在地方法院的司法程序不充分或者被滥用时才作为例外授权行使。但后来因为中央法院具有程序上的优势，例如可强制被告出庭、审理方式和证据制度更合理、判决能有效执行、拥有专业的法官和法律执业人员，所以当事人更愿意在中央法院提起诉讼，而中央法院也乐于从更多的诉讼中取得诉讼收入。因此，虽然受到地方贵族的抵制，中央法院的管辖权逐步扩张，最终获得了全英格兰范围内各类案件的初审管辖权。至 15 世纪末时，地方法院全然衰落，威斯敏斯特的中央法院确定了绝对的优势地位。

本书讨论的诉讼程序是民诉法院、财税法院、王座法院以及大法官法院的民事诉讼程序。这些法院的民事管辖权可分为三类：初审管辖权、上诉管辖权和司法审查权。初审管辖权是审理第一审案件的权力，虽然上述四个法院是高级法院，但最主要的管辖权仍是初审管辖权。上诉管辖权和司法审查权是复审下级法院判决或对下级法院的司法行为作出监督的权力。上诉复审和司法审查虽然都是针对下级法院采取的审查救济手段，但两者有很大不同。在英格兰，上诉复审是制定法规定的救济手段，任何法院在没有制定法的规定时，无当然的上诉管辖权；上诉权是否存在，上诉的条件以及受理，上诉的机关等，都需要由制定法规定，并随着制定法规定的不同而不同。相反，司法审查是普通法上设立的制度，无须制定法的授权。当然作为例外，允许制定法在某个具体问题上限制司法审查权的行使或规定司法审查权的行使方式。②

---

① Rene David, *Major Legal Systems in the World Today: Introduction to the Comparative Study of Law*, 3rd Edition, Stevens & Sons, 1985, p. 312 – 313.

② 王名扬：《英国行政法》，中国政法大学出版社 1987 年版，第 150 页。

（一）王座法院的管辖权

王座法院由一名首席法官和三名或四名普通法官组成。[①] 19 世纪司法改革前，王座法院的管辖权比较全面，不仅享有刑事管辖权，还享有民事管辖权；既拥有初审管辖权又拥有司法审查和上诉管辖权。

1. 初审管辖权

（1）刑事初审管辖权

王座法院是“王国普通法的最高法院”。先前国王在王座法院亲自坐审，[②]王座法院因此一直自称“在国王本人面前的法院”（*coram ipso rege*; court before the King himself）。王座法院很早就确定了刑事管辖权，王座法院被称为“全王国道德守护者”（*custos morum* of all the realm），王座法院法官则是“王国和平至上守护者和最高死因裁判官”（the sovereign conservators of the peace, and supreme coroners of the land）。[③] 早期王座法院的刑事管辖权是审理国王作为原告的，破坏国王和平的所有重罪和轻罪案件，因为这些犯罪侵犯了王权（*jura regalia*）。[④] 重罪是不可补救的犯罪，定罪后被告会失去一切财产甚至生命。[⑤] 重罪之外的犯罪属于轻罪。轻罪先前称 trespass，15 世纪后改称 misdemeanour，trespass 转指民事侵害行为和侵害之诉。破坏国王和平的轻罪属于君主之诉（pleas of the Crown）的对象，由王座法院管辖；未破坏国王和平的轻罪，仍由地方法院管辖。君主之诉，又称国王之诉，是涉及国王利益或国王和平（king's peace）因而由国王或国王的法院享有排他管辖权的诉讼。[⑥] 原则上只有涉及暴力的轻罪被认为是破坏国王和平的轻罪，某些欺诈或盗窃就排除了王座法院的管辖，除非它

---

① 3 Bl. Comm. 40.

② 爱德华一世时期国王不再经常出席王座法院。1607 年“禁止国王听审案”（Prohibition del Roy）中，首席法官柯克经全体法官同意认定，国王不能亲自审理案件，所有涉及其利益的案件应由法官裁决。12 Co. Rep. 63; 薛波主编：《元照英美法词典》（缩印版），潘汉典总审订，北京大学出版社 2014 年版，词条 Prohibition del Roy。

③ John Impey, *The New Instructor Clericalis, Stating the Authority, Jurisdiction and Modern Practice of the Court of King's Bench*, J. & W. T. Clarke, 1823, p. 1.

④ A. T. Carter, *A History of English Legal Institutions*, 7th Edition, Butterworth, 1944, p. 50.

⑤ 4 Bl. Comm. 94.

⑥ 除君主岁入案件由财税法院管辖外，王座法院对于君主之诉享有专属管辖权。君主之诉也可理解为君主作原告的诉讼，后常专指刑事诉讼。

们构成“对国王全体臣民的侵害和公共妨害”。[①] 王座法院还可审理未分配给其他法院的任何案件。[②] 即使议会立法规定某特定类型的犯罪应由特定法官或法院审理，只要该立法无明示否定条款，就不能排除王座法院的管辖权。[③] 到 14 世纪末，王座法院很多刑事管辖权被削减，但保留了所有米德尔塞克斯郡的第一审刑事案件，包括重罪私诉（appeals of felony）案件的管辖权，米德尔塞克斯郡是威斯敏斯特大厅所在地。[④]

（2）民事初审管辖权

民事初审案件原本由民诉法院管辖，王座法院不享有民事诉讼初审案件的一般管辖权，只管辖具有刑事性质以及与国王利益关联的民事诉讼，如暴力和武力侵害之诉（trespass *vi et armis*）、欺诈之诉（deceit）。这些诉讼的初审管辖权来自王座法院对君主之诉的管辖权。暴力和武力侵害以及其他具有刑事性质的侵害都属于破坏国王和平行为，因此由王座法院管辖。

贵族、主教、王室官员或其他王国有地位者提起的民事诉讼，因为不是平民之间诉讼，由王座法院管辖。另外，针对王座法院的官员和律师，以及被马夏尔西监狱（Marshalsea）[⑤]典狱长羁押的监犯提起的所有对人诉讼的民事案件也由王座法院专属管辖。对王座法院的官员和律师、监犯的专属管辖权是因为这些人享有不得被强迫在其他法院答辩的特权。王座法院可管辖针对被马夏尔西监狱典狱长（Marshal of Marshalsea）羁押的监犯提起的所有对人诉讼，这使王座法院的管辖权可通过拟制延伸到所有类型的对人诉讼案件中。但王座法院对不动产诉讼和驱逐之诉外的混合诉讼一直不享有管辖权。

相较于民诉法院，王座法院开始时审理的民事案件数量不多。从 15 世纪中叶，随着拟制的运用，王座法院从民诉法院那里夺取了大量民

---

① John Baker, *An Introduction to English Legal History*, 5th Edition, Oxford University Press, 2019, p. 542.

② A. T. Carter, *A History of English Legal Institutions*, 7th Edition, Butterworth, 1944, p. 50.

③ John Bouvier & Francis Rawle, *Bouvier's Law Dictionary*, Volume Ⅰ, Boston Book Company, 1897, p. 461, entry court of King's Bench.

④ John Baker, *An Introduction to English Legal History*, 5th Edition, Oxford University Press, 2019, p. 46.

⑤ 也有译为王室内务法庭监狱。

事案件管辖权。另外,王座法院通过采用将侵害令状适用于不动产中,创设了驱逐之诉,取得了原本专属于民诉法院管辖权的有关不动产诉讼的管辖权。王座法院对民诉法院的管辖权的争夺在16世纪后期愈演愈烈,引起巨大争议,并最终于1660年获得解决。19世纪司法改革前,王座法院审理的民事案件数量远远超过民诉法院。

2. 王座法院上诉管辖权

王座法院针对下级存卷法院行使刑事和民事案件上诉管辖权。王座法院上诉管辖权通过纠错令状(writ of error)实现,所有下级存卷法院的判决可通过申请签发纠错令状向王座法院上诉。纠错令状指具有上诉管辖权的法院签发给存卷法院的法官,命令他将被指控有错误的记录提交本法院审查或命令他自行审查的令状。依纠错令状的复审只限于审查下级法院以及民诉法院诉讼记录中明显存在的技术或程序上的错误,这与现代意义的上诉复审不同,后者审查一审判决中的法律适用错误。

民事案件纠错令状的取得是当事人的一种权利。与之不同的是,直到1705年前,刑事案件中当事人不能作为权利当然取得纠错令状。刑事案件纠错令状的取得一直是国王恩惠——这种恩惠基于国王的善心或慷慨,国王有权任意决定是否授予。1705年开始,在轻罪案件中,纠错令状的取得成为权利,而在叛逆罪和重罪案件中,仍然是一项恩惠。

王座法院还可借由纠错令状复审民诉法院的民事判决,这源自先前王座法院尚未从国王咨议会分离出来时由国王咨议会复审民诉法院判决的做法。①

3. 司法审查权

王座法院作为高级法院,本身不受任何其他法院司法审查的支配,但因为王座法院是国王法院(*coram regis*),而国王是"正义的源泉"(fountain of justice),王座法院享有广泛的司法审查权。司法审查权是王座法院对下级法院、行政官员或其他个人以君主的名义行使的监督控制,禁止其出现越权行为的权限。司法审查权主要通过解交人身令

---

① Frederick G. Kempin, *Historical Introduction to Anglo-American Law in a Nutshell*, West Publishing Co., 1990, p. 35.

状(*habeas corpus*)、[1]禁审令状、调卷令状、执行职务令状、权力开示令状(*quo warranto*)、发还审理令状(writ of *procedendo*)等君主特权令状行使。

(二)民诉法院的管辖权

民诉法院英文称Court of Common Pleas,又称Court of Common Bench,有时简称Common Pleas或Common Bench。common pleas指臣民或平民之间的诉讼,[2]与君主之诉相对。1215年《大宪章》第17条规定,"民诉法院不应追随朕的宫廷,而应在某一特定地点开庭"。据此,臣民间诉讼(主要是民事诉讼)的管辖权授予了民诉法院,民诉法院固定在威斯敏斯特听审案件。该规定似乎禁止了财税法院和王座法院管辖臣民间诉讼,因为它不涉及国王利益。"在此禁止之前,王室法院(King's Court)(王座法院的前身)和财税法院都可以审理民事诉讼案件。"[3]自1272年首位独立的民诉法院首席法官(*capitalis justiciarius de communi banco*; Chief Justice of the Common Pleas)被任命后,民诉法院一直由一名首席法官和三名或四名普通法官(puisne judges)组成。[4] 民诉法院的管辖权包括以下方面:

(1)管辖依据初始令状启动的臣民和臣民之间的民事诉讼。民诉法院本身不直接拥有初审管辖权,法官只是君主的代理人(substitute),每一案件须经君主授权并特别提交民诉法院管辖时它才能予以审理。因此,理论上所有在民诉法院提起的诉讼都应根据作为国王授权书的初始令状启动,其做法是先由当事人向代表国王的大法官法院申请初始令状,由大法官法院以国王名义签发初始令状给郡长,郡长将令状回呈民诉法院,民诉法院由此取得诉讼事项管辖权。[5] 最初一切民事诉讼

---

① 解交人身令状,又称人身保护令状,通过将被告"人身"从下级法院带至高级法院,由高级法院对案件审理。

② 准确而言common pleas似乎更应指平民间诉讼。平民与贵族、教士相对,形成中世纪的三大阶层,共同属于君主的臣民。

③ Thomas Madox. *The History and Antiquities of the Exchequer of the Kings of England*, J. Matthews, 1711, p. 145.

④ 3 Bl. Comm. 40; William Searle Holdsworth, *A History of English Law*, 3rd Edition, Volume 1, Methuen & Co. Ltd, 1923, p. 196.

⑤ Baker John Sellon, *The Practice of the Courts of King's Bench and Common Pleas*, Volume 1, A. Strahan, 1798, p. xliv – xlv.

几乎都由民诉法院管辖,但后来王座法院、财税法院通过拟制获取了大量普通民事案件初审管辖权。

(2)司法审查和上诉复审权。如果下级法院是存卷法院,在下级法院判决前,通过调卷令状或者解交人身令状,将案件移送民诉法院审理;在下级法院判决后,通过纠错令状,将案件移送民诉法院复审。如果下级法院不是存卷法院,在下级法院判决前,通过移审令状(writ of *pone*)、①诉讼记录移送令状(*recordari facias loquelam*)②或者移送王室法院令状(*accedas ad curiam*),③将案件移送民诉法院审理;在下级法院判决后,通过错误判决令状(writ of false judgment),将案件移送民诉法院复审。④ 17 世纪民诉法院还获得了签发禁审令状的司法审查的权力。

(三)财税法院的管辖权

1. 初审管辖权

财税法院产生之初只是王室的中央税收机构,并非普通法法院。⑤后来财税法院既有了普通法法庭,又有衡平法庭;既享有全部的普通法管辖权,又享有衡平法管辖权。司法改革前,这些管辖权由一名首席财税法官(Chief Baron)和三名普通财税法官(puisne barons; puny barons)行使。财税法院自产生后直至司法改革时期并入高等法院前,其初审管辖权几经如下大的变化。

第一次大的变化发生在民诉法院从财税法院分离之时,财税法院因此失去了大部分的普通法民事案件管辖权,仅保留了以下两种管辖权:(1)君主岁入管辖权即有关君主岁入事项的诉讼的管辖权。任何君主的债务人或收入官(accountant)提起的民事诉讼,都由财税法院管辖,因为这些案件会影响君主岁入。此类案件诉讼程序特殊,称做财税诉讼惯例(*cursus scaccarii*)。(2)专有的普通法管辖权,即以财税法院官员作为被告以及财税法院官员根据特权提起的普通法民事案件的管

---

① 移审令状是将案件从郡法院或领主法院移送上级法院的初始令状。

② 将动产占有回复之诉(replevin)从郡法庭移到威斯敏斯特高级法院的初始令状。

③ 为将动产占有回复之诉从百户区法院或领主法院移至上级的王室法院的初始令状。

④ William Tidd, *The Practice of the Courts of King's Bench and Common Pleas in Personal Actions and Ejectment*, 9th Edition, Volume 1, J. Butterworth and Son, 1828, p. 38.

⑤ George Jarvis Thompson, *Development of the Anglo-American Judicial System*, 17 Cornell Law Review 9 (1931).

辖权。[①]

第二次大的变化发生在14世纪。民诉法院从财税法院分离后,财税法院无法管辖一般的民事诉讼。为争夺管辖权,14世纪财税法院通过拟制宣称原告是君主的债务人(实际上债务不存在),由法院签发君主债权减少拘捕令状(writ of *quo minus capias*)取得对被告的管辖权。这样财税法院就将民事案件的管辖权扩展至几乎所有对人诉讼。

第三次大的变化发生在司法改革时期的1842年。早在16世纪时财税法院就通过附罚则传唤令状(*subpeona*)行使衡平管辖权。根据1841年《大法官法院法》(Court of Chancery Act,1841),即维多利亚女王5年律目5制定法(Statute 5 Vict.,c. 5),财税法院的全部衡平管辖权于1842年转移给了大法官法院。财税法院成为单纯的君主岁入法院和普通法法院。

2. 上诉管辖权

直至1830年,针对财税法院、王座法院记录错误提交的纠错令状在财税法院内室法庭(Exchequer Chamber; Court of Exchequer Chamber)审理。[②] 根据1830年《法院开庭期法》(Law Terms Act,1830)即乔治四世11年和威廉四世1年律目70制定法(11 Geo. Ⅳ &1 Will. Ⅳ,c. 70),重新调整了财税法院内室法庭。该法第8条规定,民诉法院的案件直接通过纠错令状上诉到财税法院内室法庭。这样三个普通法高等法院中任一法院的判决如果记录有错误,都通过纠错令状在财税法院内室法庭提起上诉,但须由另外两个法院的法官组成合议庭审理。财税法院内室法庭的案件上诉到上议院。1873年财税法院内室法庭随同财税法院都被撤销,它的上诉管辖权转移给了新创设的上诉法院。

(四)威斯敏斯特普通法法院的初审民事管辖权划分

如前所述,中世纪以来,威斯敏斯特的王座法院、民诉法院、财税法

---

① Harold Potter,*An Introduction to the History of English*,Sweet & Maxwell,1923,p. 36.

② 根据爱德华三世31年律目12制定法(Statute 31 Edw. Ⅲ,c. 12)确立的法院,负责通过纠错令状复审财税法院普通法法庭的案件。1584年伊丽莎白一世27年律目8制定法(27 Eliz. I,c. 8)允许通过纠错令状将王座法院的案件上诉到财税法院内室法庭。针对民诉法院记录上的错误提交的纠错令状一直在王座法院审理。

院虽然是高级普通法法院,但民事管辖权仍然以初审管辖权为主。英格兰的民事初审管辖权高度中央化,在当时的欧洲非常少见。中央普通法法院享有的民事初审管辖权开始集中于民诉法院,后来由三大法院并行行使,下文就这些法院的初审管辖权划分上的相互关系做以说明。

1. 一般管辖权

19 世纪司法改革前,英格兰威斯敏斯特三大高级普通法法院享有的民事初审管辖权属于一般管辖权,该管辖权不能通过排他用语(exclusive words)限制或排除,除非出现少数例外情形。例如,被告是牛津或剑桥大学的居民或被告应在锡矿区法院被起诉,原告如果在威斯敏斯特高级法院提起诉讼,被告就可以提出管辖异议;如果诉讼为属地诉讼(local action),而且审理地点只能在某一排他的司法管辖区,如驱逐之诉的涉讼土地位于巴拉丁伯爵领地(palatine county)、五港(cinque ports)、伦敦或者某一固有自领地(ancient demesne),原告在威斯敏斯特高级普通法法院起诉时,被告也可提出管辖异议。①

2. 并行管辖权

19 世纪司法改革前,对人诉讼(personal action)以及属于混合诉讼(mixed actions)的驱逐之诉(ejectment),三个威斯敏斯特高级普通法法院享有并行管辖权(concurrent jurisdiction)。这意味着三个普通法法院对相应案件都能享有并行管辖权,原告可以选择其中任一法院启动诉讼;在任一法院启动的诉讼不得移送其他法院。另外,如果某案件已获得任一法院的判决或者正在任一法院诉讼,当事人不得以相同诉因在其他法院起诉,否则另一方当事人可作出诉讼阻却或撤销的答辩(pleadable in bar or abatement)。

3. 排他管辖权

3 个高级普通法法院之间也存在排他管辖权(exclusive jursdiction)的划分。排他管辖权意味着某类案件必须由某一法院专属管辖,另外两个法院无权管辖。民诉法院对不动产诉讼和混合诉讼(驱逐之诉等除外)具有排他管辖权,当事人不得在其他两个法院启动该类诉讼。财

---

① Robert Lush, *The Practice of the Superior Courts of Law at Westminster, in Actions and Proceedings*, C. Reader, Law Bookseller, 1840, p. 3.

税法院对涉及国王岁入的普通法诉讼享有排他管辖权。在各个高级普通法法院,所有本法院法官、官员,从首席法官到普通官员,都享有在所属法院被起诉的特权。如果原告在一法院起诉另一法院法官或官员,被告可作出撤销诉讼的答辩。王座法院对被马夏尔西监狱或王座法院监狱典狱长羁押的监犯提起的所有对人诉讼享有排他的管辖权。

(五)大法官法院管辖权

大法官法院,又称高等大法官法院(High Court of Chancery),是英格兰最主要的衡平法院,并且常常直接代指衡平法院。[①] 19世纪司法改革前,大法官法院地位仅次于议会,它由六个各自独立的法庭组成,分别是大法官法庭(Court of the Lord High Chancellor)、掌卷主事官法庭(Court of Master of the Rolls)、三名副大法官分别掌管的副大法官法庭(Courts of the Vice Chancellors)、大法官法院上诉法庭(Court of Appeal in Chancery)。[②]

大法官法院的管辖权划分为普通法方面管辖权和衡平方面管辖权。普通法方面管辖权不涉及案件的实体审理,主要处理以下程序事项:首先,签发授权在普通法法院启动诉讼的初始令状。其次,签发命令审查法院记录错误的纠错令状。最后,签发禁止下级法院越权审理案件的禁审令状。衡平方面管辖权,又称衡平管辖权,是大法官法院的主要管辖权。衡平方面管辖权指适用衡平法,确认衡平法上的权利、利益,提供衡平法上的救济的权限。大法官法院的衡平方面管辖权完全是民事性质的,除极个别情形外,大法官法院不行使任何刑事管辖权。法院要对某一案件行使衡平方面管辖权,就必须具备下面两种因素之一:请求保护的基本的权利、利益或构成诉因的对权利、利益的侵犯是衡平法而不是普通法上的;法院提供的救济性质上是衡平法的,或虽然普通法也能提供救济,但从案件实际情况来看,只有依衡平诉讼程序来处理,才能给予充分和适当的救济。[③] 大法官法院适用的衡平法与普通

---

① 历史上除大法官法院外还存在其他衡平法院,如都铎王朝和斯图亚特王朝早期的上请法院、星室法院。

② 大法官法院上诉法庭成立于1851年,审理来自掌卷主事官法庭、副大法官法庭的上诉案件。

③ 薛波主编:《元照英美法词典》(缩印版),潘汉典总审订,北京大学出版社2014年版,词条equity jurisdiction。

法差异明显。就适用范围而言,普通法存在完整的结构和体系,适用范围完全、广泛,衡平法是不完全的、片段式的,适用范围有限。[①] 正如梅特兰所言,“衡平法不是自足的制度,而是在每一项制度上都以普通法的存在为前提;普通法是自足的制度”。[②] 衡平法是普通法的“注解”(gloss)和“补遗”(appendix),[③]起到补充普通法的不足并填补普通法的漏洞的作用。例如,普通法最初兴起的领域是地产法,形成了发达的地产权制度,衡平法虽早先也出现在这个领域,但衡平法并不存在一套平行的完整地产法体系,只局限于用益和信托方面。即使如此,衡平法创设了各类新型衡平权益(equitable interests),填补或修正了普通法权利(legal rights)的空白或缺陷,使不动产制度发生了质的变化。就诉讼救济而言,普通法法院除了返还原物,通常只给予损害赔偿的救济。衡平法的优势在于大法官法院可以提供更多其他的救济,能够弥补普通法救济方式的贫乏。衡平法救济方式有特定履行(specific performance)、禁制令(injunction)、更正文书(rectification)、解除合同(rescission)等。但衡平救济只起到补充作用,当事人如果在普通法上能够得到充分的救济,就不能寻求衡平救济。

相对于普通法法院,大法官法院拥有的管辖权又可作如下划分。一是排他管辖权(exclusive jurisdiction)。排他管辖权是大法官法院专属享有的,不能由普通法法院行使的管辖权。这一管辖权针对衡平法创设的权利如衡平抵押权、衡平赎回权,以及衡平法特有的救济事项。二是并行管辖权。并行管辖权是大法官法院和普通法法院共同享有的管辖权,针对虽然普通法法院可以管辖但无法提供充分救济,须由大法官法院干预的事项。三是附属管辖权(auxiliary jurisdiction)。附属管

---

① 衡平法主要适用以下 6 个方面:①偶发事件和错误。前者如盖印契据的丢失,后者如合同上的误解。②账目。③欺诈。④未成年人。⑤协议的特别履行。⑥信托、遗嘱执行、遗产管理。See Henry Maddock, *A Treatise on the Principles and Practice of the High Court of Chancery*, Volume 1, Clayton and Kingsland, 1817, p. 21; 参见[美]阿瑟·库恩:《英美法原理》,陈朝璧译注,法律出版社 2002 年版,第 38 页。

② Frederic William Maitland, *Equity, also the Forms of Action at Common Law: Two Courses of Lectures*, Cambridge University Press, 1910, p. 19.

③ Frederic William Maitland, *Equity, also the Forms of Action at Common Law: Two Courses of Lectures*, Cambridge University Press, 1910, p. 18.

辖权是大法官法院通过提供某些救济,协助普通法法院实现完全管辖权的权力。例如,原告借助大法官法院的强制证据开示程序确认有关事实,支持其在普通法法院的诉讼。

第三节　威斯敏斯特高级法院民事管辖权相关制度

一、巡回审理制度

理解英格兰高级法院民事管辖权和诉讼程序规则还须从巡回审理制度入手。巡回审理指在全国设立若干巡回区,①王室法院根据巡回审理委任状(commission of assize)将法官派往各巡回区审理案件。巡回审理创设于亨利二世(1154—1189 年在位)时期。巡回法官主要审理刑事案件,如根据刑事听审委任状(commission of oyer and terminer)(数量最多的一种委任状)审理叛逆、重罪等案件,如通过监狱出空提审委任状(commission of gaol delivery)审理监狱中羁押的每一名囚犯。

巡回审理处理的民事案件最先只有涉及土地的咨审之诉。大约1165 年,亨利二世颁布一项法令(assize; assise),规定如果某人新近"不正当或者未经判决"侵夺他人自由保有地产的占有,将被认定为破坏国王和平的行为,应该交由巡回法官处理。诉讼时会签发给争议土地所在郡郡长一项令状,令其从邻近地区召集 12 名自由和守法的本地男子调查涉及争议中的土地是否存在新近侵占(novel disseisin)问题。如果经调查被告的新近侵占行为成立,则判决被告归还占有的地产。此即所谓新近侵占地产咨审之诉(assize of novel disseisin)。② 1179 年亨利二世制定了《温莎法令》(Assize of Windsor),该法又称"大法令"(Grand Assize),它为确定地产所有权的案件提供了一种替代司法决斗

---

①　1176 年,根据《北安普敦法令》(Assize of Northampton),亨利二世将英格兰划分为 6 个巡回区(circuits),每区分派 3 名巡回法官执行财政和司法方面的事务。每巡回至一个郡时,巡回法官们便全席出庭审理案件,郡法院此时便不再开庭。1179 年英格兰重新划分为 4 个巡回区,其中 3 个巡回区派出 5 名法官,最后一个巡回区派出 6 名法官。爱德华三世(1327—1377 年在位)于 1328 年将巡回区恢复至 6 个。See W. F. Finlason, *Reeves' History of the English Law From the Time of the Romans to the End of the Reign of Elizabeth*, Vol 1, Reewes & Turner, 1869, p. 9.

②　传统上认为这种诉讼程式起源于亨利二世 1166 年颁布的《克拉伦登法令》,但是细查该法条文,并无相关规定。

的审理方式。依据该法,发生有关土地权利之诉时,可由郡长召集四名本郡骑士,由他们挑选邻近地区的十二名骑士,共十六人根据所了解的情况宣布哪一方当事人具有更高权利(better right)。[①] 这样,权利之诉的被告就可以避免领主法院的残酷的决斗审理。上述两种诉讼程式和裁断案件的人员都直接称为 assize,分别译为“咨审之诉”和“咨审团”。咨审之诉分为小咨审之诉(petty assize)和大咨审之诉(grand assize)。小咨审之诉由宣誓陈述实情的邻人组成十二人的小咨审团调查、决定事实问题,而大咨审之诉由骑士组成十六人的咨审团,因此咨审团更为正式,故称为大咨审团。小咨审之诉是关于占有的诉讼,因此又称占有咨审之诉(possessory assize),而大咨审之诉是审理土地所有权问题的诉讼。

小咨审之诉共有四种,最重要的是前述的新近侵占地产咨审之诉以及继承地产咨审之诉(assize of mort d'ancestor),[②]另外两种有关教会事务,分别是确定土地性质咨审之诉(*assisa de utrum*; assise of *jus utrum*; assize *utrum*)[③]和最终圣职推荐权咨审之诉(assise of darrein presentment)。[④] 1215 年《大宪章》第 18 条确认并重申了新近侵占地产咨审之诉、继承地产咨审之诉和最终圣职推荐权咨审之诉应在涉讼地产所在郡开庭审理。[⑤] 为此王室法院每年要向地方派出法官主持咨审之诉,这些法官称为巡回咨审法官或巡回法官(justices of assize)。

由于巡回咨审只限于上述土地占有的诉讼,其他打算在王室法院诉讼的民事案件仍应向位于米德尔塞克斯郡威斯敏斯特的民诉法院起

---

① 究竟由 16 名骑士还是 12 名骑士审理案件,有不同观点。See Earl Jowitt, Clifford Walsh & John Burke, *Jowitt's Dictionary of English Law*, Volume 1, Sweet & Maxwell Ltd, 1977, p. 149, entry assise; John Baker, *An Introduction to English Legal History*, 5th Edition, Oxford University Press, 2019, p. 253, note 52.

② 继承地产咨审之诉于 1176 年根据《北安普敦法令》(Assize of Northampton)创设。

③ 确定某项地产是不是自由教役保有地产的咨审之诉。于更早的 1164 年创设。

④ 确定谁是某项空缺的教会圣职的最终推荐权人的咨审之诉。圣职是教士的终身自由保有职位,包括对该职位享有的收益的完全保有。

⑤ 该条内容如下:“新近侵占地产、继承地产、最终圣职推荐权咨审之诉,只应在其所在郡审理,并仅能采用以下方式:由朕,如朕不在王国内则由朕最高法官(principal justiciar)遣派两名法官巡审各郡,每年四次,会同各郡所推举之骑士四人,于该郡在郡法院开庭之日及所在地点进行上述审理。”

诉,并需要在威斯敏斯特审理(1294 年之前也可以等待 7 年一次的大巡回审)。如果这些民事案件要求陪审团(jury)审理,①陪审员须在指定日期前往威斯敏斯特出庭。由于陪审员都居住在案件发生地区,当案件发生在威斯敏斯特之外的地方时,因为交通困难、路途险阻,前往威斯敏斯特成为一项巨大负担。对当事人、证人而言也不胜其苦,难以承受。② 最初威斯敏斯特的高级法院只审理重要和有影响的案件,不重要的案件由地方法院如领主法院、百户区法院、郡法院审理,但后来威斯敏斯特的高级法院管辖范围扩大,任何标的额的案件都可提交高级法院在威斯敏斯特审理。为方便诉讼,爱德华一世(1272—1307 年在位)在 1285 年颁布了《巡回陪审团审理制定法》(*Statute of Nisi Prius*),③规定普通的诉讼可由巡回法官在地方通过陪审团审理。这一制定法形式上并未废除由郡长传唤陪审员至威斯敏斯特审理案件的做法,而是规定郡长应在指定日期传唤陪审团至威斯敏斯特大厅,但该日期以前如果巡回法官来到涉案的郡,则由郡长召集陪审团在当地审理案件。因此,在召集陪审团的有关令状中,会记载"除非在某月某日以前案件争点已经由某某(巡回法官)在涉案的郡作出审理"的语句。由于该语句的发端语是 *nisi prius*,④这种审理案件的方式和程序就称为 *nisi prius*,意译为"巡回陪审团审理"。被授予巡回陪审团审理委任状(commission of *nisi prius*)的巡回法官前往案件发生地所在郡,在他的主持下,由郡长召集本地十二名陪审员组成的陪审团审理民事案件。这样,陪审团审理就可以在诉因发生地所在郡而无须至威斯敏斯特实施。

巡回陪审团审理制定法颁布后,陪审团审理分化为合议审理(trial

---

① 这里的陪审团是狭义的陪审团,即"普通法上的陪审团"。普通法陪审团产生晚于咨审团,它应当事人请求召集,审理咨审之诉以外的民事案件,以及刑事案件。广义上的陪审团包括咨审团,咨审团可以理解为"制定法上的陪审团"。

② 3 Bl. Comm. 352. 在 13 世纪早期,出现了职业律师阶层,可以在整个诉讼过程中代表缺席的当事人出席法庭,因此基本解决了当事人本人出庭困难的问题。See John Baker, *An Introduction to English Legal History*, 5th Edition, Oxford University Press, 2019, p. 24.

③ 威斯敏斯特第二制定第 30 章(Statute of Westminster Ⅱ, c. 30),又称爱德华一世 13 年律目 30 制定法(13 Edw. Ⅰ, c. 30)。

④ 英文做 unless before,字义"除非在……以前"。

at bar)和巡回陪审团审理(trial at nisi prius)两种形式。合议审理是由法院的全体法官(三名或四名法官)主持的陪审团审理,巡回陪审团审理则由1名法官主持。合议审理需在威斯敏斯特进行,它最初是威斯敏斯特高级法院的通常审理方式,巡回陪审团审理产生后,便很少采用了。即使当事人一致同意采用合议审理方式,是否合议审理也完全由法院自由裁量决定。如果君主具有实际和直接的利害关系,总检察长有当然权利要求合议审理;威斯敏斯特高级法院的法官、大法官法院的主事官(master)是一方当事人时,法院将当然准许合议审理。另外,如果出庭律师(barrister)或者高级法院的官员是当事人,据称法院也不能拒绝合议审理。① 某些情形下,法院不得准许合议审理。例如,陪审团召集地点(venue)在伦敦城(City of London)时,根据授予伦敦城的特许状,伦敦城市民免于在伦敦城之外担任陪审员,除非他们同意放弃其特权。② 因此如果陪审团召集地点在伦敦城,只能采用巡回陪审团审理,不能要求他们前往威斯敏斯特参加合议审理。陪审团召集地点在威斯敏斯特法院所在的米德尔塞克斯郡时,几乎都采用1名法官主持的巡回陪审团审理方式。19世纪初司法改革前,伦敦城和米德尔塞克斯郡每年举行若干次巡回陪审团审理,可在开庭期以及休庭期举行。在其他郡一年举行2次,并且只能在休庭期举行。伦敦城和米德尔塞克斯郡的巡回法官为三大普通法法院的首席法官,审理来自各自法院诉答后形成的争点。其他郡的巡回法官是根据临时的君主委任状指派的法官,通常每一巡回区会派出2名高等法院法官。③

巡回陪审团审理和小咨审团审理不同。小咨审团审理中,巡回法官根据委任状的授权对案件享有初审管辖权,从诉讼启动至案件审理结束都全程参与,并有权作出判决,当然法官也可将疑难问题交由王室法院处理。巡回陪审团审理中,巡回法官的权力非来自委任状的授予,

---

① John Frederick Archbold, *The Practice of the Court of King's Bench in Personal Actions, and Ejectment*, Volume 1, Stephen Gouli, 1823, p. 165.

② John Frederick Archbold, *The Practice of the Court of King's Bench in Personal Actions, and Ejectment*, Volume 1, Stephen Gouli, 1823, p. 165.

③ John Frederick Archbold, *The Practice of the Court of King's Bench in Personal Actions, and Ejectment*, Volume 1, Stephen Gouli, 1823, p. 105.

而是行使其他被委任的职能时由议会附加授予；[①]该巡回法官的管辖权是不完全的，只能针对案件的争点问题，陪审团作出裁断（verdict）后他不能对案件作出判决。整体而言，巡回陪审团审理的案件的初审管辖权仍然保持在威斯敏斯特高级普通法法院。当事人须在威斯敏斯特的某一高级法院启动诉讼，并在威斯敏斯特完成诉答，达成事实争点。在适当时间，该法院派出巡回法官，将争点带到诉因发生地所在郡，由该郡郡长召集的陪审团在巡回法官主持下对争点作出审理和裁断，巡回法官再把裁断和记录带回威斯敏斯特的法院，由法院作出判决。直到后来，巡回法官不仅可以主持审理，也可以作出判决。[②]

巡回陪审团审理使得民事诉讼程序出现了以下特点：(1)巡回陪审团审理的诉讼，由当事人在威斯敏斯特三大高级普通法法院提起，并由这些法院派出的巡回法官主持，因此虽在地方巡回审理，诉讼的管辖权仍掌握在威斯敏斯特高级法院手中。最初巡回陪审团审理只负责不太重要的案件，后来则几乎所有的在威斯敏斯特启动的普通法民事案件都交由巡回陪审团审理。(2)巡回陪审团审理制度下，强化了诉讼程序中启动、诉答、审理和判决四个步骤的区分。巡回陪审团审理制度产生之前，民事诉讼在哪里提起就在哪里诉答、审理和判决，但巡回陪审团审理产生后，除非是合议审理，诉讼须在位于威斯敏斯特的高级法院启动，诉答也在这里完成，但之后须到地方（审理地点）完成事实争点的审理和事实裁断，最终的判决又回到威斯敏斯特高级法院作出。案件的审理和裁断这一事实的调查和判断过程与案件的启动、诉答、判决程序分开，并在不同的地点完成，这是英格兰民事诉讼程序的最大特点之一。历史上看，启动、诉答、审理和裁断、判决区分为不同阶段类似于罗马法法定诉讼和程式诉讼时期的法律审理和事实审理，它们都不是初审和复审两个审级的划分，而是同一审级的不同诉讼阶段的划分。

1971年《法院法》（Courts Act，1971）取消了所有巡回法院，不再签发相应的巡回审理的委任状，原来巡回法院审理的民事案件由高等法院（High Court）承接，高等法院可在英格兰和威尔士的任何一个地方开

---

① John Baker, *An Introduction to English Legal History*, 5th Edition, Oxford University Press, 2019, p. 24.

② L. B. Curzon, *English Legal History*, 2nd Edition, Macdonald & Evans, 1979, p. 174.

庭;刑事案件则转交刑事法院(Crown Court)审理。

二、审理地点制度

(一)审理地点规则的确立

英格兰诉讼程序史上,存在一项类似大陆法系“国内地域管辖权”(territorial competence)的审理地点制度。审理地点是指诉答完成后,有管辖权的法院开庭审理案件的地点。审理地点制度是巡回陪审团审理背景下,英格兰普通法历史上特有的相当发达和完善的制度,现今诸多管辖权规则都源于审理地点规则。

1. 陪审团召集地点的确定规则

理解审理地点规则,须先行说明诉因发生地点和陪审团召集地点。根据古老的普通法,诉讼提起并且被告出庭后,诉讼进入诉答阶段。诉答的第一步是原告提交第一诉答状。[①] 原告在第一诉答状中须陈述诉因即诉讼主张所基于的事实,并记载诉因发生的时间和地点。[②] 实行陪审团审理后,原告在第一诉答状中记载的诉因发生地点就产生一项重要的作用——作为原告提出的“陪审团召集地点”。原告提出的地点能否最终被确定为陪审团召集地点取决于被告针对原告诉因所作的事实答辩(plea)类型。被告的事实答辩类型有事实否认答辩(traverse)、承认但效力异议答辩(confession and avoidance)两种。如果被告答辩时否认原告主张的事实,意味着被告作出事实否认答辩,因此达成事实争点,原告提出的被对方否认的事实,就成为争点事实(fact in issue),陪审团从该争点事实发生地召集。该争点事实发生地正是原告提出的诉因发生的地点。被告也可能作出承认但效力异议答辩,即承认原告主张的事实,但又提出新的事实否认原告主张的事实的效力,从而认为自己无须承担责任。如在一项请求偿还债务的诉讼中,被告承认欠有原告款项,但提出被告已经偿付原告该债务。因为被告提出新的事实,被告必须提出新的事实发生的具体地点。如果原告进而否认这一新的事

① 原告第一诉答状在对人诉讼中称为declaration,不动产诉讼中称为count。原告第一诉答状必须按照规定的格式制作,依次包含以下内容:法院名称、审理地点(venue)、开始部分(commencement)、诉因、诉讼理由、结论。

② 如果原告以初始令状启动诉讼,初始令状中也会记载诉因发生地点,并以之作为自己提出的陪审团召集地点。原告提交的第一诉答状中这一地点的记载须与初始令状一致。

实,双方就此达成争点,被告提出的新的事实发生的地点为争点事实发生所在地点,陪审团须从该地点召集。如果被告部分否认原告主张的事实,但又提出部分新的事实,则部分陪审员从原告陈述的地点召集,部分陪审员从被告陈述的地点召集,即使原告、被告提出的事实发生地并不相同。这样,普通法上确立了一项陪审团召集地点的规则:陪审团召集地点经由当事人提出,作为争点的诉因发生地就是最终确定的陪审团的召集地点。陪审团召集地点和诉因发生地点相互一致,英文都称为 venue。[①]

随着陪审团审理制度逐渐变化,陪审团召集地点规则也发生了微妙变化。与现代陪审团不同,最初的陪审员兼有事实证人(witness)和审理人(trier)的双重职能,他们根据自己的记忆以及所了解的情况判断当事人之间事实争点。陪审员从案件事实发生的邻近地区(vicinity)召集,他们作为当事人的邻居(neighbours),更容易了解当事人和案件情况,也更容易收集证据。因此,当事人在诉答状中记载诉因发生的地点时必须非常具体,不仅要指明每一项诉因事实发生的郡,还要具体指明发生在该郡的哪个堂区(parish)、镇(town)或小村庄(hamlet)。当事人记载上述地点时不能使用比堂区宽泛的地名如百户区(hundred),否则不是有效的地点记载。因为地名如果过于宽泛,法官就无法指示郡长在何处召集推定了解案件真实情况的陪审员。至 15 世纪,随着现代意义上的专门证人的出现,陪审员职能发生变化,逐渐从证人角色中摆脱出来。陪审员不再根据自身记忆和了解的情况,而是根据当事人呈交的证据审理案件,因此不再需要从推定了解争点事实的邻居中召集,陪审团召集地点的要求也就越来越宽松。1543 年亨利八世 35 年律目 6 制定法(Statute 35 Hen. Ⅷ,c. 6,Sec. 3)第 3 条规定,审理案件的陪审员应该至少有 6 名来自发生争点事实的所在百户区。1585 年根据伊丽莎白一世 27 年律目 6 制定法第 5 条(Statute 27 Eliz. Ⅰ,c. 6,Sec. 5)规定,

---

① 这意味着 venue 产生了如下意思:一是指诉答状中陈述的诉因发生的地点;二是指陪审团召集的地点;三是 venue 甚至还可以指被从该地点召集的陪审团。例如 the venue was to come from Oxford 意思是"陪审团将来自牛津郡"。See Henry John Stephen, *A Treatise on the Principles of Pleading in Civil Actions*; *Comprising a Summary View of the Whole Proceedings in a Suit at Law*, Joseph Butterworth and Son, 1824, p. 302.

所有对人诉讼中来自附近百户区的陪审员人最低必要人数降至两名。1705年安妮女王4年和5年律目16制定法(Statute 4 &5 Ann. ,c. 16)第6条最终规定陪审团只需从争点审理地点所在的郡召集即为充分。[①]这样法院就无须指示郡长从诉因发生的邻近地区,即堂区、镇或村召集陪审团,而可从诉因发生地所在的整个郡召集陪审团。

2. 审理地点的确定规则

审理地点成为重要的诉讼程序制度与巡回陪审团审理的发展变化密切相关。13世纪巡回陪审团审理制度确立之前,除非是《大宪章》规定的三种小咨审之诉,其他民事案件实行陪审团审理时,陪审团须前往威斯敏斯特大厅。这意味着陪审团的召集地点和诉讼审理地点是不一致的。英格兰开始采用巡回陪审团审理后,除个别案件仍需要前往威斯敏斯特大厅合议审理外,原则上陪审团无须前往威斯敏斯特审理案件,而由高级法院派出巡回法官巡回至各郡,在巡回法官主持下由陪审团在当地审理案件。诉讼审理地点与陪审团召集地点开始一致,诉讼审理地点英文也使用“venue”一词即源于此。因为陪审团召集地点在诉因发生地所在郡,审理地点又是陪审团召集地点,这样审理地点必然与诉因发生地一致,这就在普通法上形成了一项重要的审理地点确定规则——原则上审理地点必须设定在诉因发生地所在郡。

3. 审理地点记载方式

诉因发生地由当事人在诉答状正文中提出,形成争点后,作为争点的诉因发生地就被确定为陪审团的召集地点。随着陪审团职能的变化,不再需要从诉因发生地的邻近地区召集陪审团,原告除在第一诉答状正文记载诉因发生地外,开始在诉答状中特别提出审理地点,即在第一诉答状起首的页边(margin)记载作为诉讼审理地点的郡的名称。[②]

诉答状起首提出的诉讼审理地点构成诉答状的重要记载事项。这样原告第一诉答状中会记载两项与诉讼有关的地点。一项是诉答状起

---

① William H. Wicker, *The Development of the Distinction between Local and Transitory Actions*, 4 Tennesse Law Review 55 (1925).

② 如在第一诉答状起首的页边记载 Middlesex to wit 或 Middlesex, *ss.* (米德尔塞克斯郡)、London to wit(伦敦郡)、Lancashire to wit(兰开夏郡)字样的词句。

首页边记载的地点,这是原告专门提出的“诉讼审理地点”(venue of the action);另一项是在同一诉答状正文中记载的“事实发生地点”(fact venue),为当事人在诉答状中主张的各项事实,即诉因的发生地点。

最初,陪审团的召集需要按照诉答状正文记载的诉因发生地点召集。如果诉答状上记载的诉因发生地与诉答状起首页边记载的审理地点不一致,郡长不能按照诉答状中页边记载的审理地点,而应按实际发生地召集陪审团,否则会被认定为存在错误(error)并导致判决中止或撤销。1664年《阻止判决中止和后续执行法》(An Act to Prevent Arrests of Judgment, and Superseding Executions)即查理二世16年和17年律目8制定法(Statute 16 & 17 Charles Ⅱ, c. 8)[①]改变了这一情况。该法规定,如果案件是由适当的郡或地点的陪审团审理,陪审团作出裁断后,法官的判决不因为审理地点不正确予以中止或撤销。该法颁布后,无须再按照作为争点的诉因发生地召集陪审团,而只要按照诉答状起首页边记载的审理地点召集陪审团即可。陪审团召集的地点此时仅受诉答状起首页边记载的审理地点的约束,当事人在诉答状正文中记载的诉因发生地从审理地点或陪审团召集地点确定的角度来看,成为纯粹的形式事项。[②] 司法改革时期的1834年《希拉利规则》(Hilary Rules)第8条径直规定所有案件中原告应当在第一诉答状页边记载某一郡的名称,该郡即为原告意图作为审理地点的郡。依据该规则,第一诉答状正文以及后续的诉答状中不得再行记载诉因发生地点,除非需要对案件地点作出具体说明。即使记载此类地点,性质上也只是起到说明事实发生地的作用,不能用来确定审理地点。

（二）属地和非属地诉讼的划分与审理地点规则的宽松

巡回陪审团审理案件时,只能由诉因发生地所在郡召集的陪审团在当地审理案件,这成为一项严格的法律规则,给当事人带来了不便。为缓和这一规则,13世纪末至14世纪,法官引入了属地诉讼和非属地

---

① 系列“诉答错误和修正制定法”(Statutes of Jeofailes and Amendments)中的一部。See William Petyt, *Jus Parliamentarium, or, the Ancient Power, Jurisdiction, Rights and Liberties, of the Most High Court of Parliament, Revived and Asserted*, John Nurse, 1739, p. 72.

② William H. Wicker, *The Development of the Distinction between Local and Transitory Actions*, 4 Tennesse Law Review 55 (1925).

诉讼的划分。[①] 对于属地诉讼,仍然遵循上述审理地点规则,即案件应该以诉因发生地所在郡作为审理地点,但对于非属地诉讼,允许原告以任一郡作为自己提出的审理地点。下文对有关属地诉讼和非属地诉讼的划分及各自的审理地点规则作以说明。

1. 属地诉讼和非属地诉讼的划分

属地诉讼和非属地诉讼的划分标准是所审理的事项是否与某一特定地点有必然联系。[②] 诉讼审理事项即诉因,指诉讼主张所基于的事实。审理事项可区分为两类:一是属地事项(local matters)即被认为与某一特定地点有必然联系的,固定在该地点发生的作为诉讼基础的事项,该事项几乎都与不动产相关;二是非属地事项(transitory matters)即被认为不与某一特定地点有必然联系,可发生在任何地方的作为诉讼基础的事项,该事项与人身或动产相关。

审理属地事项的诉讼是属地诉讼(local action),通常为有关不动产产权、占有或侵害争议的诉讼;审理非属地事项是非属地诉讼(transitory action)如普通的合同诉讼。简言之,非属地诉讼是所有属地诉讼之外的诉讼,大部分的诉讼都是非属地诉讼。属地诉讼的审理地点称为属地审理地点(local venue),必须固定在特定郡;非属地诉讼的审理地点称为非属地审理地点(transitory venue),可以不固定在特定郡。非属地诉讼中诉因发生地点原则上不是诉讼中实质事项,但有时专门议会立法会将之规定为实质事项。根据这些议会立法,某些具有非属地性质的诉讼事项,必须固定在诉因发生地所在郡审理,不能在其他郡审理。这些事项包括以下三类:(1)根据刑事制定法(penal statutes)规定提起的所有民事诉讼;[③] (2)针对治安法官(justices of peace)、市长(mayors)、自治市或镇法人的市政官(bailiffs)、首保(headborough)、港口长(portreeves)、治安官(constables)、十户长(tithingmen)、堂区执事(churchwardens)等人或者其助手或者受其指派的人提起的有关公务范

---

① William Searle Holdsworth, *A History of English Law*, 3rd Edition, Volume 5, Methuen & Co. Ltd., 1945, p. 117.

② British South Africa Co. v. Companhia de Mocambique (1893) A. C., 618; Henry John Stephen, *A Treatise on the Principles of Pleading in Civil Actions; Comprising a Summary View of the Whole Proceedings in a Suit at Law*, Joseph Butterworth and Son, 1824, p. 306.

③ Stat. 31 Eliz. I, c. 5. s. 2; 21 Jac. 1, c. 4, s. 2.

围内实施的任何事项诉讼；(3)针对任何货物税或关税官员执行或基于职责实施的任何事项所提出的诉讼。[①] 后两类诉讼属于后世的行政诉讼。上述三类诉讼，虽然具有非属地诉讼性质，但因制定法的特别规定，审理地点必须在诉讼事实发生地，不能是其他地点。[②] 这些固定在某些地点审理的非属地诉讼，有时冠以制定法的属地诉讼(actions local by statute)的名称，而上述真正的属地诉讼则称为本质上的属地诉讼(actions local by nature)。[③]

属地诉讼和非属地诉讼的区分和后文提到的诉讼程式分类中的不动产诉讼、对人诉讼和混合诉讼的区分虽不相同，但有密切关联。不动产诉讼(real actions)和混合诉讼(mixed actions)因为总涉及不动产纠纷，性质上都属于属地诉讼，因此审理地点都是属地审理地点。对人诉讼(personal actions)大部分是非属地诉讼，审理地点为非属地审理地点。但并非全部对人诉讼都是非属地诉讼，通常而言，与土地相关的对人诉讼为属地诉讼。以侵害之诉为例，侵害之诉属于对人诉讼，但侵害之诉中有一类是侵入私地侵害之诉(trespass *quare clausum fregit*)，因为涉及土地，就被认定为属地诉讼，其审理地点为属地审理地点，只能固定在原告私地(close)所在郡审理。而同样属于侵害之诉的暴力威胁和暴力接触侵害之诉(trespass for assault and battery)则是非属地诉讼，其诉因可以发生在任何地点，因此审理地点就可放在任何郡。总体而言，下列与不动产有关的并且仅要求损害赔偿的对人诉讼都是属地诉讼：(1)仅要求损害赔偿的有关不动产的侵害之诉；(2)基于不动产保有关系的租金拖延产生的定额金钱债务之诉(action of debt)；(3)基于不动产保有关系的有关土地的盖印合同之诉。另外，基于地方习惯的针对客栈主(innkeepers)的对人诉讼，也属于属地诉讼。[④] 值得注意的是，对

---

① Stat. 20 Geo. Ⅲ, c. 70. s. 34; 24 Geo. Ⅲ, st. 2. c. 47. s. 35.

② Thomas Edlyne Tomlins, *The Law-dictionary: Explaining the Rise, Progress and Present State of the British Law*, Volume 2, Payne and Foss, 1820, entry venue.

③ Arthur G Sedgwick & Frederick S Wait: *Treatise on the Principles and Practice Governing the Trial of Title to Land; Including Ejectment; Trespass to Try Title; Writs of Entry; Statutory Remedies for the Recovery of Real Property*, Baker, Voorhis & Co., 1882, p. 291.

④ William H. Wicker, *The Development of the Distinction between Local and Transitory Actions*, 4 Tennessee Law Review 55 (1925).

人诉讼中的动产占有回复之诉虽然针对动产,但也是属地诉讼。动产占有回复之诉总是在动产被不当扣留地所在郡启动诉讼,该郡为诉因发生地,并且是推定的财产发现地。作为属地诉讼,原告只能以诉因发生地为审理地点。[①]

2. 属地诉讼和非属地诉讼的审理地点确定规则

(1)属地诉讼审理地点的确定规则

属地诉讼审理地点的确定规则沿袭了旧有的严格的审理地点确定规则,主要有以下两点内容:一是属地事项的审理地点固定于特定的郡,原告提出审理地点时不能自由选择;二是属地事项原告提出的审理地点必须真实,即审理地点必须是诉因实际发生地所在郡。属地诉讼中如果有若干项重要的都是属地事项的事实,这些事实分别发生在不同的郡,当事人可以选择其中一个郡作为审理地点。属地诉讼中,作为诉因的事实所在地构成争点的实质部分,而且事实所在地须与审理地点一致,当事人应提供证据证明一致性,否则承担不利后果;如果原告以诉因发生所在地之外的郡作为自己提出的审理地点,被告可以对原告的第一诉答状提出法律上不充分抗辩(demurrer),[②]被告也可提出全面否认答辩(general issue),原告会在审理时被驳回起诉(nonsuited)。[③]

(2)非属地诉讼审理地点的确定规则

将非属地诉讼及非属地审理地点与属地诉讼和属地审理地点区分出来,是诉讼审理地点规则宽松的一项标志。巡回陪审团审理产生之初,除个别情形外,诉讼审理地点和陪审团召集地点一致,都必须是诉因产生的地点,本质上都是遵循属地审理的原则。创设属地诉讼和非属地诉讼的分类后,只有属地诉讼仍需要将审理地点固定在诉因产生的地点,在非属地诉讼中,诉讼审理地点不再固定于诉因产生地所在郡,只要诉讼事项发生于英格兰境内,原告可以英格兰任何一郡作为审

---

① William Wirt Blume, *Place of Trial of Civil Cases—Early English and Modern Federal*, 48 Michigan Law Review 1 (1949 – 1950).

② 这种诉答下,被告承认原告在其第一诉答状中所陈述的一切事实是真实的,但是认为这些事实在法律上不充分,并不足构成有效的诉因,从而无权对被告提起诉讼。

③ Thomas Edlyne Tomlins, *The Law-dictionary: Explaining the Rise, Progress and Present State of the British Law*, Volume 2, Payne and Foss, 1820, entry venue.

理地点。

在非属地诉讼中,原告在第一诉答状正文提出的诉因发生地方不是重要事项,被告不能对之作出事实否认答辩。如果在审理过程中证明原告第一诉答状提出的诉因发生地点是错误的地点,原告也不会因此被驳回诉讼。例如,原告提起诉讼主张被告在米德尔塞克斯郡实施监禁的暴力侵害,因为是非属地诉讼,即使监禁行为实际上发生萨里郡,甚至是王国之外,只要原告能够证明暴力侵害行为存在,同样会取得胜诉判决。① 非属地诉讼的诉因如果部分发生在某一郡,部分发生在另一郡,原告可以选择在其中任何一郡或任何第三郡为审理地点。在一判例中,②原告主张被告根据在威斯敏斯特郡签发的司法令状,恶意使得原告被逐出法外(outlawed),并在诺福克郡(Norfolk)被羁押。原告选择以诺福克郡为审理地点。法院准许了原告的审理地点的选择,指出"明显的侵害行为"发生在诺福克郡,因此可以在诺福克郡审理。③

综上可见,英格兰威斯敏斯特普通法法院的审理地点规则经历了如下三个发展阶段:第一个阶段,一开始陪审团审理的案件不区分属地诉讼和非属地诉讼,争点达成后,被召集的陪审员都要到威斯敏斯特审理案件,威斯敏斯特为案件审理地点。④ 第二个阶段,13 世纪实施巡回陪审团审理后,巡回法官巡回到地方审理案件,案件的审理地点确定在地方并且就是陪审团召集的所在郡。因为陪审员既是事实裁定者又是证人,陪审员应该对事实争点推定熟悉,所以陪审团须从诉因发生的邻近地区召集。审理地点由诉因发生地点决定,可以说此时所有民事诉讼基本都是属地诉讼。第三个阶段,随着陪审团职能的变化,陪审员不再承担证人的职责,成为纯粹的事实裁断者,陪审团不再需要完全从诉因发生地点的邻近地区召集,而可以从所在郡召集。另外,非属地诉讼

① Austin Wakeman Scott, *Fundamentals of Procedure in Actions at Law*, Baker, Voorhis & Co. ,1922, p. 21

② Bulwer's Case; William Wirt Blume, *Place of Trial of Civil Cases—Early English and Modern Federal*, 48 Michigan Law Review 1 (1949 – 1950).

③ 7 Co. Rep. 1a; 77 Eng. Rep. 411 (1584); William Wirt Blume, *Place of Trial of Civil Cases—Early English and Modern Federal*, 48 Michigan Law Review 1 (1949 – 1950).

④ 这时期作为例外的是关于土地占有的小咨审之诉,案件的审理地点不在威斯敏斯特,而在涉讼土地所在郡。

分离出来,形成非属地诉讼和属地诉讼的区分。非属地诉讼可在任何郡召集本地陪审团审理,因此审理地点不再局限于诉因发生地所在郡,可由原告选择任意的郡作为审理地点。然而非属地诉讼中,虽然原告可以任意选择审理地点,如果原告提出的审理地点不是真正诉因产生地所在郡,应被告申请,法院可变更原告提出的审理地点。

(3)改变原告提出的审理地点

属地诉讼和非属地诉讼的划分给原告带来了方便。在非属地诉讼中,原告具有选择审理地点的自由,可以不局限于以诉讼发生地为审理地点。但原告有时会滥用自己的自由选择权,可能把离诉因发生地非常遥远的郡提出为诉讼审理地点,使被告不得不带着证人奔波到很远的地方应诉。作为救济,英格兰先后于1382和1403年颁布了理查二世6年律目2制定法(6 R. Ⅱ,c. 2)和亨利四世4年律目18制定法(4 Hen. Ⅳ,c. 18),试图恢复旧时的将案件固定在诉因发生地所在郡审理的做法。后来则允许被告就原告提出的审理地点主张异议,但程序烦琐,费用高昂。最终在詹姆斯一世(1603—1625年在位)时期,开始采用相对简单的动议(move)方式改变原告提出的审理地点。① 在非属地诉讼中,如果原告提出的审理地点是非诉因实际发生地所在郡,该地点就是"不真正"审理地点,被告有权提出动议,申请变更审理地点至真正的地点,也就是诉因实际发生地。被告需提交宣誓陈述书(*affidavit*),证明诉因完全发生在其意欲变更的郡。法院在大多数案件中会准许诉讼地点的变更,并要求原告修改诉答状中提出的审理地点,除非原告能够证明某一实质事项发生在原告提出的审理地点所在郡。② 另外,如果原告提交的审理地点不在诉因发生地所在郡,虽然法院通常会允许改变审理地点,但如果变更会导致有偏倚或不合理的审理,法院就不会改变审理地点。

在非属地诉讼中,如果当事人提出的审理地点在适当的郡,即诉因

---

① Henry John Stephen, *A Treatise on the Principles of Pleading in Civil Actions; Comprising a Summary View of the Whole Proceedings in a Suit at Law*, Joseph Butterworth and Son, 1824, p. 307.

② Henry John Stephen, *A Treatise on the Principles of Pleading in Civil Actions; Comprising a Summary View of the Whole Proceedings in a Suit at Law*, Joseph Butterworth and Son, 1824, p. 302.

发生地所在郡,法院通常不会改变审理地点,除非基于特别的理由。例如,一项基于盖印金钱债务证书的定额金钱债务之诉(debt on bond),如果原告提出的审理地点在伦敦,但是原告和被告的证人都居住在林肯郡(Lincolnshire),基于被告的动议,法院会同意将审理地点改至林肯郡。另外,虽然原告提出的审理地点是诉因产生地所在郡,但在不能获得公平和无偏倚的审理时,基于被告申请并作出宣誓陈述书,法院会改变诉讼审理地点。①

属地诉讼通常不能改变审理地点。原告在诉答状中提出的事实如果是属地事项,当该事项将成为争点事实时,该事实发生地点必须和原告提出的审理地点一致,否则构成不符(variance)。普通法上,不符是一项不能修正的重大瑕疵,原告会被驳回起诉(nonsuited)。但当事人可以通过合意,改变属地诉讼的审理地点或者将案件放在适当审理地点之外的郡审理,这一合意需以声明的方式登录在卷宗上。由是观之,审理地点确定规则对后世的管辖权规则,例如协议管辖和实质联系规则有或多或少的影响。

(三)审理地点中拟制的使用与普通法法院海外诉讼管辖权的扩大

非属地诉讼的原告在第一诉答状中可以任意选择一郡作为审理地点。如果诉答状正文中记载的诉因发生地点是一项必须陈述的事项,但又与诉答状起首页边提出的审理地点不一致时,原告可以先说明诉因发生的真实地点,然后使用"是即"(to wit; *viz.*; *videlicet*; *ss.*)一词,拟制该地点位于审理地点。例如,一项非属地诉讼如果诉因发生地在伦敦城,原告提出以米德尔塞克斯郡为审理地点,则可以在第一诉答状正文中记载"伦敦城是即米德尔塞克斯郡"(London, to wit Middlesex)。拟制可将不真实的事项假定为真,根据普通法规则,被拟制的事项无须证明又不容对方当事人反驳,因此在非属地诉讼中,"是即"一词起到使得当事人不必证明诉因发生的准确地点以及审理地点真实性的作用和效果。但如果是属地诉讼,诉因发生地点则是实质事项,原告在第一诉答状中即使使用"是即"一词,也不构成拟制,当事人仍有必要证明所提出的审理地点是否真实和适当。

---

① William Tidd, *The Practice of the Courts of King's Bench and Common Pleas in Personal Actions and Ejectment*, 7th Edition, Volume 1, J. Butterworth and Son, 1821, p. 625.

拟制的做法后来起到了扩大威斯敏斯特普通法法院海外诉讼管辖权的作用。就非属地诉讼而言,如果原告请求所依据的事实部分发生在外国,部分发生在英格兰某郡,法院可以按照前述审理地点规则,使诉讼在英格兰获得审理,并可在英格兰任何郡审理。例如,一项合同如果在英格兰境外签订,但合同任一部分将在英格兰境内履行,案件可以在英格兰获得审理;如果诉因完全发生在英格兰境外,如某合同既在英格兰之外签订又在英格兰之外履行,或者某侵害行为完全在英格兰之外实施,因为诉因发生地点不在英格兰,案件无法在英格兰任何郡审理。为了克服这一问题,扩大英格兰普通法法院的海外诉讼管辖权,16世纪法院在非属地诉讼中采纳了一项新的拟制做法。① 对于诉因发生在境外的非属地诉讼,不管实际发生的地点在何处,原告都可以在第一诉答状中拟制其发在英格兰某一地点。如果诉答状正文中须记载诉因实际发生地点,则通过"是即"一词将诉因拟制发生在英格兰某一地点。例如,记载"在米诺卡岛,是即在米德尔塞克斯郡的威斯敏斯特"(in Minorca, to wit, at Westminster in the county of Middlesex),米诺卡岛为诉因实际发生地点,米德尔塞克斯郡的威斯敏斯特则为其拟制发生地点。② 又如,一项船舶拿捕(seizure)的诉讼,原告会在第一诉答状中声称拿捕发生在公海,但是原告可以补充称"是即在伦敦奇普区"(to wit at London in the ward of Cheap)。③ 王座法院1704年一判例可说明这种拟制做法。案件中原告第一诉答状声称涉案的盖印金钱债务证书于伦敦奇普区的圣玛丽勒博堂区(to wit in the parish of St. Mary le Bow in the Ward of Cheap)签署。但在宣读文件(oyer)时,发现该盖印金钱债务证书是在东印度的圣戴维堡垒(Fort St. Davids)签署。法院判决,原告可以在第一诉答状声称"在东印度群岛圣戴维堡垒,是即在伦敦奇普区的圣玛丽勒博堂区"(at Fort St. Davids in the East Indies, to wit at London in the parish of Saint Mary-le-Bow, in the ward of Cheap)签署该

---

① William Searle Holdsworth, *A History of English Law*, 3rd Edition, Volume 5, Methuen & Co. Ltd, 1945, p. 119.

② Joseph Chitty, *A Treatise on the Parties to Actions, the Forms of Actions, and on Pleading*, Volume 1, I. Riley, 1819, p. 207.

③ Roberts v. Harnage; William Wirt Blume, *Place of Trial of Civil Cases—Early English and Modern Federal*, 48 Michigan Law Review 1 (1949 – 1950).

债务证书。[①] 这是普通法上的一项重要拟制,通过将实际上是外国的某一地点拟制为英格兰的某一特定地点,并以该地点所在郡作为审理地点,英格兰法院就可以管辖发生在王国之外的案件。该案件可以在英格兰的任何郡获得审理。

审理地点的拟制使管辖权以诉因必须发生于英格兰为条件的观点被放弃,原告可以在非属地诉讼中,将世界上的任何地点发生的诉因拟制发生于英格兰。英格兰法院便可能直接管辖海外案件,根本不需要案件与英格兰有实际联系。相较于海事法院和枢密院,威斯敏斯特普通法法院通过拟制由过去最不愿意管辖海外案件的法院变为最为开放的法院。[②] 当然普通法法院对其管辖权的扩张也作了适当限制,如果海外案件的被告未出现在英格兰并被亲自送达传唤令状的,法院不会对其行使管辖权。但是上述拟制也不能用到属地诉讼中。如果是属地诉讼,诉因发生在英格兰之外,诉讼不能在英格兰获得审理。因为属地诉讼的审理地点必须真实,即审理地点必须是诉因发生地点,而在英格兰没有任何地方能够满足这一条件。

(四)属地审理地点的最终废除

属地诉讼严格的属地审理地点规则,有时会带来管辖权上的难题,1792年王座法院的一个判例可作说明。[③] 加拿大(当时英国殖民地)发生了一起私闯房屋的侵权案件,原告在王座法院提起诉讼。法官认为,案件为侵入私地的侵害之诉,是一种属地诉讼,只能以土地所在地作为审理地点,因此不能以英格兰法院为审理地点。很明显,法院拒绝行使管辖权,但实质上原告所请求的判决并不是针对土地要求收回土地占有,而是针对出庭的被告本人的侵权行为请求损害赔偿,此时被告已经在英格兰的法院出庭。这一案件带来的困难是,如果英格兰法院不审理该案件,原告需要到遥远的加拿大提起诉讼,而被告可能会一直在英格兰居住,不再前往加拿大,因此在加拿大起诉,连司法令状送达给被

① Roberts v. Harnage; William Wirt Blume, *Place of Trial of Civil Cases—Early English and Modern Federal*,48 Michigan Law Review 1 (1949 – 1950).

② William Searle Holdsworth, *A History of English Law*, 3rd Edition, Volume 5, Methuen & Co. Ltd, 1945, p. 142.

③ Doulson v. Matthews, 100 Eng. Rep. 1143.

告都难以实现。显而易见,属地诉讼的审理地点规则阻碍了英格兰法院可能应该行使的管辖权,甚至使案件无法在世界上任何地方得以审理。这意味着在属地诉讼中,唯一的法院本应具有管辖权,可能因为诉讼审理地点的原因拒绝管辖,而唯一能够满足审理地点要求的法院却行使不了管辖权。因此,废除属地审理地点,代之更为科学合理的管辖权制度提上议事日程。最终,1883 年《最高法院规则》第 36 章第 1 条(Rules of Supreme Court 1883,Order XXXVI,r. 1)规定,“除非制定法另有规定,审理任何诉讼时不得确定属地审理地点。高等法院每一分庭中,除非法院或者法官另有命令,各项案件都应该在诉讼请求陈述书中,[①]或原告未提交诉讼请求陈述书或不需要提交该陈述书时在被告出庭后 6 日内送达被告或其事务律师的书面通知中指定的地点审理。如果未能在诉讼请求陈述书或通知书中指定审理的地点(place of trial),审理的地点应该位于米德尔塞克斯郡,除非法院或法官另有命令”。这样属地审理地点得以废除。依据该规则,先前被认为是属地诉讼事项的诉因如果发生在英格兰,不能阻止诉讼在英格兰任何郡作出审理,当然为了方便,案件通常仍会在不动产所在地的郡审理。

① 相当于起诉状或先前的原告第一诉答状。

第二章 英格兰民事诉讼启动程序历史溯源

英格兰法是历史的法,欲了解19世纪的英格兰诉讼程序制度,尤其是诉讼启动程序,不可能不从影响这一制度的历史因素着手。可以说,英格兰现代民事诉讼的大部分制度,包括诉讼启动程序制度的历史渊源都可以追溯到日耳曼法程序,并或多或少地受到罗马法程序的影响。

第一节 日耳曼法诉讼启动程序

一、英格兰的日耳曼法渊源

历史上看,英格兰法,尤其是诉讼程序,本质上是日耳曼法(Germanic Law)和日耳曼程序。它的直接历史渊源可追溯到盎格鲁-撒克逊法(Anglo-Saxon Law),盎格鲁-撒克逊法是日耳曼法的一个分支。公元5世纪民族大迁移时,日耳曼民族中的朱特人(Jutes)、盎格鲁人(Angles)、撒克逊人(Saxons)、弗里斯兰人(Frisians)入侵并占领了英格兰。日耳曼人在英格兰建立若干王国,各王国适用日耳曼习惯法,也编纂了大量成文的法律,这些习惯法和成文法后世统称盎格鲁-撒克逊法。英格兰成文法的编纂始于6世纪末,至1018年前主要编纂过11部成文法,分别为:《埃塞尔伯特法》(The Laws of Ethelberht)(英格兰第一部成文法)、《洛西尔和埃德里克法》(The

Laws of Hlothhere and Eadric)、《威特雷德法》(The Laws of Wihtred)、《伊尼法》(The Laws of Ine)、《奥法法》(The Laws of Offa)、《阿尔弗雷德法》(The Laws of Alfred)、[①]《长者爱德华法》(The Laws of Edward the Elder)、《阿瑟尔斯坦法》(The Laws of Athelstan)、《埃德蒙法》(The Laws of Edmund)、《埃德加法》(The Laws of Edgar)、《埃塞尔雷德二世法》(The Laws of Ethelred Ⅱ)。[②] 这些法典中,诉讼程序的规定占有很大比重。盎格鲁-撒克逊人是第一个用本民族语言(vernacular)编纂法律的日耳曼民族,而早期欧洲大陆的日耳曼法都是用拉丁语编纂。

9世纪开始,同属于日耳曼民族的丹麦人入侵英格兰,在北部的统治区内实行丹麦人法。1016年丹麦国王克努特登上英格兰王位,建立了涵盖英格兰和北欧地区的庞大的克努特帝国,直至半个世纪后丹麦人被驱逐出英格兰。1018年克努特仿照历届盎格-鲁撒克逊诸王做法,制定了对后世影响巨大的《克努特法》(The Laws of Cnut)。

1066年诺曼底公爵威廉(William)征服了英格兰。威廉给英格兰带来诺曼法(Norman Law),包括著名的《萨利法》(Lex Salica; Salic Law)。[③] 诺曼法本身是法兰克人和诺曼人[④]习惯法的混合体。威廉征服英格兰后,保留了英格兰固有的盎格鲁-撒克逊法。他明确宣称,英格兰所有的人将继续适用征服前笃信者爱德华国王(Edward the Confessor)的法律。

诺曼时期(1066—1154年)虽开始确立了强有力的、权力向中央集中的封建政权,亨利一世(1100—1135年在位)统治时期更出现了大量

---

① 英国哲学家、历史学家大卫·休谟认为阿尔弗雷德法虽然现今已经散佚,但很长时间一直是英格兰法律的基础,人们通常将之作为普通法的起源。David Hume, *The History of England from the Invasion of Julius Caesar to the Revolution in* 1688, v 1, M'Carty & Davis, 1840, p. 47.

② 宋立宏等:《英国通史(第一卷·文明初起——远古至11世纪)》,江苏人民出版社2016年版,第111页;李秀清等:《日耳曼法研究》,商务印书馆2005年版,第80~98页。

③ 《萨利法》是萨利人(Salian)(法兰克人的一支)习惯法的汇编,是现存最古老的日耳曼法典,产生于486—496年。波洛克和梅特兰曾说过,"让我们记住,因为诺曼征服,《萨利法》是英格兰法的来源之一"。Frederick Pollock & Frederic William Maitland, *The History of English Law before the Time of Edward* Ⅰ, Volume 1, 2nd Edition, Cambridge University Press, 1898, p. 9.

④ 诺曼人(Norman)亦属日耳曼民族,他们入侵并迁居法兰克北部诺曼底(Normandy)之后,接受了法兰克人的语言、文化,包括法律和习惯。

普通法实体和程序制度的萌芽，但诺曼时期的法律总体而言是日耳曼法的延续，可以认为仍处于日耳曼法时代。这一时期新的立法的制定或编纂相对较少，只是出现了若干重述盎格鲁－撒克逊时期习惯的法律汇编，主要有以下三种：(1)《法律四书》(*Liber Quadripartitus*)，于1113—1118年完成的一部收录全面的法律汇编，将使用古英语的盎格鲁－撒克逊法翻译成拉丁语；(2)《亨利一世法》(*Leges Henrici Primi*)。一部对12世纪初英格兰法律做了最为完整和最有价值的记录的法律汇编，大量援用古老的《萨利法》和7世纪的《里普利安法》(*Lex Ripuaria*)作为权威依据；①(3)《威廉一世法》(Laws of William Ⅰ)，收录了法语和拉丁语的双语法律规则，第一部分对撒克逊的一些法律做了高明的概括，也编入了威廉一世时期通过的法律。②

二、日耳曼法诉讼程序的特点

从日耳曼成文法对诉讼程序的规定以及日耳曼习惯法可以观察到，日耳曼法诉讼程序是一种起源于私人报复，由个人按照习惯法上的严格形式实施司法的原始诉讼程序。③ 具体表现出以下三个方面的特点。

(一)私人控制司法，不区分民事和刑事诉讼

日耳曼人是具有极民主政体的民族，本属统治权的司法权很大程度上授予了个人，大量的司法由个人实施。个人实施司法的做法起源于私人报复。私人报复允许个人受到不法行为侵害时，由受害者本人或任一家族成员根据习惯法确立的程序和形式自己实施司法。在禁止直接血亲复仇后，诉讼程序中个人司法的传统仍然延续。即便是杀人、伤害、盗窃之类的刑事诉讼案件，也更多被认为如同民事诉讼一样仅仅涉及原告私人利益而非社会利益，被告的首要惩罚只是给予原告财产赔偿。刑事和民事诉讼由私人指控、私人传唤，法官审理裁决后，再由私人执行判决，整个程序几乎都取决个人意思或由个人实施。刑事诉讼实行的私人指控原则(principle of self-prosecution)一直维持到中世纪

---

① Edward Jenks. *Law and Politics in the Middle Ages*, Henry Holt and Company, 1898, p. 33.

② William Searle Holdsworth, *A History of English Law*, 3rd Edition, Volume 2, Methuen & Co. Ltd, 1923, p. 151－153.

③ Jean Brissaud, *History of French Public Law*, trans. by James W. Garnera, Little, Brown, and Company, 1915, p. 113.

鼎盛时期,此后私人刑事起诉权才开始废除,除某些轻微犯罪外,起诉犯罪成为国王的官方公诉人行使的专属公共职责,刑事诉讼程序真正从民事诉讼程序中独立出来。[①]

(二)诉讼具合意性

诉讼虽然表现出对抗特点,但作为最终的和平解决争议的方式,离不开当事人的合意。此所谓诉讼的合意性,主要表现在以下两个方面:

第一,诉讼管辖具有合意性即法院解决纠纷需经过当事人同意。因为诉讼是被动的,法院不能以自己的行为启动诉讼。[②] 法谚云"没有原告,就没有法官",诉讼需要由原告自愿提起才能启动,因此诉讼需要原告的同意自不待言。在日耳曼法上,诉讼亦取决于被告的意愿甚至同意。一个人可以答应对方的请求,无论请求多么不合理,这样就不会产生诉讼。只有被告根据自己的意愿拒绝原告的请求,才可能产生诉讼。不仅如此,日耳曼法一直存在一项普遍原则,无论是刑事还是民事诉讼,如果任何一方当事人未出庭,法院都无权审理案件。[③] 出庭是对诉讼表示同意的方式,如果被告未通过出庭对法院的管辖权表示同意,法院就没有权力审理案件。[④] 因此,需要原告和被告双方同意即意思一致诉讼始能有效启动,这使诉讼启动和诉讼管辖具有合意性和契约特征。当然,与普通契约不同,原告可以在被告无合理理由不出庭时强制被告出庭,以实现诉讼管辖的合意。

第二,就法院的判决而言,诉讼也带有合意性。现代诉讼制度下,判决是当事人通过举证说服法官认可自己的主张而达成的结果,法官根据当事人提出的证据,形成内心确信(inner conviction)的事实并作出

---

① Arthur Engelmann, *History of Continental Civil Procedure*, trans. by Robert Wyness Millar, Little, Brown, and Company, 1927, p. 211。同样受日耳曼法影响的法国古代相当长的时期只有一套民刑不分的诉讼程序,刑事诉讼程序用了几个世纪的时间都未从民事诉讼程序中挣脱出来。直到路易十四统治时期,随着《民事诉讼程序敕令》(1667 年)和《刑事诉讼程序敕令》(1670 年)先后颁行,两者才正式区别开来。[法]艾涅斯特·格拉松:《法国民事诉讼程序的起源》,巢志雄译,北京大学出版社 2013 版,第 33 页。

② 作为例外,在英格兰,法官可以对藐视法庭者当场判决交押,无须有人提出申请。

③ 英格兰刑事诉讼程序现在仍然保留着这一旧时代法律的痕迹:被告必须出庭才能对其作出审理,原则上不允许缺席审理(trial in absentia)。

④ William Searle Holdsworth, *A History of English Law*, 3rd Edition, Volume 2, Methuen & Co. Ltd., 1923, p. 105.

判决。古老的日耳曼法诉讼程序中，判决先于举证，诉讼启动后，法院会直接判决由某一方当事人以某一方式举证证明他的诉讼主张。和现代判决须审查并确定当事人的实体权利义务不同，日耳曼法诉讼的判决只是指定哪一方当事人（原则上为被告）应提交证据以及提交证据的方式和时间，然后告知举证成功或失败的权利义务后果。判决指定的证明方式可能很特殊，如可要求宣誓（oath）或者神裁（ordeal）证明。宣誓证明是被告用誓言驳斥原告的指控，并且找来一定数量的邻人宣誓确认被告诚实可靠。① 神裁证明是把被告是否经得起剧烈痛苦或其他考验作为被告是否无辜的证明方式；它求助于上帝，认为上帝会行神迹揭示事实真相，帮助无辜者。上述审理和证明方式作出的判决有时称为证据判决（proof-judgment）。证据判决是附条件的终局判决，只有被指定举证的当事人证明他的案件，他才能胜诉，否则败诉。证据判决从性质上看属于当事人的合意判决：判决时，当事人双方约定遵守判决所附条件，并互相提供担保，承诺受证明结果的约束，将根据证明结果决定被告是否偿付原告的请求；证明结果出来后，如果败诉方违反判决，则意味着违反承诺，对此胜诉方须自己通过私人扣押（private seizure）方式执行判决承诺。换言之，作为当事人之间达成的契约，判决作成后，不是判决本身，而是当事人之间的契约义务被强制执行。②

（三）诉讼严格注重形式

"古老的日耳曼民族精神专注于法律的表达形式，热衷于以可领会的形式表达抽象的法律观念。"③日耳曼法极端注重形式，注重法律行为的外部表现。这从强迫答复（*tangano*）制度中可窥见一斑。在诉讼中，原告宣告指控后，会手持武器或棍棒，正式要求被告对原告的指控作出答复。被告必须应要求答复，否则承担藐视法庭的后果。被告答复时需逐字逐句重复原告的请求，然后逐一承认或否认，并且只能是不附任

---

① J. Laurence Laughlin, *The Anglo-Saxon Legal Procedure*, in Henry Adams ed., Essays in Anglo-Saxon Law, Little, Brown, and Company, 1905, p. 186.

② Arthur Engelmann, *History of Continental Civil Procedure*, trans. by Robert Wyness Millar, Little, Brown, and Company, 1927, p. 74.

③ ［法］艾涅斯特·格拉松：《法国民事诉讼程序的起源》，巢志雄译，北京大学出版社2013年版，第53页。

何限制或条件的回答“是”或“否”。[①] 尤有甚者,被告重复原告请求时候出现结巴也会败诉。

日耳曼法诉讼程序严格注重形式的特征,总体而言表现在以下四个方面:(1)当事人实施的诉讼行为、采取的诉讼步骤必须具有不同于日常行为的特定外在表征如一定的言辞、一定的动作。当事人诉讼行为必需的特定外在表征是依据习惯法预先确定下来的。(2)诉讼行为的外在形式是诉讼行为产生约束力的基础和条件。如果行为的外在形式得以遵守,诉讼行为就能对相对方和本人具有约束力和强制力;如果行为的外在形式未能遵守,行为就不会产生法律效力。这意味着诉讼行为的效力取决于外在形式,外在形式是诉讼行为拘束力的来源,诉讼行为的效力不取决于当事人的内在意思和意志这些实质上的要求,也不关注行为在实体上是否正当。(3)诉讼的形式要求十分明确而严格,只要形式上有一点瑕疵,诉讼行为就是无效的,不能产生任何法律效果。对于诉讼行为的形式上错误,当事人无法补正,只能重新作出这一诉讼行为。(4)诉讼行为形式的约束是一把“双刃剑”,不仅会作用在诉讼行为的被实施者身上,也会反噬实施者;如果实施者选择了错误形式,或者实施时形式上有缺陷,同样会因此败诉。

日耳曼法诉讼严格注重形式是原始诉讼程序通常都具有的特征,它与当时所处社会发展状态和人的认识水平相适应。历史地看,严格注重形式有其积极价值,可以充分有效地实现司法的目的。诉讼形式的强调最大的作用在于弥补法院强制力的不足。在日耳曼时期,诉讼程序由当事人个人控制,最重要的诉讼步骤都由当事人完成,法院此时尚无直接的强制权力,对诉讼只起到监督作用,不能直接干预诉讼。法院的任务,并不是根据当事人的主张和证据作出当事人的权利是否存在的判决,而只是为当事人提供一种单纯程序服务。法院的司法权限明显不足,为补偿这种司法权的弱势,唯有要求当事人诉讼行为的每一步骤都必须采用确定的形式,并赋予形式以强制约束力。随着司法是一项国家权能、法院主导司法程序的观念逐步被认可,法院的司法权渐

---

① Jean Brissaud, *History of French Public Law*, trans. by James W. Garnera, Little, Brown, and Company, 1915, p. 115.

趋强势，相应地严厉的诉讼形式要求日益衰落。与私人行为不同，法院行使司法权的司法行为（judicial act），诸如各种命令或裁决的约束力来源于法院的权力，或者说主权者授予法官的强制力，它不必借助一定形式即可获得强制性。当然，法院也会基于习惯或实践需要，对自己的司法行为采用一些固定形式，但这只是一种便宜之举，并非其拘束力的来源。

三、日耳曼法诉讼启动程序的主要制度

（一）传唤制度

与后世大多数国家通过提交起诉状启动诉讼不同，早期日耳曼法上，诉讼程序是从原告传唤被告出庭开始。① 传唤被告不仅起到通知被告诉讼的作用，更是诉讼的启动方式和诉讼启动的基础。欧洲大陆的日耳曼法即明文规定“除非经合法传唤，不得对任何人作出审判”。②

如果传唤由原告自行实施，称为自行传唤（*mannitio*）。自行传唤具有私人行为性质，需要严格采用习惯法确定的正式的固定形式。总体而言，自行传唤通常需满足以下形式要求：（1）由原告本人传唤被告，但原告不能自己一人传唤被告，传唤时必须有见证人在场；（2）传唤的地址需是被告的永久居所；（3）传唤必须向在永久居所的被告本人为之，如果被告不在居所中，可以向他的妻子、管家或总管实施传唤；③（4）传唤有时间限制，如必须在日落前完成传唤；④（5）传唤时须告知被告出庭时间，除非当事人另有协议，传唤时必须根据被告居所与受传唤前往的法院的距离给予被告确定的出庭时间，⑤原告通常留给被告的出庭期限

---

① Arthur Engelmann, *History of Continental Civil Procedure*, trans. by Robert Wyness Millar, Little, Brown, and Company, 1927, p. 125.

② 2 V. G. L. Ⅱ, Forn. XLⅧ.

③ Leg. Henr. 59. 2; William Searle Holdsworth, *A History of English Law*, 3rd Edition, Volume 2, Methuen & Co. Ltd, 1923, p. 103.

④ 东哥特法还规定，传唤必须在每周或每月的第一日作出，并且该日须是世俗日，而非主日。See Arthur Engelmann, *History of Continental Civil Procedure*, trans. by Robert Wyness Millar, Little, Brown, and Company, 1927, p. 214.

⑤ Leg. Henr. 41. 2; William Searle Holdsworth, *A History of English Law*, 3rd Edition, Volume 2, Methuen & Co. Ltd, 1923, p. 103.

是 7 日;[①](6)传唤程序仅仅是传召被告出庭,除非是重大人身诉讼或者不动产诉讼,原告可以不告知被告诉讼目的。传唤只有满足了所有的形式要求,才能产生法律约束力,使双方当事人有义务在指定的日期出庭。[②] 如果传唤满足了形式要求,被告不出庭,又没有适当的缺席理由,会受到罚金处罚;原告也要按时出庭,否则也会被处罚。如若传唤没有遵守必要的形式,任何一方当事人未出庭都不会受到处罚,但原告必须在期满 1 年后,才能重新传唤。[③] 原告传唤错误也应承担法律后果。[④]

自行传唤之外,日耳曼法早期又出现了官方传唤(*bannitio*)即根据原告申请,由法官签发命令实施的传唤。此项申请有人认为就是口头起诉(oral complaint),但更可能只是一项签发官方传唤令状的申请。日耳曼法下,除非基于被告的申请,法官不能拒绝原告的起诉请求。[⑤] 因此当事人提出官方传唤令状的申请后,法院几乎会无条件签发官方传唤令状。随着法院有义务帮助当事人获得司法机会的观念确立,官方传唤最终在日耳曼法上完全取代私人传唤,成为唯一的传唤被告的形式。[⑥]

被告必须在法律规定或当事人约定的期限出庭,如无法出庭,应提供缺席理由(essoin)。诸如正在海外、为国王或领主服役、疾病,都可作为被告一定期间内缺席的理由。由于当时交通困难危险、行路缓慢、疾病多发等原因,缺席理由数量庞大,有关缺席理由的规则在诉讼法中地

---

① "*Et submoneatur comitatus vii dies antea.*" Leg. Henr. 51.2; J. Laurence Laughlin, *The Anglo-Saxon Legal Procedure*, in Henry Adams ed., Essays in Anglo-Saxon Law, Little, Brown, and Company, 1905, p. 193.

② Lex Salica, I, 1, 2, 3, 4, 5; Lex Ribuar. 32; Lex Baiav. 12, 2.

③ Lex Salica, 96, 2.

④ 例如,欧洲大陆的西哥特法有明确规定,将他人错误地传唤至国王或者法官面前,一旦证实原告的起诉并无根据,如果已服从传唤的当事人为此赶了 50 英里或以下路程才到法院的,原告须向他赔偿 5 索尔第,如果他赶了 60 英里路程才到法院的,须得到 6 索尔第的赔偿,并依次递增。See The Visigothic Code (Forum Judicum) Book Ⅱ. Title Ⅱ. Ⅶ; 参见李秀清:《日耳曼法研究》,商务印书馆 2004 年版,第 410 页。

⑤ Arthur Engelmann, *History of Continental Civil Procedure*, trans. by Robert Wyness Millar, Little, Brown, and Company, 1927, p. 126.

⑥ Arthur Engelmann, *History of Continental Civil Procedure*, trans. by Robert Wyness Millar, Little, Brown, and Company, 1927, p. 125.

位突出。

(二)强迫出庭制度

日耳曼法早期即确立了一项原则:在对方当事人未出庭的场合下,法院不得审理任何民事或刑事案件。因此被告不出庭,诉讼程序不能继续进行,但在被告不出庭,又不能提供有效的缺席理由时,原告或法院可采取强制措施强迫其出庭。强迫出庭措施包括罚金(fine)、自行扣押财产(distress)、诉讼担保(*vadium recti*)等方式。

(1)罚金。被告受传唤后,如果不出庭,可采取的第一个措施是处以罚金。对被告的传唤需重复3次,如果每次被告受传唤都不出庭,则连续施加罚金,罚金金额逐次增加。这些罚金可以通过自行扣押财产实现。①

(2)自行扣押财产。《克努特法》规定:"任何人在百户区内3次请求司法审理前,不得在郡内或郡外实施扣押。如果第3次请求,案件仍然不能被审理,他就可以第4次前往郡会议(shiregemot),②确定第4次的审理期间。如果他仍得不到审理,从此时起,允许他自行扣押被告财产。"《威廉一世法》第44条也做了相同规定。③ 根据上述规定,被告被传唤后不出庭导致案件不被审理时,原告在一定条件下可以自行扣押被告财产。《亨利一世法》又规定,"未经判决或许可,任何人不得侵害他人。"④自行扣押被告财产作为针对他人财产的自力救济措施,自然应遵守上述规定,经法院批准才能实施。由此可见,自行扣押财产虽属自力救济,但应满足一定条件并受到程序上的限制,不得滥用。如果原告不合法地扣押被告财产,他将失去被扣押的财产,并被处以罚金。例

---

① Leg. Henr. 29.2; William Searle Holdsworth, *A History of English Law*, 3rd Edition, Volume 2, Methuen & Co. Ltd., 1923, p. 104.

② 行使司法和立法职能的郡民众大会,郡法院的前身。

③ "Let no one levy execution, either within or without the shire, before he has three times demanded justice in the hundred. If, the third time, he shall not obtain justice, let him go the fourth time to the shiregemot, and let the shire set him a fourth term. If he then fails of justice, let him take leave, either from hence or thence, that he may seize his own." Cn. Ⅱ. 19; J. Laurence Laughlin, *The Anglo-Saxon Legal Procedure*, in Henry Adams ed., Essays in Anglo-Saxon Law, Little, Brown, and Company, 1905, p. 193 – 194.

④ Leg. Henr. 51.3, "*Et nulli, sine judicio vel licentia, namiare liceat alium in suo vel alterius.*"

如,《伊尼法》规定,“如果任何人在向法院请求司法审理前,扣押财物作为偿付的,应着归还强力取得的财产,并支付 30 先令的罚金”。① 如果被告或其亲友强行夺回合法的自行扣押财产,则会被判处藐视法庭罪。

(3)诉讼担保和拘捕。在刑事性质案件中,应原告请求被告须提供诉讼担保(*vadium recti*)。诉讼担保是保证人和原告之间的一项正式的合同,是有两个作用:一是担保被告在指定时间出庭答辩;二是担保被告会按判决要求赔偿原告的损失。如果经 3 次要求,被告仍然拒绝提供诉讼担保,可将被告拘捕,直至被告提供保释保证或者作出清偿。②

对于严重刑事案件中缺席的被告,可以采用逐出法外程序强迫其出庭。逐出法外措施严厉,逐出法外者会被剥夺法律上的保护,因此是有效的强迫被告出庭的手段,但在日耳曼法时期,民事案件的原告不能申请将被告逐出法外。

日耳曼法时期,法院的强制力有限,诉讼程序更多依赖于当事人的合意,因此法院对被告的管辖权也取决于被告通过出庭同意将自己提交法院管辖。如果被告不出庭,法院除了强制被告出庭外,并无权利对被告作出判决。后世“习以为常的缺席判决,在日耳曼法上闻所未闻,也无法被理解”。③

第二节　罗马法诉讼启动程序

一、罗马法诉讼程序概述

罗马法是古罗马人创造的古代社会最发达、最完备的法律体系。罗马法最初是习惯法,公元前 5 世纪中叶有了成文的《十二表法》(*Lex Duodecim Tabularum*)。后历千年之演进,造极于公元 6 世纪优士丁尼

---

① “If any one take satisfaction before he demands justice, let him return and pay for what he has forcibly taken, and pay a fine of thirty shillings.” Ine 9; J. Laurence Laughlin, *The Anglo-Saxon Legal Procedure*, in Henry Adams ed., Essays in Anglo-Saxon Law, Little, Brown, and Company, 1905, p. 193.

② Laurence Laughlin, *The Anglo-Saxon Legal Procedure*, in Henry Adams ed., Essays in Anglo-Saxon Law, Little, Brown, and Company, 1905, p. 290.

③ Frederick Pollock, *The Expansion of the Common Law*, Stevens and Sons, Limited, 1904, p. 146.

(*Justinianus*)《民法大全》(*Corpus Iuris Civilis*)。[①] 英格兰普通法最早产生时,正值罗马法在西欧重新研究,因此普通法从一开始就有很多机会接触罗马法。12 世纪中叶,来自波伦亚(Bologna)的瓦卡里乌斯(Vacarius)在牛津大学教授罗马法。标志着普通法形成的中世纪最系统阐述英格兰法的著作《论英格兰的法律与习惯》(*De Legibus et Consuetudinibus Angliae*)在整理和编排了英格兰的法律材料时,借鉴了罗马法的概念和思想,一些罗马法原则也借助这一著作引入普通法。16 世纪之前,大法官的职位一直由教士担任,大法官法院衡平诉讼程序借鉴了许多天主教教会法的诉讼程序,而天主教会法深受罗马法影响。虽则如此,与欧洲大陆不同,英格兰法整体上最终抵御住了罗马法的实质影响,罗马法未能成为英格兰法的直接历史渊源。

整个罗马法时代,无论《十二表法》还是《民法大全》,一直是诉讼法、实体法诸法合一,[②]诉讼法未作为独立的法律部门从实体法中分离出去。[③] 但历史上看,诉讼程序制度是罗马法发展变化最为显著的领域之一。罗马法先后经历过三种诉讼程序制度:法定诉讼(*legis actiones*; *legis actio* procedure)、程式诉讼(*formula*; formulary procedure)和非常诉讼(*extraordinaria cognitio*; extraordinary procedure)。法定诉讼适用于罗马建国之初到公元前 25 年;程式诉讼于公元前 3 世纪 20 年代中期出现,[④]公元前 25 年完全取代法定诉讼,公元 294 年废止;非常诉讼出现于奥古斯都(*Augustus*)时期,3 世纪末全面实行。[⑤] 3 个诉讼程序制度衔接上并无绝对分野,相当时期同时并存适用。

(一)法定诉讼

法定诉讼,指依制定法的规定而提起的诉讼。称为法定诉讼可能

---

① 《民法大全》包括四个部分:《学说汇纂》(*Digesta*; *Pandectae*)、《法学阶梯》(*Institutiones*)、《优士丁尼法典》(*Codex Iustinianus*)和《新律》(Novellae)。

② 实际上,法国大革命之前,在深受罗马法影响的欧洲大陆诉讼法一直都不是独立的法律部门。

③ 《十二表法》就是把诉讼规范放在实体规范之前,列了三表:传呼、审理和执行。

④ Arthur Engelmann, *History of Continental Civil Procedure*, trans. by Robert Wyness Millar, Little, Brown, and Company, 1927, p. 242.

⑤ 周枏:《罗马法原论》(下册),商务印书馆 2001 年版,第 857 页;[德]马克斯·卡泽尔、罗尔夫·克努特尔:《罗马私法》,田士永译,法律出版社 2018 年版,第 787 页;罗马法编写组:《罗马法》,群众出版社 1983 年版,第 335 页。

是因为该诉讼由制定法而非裁判官告示(praetorian edicts)创设,抑或因为该诉讼需遵循制定法规定的文义和形式,不能变通。① 法定诉讼不存在现代意义的适用于各类案件的统一的普通诉讼程序,法律规定了5种用以确定和实现权利的特别诉讼程式。② 法定诉讼须严格遵守法律规定的特定形式如当事人应严格运用制定法上规定的术语,完成特定言辞和动作,否则会承担败诉的后果。

法定诉讼分为法律审理(*in jure*)和事实审理(裁判审理)(*in judicio*; *apud judicem*)两个阶段。法律审理和事实审理不是初审和复审两个审级,而是同一审级的不同阶段。法律审理在代表国家权力的官员——执法官(magistrate; *magistratus*)[通常为裁判官(*praetor*)]面前进行,事实审理则由代表民众的承审员(*judex*; *judicium*)作出。③ 法律审理中,原告首先向执法官提起诉讼,由执法官确定当事人之间是否存在需由司法判决的法律争议,如果审理认为存在这种争议就将案件提交承审员作出事实审理。在法律审理中,当事人向执法官陈述各自的要求,但无须陈述所依据的事实。执法官不是审理案件的法官,不必依据事实裁判,只是尽量调解双方,让双方当事人和解;如果不能和解,则命令他们达成争点,并将争点提交他们自己选定的承审员审理。当事人达成争点的程序称为争点确定程序(*litis contestatio*),它是法律审理的最后一步,之后诉讼进入事实审理阶段。事实审理由一名承审员主持,承审员承担法官的任务,负责审查证据,就诉讼争点作出判决。承审员由当事人协议选择的市民担任,当事人不能协议选择时由执法官指定。事实审理也可由市民组成的固定团体[如百人审判团(*centumviri*)、十人审判团(*decemviri litibus iudicandis*)]作出。无论是法律审理还是事实审理,法院的公权力作用有限,很大程度上依赖

① Edward Poste, *Elements of Roman Law by Gaius or Gaii Institutionum Iuris Civilis Commentarii Quattuor*, 3rd Edition, Clarendon Press, 1890, p. 467.

② 誓金法定诉讼(*legis actio sacramento*)、请求给付法定诉讼(*legis actio per condictionem*)、请求指定仲裁员或承审员法定诉讼(*legis actio per iudicis arbitrive postulationem*)、拘禁法定诉讼(*legis actio per manus iniectionem*)和扣押财产法定诉讼(*legis actio per pignoris capionem*)。

③ Arthur Engelmann, *History of Continental Civil Procedure*, trans. by Robert Wyness Millar, Little, Brown, and Company, 1927, p. 247.

私人意思自治，因此法定诉讼具有私人审判制度（*ordo iudiciorum privatorum*）的性质。[①]

（二）程式诉讼

程式诉讼的名称源自执法官在法律审理时需依原告请求制成一定程式的书状，然后交由承审员依此书状审理案件。此书状即称为程式书状或程式（*formula*），采用程式书状的诉讼程序就被称为程式诉讼或程式程序（formulary procedure）。

程式诉讼也分为法律审理和事实审理两个阶段，但程式诉讼放弃了法定诉讼的严格形式要求，当事人不必再遵守法定言语和动作。在法律审理中，先由原告陈述起诉意见，请求执法官制定程式。被告如果认为无胜诉可能，会在法庭上承认原告请求（*confessio in jure*），或选择沉默（*tacere*），或不作适当抗辩（*non defendere uti oportet*），如拒绝宣誓、拒绝交保，此时执法官会认定原告胜诉。通常被告将作出争辩，或直接否认原告的主张，或提出抗辩以驳回原告的请求，后者如承认债的存在，但主张是由于原告欺诈导致。法官在双方不能达成和解时，则审查诉讼条件是否完备，诉讼标的是否合法，然后根据原告的请求和被告的抗辩，拟订一份程式书状的训示，简要列明被请求的权利和所涉及的事实，指示承审员作出审理。程式经双方接受，执法官的任务即告完成。被告如无正当理由拒绝接受程式书状，法官有权强制其接受。[②]

不同的诉（*actio*）都有与诉因类型相适应的程式，大多数确定的和被认可的诉，在执法官告示中都有供当事人诉讼时参照的程式书状范本。总体而言，程式书状的主体部分有四项内容：（1）承审员的任命（*institutio judicis*）如声明“任命甲为承审员”。（2）请求的原因（*demonstratio*）。记载原告陈述的事实的摘要和请求的理由，如“因甲出售某物给乙，而乙未付清价款”。（3）原告的请求（*intentio*）。此为程式最主要的部分，记载原告对被告提出的诉讼请求。（4）判决要旨（*condemnatio*），是执法官对承审员关于本案应如何判决的指示即指示承审员如果审查后认为原告的事实得到证实，请求正当，就判决被告作

---

① ［意］彼德罗·彭梵得：《罗马法教科书》，黄风译，中国政法大学出版社 2005 年版，第 93 页。

② 周枏：《罗马法原论》（下册），商务印书馆 2001 年版，第 890 页。

出给付,否则开释被告。[①]

程式书状的本质是执法官对当事人权利或诉讼有条件认可的命令。执法官基于他所具有的司法权,命令承审员对案件作出判决。承审员根据程式书状的命令审查列入程式中的请求和反请求,仔细推敲原告和被告提出的证据;如果被告的权利请求被证明,承审员须按命令判决原告胜诉。程式书状本来仅是针对个案的命令,但执法官逐渐将这些从个案裁判中积累起来的经验加以总结并以永久告示(*edictum perpetuum*)的方式公布。这些永久告示被后来的执法官所遵循,因此在这种诉讼程序中,执法官获得了创制法律的权力,其裁判结果实质上具备了法律渊源的性质,从而成为与市民法并列的长官法(*ius honorarium*)。由裁判官告示形成的裁判官法(*ius praetorium*)是长官法的主要部分。

(三)非常诉讼

程式诉讼持续存在于整个罗马法的古典时期,[②]到了帝国时期则越来越多采用非常诉讼。非常诉讼是以有别于程式诉讼的非常方式(*extra ordinem*)(不再将案件交由承审员审理)裁决纠纷的程序。非常诉讼开始只是程式诉讼的特别程序,后来完全取而代之。非常诉讼不再将诉讼分为法律审理和事实审理两个阶段,诉讼争点无须提交承审员审理,程式书状也被取消。与先前诉讼具有很强的仲裁性,诉讼程序中当事人占主导地位不同,非常诉讼时期确立了国家行使司法职能的观念,整个案件的审理和判决全部由国家任命的执法官作出。又因为作出判决的执法官是法院官员,判决可以上诉到更高级的法院官员,并最终上诉到皇帝处。这样,罗马法中第一次产生了上诉制度。

二、罗马法诉讼启动方式与强迫出庭制度

(一)法定诉讼和程式诉讼的启动方式与强迫出庭制度

1. 法定诉讼和程式诉讼的启动方式

在法定诉讼和程式诉讼中,出庭传唤(*in jus vocatio*)是法定的唯一

---

① 盖尤斯曾讨论过的程式书状内容如下:任命某某为承审员。鉴于 A. 阿杰里在 N. 内基迪处寄托了一个银盘这一构成诉讼基础的事实,为此 N. 内基迪应当根据诚信向 A. 阿杰里作出转移或者交付,如果事实被证明,承审员将支持 A. 阿杰里,对 N. 内基迪作出判罚,除非他返还原物。如果事实未被证明,则判决他不承担责任。Gai. 4. 47;参见[意]彼德罗·彭梵得:《罗马法教科书》,黄风译,中国政法大学出版社 2005 年版,第 95 ~ 96 页。

② 一般认为是公元纪元前夕至 3 世纪中叶,与帝政元首制时期相当。

传唤被告的方式。与后世通常以起诉状提起诉讼不同,法定诉讼和程式诉讼通过出庭传唤方式启动。出庭传唤由原告本人口头向被告作出,要求被告立即跟随自己前往执法官处。[①] 出庭传唤规定在《十二表法》开篇第1表的前3条中:"1.原告传被告出庭,如被告拒绝,原告可邀请第三者作证,强制前往。2.如被告托辞不去或企图逃避,原告有权拘捕被告。3.如被告因疾病或年老不能出庭,原告应提供乘骑的牲口或车子;但除自愿外,不必用有篷盖的车辆。"[②]裁判官通过颁布裁判官告示制定了若干执行上述规定的补充规则。出庭传唤由原告私人口头实施,是私力行为,但出庭传唤具有法律约束力。如果被传唤人拒绝出庭,原告可在第三人见证的情形下,通过武力将被告拘捕(*manus iniectio*),强迫其前往执法官处。出庭传唤不允许被传唤人以疾病或年老为由缺席,但如果发生这些情况,传唤人需提供交通工具。由于出庭传唤具有强制力,法律对出庭传唤作出了以下限制。

(1)形式的限制。出庭传唤只有在原告遵守所有制定法或习惯规定的言辞和动作等严格形式的前提下才具有约束力。为了避免原告对被告非法使用武力,原告对被告出庭传唤时须邀请见证人在场见证。

(2)地点的限制。出庭传唤一般于公共场合实施。法律规定,若未得到家长的同意,他人不得跨过门槛,否则构成对住宅的侵犯,因此原则上原告不得在被告的住所之内作出传唤。[③] 但是,如果无法在住宅外找到被告,传唤人可以在3个不同的日期于被告住宅入口处,以足够让屋内的人听见的声音,呼喊被告偿付其请求,如果这一警告仍不起到作用,原告在随后日期,有权进入被告住宅,完成传唤。[④]

(3)时间的限制。原告只能在执法官可受理案件的日期传唤被告到庭应诉。执法官可在诉讼日(*dies fastus*)、会议日(*dies comitales*)(如果实际上没有公共集会)受理案件,但是非讼日(*dies nefastus*)不得受理

---

① Arthur Engelmann, *History of Continental Civil Procedure*, trans. by Robert Wyness Millar, Little, Brown, and Company, 1927, p. 344.

② 周枏:《罗马法原论》(下册),商务印书馆2001年版,第930~931页。

③ Arthur Engelmann, *History of Continental Civil Procedure*, trans. by Robert Wyness Millar, Little, Brown, and Company, 1927, p. 345.

④ Arthur Engelmann, *History of Continental Civil Procedure*, trans. by Robert Wyness Millar, Little, Brown, and Company, 1927, p. 345.

案件。[1] 有些不适当的时间也不得实施出庭传唤。例如,被告正在实际担任承审员,被告是正在举行婚礼的新郎,被告正在参加亲属葬礼、献祭或参加任何其他必须由其亲自参加的活动。

(4)因被告身份产生的限制。出庭传唤较为粗暴,因此基于被告的地位或与被告之间的关系,原告须对被告承担特别尊重义务时,如市民对执法官、卑亲属对尊亲属、解放自由人对恩主(patron)禁止使用出庭传唤。《学说汇纂》规定,"裁判官称,没有人,未经过我的允许,可以将其父母、恩主、女恩主(patroness)、恩主或女恩主的子女或父母传唤至法庭"。[2]

值得说明的是,程式诉讼中存在一项诉讼告知(*editio actionis*)[3]的制度,即在法定诉讼开始前,原告通过诉讼告知,向被告宣布他将针对被告提起诉讼的意图。诉讼告知在司法程序外作出,属于非正式的诉讼准备行为,目的是通知被告原告的诉讼请求和意欲起诉的类型,并实际上给予被告案件庭外和解的机会。诉讼告知后,原告可通过出庭传唤正式传唤被告出庭。[4]

2. 法定诉讼和程式诉讼的强制出庭制度

在法定诉讼和程式诉讼中,被告在执法官面前出庭是法律审理的第一步,没有被告出庭,诉讼无法进行。为告知被告出庭,原告首先向被告作出出庭传唤。面对传唤,被告可以选择遵守传唤立即出庭。根据《十二表法》,如果被告拒不出庭,原告可以拘捕方式将被告武力带到执法官面前,为避免原告使用武力,被告也可通过提供相应的担保或作出法定形式的承诺,保证将在受审时按时出庭。这些措施可以认为是私力强制被告出庭的措施。后来执法官逐渐介入到强制出庭中,采用一些公力强制性质的措施迫使被告出庭。下文分别述之。

---

① 一年中诉讼日、会议日和非诉讼日的日期数在恺撒(*Caesar*)时代前分别是 43 日、192 日和 109 日,因此法院一年可开庭时间有 235 日,马可·奥勒利乌斯(*Marcus Aurelius*)(161—180 年在位)时期法院开庭日固定为 230 日。See Leopold Wenger, *Institutes of the Roman Law of Civil Procedure*, trans. by Otis Harrison Fisk, Liberal Arts Press, 1955, p. 75, note 3.

② Dig. Ⅱ,4,4,1.

③ 亦译"案由告知"或"诉由告知",区别于后文的"诉讼通知"(*litis denuntiatio*)。

④ George Mousourakis, *Fundamentals of Roman Private Law*, Springer, 2012, p. 324.

(1)出庭保证人

对原告的出庭传唤,被告不能违抗,但可以通过指定合适的出庭保证人(*vindex*),避免原告使用武力立即将其强制带到法庭。出庭保证人是被告提供的保证被告将遵守传唤,按时出庭的第三人。① 根据《十二表法》第1表第9条的规定,“保证人应担保诉讼当事人于受审时按时出庭”。对于出庭保证人的资格,《十二表法》第1表第4条规定,“如诉讼当事人有财产,则担保他按时出庭的保证人,应为具有同级财力的人;如为贫民,则任何人都可充任”。②

(2)出庭保证承诺

后来,被告也可提供出庭保证承诺(*vadimonium*)免于被立即强制带到法庭。出庭保证承诺是指被告作出的保证在指定日期前往执法官面前的要式口约允诺。③ 原告对是否接受被告承诺,具有选择权,被接受的出庭保证承诺可视为当事人之间达成的自愿出庭协议。出庭保证人与之不同,如果被告提供的出庭保证人适格,原告没有选择权,必须接受。出庭保证承诺主要适用于意大利,从未适用于埃及,而且可能未适用于其他行省。出庭保证承诺后来被马可·奥勒利乌斯(*Marcus Aurelius*)废止。④

出庭保证承诺还可用作法律审理的再次出庭保证。有时法律审理不能一次审结,需要延期开庭,为了避免再次实施出庭传唤,当事人会在第一次出庭时达成保证再次出庭的协议。在盖尤斯(*Gaius*)的著作中,再次出庭保证又称为 *cautio judicio sisti*。⑤

(3)财产占有取得令

财产占有取得令是占有取得令的一种。占有取得令指由执法官签发的授权某人占有他人的财产的命令。如果适用于他人的全部财产,则称为财产占有取得令(*missio in bona*);如果限于特定财产,则称为特

① 最初 *vindex* 本身会成为被告,后来才成为单纯的保证被告出庭的保证人(*fidejussor*)。

② 周枏:《罗马法原论》(下册),商务印书馆2001年版,第930~931页。

③ Leopold Wenger, *Institutes of the Roman Law of Civil Procedure*, trans. by Otis Harrison Fisk, Liberal Arts Press, 1955, p. 98.

④ Victor Aurelius, *De Caesaribus*, 16.

⑤ Edward Poste, *Elements of Roman Law by Gaius or Gaii Institutionum Iuris Civilis Commentarii Quattuor*, 3rd Edition, Clarendon Press, 1890, p. 504, 611.

定物占有取得令(*missio in rem*)。

财产占有取得令通常作为判决强制执行措施,但也可用来强迫被告出庭。如果被告故意躲藏起来或者以其他方式逃避传唤,或被正当传唤但在法律审理程序中拒不出庭或拒不参与争点确定程序,则可请求执法官签发财产占有取得令。原告根据财产占有取得令占有被告的财产,必要时可实行财产拍卖(*bonorum venditio*)。

与出庭保证人和出庭保证承诺这些私力强制被告出庭措施不同,财产占有取得令是执法官采取的针对被告财产的公力强制措施。除此之外,裁判官还有权对不出庭的被告作出罚金惩罚,①裁判官还创设了一种针对接受传唤但拒不出庭的被告的事实诉讼(*actiones in factum*)。这些公力措施更为有效,私力强制被告出庭措施逐渐不再常用。②

(二)非常诉讼的启动方式与强制出庭

非常诉讼先后采用过两类诉讼启动方式:一是法庭传唤(*evocatio*);二是起诉状(*libellus conventionis*)。

1. 法庭传唤启动诉讼

帝政元首制时期(公元前27年—公元284年)传唤开始具有官方行为性质,原告向执法官提出申请,由执法官签发命令传唤被告出庭。传唤的名称也发生了变化,由出庭传唤改称为法庭传唤。③ 在非常诉讼最初施行时法庭传唤有三种方式:诉讼通知(*litis denuntiatio*)、文书传唤(*litteris*)和通告传唤(*edictum*)。

(1)诉讼通知

诉讼通知产生之初与出庭传唤并行存在,在公元300年前后取而代之,成为非常诉讼时期法庭常用的传唤方式。诉讼通知向被告作出,告知被告出席第一次审理的时间以及原告准备提出的诉讼请求。诉讼

---

① G. 4. 183; Edward Poste, *Elements of Roman Law by Gaius or Gaii Institutionum Iuris Civilis Commentarii Quattuor*, 3rd Edition, Clarendon Press, 1890, 628.

② R. W. Leage & C. H Ziegler, *Roman Private Law Founded on the Institutes of Gaius and Justinian*, Second Edition, Macmillan and Co., Limited, 1932, p. 405; Edward Poste, *Elements of Roman Law by Gaius or Gaii Institutionum Iuris Civilis Commentarii Quattuor*, 3rd Edition, Clarendon Press, 1890, p. 503.

③ Leopold Wenger, *Institutes of the Roman Law of Civil Procedure*, trans. by Otis Harrison Fisk, Liberal Arts Press, 1955, p. 273.

通知并不要求被告立即出庭，而是要求被告在通知之日起满 4 个月时举行的第一次审理中出庭。诉讼通知有两种实施方式。一是私人通知，即在某些案件（主要是意大利的案件）中由原告私人向被告作出通知。早期采用口头形式，但需有见证人在场，由其以个人身份提供书面证明。① 这类似法定诉讼和程式诉讼时期的出庭传唤，但与之不同的是，原告需先向法官提交申请，陈述其起诉原因和目的，经法官审查同意，才能向被告作出诉讼通知。因此带有官方性质，故又称授权通知（*denuntiatio ex auctoritate*）。二是其他案件采用的法院官员通知。鉴于私人通知易生弊端，君士坦丁一世（Constantine Ⅰ）于公元 322 年规定，诉讼通知应由书记官（*tabularius*）登记，由法院官员送达被告，②自此诉讼通知只能由法院作出，完全转变为官方行为。

（2）文书传唤

诉讼通知适用于被告在受理案件的法院管辖区内有住所的情形，如果被告在受理案件的法院管辖区内无住所的，则采用文书传唤方式。③ 当事人首先提出申请，法官应申请签发传唤文书给原告，由原告呈交被告所在地的法院，请求代传；而负责代传的官员通过自己下属人员传唤被告出庭。

（3）通告传唤

如果被告住所不明，则采用通告传唤方式，④由法庭人员将传票内容当众朗读一遍，然后张贴于公共场所，以代传达。通告传唤不需要原告，完全由法庭作出，因此不再有私人传唤性质。

2. 起诉状启动诉讼

诉讼通知方式提起诉讼期限冗长，公元 5 世纪中期，非常诉讼的启动转变为简捷的提交起诉状方式，此时的非常程序又称诉状程序（libellary procedure）。诉状程序在东罗马帝国优士丁尼（527—565 年

---

① Arthur Engelmann, *History of Continental Civil Procedure*, trans. by Robert Wyness Millar, Little, Brown, and Company, 1927, p. 346.

② 周枏：《罗马法原论》（下册），商务印书馆 2001 年版，第 921 页。

③ 文书传唤也称“公文传唤”。周枏：《罗马法原论》（下册），商务印书馆 2001 年版，第 920 页。

④ 通告传唤也称“公示传唤”。周枏：《罗马法原论》（下册），商务印书馆 2001 年版，第 920 页。

在位)时期达到顶峰。[①] 诉状程序中,原告须先就起诉事实和起诉请求作成书面的起诉状,递呈有权管辖的法院。起诉状由原告和书记官签字,原告需提供保证人。[②] 法官收到起诉状后,简单审查诉状,如果认为诉状表面不充分、不能满足起诉要件要求,则驳回诉讼;如果审查原告的请求与法律和道德并无不合,则签发一项命令,要求执达官(*viator*; *exsecutor*)将诉状送达被告直接送给被告。被告收到起诉状时必须首先向执达官支付费用,并提供收据证明收到起诉状。如果案情重大或被告有逃亡可能,被告应提供保证人(*cautiones*),保证到期出庭。保证人在被告不到庭时,应支付50金币以下的赔偿金;如果被告不能提供保证人,执达官有权将其拘禁,直至诉讼结束。[③] 在物权诉讼中或被告是有声望的人时,被告可免于交保;如为债权诉讼而被告于法院管辖区内没有足够的财产,则在开庭时应另行提供保证人,担保其在诉讼没有终结前,随传随到。[④] 原告提交起诉状后原告应将案件于2个月内提交执法官审理,逾期加倍偿还被告因该迟延产生的费用。被告应于收到起诉状10日内(后改为20日)向法院提出答辩状(*libellus contradictionis*)。开庭当天,如被告不到庭,将再次传唤,并每30日传唤1次,如是3次。自起诉经过1年后即可作缺席判决。原告无正当理由缺席的,即驳回其诉,并可判令赔偿被告因此所受的损失。因此缺席的这些后果,尤其是缺席判决,可间接且有效地起到强迫当事人出庭的作用。

三、罗马法诉讼启动程序的发展变化分析

(一)启动诉讼的方式由传唤到提交起诉状转变

罗马法历史上多数时间诉讼的启动方式是传唤而非起诉状。最初采用口头形式的出庭传唤,随后是诉讼通知。诉讼通知属于法庭传唤方式,最初也是口头形式,后来改为书面。一直到公元5世纪中期,才

---

① Leopold Wenger, *Institutes of the Roman Law of Civil Procedure*, trans. by Otis Harrison Fisk, Liberal Arts Press, 1955, p. 275, note 18; [德]马克斯·卡泽尔、罗尔夫·克努特尔:《罗马私法》,田士永译,法律出版社2018年版,第842页。

② 周枏:《罗马法原论》(下册),商务印书馆2001年版,第921页。

③ Leopold Wenger, *Institutes of the Roman Law of Civil Procedure*, trans. by Otis Harrison Fisk, Liberal Arts Press, 1955, p. 279.

④ 周枏:《罗马法原论》,商务印书馆2001年版,第921页。

采用提交书面起诉状的方式启动诉讼。起诉状启动方式为后世大陆法系国家所仿效,并被认为是当然的启动诉讼的方式。

(二)传唤从私人传唤向官方传唤转变

最初的传唤形式是《十二表法》规定的出庭传唤。出庭传唤由原告本人实施,性质上属私人传唤(private summons)。帝政时期,诉讼通知逐渐取代了出庭传唤。诉讼通知是应当事人申请,由执法官批准的传唤。诉讼通知具有了官方性质,但因为诉讼通知的送达尚需原告本人实施。因此还是一种半官方传唤。直至公元322年法律规定,诉讼通知须由法院送达被告,诉讼通知成为完全的官方传唤(official summons)。优士丁尼时期,传唤被告改由向被告送达起诉状的方式实施,因为起诉状送达需由法院执达官作出,因此,性质上属于完全的官方传唤。相当时间内私人的出庭传唤和官方传唤并行存在,但最终私人传唤废止,被官方传唤完全取代。

(三)传唤时从不需通知诉讼事由到需要通知诉讼事由转变

从现代诉讼观念上看,传唤被告出庭时理应通知被告诉讼事由。但最初法律并未作出这种要求,如《十二表法》第1表的第1条的出庭传唤并没有通知诉讼事由的规定。到了程式诉讼时期,根据裁判官告示,引入了诉讼告知制度,原告传唤被告之前,应告知起诉的内容,以便被告决定是否和解或作出应诉的准备。如果原告未能作出诉讼告知,而突然传唤被告,似乎会招致刑事诉讼。[①] 非常诉讼时期通知被告诉讼事由的重要性得到充分认识,这时期出现了新的传唤方式——诉讼通知,其主要作用除了告知出庭时间之外,就是要告知诉讼事由。在优士丁尼时期,通过送达起诉状方式传唤被告,诉讼事由当然会记载在起诉状中。

(四)不遵守传唤的后果向违法行为转变

《十二表法》规定的出庭传唤为私人行为,性质上是私人传唤,如果被告不遵守传唤,并不被认定为违法。《十二表法》对不遵守出庭传唤的被告允许原告使用武力强迫其出庭,这将原告暴力强迫出庭行为合法化。后来,根据裁判官告示,经适当传唤的被告不出庭构成违法,这

---

① Leopold Wenger, *Institutes of the Roman Law of Civil Procedure*, trans. by Otis Harrison Fisk, Liberal Arts Press, 1955, p. 95.

意味着确立了针对原告的起诉被告具有出庭答辩的义务的规则。《学说汇纂》对违反出庭义务行为做了处罚规定："如果起诉是合理的，任何被传唤的人若不出庭，将依执法官的权限按比例处以罚款；但是如果被告不知情，可以免予处罚。"①

（五）传唤过程中使用的暴力由私力性质向公力性质转变

无论是私人传唤，还是官方传唤，对不愿意遵守传唤的人，都允许使用暴力强制出庭。私人传唤时，《十二表法》授权原告在被告不出庭时，可采取暴力强迫被告出庭，但私人传唤场合下采取的暴力是私力性质的，只具有限的强制力；如果被告武力更强，或有朋友的帮助，原告可能无法对被告采用武力，甚至会遭到被告的武力反抗。② 另外，原告如果意欲合法使用武力，必须有见证人在场，以证明被告拒绝传唤并且证明原告未过度使用暴力。在官方传唤的场合，法庭官员在满足一定程序条件下，对不服从的被告可以使用暴力拘捕，该暴力具有公力性质，不容被告反抗，被告反抗构成违法。但罗马法历史上不存在后世英格兰法特有的各种拘捕人身或扣押财产强迫被告出庭的令状。

---

① D. 2. 5. 2. 1.

② William Alexander Hunter, *A Systematic and Historical Exposition of Roman Law in the Order of a Code*, William Maxwell & Son, 1876, p. 806. 也有观点认为，被告无权抵抗原告的武力。Leopold Wenger, *Institutes of the Roman Law of Civil Procedure*, trans. by Otis Harrison Fisk, Liberal Arts Press, 1955, p. 9.

第三章 英格兰19世纪司法改革前普通法诉讼启动程序的基础和基本文书

第一节 普通法诉讼启动程序的基础——诉讼程式

一、诉讼程式含义

研究英格兰诉讼启动程序必须从诉讼程式(forms of action)着手。自12世纪普通法产生时起,诉讼程式一直是中世纪英格兰法的最重要特征,[①]直至19世纪司法改革时诉讼程式才最终被废除。

诉讼程式虽然是司法改革前民事诉讼程序的基础概念,但对它下定义却是困难和有风险的事情。在此姑且尝试定义如下:诉讼程式,又称诉讼形式,指原告权利受到侵害或妨碍时,通过选择适合诉讼请求的初始令状,并按相应的诉讼程序实现救济的诉讼方法和手段。诉讼程式具体有以下含义。

1. 诉讼程式是权利受到侵害或妨碍的原告能否获得王室法院救济的基础

救济是法律赋予的恢复和实现权利的方式。在

---

① Frederic William Maitland, *Equity, also the Forms of Action at Common Law: Two Courses of Lectures*, Cambridge University Press, 1910, p. 295.

英格兰,最有效的救济是王室法院提供的诉讼救济,①即原告实体权利受到不法侵害或妨碍向法院提出诉讼请求时,法院发出的强制恢复和实现权利的命令。司法改革前,原告能否主张、维护并实现自己的权利,能否获得诉讼救济的出发点和基础是诉讼程式。如果不存在相应的诉讼程式,法律不能为其提供救济,他本质上就没有任何权利可言。正如梅特兰所言,"假定某人受到他人侵害,他或他的律师不得不考虑的第一件事是采用什么样的诉讼程式。仅仅用此种或他种方式迫使对方出庭,或以言词陈述所依赖的实际发生在他身上的事实以及他认为自己有权获得的救济是不充分的"。② 诉讼程式的实质是法院通过特定诉讼形式对特定的权利和救济的认可;一项实体权利只有经过相应诉讼程式的确认,受到侵害或妨碍时才能获得诉讼救济,才是真正的可强制实现的权利。

实体权利、诉讼救济与诉讼程式结合为一体,诉讼程式决定当事人的实体权利和诉讼救济,这一观念的确立在英格兰历史上经历了一个变化过程。亨利二世(1154—1189 年在位)时期,即诉讼程式产生之初,大法官法院可以自由创设诉讼程式。当原告实体权利被侵害时,法院会尽可能提供救济:如果已存在适当的诉讼程式,则按该诉讼程式予以救济;如果出现了新的需要救济的权利或权利被新类型的不法行为侵害,因此不存在相应的诉讼程式时,法院会通过签发新型的初始令状、创设新的诉讼程式提供救济。这意味着权利决定并先于救济,正如谚语所云"哪里有权利,哪里就有救济"。③ 换言之,权利决定诉讼程式,只要有权利就会有诉讼程式提供救济。但随着新的诉讼程式不断被创制,在 13 世纪时达到顶峰时,一直开放的诉讼程式制度发生了重大转折——1258 年议会颁布了《牛津条令》(Provisions of Oxford),要求大法官宣誓未经国王咨议会同意不再签发当然令状(writ of course)之外的令状。该法虽未明文禁止大法官签发新型初始令状,但以之创设新

① 救济还可包括诉讼救济外的其他救济,例如和解协议、仲裁或者自力救济(包括自行夺回被不法占有的财产或自行扣押侵害人的财物)。

② Frederic William Maitland, *Equity, also the Forms of Action at Common Law: Two Courses of Lectures*, Cambridge University Press, 1910, p. 296.

③ "*Ubi jus, ibi remedium.*" Herbert Broom, *A Selection of Legal Maxims*, 7th Edition, T. & J. W. Johnson & Co., 1874, 191.

的诉讼程式之路实际上被封堵。该法产生的后果是,如果权利受到侵害的原告的诉讼请求正好属于特定诉讼程式的救济范围,法院会遵循先例以该诉讼程式给予救济,原告权利得以实现;但如果先前诉讼程式没有救济的先例,也就是诉讼请求不属于任何诉讼程式的救济范围,法院因不再创设新的诉讼程式,只能拒绝给予救济,原告权利就无从实现。此时,上述谚语完全被颠倒,救济先于权利,“没有救济,就没有权利”,或者说“没有诉讼程式,就没有权利”。

2. 初始令状是诉讼程式的基础,原告起诉时需首先选择合适的初始令状

在普通法诉讼程式制度下,诉讼程式和特定的初始令状紧密联系在一起,原告选择诉讼程式实质上就是选择适当的初始令状。

第一,原告通过选择特定的初始令状主张自己的诉讼救济请求。诉讼程式下,原告不能就被告的不法行为提出一般法律救济请求,只能依据初始令状提出与特定诉讼程式相结合的特定法律救济请求。例如,因身体、财产、名誉被侵害而请求损害赔偿时,与现代侵权诉讼做法不同,原告无法提出统一的侵权损害赔偿救济请求,而需要有针对性地提起属于特定诉讼程式的某一侵害之诉或者特别主张侵害之诉(trespass on the case),并通过申请签发某一侵害之诉或特别主张侵害之诉的初始令状启动诉讼。例如,发生人身殴击侵害时,需要申请签发暴力威胁和暴力接触令状(writ of trespass for assault and battery),提起暴力威胁和暴力接触侵害之诉。原告受到其他侵害时,需要区分侵害类型,如就动产侵害、妨害、诽谤、过失侵权或欺诈,分别申请签发属于特别主张侵害令状(writ of trespass on the case)的动产侵占令状(writ of trover)、妨害令状(writ of nuisance)、诽谤令状(writ of words)、过失侵权令状(writ of negligence)或欺诈令状(writ of deceit)并启动相应程式的诉讼。违约的诉讼也是如此:法律上不存在统一的提供违约救济的诉讼,而是需要有针对性地申请签发具体的初始令状并提起对应的诉讼才能获得救济。例如,因对方违反简式合同(simple contract)遭受损失请求赔偿时,[1]需申请签发基于承诺的特别主张侵害令状(writ of trespass on the

---

① 简式合同,又称普通合同或简约,与盖印合同相对,指口头合同以及虽然采用书面但未盖印的合同。

case in *assumpsit*），提起一项承诺之诉（assumpsit）。因对方违反盖印合同（covenant；special contract；specialty）遭受损失请求赔偿时，[①]则应申请签发盖印合同令状（writ of covenant），启动盖印合同之诉。有时需要申请签发定额金钱债务令状（writ of debt）或不当扣留动产令状（writ of detinue）提起定额金钱债务之诉或者不当扣留动产之诉要求对方承担违约责任。

第二，初始令状和诉讼程式一一对应：初始令状有多少，诉讼程式就有多少；反之，有多少诉讼程式，就需要多少初始令状。原告对诉讼程式的选择，其实就是初始令状的选择；如果原告不能找到合适的初始令状，也就无法取得诉讼程式提供的救济。这带来的问题是，普通法初始令状和与之对应的诉讼程式数量众多，原告需要正确地分析诉讼理由，[②]选择适当的初始令状和诉讼程式提起诉讼，如果选择不当将承担败诉的后果。败诉的原告意欲再行起诉，就必须申请另一初始令状，以该令状确定的诉讼程式提起诉讼。原告一旦选择了初始令状，在诉讼提起后，就不得再修改或变更其初始令状。

3. 程式制度下不同的诉讼程式采用不同的诉讼程序

和现代普通民事诉讼程序不同，诉讼程式制度下不存在统一适用于各种案件的单一的、通用的诉讼程序，而是同时并存诸多诉讼程式，各诉讼程式都有自身的诉讼程序。虽然总体而言，各诉讼程式所采用的诉讼程序都会包括启动诉讼、强制被告出庭、诉答、审理和判决甚至判决执行的全部过程，但不同诉讼程式采用的诉讼程序制度具体方面各不相同，有时差异巨大。这种差异主要表现在原告需要申请不同的初始令状或诉状启动诉讼，使用不同的司法令状强迫被告出庭，采用不同的诉答规则、审理方式和证据制度，作出不同性质的判决，最终通过申请签发不同的终局司法令状执行判决。各个诉讼程式所使用的法律文书，例如初始令状、中间司法令状和终局司法令状以及诉答状、判决书等，性质和格式也各不相同。

这里有必要比较一下英格兰普通法的诉讼程式和罗马法的程式诉

---

① 盖印合同是由当事人盖印并交付始得成立的书面合同。

② 诉讼理由即诉因，指原告起诉的依据，即产生诉讼权利的某项事实和若干事实的结合，如侵权行为和损害后果等。

讼。通说认为,普通法的诉讼程式虽然与罗马法的程式诉讼非常近似,但并非以其为历史来源。1150年至1250年,也就是初始令状和诉讼程式在英格兰初兴之时,注释法学派的罗马法研究对英格兰法学理论以及法律规则产生了有力的影响;但英格兰的诉讼程式毕竟是本土自然生成并发展起来的制度,它和罗马法的程式诉讼"区别和相似之处同样显著"。① 梅特兰曾作出以下细致的比较:"乍看,(英格兰)大法官(*cancellarius*)的令状录(*registrum brevium*)非常像(罗马)裁判官公布法令的布告牌(*album*)。但是裁判官在制作程式书状前,对双方当事人作了听审,而大法官在签发初始令状时,并未听审被告的陈述,而且绝大多情形下,原告只需说明他希望获得的令状并支付初始令状费用就当然取得令状。另外也不能将大法官与裁判官对应,而应该将普通法法院的法官与裁判官对应,不应将罗马法的程式书状与初始令状对应,而应该将程式书状与送交陪审团的争点记录(issue)对应,而罗马法的承审员才可与陪审员对应。但这样的对比,使得两种制度之间的可比性并不高,不能说普通法程序模仿罗马法程序。即使是陪审团和承审员的功能近似,都是事实裁断者,但是13世纪时候陪审团最早使用的时候,陪审员承担的是证明事实或权利的证人的角色,后来才发展为事实的裁断者。"②

二、诉讼程式制度下的诉讼分类

诉讼程式种类繁多,基于理论分析和诉讼实务的需要,可作适当归类。总体而言,历史上存在的各种诉讼程式可归入不动产诉讼(real action)、对人诉讼(personal action)或混合诉讼(mixed action)三大类别之中。

不动产诉讼,又称物的诉讼或封地诉讼(feudal action),是原告要求原物返还土地或其他不动产的诉讼。不动产诉讼有以下三个特征:(1)不动产诉讼仅涉及不动产。所谓不动产在普通法上指任何土地、保有产(tenements)、地租(rents)、共用地(commons)或其他可继承产(hereditaments)。(2)不动产诉讼的原告须是自由地产保有人(freeholder),即对不动产拥有自由保有地产权的人。自由保有地产权是

---

① Frederick Pollock & Frederic William Maitland, *The History of English Law before the Time of Edward* Ⅰ, Volume 2, 2nd Edition, Cambridge University Press, 1898, p. 557.

② Frederick Pollock & Frederic William Maitland, *The History of English Law before the Time of Edward* Ⅰ, Volume 2, 2nd Edition, Cambridge University Press, 1898, p. 558 – 559.

中世纪流传下来的地产权概念,指通过履行非奴役性役务而保有的地产权。自由保有地产权分为非限嗣继承地产权(普通继承地产权)(fee simple)、限嗣继承地产权(fee tail)和终身地产权(estate for life)。自由保有地产权为保有期间不确定的地产权。因此,定期地产权(term of years)不属于自由保有地产权,定期地产权保有人(termor)不能提起不动产诉讼。(3)原告请求的救济是返还不动产。也就是说,原告对不动产的自由占有(*seisin*)遭被告取得或侵夺,原告请求回复占有。不动产诉讼的原告只是请求返还原物,不能要求损害赔偿,因此,不动产诉讼原告称为字义"请求交付者"的demandant,非字义"诉苦情者"的plaintiff。普通法的不动产诉讼与罗马法的对物诉讼有一定对应关系,它们英文或拉丁文的名称相同,都是real action、action *in rem* 或 actio *in rem*,性质上都是针对物的诉讼,救济方式上都是要求返还原物。但两者并不完全相同:罗马法的对物诉讼既适用于不动产,也适用于动产,是完全的对物诉讼;普通法的不动产诉讼仅适用于不动产,①不适用于动产,是不完全的对物诉讼。因此,普通法上的不动产诉讼实质上是不动产对物诉讼,普通法历史上不存在动产对物诉讼,动产有关的诉讼属于对人诉讼。②

对人诉讼,又称人的诉讼,③是原告财产或人身受到损害时,要求损害赔偿的诉讼,也包括请求原物返还动产或代之以损害赔偿的诉讼。不动产损害赔偿的诉讼,如侵入私地侵害之诉也属于对人诉讼,但此类诉讼的原告只能要求损害赔偿,不能请求原物返还不动产。

混合诉讼是指既具有不动产诉讼又具有对人诉讼性质的诉讼,这意味着原告既可要求原物返还不动产又可要求就不动产损害请求赔偿。④ 例如,毁损土地之诉(action of waste)中,享有继承权、剩余地产权

---

① 不动产包括圣职推荐权(advowson)之类的无形可继承产(incorporeal hereditaments)。

② 直至19世纪司法改革前后,英格兰出现了海事对物诉讼,这是针对属于动产的船舶或货物的对物诉讼形式。

③ 也有作品将personal action译为"动产诉讼",似乎能和personal property译为"动产"相对应。参见[美]阿瑟·库恩:《英美法原理》,陈朝璧译注,法律出版社2002年版,第51页。

④ 有些教科书将本书区分的不动产诉讼和混合诉讼归入一类,前者称为纯粹不动产诉讼(purely real actions),后者称为混合不动产诉讼(mixed real actions),两者统称为不动产诉讼(real actions)。See George Booth, *The Nature and Practice of Real Actions: In their Writs and Process, Both Original and Judicial*, Stephen Gould, 1808, p. 11.

或回复地产权的原告,针对实施了毁损土地行为的终身保有地产权人提起诉讼,原告不仅请求返还被毁损的地产,还会请求3倍的损害赔偿金。前一请求使诉讼具有不动产诉讼特征,后一请求使诉讼具有对人诉讼的特征,因此,属于混合诉讼。[①] 新近侵占地产咨审之诉(assise of novel disseisin)、进占之诉(writ of entry)等诉讼程式也属于混合诉讼。[②]

上述三种诉讼区分的根据尚有争论。依笔者理解,主要应看是否涉及不动产以及所采用的救济方式。不动产诉讼只适用于不动产案件,只能提供返还原物,不提供损害赔偿救济。对人诉讼则既可适用于动产又可适用不动产案件。对人诉讼的救济包括损害赔偿和原物返还动产。如果对人诉讼标的不涉及不动产,则可提供损害赔偿救济或返还原物救济;如果对人诉讼标的涉及不动产,则只能提供损害赔偿救济,不能提供返还原物救济。原告既要求原物返还不动产,又要求损害赔偿时,须提起混合诉讼。对人诉讼和不动产诉讼的区分促成了动产(属人财产)(personal property)和不动产(属地财产)(real property)的划分。例如,自由保有地产可以通过不动产诉讼要求返还原物,因此是不动产;而租赁保有地产(leasehold land)[③]或动产(chattels)被侵害时,先前只能提起对人诉讼,并且主要是要求损害赔偿,因此为属人财产。

诉讼程式产生自亨利二世(1154—1189年在位)时期,开始时数量很少,亨利二世统治末期以前王室法院初始令状的数量不超过15个。至爱德华一世(1272—1307年在位)末期,根据当时令状录(Register)的记载,用于启动王室法院诉讼的初始令状已经超过100个,在郡法院启动诉讼的初始令状至少有30个。[④] 这一期间诉讼程式数量达到顶峰,后来诉讼程式数量逐渐减少。按梅特兰的说法,到1830年时剩有72种

---

① 3 Bl. Comm. 118.

② 根据1166年《克拉伦登法令》(Assize of Clarendon)创设的保护和回复地产占有的新近侵占地产咨审之诉被认为是第一个引入了损害赔偿观念的诉讼程式。但新近侵占地产咨审之诉最初并不提供损害赔偿救济,1198年前的诉讼卷宗中无损害赔偿的记载。See George E. Woodbine, *The Origins of the Action of Trespass*, 33 Yale Law Journal 799 (1924).

③ 为不动产性动产(real chattel)。

④ [英]保罗·布兰德:《英格兰律师职业的起源》,李红海译,北京大学出版社2009年版,第55~56页。另一说法是,至1227年时初始令状有56种,而1300年已达300多种。参见徐昕:《英国民事诉讼规则》,中国法制出版社2001年版,第30页。

诉讼程式,1874年诉讼程式废止前夕仅余12种。[①] 19世纪初的70余种诉讼程式绝大多数属于不动产诉讼和混合诉讼,但这些不动产诉讼和混合诉讼的诉讼程式几乎都已弃用,仅有作为混合诉讼的驱逐之诉最为常用,偶尔会适用有关非限嗣继承地产的权利之诉(writ of right)、限嗣继承赠与地产回复之诉(formedon)、寡妇地产之诉(dower)、妨碍圣职推荐权之诉(*quare impedit*)。在梅特兰著作中,对人诉讼的程式有以下9种:定额金钱债务之诉、盖印合同之诉、不当扣留动产之诉、侵害之诉(trepass)、特别主张侵害之诉、动产占有回复之诉(replevin)、报账之诉(account)、承诺之诉、动产侵占之诉(trover)。[②] 有的著作将年金之诉(action of annuity)列为第10种对人诉讼程式类型。[③]

三、诉讼程式的实体法和程序法作用

(一)诉讼程式规定实体制度

1. 实体规范存在于诉讼程式中

诉讼程式虽然形式上是程序制度,但不能认为诉讼程式仅仅是程序制度的反应或程序制度发展的附属成果,诉讼程式规定实体制度。和现代不同,诉讼程式时代民事实体法尚未形成自成一体的独立法律部门,民事实体规范依附于诉讼程式中。每一个诉讼程式都含有实体规范,尤其是实体责任规范,这些规范具体体现在与诉讼程式对应的初始令状中。可以驱逐之诉为例作出说明,驱逐之诉是适用于原告自由保有土地遭被告强行剥夺占有的诉讼程式。驱逐之诉使用如下形式的初始令状,“乔治四世……向某某郡长致意。如果约翰·多伊就其诉讼请求向您提供了担保,则责令原某某郡的上农(yeoman)理查德·罗

---

① [英]梅特兰:《普通法的诉讼形式》,王云霞、马海峰、彭蕾译,商务印书馆2009年版,第27页。梅特兰所说的1874年时剩余的12种诉讼程式应该指10种对人诉讼程式加上针对判决债务的告知之诉(scire facias)和属于混合之诉的驱逐之诉。See Earl Jowitt, Clifford Walsh & John Burke, *Jowitt's Dictionary of English Law*, Volume 1, Sweet & Maxwell Ltd., 1977, p. 39, entry action.

② [英]梅特兰:《普通法的诉讼形式》,王云霞、马海峰、彭蕾译,商务印书馆2009年版,第111~126页。

③ Earl Jowitt, Clifford Walsh & John Burke, *Jowitt's Dictionary of English Law*, Volume 1, Sweet & Maxwell Ltd., 1977, p. 39, entry action.

伊，[1]通过提供担保物和担保人(gages and safe pledges)，在某日来到朕面前，不管当时朕在英格兰何处，说明为何使用暴力和武力，进占了甲[2]租让给上述约翰·多伊一定期限的位于某某郡的某某住宅及其附属建筑物，以至于在期满前就将约翰·多伊驱逐出上述租地(farm)，并实施其他不法侵害，造成了上述约翰·多伊的重大损害，朕的和平亦被破坏。届时将保证人姓名和本令状呈交法院。"[3]这一初始令状确立了逐出租地的侵权责任制度，并规定了被告承担责任需要满足的实体要件：(1)事实上的原告对土地具有权利(title)；(2)被告剥夺了原告对土地的占有；(3)造成了原告重大损害。原告意欲使被告承担责任，应根据上述初始令状规定的责任制度陈述有关事实，其陈述的事实需与诉讼程式确立的责任规则一致并满足全部责任要件。原告如果不能证明他选择的诉讼程式规定的所有责任要件，就不能胜诉。

申言之，在诉讼程式中，不仅包含着关于诉讼的程序要素和程序运作的程序规范，也包含着实体权利义务规范。普通法的实体规范不存在别处，而严格规定在诉讼程式中。每一个诉讼程式都是实体权利和诉讼形式、实体规范和程序规范的结合体。普通法上，诉讼程式先于实体权利和实体法，整个民事法律制度的基础和民事法律思维的核心是诉讼程式，不是实体权利和实体法。对当事人而言，具有本质和最终意义的并非对实体权利的实际拥有，甚或法律规范对实体权利的确认，而是权利请求能够诉诸某一诉讼程式并通过诉讼程式得以实现。

通过大法官不断创设、确认和修正，诉讼程式的种类持续增加，形成了类型多样的诉讼程式体系，也创立了丰富的法律实体规范。在15世纪之前，普通法诉讼程式的内在逻辑形成的观念是诉讼程式根据实体规范作出划分，任一普通法民事实体规范都应该包含在某一种诉讼程式中，诉讼程式相互之间不可重叠，一项权利只能由某一诉讼程式而不能由其他诉讼程式提供救济，这样当事人无机会就同一争议选择不

---

① 约翰·多伊(John Doe)为虚拟的名义原告，理查德·罗伊(Richard Roe)为虚拟的名义被告。

② 甲为事实上的原告。

③ Alexander Martin, *Civil Procedure at Common Law*, West Publishing Co., 1905, p. 380.

同的诉讼程式。[①] 例如，大法官法院创设了至少60种不动产诉讼和混合诉讼的程式解决当事人之间不动产争议，这些诉讼程式规范原告不同性质的实体权益。权利之诉针对系争土地的所有权问题，新近侵占地产咨审之诉针对土地占有问题，原告起诉时必须严格按照自己受侵害的实体权益以及意欲获得的诉讼救济类型，有针对性地选择适合自己案件的唯一诉讼程式。后来这一观念发生改变，一定情形下不再严格遵守。1602年，王座法院判决一项特定金额的允诺性义务既可以通过定额金钱债务之诉，也可以通过承诺之诉实现。[②] 这意味着，当被告未偿付特定金额的合同款项时，如果合同为简式合同，原告可以选择提起承诺之诉或者定额金钱债务之诉；如果合同是盖印合同，可以选择提起盖印合同之诉或定额金钱债务之诉。如果违反简式合同的行为同时是不法行为，原告不仅可以提起承诺之诉，还可以根据具体情形提起其他特别主张侵害之诉，如存在欺诈时提起欺诈之诉。但是就同一合同，如果已经提起了某一诉讼，如承诺之诉，该诉讼的判决将阻却原告提起其他的诉讼，如定额金钱债务之诉。[③]

2. 实体法通过诉讼程式得以发展

历史上，先有了诉讼法，才有实体法，“诉讼法才是实体法发展的母体”。[④] 而在英格兰，可以说，诉讼程式的历史是实体法依附于程序法的历史，诉讼程式孕育产生了普通法，是普通法发展的母体。正如梅因所言，“实体法一开始仿佛是从程序的缝隙中逐渐渗透出来的。早期的律师只有透过严格程式的外壳，才能看到法律”。[⑤] 诉讼程式孕育和产生

---

① W. Hamilton Bryson, *The Abolition of the Forms of Action in Virginia*, 17 University of Richmond Law Review 273 (1983).

② Slade v. Morley, 4 Co. Rep. 92, 76 Eng. Rep. 1074 (K. B. 1602).

③ John Baker, *An Introduction to English Legal History*, 5th Edition, Oxford University Press, 2019, p. 367.

④ [日]谷口安平:《程序的正义与诉讼》,王亚新、刘荣军译,中国政法大学出版社1996年版,第69页。

⑤ “So great is the ascendancy of the Law of Actions in the infancy of Courts of Justice, that substantive law has at first the look of being gradually secreted in the interstices of procedure; and the early lawyer can only see the law through the envelope of its technical forms.” See Henry Sumner Maine, *Dissertations on Early Law and Custom: Chiefly Selected from Lectures Delivered at Oxford*, John Murray, 1883, p. 389.

了实体规范,并决定和左右着实体规范的发展。这一点从契约有关的诉讼程式的发展史可见一斑。13 世纪和 14 世纪的时候,普通的合同案件主要由地方法院、教会法院管辖。作为王室法院的高级普通法法院不管辖普通的契约案件,只通过盖印合同之诉、定额金钱债务之诉、不当扣留动产之诉和报账之诉管辖一些特殊的合同案件。这些诉讼程式签发的初始令状都是指令令状,这意味着他们命令被告履行一定的行为,即履行盖印合同允诺,向原告交付定额的金钱,或交付不当扣留的动产,或者支付账目上的余额。但这些诉讼程式各有自身的局限。14 世纪中期起盖印合同之诉只适用于盖印合同,而简式合同履行的争议,不能提起盖印合同之诉。基于合同的定额金钱债务诉讼,虽然可适用于简式合同,但是合同签订时必须金额固定,而且该诉讼程式采用宣誓审理(wager of law)方式。如果被告宣誓他并未欠有债务,并邀请 11 个助誓人宣誓他们相信被告所陈述属实即可驳斥原告指控,宣誓审理还容易产生虚假宣誓问题。上述有关合同诉讼程式的缺陷,限制了当事人的救济的实现,合同法也一直得不到发展。于是当事人和律师通过从指令令状转向求助于属于说明理由程式的侵害令状获得救济,合同法也有了长足的进步。在 14 世纪中叶之前,王室法院开始认定即使被告未采用暴力和武力破坏国王和平,原告也可因被告实施了不法行为提起特别主张侵害之诉。因此,只要能够将被告的违约行为认定为不法行为(wrong),原告即可提起特别主张侵害之诉。在 15 世纪,单纯的不作为(nonfeasance)尚不能作为特别主张侵害之诉的起诉对象,16 世纪初情形发生改变。如果原告能够证明被告对不作为具有的过错、欺诈或者原告已经作出预先支付,即可提起不履行的承诺之诉。这样关于契约违约的承诺之诉从有关侵权的侵害之诉中产生出来。相对于先前诉讼程式,承诺之诉在实体法方面有两项发展:(1)承诺之诉可以适用于简式合同,并且可针对被告的履行承诺,要求被告承担责任。用现代的术语说,承诺之诉可适用于待履行合同(executory contract),这不同于不当扣留动产之诉和定额金钱债务之诉只能适用于已履行合同(executed contract)。例如在定额金钱债务之诉中,一项买卖合同的卖方除非已经履行了合同,不能向买方主张价款或要求赔偿。(2)承诺之诉因为属于特别主张侵害之诉,可以要求损害赔偿。定额金钱债务之诉中,如果买方是被告,通常只能要求偿还自己支付的价款。换言之,定额金钱债务之诉是使买方回到合同订立前的状态,而承诺之诉是使得买方达到合同如果履行时的状态。[①] 另外,承诺之诉中,原告除了可以获得实际损失的赔偿,还可以要求间接损失的赔偿。例如,卖方违约没有交付货物时,买方如果更高价格购买替代货物,可以主张差价的赔偿。承诺之诉的创设,是跳出定额金钱债务之诉、盖印合同之诉这些古旧的诉讼程式的束缚,创造性地利用新型的侵害之诉的结果。承诺之诉一经产生,便成为有关合同的最重要诉讼程式。这样,在现有诉讼程式框架的限制和左右情况下,合同实体法也获得了长足的发展。

3. 诉讼程式和实体法的相互制约

诉讼程式规定实体规范,而实体制度又是诉讼程式划分标准,这使得诉讼程式和实体法之间形成相互制约的关系。

第一,受诉讼程式区分的限制,相同当事人的两个或多个诉因(causes of action)即使具有相同或相似的实体法内容,也不能放在同一诉讼中起诉,除非各诉因属于相同的诉讼程式。例如,基于盖印金钱债务证书(bond)的诉因(为定额金钱债务之诉的诉因)不能和基于汇票的诉因(为承诺之诉的诉因)一同起诉。如果某人在镇上的市场中被他人暴力威胁,又被该人诬陷为小偷,如果他希望就两项侵害请求救济,他不能提起一项侵权诉讼,必须提起两项独立的诉讼——暴力和武力侵害之诉和属于特别主张侵害之诉的诽谤之诉,因为暴力和武力侵害之诉和特别主张侵害之诉是两种诉因不能合并在一起的诉讼程式。这意味着原告需要申请签发两份司法令状,进行两项不同的诉答,并作出两次单独的审理。[②] 这势必对原告造成极大的困扰和不便。另外,诉讼程式制度因历史等原因,划分带有任意性和偶然性。非常接近的侵害之诉和特别主张侵害之诉无法合并在一个诉讼程式中提起,但是原告针对被告侵占房屋、侵夺动产、殴打仆人、诱拐其女儿或与其妻子通奸的

---

① S. J. Stoljar, *A History of Contract at Common Law*, Australian National University Press, 1975, p. 41.

② Charles Synge Christopher, *Progress in the Administration of Justice During the Victorian Period*, in Committee of the Association of American Law Schools, Select Essays in Anglo-American Legal History, Volume 1, Little, Brown, and Company, 1907, p. 520.

损害赔偿诉讼却可以合并在一个诉讼程式中提起。①

第二,实体责任制度的细分无穷无尽,使得诉讼程式会陷入无限划分的困境。这一问题还因为人们的抽象能力受到限制而加剧。诉讼程式的最大缺陷之一就是人为地将诉讼类型过细划分,正如优士丁尼时代对罗马法上程式的批评一样——程式的划分是“危险的劈头发行为”(dangerous hair-splitting)。② 或许,英格兰法律界很早就认识到了这一点,议会1258年颁布《牛津条令》,通过限制大法官法院签发新的初始令状,限制创设新的诉讼程式。议会在1285年又颁布了威斯敏斯特制定法二第24章(Statute of Westminster Ⅱ,c. 24),即爱德华一世13年律目24制定法(13 Edw. I,c. 24),③该法规定大法官法院仅有权在与既存诉讼程式同类的案件[*in consimili casu* (in like case)]中签发新的初始令状,但不能签发完全新型的初始令状;完全新型的初始令状的签发需提交议会,由议会授权。早期议会在初始令状上颁布过一些立法,如1267年《马尔伯勒制定法》取消了对基于侵占的进占令状(writ of entry sur disseisin)创设的限制。爱德华一世的立法,如1285年《附条件赠与法》(*De Donis Conditionalibus*),即威斯敏斯特制定法二第1章(即爱德华一世13年律目1制定法)[Statute of Westm. 2 (13 Edw. I),c. 1]也创立一些新的诉讼程式。④ 但是总体而言,议会一直未设立多少新的诉讼程式,而大法官法院也不愿意在同类的案件签发新的初始令状,因此诉讼程式数量的发展受到控制。13世纪时诉讼程式的数量达到历史最高点后,随着越来越多的初始令状弃用,诉讼程式的数量慢慢降了下来。

第三,诉讼程式一定程度上制约了普通法实体规范的发展。由于诉讼程式的发展止步不前,诉讼程式阻碍了实体规范的创设,很多实体制度最终只能在衡平法上得以产生,例如契约上的禁止反言、用益和信

---

① Charles E. Clark, *Cause of Action*, 82 University of Pennsylvania Law Review 354 (1933–1934).

② C. 2.57; Adolf Berger, *Encyclopedic Dictionary of Roman Law*, The American Philosophical Society, 1953, p. 475, entry formula.

③ 1 Pickering's Statutes at Large 196.

④ R. C. Van Caenegem, *History of European Civil Procedure*, in Mauro Cappelletti ed., International Encyclopedia of Comparative Law: Civil Procedure, J. C. B. Mohr, 1973, p. 28.

托制度。从一定角度上讲,衡平法是诉讼程式对普通法的制约产生的特别成果。诉讼程式对实体法的限制如此严重,虽然实体法会透过诉讼程式的束缚偶有发展,但只有等到诉讼程式终结,实体规范才有可能实质性进步。历史的确如此,实体规范一旦从诉讼程式中剥离出来,获得自由后,便迅猛发展起来,远远超过其母体——诉讼程式体系的发达程度,一跃为法律体系的主体。当然无论如何,实体法本质上仍是程序性的,因为在创设实体权利义务时,必须以能够最终通过诉讼程序实现为前提。而在实体法从程式中分离出来的后诉讼程式时代,程序法规定也从诉讼程式中分离出来,形成较为纯粹的诉讼法的概念、规范和制度,不同实体权利和实体规范适用不同诉讼程式,从而适用不同诉讼程序的做法被抛弃,最终发展出适合于各种不同的诉的统一的、一般的诉讼程序。

(二)诉讼程式规定诉讼程序

诉讼程式之间,不仅存在实体责任制度的区别,也表现出诉讼程序上的区别。"一个诉讼程式,一套诉讼程序",不同诉讼程式所规定的诉讼程序及其规则差别巨大,从诉讼管辖、诉讼提起、审前强制措施、诉答程序,到审判、判决强制执行的整个诉讼过程都能体现这种区别:①

(1)首先是管辖法院不同。基于历史原因,不动产诉讼和混合诉讼由民诉法院管辖,王座法院和财税法院不得审理不动产诉讼和混合诉讼案件,除非是属于混合诉讼的驱逐之诉、咨审之诉(assize)和逐出被监护人之诉(*ejectione custodiae*)。② 对人诉讼本来主要由民诉法院管辖,王座法院只审理涉及国王和平的侵害之诉案件,但后来王座法院和财税法院通过拟制取得了对人诉讼的并行管辖权。

---

① Frederic William Maitland, *Equity, also the Forms of Action at Common Law: Two Courses of Lectures*, Cambridge University Press, 1910, p. 296 – 298; Frederick Pollock & Frederic William Maitland, *The History of English Law before the Time of Edward* Ⅰ, Volume 2, 2nd Edition, Cambridge University Press, 1898, p. 566; Alison Reppy, *The Development of the Common-Law Forms of Action*, 22 Brooklyn Law Review 179 (1956).

② Matthew Hale, *Discourse Concerning the Courts of King's Bench and Common Pleas*, in Francis Hargrave ed., A Collection of Tracts Relative to the Law of England, Volume 1, E. Lynch, 1787, p. 362.

(2)诉讼的启动方式不同。不动产诉讼和混合诉讼,除驱逐之诉外,只能通过初始令状启动。对人诉讼则启动方式多样,除了初始令状之外,还可以诉状、司法令状启动。即使同为对人诉讼,不同的诉讼程式诉讼启动方式也不完全相同。

(3)原告迫使被告出庭的司法令状不同。不同的诉讼程式原告使用不同的司法令状强迫被告出庭。这些司法令状可以是传唤被告出庭或强迫被告提供担保的令状,也可以是扣押被告财产,甚至是拘捕被告出庭的司法令状。有的诉讼程式则可采用严厉的逐出法外(outlawry)措施。

(4)允许的缺席理由类型不同。缺席理由是原告提出的未在指定日期出庭的理由。缺席理由应该在开庭期第一日由法院审理确定,因此该日期又称为缺席理由日(essoin-day)。在古代,对人诉讼以及不动产诉讼中,有五种常见的缺席理由,即被告正为国王服役、正在圣地(holy land)、正在海外、正卧病在床(*de malo lecti*)、路上染病(*de malo veniendi*)。最后一种理由称为普通缺席理由(common essoin),可用于各种诉讼。其他理由称为特殊缺席理由(special essoin),只用于不动产诉讼,不能用于对人诉讼。在不动产诉讼中,某些缺席理由只允许在某类不动产诉讼程式中使用,不能在其他诉讼程式使用。例如,正在为国王服役的缺席理由不允许在寡妇地产之诉、妨碍圣职推荐权之诉、最终圣职推荐权咨审之诉中提出。① 有的诉讼程式,如新近侵占地产咨审之诉甚至不允许被告提出任何缺席理由。

(5)是否允许缺席判决不同。不动产诉讼中允许法院在被告拒不出庭或潜逃的情况下作出缺席判决,对人诉讼在1725年前总体上不允许缺席判决。

(6)诉答程序不同。诉答是当事人交替向对方提交诉答状,确定诉讼争点的程序。争点的最简单确定方法是由法官直接询问获得,这是大陆法系常用的方法。普通法诉讼程序中,除非少数例外情形,无须经由法官而由当事人在案件审理前通过正式交换书面诉讼文件确定争点,这一程序称为诉答。诉答中原告首先提出详细陈述诉讼理由

---

① Asahel Stearns, *Summary of the Law and Practice of Real Actions*, Cummings, Hilliard, & Co., 1824, p. 94 – 95.

和诉讼请求的原告第一诉答状(declaration),被告对此作出答辩。被告可采用的一种答辩方式是对原告第一诉答状陈述的事实作出全面否认答辩。该答辩全面否认原告指控的事实并且无须说明理由,有点类似于现代刑事诉讼中的“无罪”(not guilty)答辩。被告一旦作出全面否认答辩,即可形成争点,结束诉答,从而进入审理阶段。不同的诉讼程式需要采用不同的全面否认答辩方式。例如,承诺之诉是“未曾承诺答辩”(*non assumpsit*),定额金钱债务之诉是“无债务答辩”(*nil debet*),侵害之诉、动产侵占之诉、特别主张侵害之诉是“无责任答辩”(not guilty),不当扣留动产之诉是“未不当扣留答辩”(*non detinet*),不动产诉讼中会使用“无不法行为答辩”(not tort)或“未侵占答辩”(nul disseisin)。如果诉讼程式中未能正确使用全面否认答辩方式,例如在侵害之诉中如果作出无不法行为答辩而非无责任答辩,被告要承担败诉的后果。

(7)审理方式和证明方式不同。不同的诉讼程式需使用不同的审理方式和证明方式。虽然19世纪初最常用审理方式是陪审团审理(trial by jury),但除此之外,还存在宣誓审理(trial by compurgation; wager of law)、决斗审理(trial by battle)、大咨审团审理(grand assize)或小咨审团审理(petty assize)、证人审理(trial by witnesses)、证明审理(trial by certificate)等方式。审理方式决定着证明方式,有的审理方式本身就是证明方式。例如,定额金钱债务之诉和不当扣留动产之诉是非常古老的诉讼程式,产生之时尚不存在陪审团审理,这两种诉讼程式采用宣誓审理。根据这种审理方式,被告须宣誓否认原告的指控,并找来11个邻人宣誓证明被告无责任。①

(8)判决的救济不同。初始令状和诉讼程式决定了判决能够提供的救济方式,即决定了究竟是判决给予原告所请求的物或款项,抑或损害赔偿,还是两者同时判决给予。

(9)损害赔偿的计算方法和诉讼时效期间不同。不同的诉讼程式有不同的损害赔偿计算方式和诉讼时效期间。在普通法上,诉讼时效是作为诉讼法问题而非实体法问题对待的。

---

① 宣誓审理根据1833年《民事诉讼程序法》(Civil Procedure Act,1833),即威廉四世3年和4年律目42制定法第13条(3 &4 Will. Ⅳ,c. 42,sec. 13)废止。

(10)判决执行方式不同。不同诉讼程式的判决使用不同的终局司法令状执行，有的诉讼程式的判决还可采用逐出法外方式执行。

究言之，在诉讼程式制度下，“管辖权、诉讼理由、实体法、救济全部绑定在一起”，①程序问题和实体问题都确定在诉讼程式之下，形成了一个由初始令状决定的实体法和程序法统一于一身的诉讼程式。一个诉讼程式，一套诉讼程序；一个诉讼程式，一套实体规则。这种情形梅特兰形象地将之比喻为鸽舍(pigeon house)中的一格一格排列在一起的鸽巢(pigeon-holes)。②

第二节　诉讼启动的基本文书——令状

一、令状的含义和分类

令状起源于盎格鲁-撒克逊时期，开始时仅是行政命令，用于国王行政管理事项中。亨利二世(1154—1189年在位)时期令状司法化，广泛应用于诉讼，成为法院签发的重要司法文书。

诉讼中的令状可以定义为法院签发的盖有国王、法院或官员印章，命令被指示人为或不为一定行为的司法文书。令状一词源自拉丁文*breve*，字义“简短的文件”，英文writ，字义“书面文件”或“信函”。③令状的拉英名称表明了令状的三个形式方面的特征：简短扼要、采用书面方式、是指示特定人员的官方信函。④中文取“令状”之译名，“令”字表达出了命令的实质，“状”字表达出了书面信函的形式，可谓翻译精当。根据签发的权力依据以及能否在诉讼中当然取得，令状分为君主特权令状和当然权利令状两大类。

1. 君主特权令状

君主特权令状(prerogative writ)，又称非常令状(extraordinary writ)，

---

① Aaron Belzer, *From Writs to Remedies: A Historical Explanation for Multiple Remedies at Common Law*, Denver Law Review Online (Vol. 93). 4; Douglas Laycock, *How Remedies Became a Field: A History*, 27 REV. LITIG. 2008, p. 170.

② Frederick Pollock & Frederic William Maitland, *The History of English Law before the Time of Edward* Ⅰ, Volume 2, 2nd Edition, Cambridge University Press, 1898, p. 568.

③ 源自拉丁文*breve*的英文单词brief即有“官方信函”之义。

④ H. A. Hollond, *Writs and Bills*, 8 Cambridge Law Journal 15 (1942).

是法院基于君主特权签发的令状。所谓君主特权是君主依其地位和身份享有的非常特权。君主特权可由君主本人行使,也可授予他人,包括法院行使。法院根据授权签发君主特权令状时,拥有很大的裁量权,法院只对当事人能初步提供正当理由的案件签发令状,当事人不能作为当然权利取得令状。君主特权令状通常不指示郡长,而直接指示被申请人,要求被申请人为或不为特定行为。法院签发的君主特权令状包括执行职务令状、发还审理令状、禁审令状、权利开示令状、解交人身令状、调卷令状等。这些令状可在司法审查中用以审查下级法院的司法行为或行政机关的行政行为。

2. 当然权利令状

当然权利令状(writ of right),[①]又称当然令状(writ of course),指作为当然事项或权利签发的令状。当然权利令状据称得名于1215年《大宪章》(Magna Carta)。[②] 当事人申请签发此类令状时,一般而言,法院不享有是否签发令状的自由裁量权,签发令状是法院的义务。当然权利令状分为初始令状(original writ)和司法令状(judicial writ)两类。[③]

二、初始令状和司法令状的含义和分类

(一)初始令状

初始令状是大法官法院基于普通法方面管辖权加盖国玺签发的,回呈给王座法院或民诉法院,用以在王座法院或民诉法院启动诉讼或将诉讼移送至此的令状。[④] 根据所起到的作用,初始令状可分为启动诉讼的初始令状和移送诉讼的初始令状两类。

1. 启动诉讼的初始令状

启动诉讼的初始令状指大法官法院签发的用于在王座法院和民诉

---

① writ of right 作为令状,在普通法上有两个含义:一指适用于权利之诉的令状;二指与君主特权令状相对应的可当然取得的令状。为表示区别,前一情形称权利令状(有时称土地所有权回复令状),后一情形称当然权利令状。

② Earl Jowitt, Clifford Walsh & John Burke, *Jowitt's Dictionary of English Law*, Volume 2, Sweet & Maxwell Ltd., 1977, p. 1914, entry writ.

③ Co. Litt. 73b.

④ William Tidd, *Forms of Practical Proceedings, in the Courts of King's Bench, Common Pleas, and Exchequer of Pleas*, 5th Edition, J. Butterworth and Son, 1819, p. xv. 作为例外,有的初始令状回呈其他法院,如权利令状(writ of right)回呈给封地法院。

法院启动初审诉讼的初始令状。大法官法院是“初始令状工场”(*officina brevium*),在这里大法官应当事人的申请以国王的名义加盖国玺签发初始令状。大法官是大法官法院的首席法官,也是国王的秘书、顾问和代理人。大法官签发初始令状的做法源自御前会议时期;当各个中央法院从御前会议分离出来后,所有初始令状仍由一直掌管国玺的大法官签发。启动诉讼的初始令状以郡长为被指示人和执行人。令状上会记载原告诉讼请求和诉讼理由,要求郡长命令被告满足原告的请求,如果被告拒绝则传唤被告前往王室法院出庭。郡长是郡的首席官员,同时拥有司法和行政职能。郡长收到令状后,执行令状上的命令,并将执行结果回呈王座法院或民诉法院。因此,君主本人有权决定何种诉讼可以在自己法院审理,所以初始令状相当于在王室法院诉讼的授权书;王座法院或民诉法院收到回呈的令状时,取得诉讼事项的管辖权。在郡法院,先前有时通过特别授权审理初始令状(original writ of *justicies*)或者动产占有回复令状(writ of replevin)启动诉讼。①

2. 移送诉讼的初始令状

移送诉讼的初始令状包括以下令状:第一,在下级法院判决前将案件移送王座法院或民诉法院审理的初始令状,包括移审令状、诉讼记录移送令状或者移送王室法院令状。这些令状具有司法审查作用。第二,在下级法院判决后,如果下级法院为存卷法院,将案件从下级法院移送至王座法院或者民诉法院审查的纠错令状;如果下级法院是非存卷法院,将案件移送至王座法院或者民诉法院审查的错误判决令状。这些初始令状具有上诉复审作用。本书除非特别标明,后文所谓初始令状仅指在王座法院或民诉法院启动初审诉讼的初始令状,不包括移送诉讼的初始令状。

(二)司法令状

司法令状和初始令状的区分始于13世纪。② 司法令状指诉讼系

---

① William Tidd, *Forms of Practical Proceedings, in the Courts of King's Bench, Common Pleas, and Exchequer of Pleas*, 5th Edition, J. Butterworth and Son, 1819, p. xvi.

② H. G. Richardson & G. O. Sayles, *Select Cases of Procedure Without Writ under Henry Ⅲ*, Bernard Quaritch, 1941, p. cxlviii, note 1.

属法院签发的令状。因司法令状通常在初始令状之后签发，用来继续诉讼程序（process），故又称 judicial process 或 writ of process，简称 process。[①]

根据签发时所处诉讼阶段以及所发挥之作用，司法令状分为以下几种类型：

（1）初始司法令状（original process）。即在诉讼启动阶段签发的用于启动诉讼程序的司法令状。司法改革后的传唤令状（writ of summons）为典型的初始司法令状，司法改革前用于在王座法院启动诉讼的米德尔塞克斯郡令、潜逃拘捕令状也可认为是初始司法令状。

（2）中间司法令状（mesne process）。又称中间令状（interlocutory writs），指在诉讼启动后用以强迫被告出庭的司法令状，也指在被告出庭后至最终判决前就某一中间程序事项签发的司法令状。[②] 前者如司法改革前的传唤令状、出庭答辩拘捕令状（*capias ad respondendum*），后者如传唤证人出庭的附罚则作证传唤令状（*subpoena ad testificandum*）、缺席判决时用来估定损害赔偿额的调查令状（writ of inquiry）以及为审理案件签发的陪审团召集令状（writ of *venire facias*）。

（3）终局司法令状（final process）。又称终局令状（final writ）或执行令状（writ of execution），指法院在判决后签发的，用以强制执行判决或实现其他目的的司法令状。主要包括动产执行令状（writ of *fieri facias*）、财产扣押执行令状（*levari facias*）、财产占有执行令状（*elegit*）、全部财产评估执行令状（writ of *extent*）、偿债拘捕执行令状（*capias ad satisfaciendum*）。

在诉讼启动程序中，司法令状常常依据初始令状签发，有的司法令

---

① Henry John Stephen, *New Commentaries on the Laws of England*, Volume 3, Henry Butterworth, 1844, p. 564. 但也有人认为该词含义与 writ 相同，不仅包括司法令状，也包括初始令状（original writ）。

② 关于初始司法令状和中间司法令状的含义和区分尚有歧义。布莱克斯通认为初始司法令状指强迫被告出庭的司法令状。有观点认为终局司法令状签发之前的所有司法令状都属于中间司法令状。See Nathan Levy, *Mesne Process in Personal Actions at Common Law and the Power Doctrine*, 78 Yale Law Journal 52 (1968); Frederick Pollock & Frederic William Maitland, *The History of English Law before the Time of Edward* Ⅰ, Volume 2, 2nd Edition, Cambridge University Press, 1898, p. 591.

状和初始令状一样可以用来启动诉讼程序,但司法令状和初始令状之间有诸多不同。一是虽然都是法院签发的指示郡长的命令,但签发的名义和签发法院不同。司法令状由诉讼系属法院以本法院名义签发,初始令状由大法官法院以君主名义签发。在以初始令状启动的普通法诉讼中,签发初始令状的大法官法院非诉讼系属法院,接受郡长令状回呈的王座法院或民诉法院才是诉讼系属法院。当然,财税法院审理民事诉讼案件、大法官法院审理衡平诉讼案件时,也可作为系属法院就其管辖的案件签发司法令状。二是司法令状加盖本法院印章即可签发,而初始令状需要加盖国玺签发。三是两者见证条款(*teste*)不同。司法令状以诉讼系属法院首席法官的名义见证,初始令状则以君主本人的名义见证。

由于本书仅涉及诉讼启动程序,因此启动诉讼的初始令状以及启动诉讼或者强迫被告出庭的司法令状是本书研究的主要令状类型。下文就启动诉讼的初始令状的形态及其在诉讼启动程序的作用作以论述,司法令状的类型以及在诉讼启动程序中的作用将在后两章分析。

第三节　初始令状在诉讼启动程序中的作用

一、初始令状签发性质

国王是“司法的源泉”(fountain of justice),国王设立王室法院为当事人提供救济;但当事人欲在王室法院获得救济,必须取得国王的许可,该许可通过初始令状作出。初始令状最开始时仅是一种君主的恩惠(favour)。[①] 所谓恩惠,指出于善心或慷慨,而非基于公正、权利或义务所作的给予。[②] 最初原告并不能当然取得初始令状,是否签发初始令状大法官自由决定。后来初始令状的取得成为原告的当然权利,一经申请,大法官法院即予签发。

---

① Theodore F. T. Plucknett, *A Concise History of the Common Law*, 4th Edition, Butterworth & Co. (Publisher) Ltd., 1948, p. 351.

② Henry Campbell Black, Joseph R. Nolan & Jacqueline M. Nolan-Haley, *Black's Law Dictionary*, 6th Edition, St. Paul: West Publishing Co., 1990, p. 609.

即便可以当然取得初始令状,原告仍需向君主支付一定金额的初始令状费(fine)。初始令状费通常根据诉讼请求的一定比例收取,但有的初始令状不固定费率,会收取更高的费用,有时大法官法院的官员还会和当事人讨价还价。① 初始令状费是君主的一项收入来源,君主通过签发令状可获得稳定的岁入,这应验了中世纪"司法是最大的财富来源"(*justitia est magnum emolumentum*)的谚语,也是君主对司法具有经久不衰的兴趣,愿意成为"司法的源泉"的动力所在。② 因为对当事人而言费用高昂,后来制定法规定,只有案件价值超过 40 镑时,始得收取初始令状费,并根据案件金额的 0.5% 收取。君主也不再直接取得初始令状费,而是通过王室特许(royal grant),将初始令状费一半授予令状签发官(*cursitor*),另一半授予大法官和掌卷主事官(Master of the Rolls)。③

初始令状不仅是君主岁入的来源;在 11 世纪、12 世纪,初始令状也是王室法院从其他法院尤其是地方法院夺取司法案件管辖权的手段,这使司法逐渐向中央王室法院集中,④进而有助于王室法院通过诉讼将普通法统一适用到王国各地。

二、初始令状的形态

启动诉讼的初始令状与诉讼程式关系极为密切。⑤ 如前所述,每一初始令状决定着一种诉讼程式,而每一种诉讼程式都有一个初始令状与之对应。有多少种诉讼程式,就有多少种初始令状,反之亦然。因此初始令状的形态,其实也是诉讼程式的具体类型。

---

① H. A. Hollond, *Writs and Bills*, 8 Cambridge Law Journal 15 (1942).

② Alison Reppy, *The Development of the Common-Law Forms of Action*, 22 Brooklyn Law Review 179 (1956).

③ *First Report Made to His Majesty by the Commissioners Appointed to Inquire into the Practice and Proceedings of the Superior Courts of Common Law*, ordered by the House of Commons to be printed 20th Feb. 1829, p. 80.

④ Frederic William Maitland, *Equity, also the Forms of Action at Common Law: Two Courses of Lectures*, Cambridge University Press, 1910, p. 305.

⑤ 令状的英文名称 writ 可以直接指代诉讼程式即为明证。例如, writ of trespass 指侵害令状,但也经常指侵害之诉。

(一)不动产诉讼和混合诉讼的初始令状

19世纪司法改革前既存的不动产诉讼和混合诉讼令状种类繁多;[①]但这些不动产诉讼和混合诉讼令状绝大多数因过于古旧,很早之前除驱逐令状(writ of ejectment)外在实务中鲜有应用。下面仅选择领主放弃司法权权利之诉(*quia dominus remisit curiam*)、限嗣继承赠与地产回复之诉、寡妇地产之诉、妨碍圣职推荐权之诉、驱逐之诉这些诉讼程式使用的初始令状作以说明。

1. 领主放弃司法权权利令状

领主放弃司法权权利令状(writ of right *quia dominus remisit curiam*),属于权利令状(writ of right)的基本类型。[②] 顾名思义,领主放弃司法权权利令状事实上取消了领主对案件的司法管辖权,它与后来

---

① 根据1833年《不动产时效法》(Real Property Limitation Act)第36条,除保留了四种不动产诉讼和混合诉讼令状即寡妇地产权利令状(writ of right of dower)、未取得寡妇地产令状(writ of dower *unde nihil habet*)、妨碍圣职推荐权令状(*quare impedit*)和驱逐令状(ejectment)外,废止了60种不动产诉讼和混合诉讼令状,其中绝大部分是不动产诉讼令状。此处把条文原文附上,序号为笔者添加。"XXXVI That no (1) writ of right patent, (2) writ of *quia dominus remisit curiam*, (3) writ of right *in capite*, (4) writ of right in London, (5) writ of right close, (6) writ of right *de rationabili parte*, (7) writ of right of advowson, (8) writ of right upon disclaimer, (9) writ *de rationabilibus divisis*, (10) writ of right of ward, (11) writ *de consuetudinibus et servitiis*, (12) writ of *cessavit*, (13) writ of escheat, (14) writ of *quo jure*, (15) writ of *secta ad molendinum*, (16) writ *de essendo quietum de theolonio*, (17) writ of *ne injuste vexes*, (18) writ of *mesne*, (19) writ of *quod permittat*, (20 – 22) writ of formedon in descender, in remainder, or in reverter, (23 – 27) writ of assize of novel disseisin, nuisance, darrein-presentment, *juris utrum*, or mort d'ancestor, (28 – 31) writ of entry sur disseisin, in the *quibus*, in the *per*, in the *per and cui*, or in the post, (32) writ of entry sur intrusion, (33 – 43) writ of entry sur alienation, *dum fuit non compos mentis*, *dum fuit infra uatatem*, *dum fuit in prisona*, *ad communem legem*, *in casu proviso*, *in consimili casu*, *cui in vita*, *sur cui invitu*, *cui ante divortium*, *or sur cui ante divortium*, (44) writ of entry sur abatement, (45 – 47) writ of entry, *quare ejecit infra terminum*, or *ad terminum qui prieteriit*, or *causa matrimonii praelocuti*, (48 – 52) writ of aiel, besaiel, tresaiel, cosinage, or *nuper obiit*, (53) writ of waste, (54) writ of partition, (55) writ of disceit, (56) writ of quod ei deforceat, (57) writ of covenant real, (58) writ of *warrantia chartae*, (59) writ of *curia claudenda*, or (60) writ *per quae servitia*, and no other action real or mixed (except a writ of right of dower, or writ of dower *unde nihil habet*, or a *quare impedit*, or an ejectment), and no plaint in the nature of any such writ or action (except a plaint for free bench or dower), shall be brought after the 31st of December, 1834."

② 此处的权利令状适用于权利之诉,即当事人申请签发请求原物返还有形非限嗣继承保有产(corporeal tenements in fee simple)的诉讼。

使用的直属封臣指令令状(*praecipe in capite*)类似,目的都是将诉讼提交王室法院处理,与要求在领主的封地法院诉讼的普通权利令状不同。

2. 限嗣继承赠与地产回复令状

限嗣继承赠与地产回复令状(writ of formedon)适用于被继承人的直系卑亲属继承人请求回复因受赠而享有限嗣继承地产权的土地和保有产,以及剩余地产权人或归复地产权人在限嗣继承地产权终止时请求回复土地和保有产的诉讼。该令状分为三种:继承人限嗣继承赠与地产回复令状(writ of formedon in descender)、归复地产权人限嗣继承赠与地产回复令状(writ of formedon in reverter)、剩余地产权人限嗣继承赠与地产回复令状(writ of fromedon in remainder)。

3. 寡妇地产令状

寡妇地产令状(writ of dower)指丈夫死后,应取得寡妇地产的遗孀在未受让任何地产时,请求回复寡妇地产的令状。这一令状通常又称未取得寡妇地产令状(writ of dower *unde nihil habet*)。与寡妇地产有关的另一种令状是寡妇地产权利令状(writ of right of dower),它在遗孀已经从被告本人处收到部分寡妇地产而请求转让位于同一市镇的剩余部分寡妇地产时适用。第三种与寡妇地产有关的令状是寡妇地产调整令状(writ of admeasurement of dower),适用于寡妇获得的地产超出了她应得部分的情形;它指示郡长丈量土地,然后按诉讼双方各自应得份额予以重新分配。①

4. 妨碍圣职推荐权令状

妨碍圣职推荐权令状(writ of *quare impedit*)是圣职推荐权人的权利受妨碍时,请求回复圣职推荐权的令状。圣职推荐权是向教会推荐圣职候选人的权利,该权利属于无形可继承产。

5. 驱逐令状

驱逐令状是指适用于驱逐之诉的初始令状。自爱德华三世(1327—1377 年在位)以来,不动产诉讼和混合诉讼因为只能在民诉法院审理,无法在王座法院和财税法院审理,而且程序缓慢复杂,使用越来越少。原告于是求诸某些对人诉讼,间接达到请求原物返还地产的

---

① [英]梅特兰:《普通法的诉讼形式》,王云霞、马海峰、彭蕾译,商务印书馆 2009 年版,第 63 页。

目的,从中发展出来的驱逐之诉逐渐成为唯一常用的请求返还不动产的诉讼程式。

驱逐之诉从逐出租地之诉(*ejectio firmae*)演变而来。逐出租地之诉属对人诉讼中的侵害之诉,可为租地被暴力侵占的定期地产保有人(termor)(承租人)提供损害赔偿救济。1499年一项判例允许定期地产保有人收回定期保有地产(term),①这样逐出租地之诉增加了救济方式,除常规的损害赔偿外,还可要求返还不动产,因此具备了混合诉讼的特征。逐出租地之诉最初只适用于定期保有地产,不能适用于自由保有地产的返还;原告也只能是定期地产保有人,不能是自由地产保有人(freeholder)。后来通过诉讼程序上的拟制,允许逐出租地之诉适用于自由地产保有人请求返还自由保有地产等有形可继承产的案件。拟制的具体过程如下。首先虚拟一名称为约翰·多伊(John Doe)的原告,他有一份假定的定期租约,他根据该租约取得租地,但该租地被侵占,因此提起上述的逐出租地之诉。被告则是虚拟的理查德·罗伊(Richard Roe),他将约翰·多伊从租地上逐出。在逐出租地之诉中,被告理查德·罗伊否认原告约翰·多伊的出租人(事实上的原告)拥有对租地的产权(title),也否认该出租人具有将租地出租给约翰·多伊的权利,而这是逐出租地之诉的唯一争点。这里设定了两层拟制:其一,虚拟的租约,事实上的原告作为出租人与名义上的原告即虚拟的约翰·多伊间订有一份租约;其二,虚拟的驱逐者(ouster),即约翰·多伊被一个虚拟的驱逐者理查德·罗伊从租地上逐出。理查德·罗伊,即虚拟的驱逐者,也是名义上的被告,常被称为拟制驱逐者(casual ejector)。

驱逐之诉名义上需使用驱逐令状启动诉讼,但实务中,当事人并不申请签发任何初始令状,也不以任何司法令状而直接通过向占有争讼地产的被告送交原告第一诉答状副本的方式启动诉讼。② 诉答状中主

---

① 3 Bl. Comm. 199; William Searle Holdsworth, *A History of English Law*, 3rd Edition, Volume 3, Methuen & Co. Ltd., 1923, p. 216.

② *First Report Made to His Majesty by the Commissioners Appointed to Inquire into the Practice and Proceedings of the Superior Courts of Common Law*, ordered by the House of Commons to be printed 20th Feb. 1829, p. 75.

张，争议中的地产已由出租人（事实上的原告）租让于约翰·多伊（虚拟的原告）多年，约翰·多伊根据租约进占了租地，而理查德·罗伊（名义的侵占人和虚拟的被告）后来使用“暴力和武力”侵占该租地并将约翰·多伊从租地逐出。理查德·罗伊虽然并不存在，但他“好心地”找到了正在占有土地的人，于是原告第一诉答状副本送交给这位实际占有土地的人，他就是事实上的被告。原告第一诉答状上附有理查德·罗伊签名的一份诉讼通知，告知事实上的被告诉讼的性质和标的，建议他在特定时间出庭就其占有行为作出答辩，否则理查德·罗伊将被缺席判决，原告约翰·多伊将依判决占有租地，这意味着实际占有土地的事实上的被告会被驱赶出土地。因此，事实上的被告会准时出庭参加诉讼和答辩，请求法院准许他作为理查德·罗伊的朋友，代替理查德·罗伊作为被告。在下一个开庭期，事实上的被告会获得一份法院指令（rule），允许他代替理查德·罗伊作为被告，接受土地产权问题的审理。事实上的被告出庭后，会收到一份和先前一样的原告第一诉答状，但是他本人被列为被告。这时他必须承认上述拟制的真实性，①从而仅能通过主张自己有土地产权而原告无土地产权作为抗辩。

驱逐之诉很好地解决了诉讼程式的限制，在不废除现有不动产和混合诉讼程式的基础上，法院便可采用程序更为简单、费用更为低廉的对人诉讼程式——侵害之诉解决不动产争议，巧妙避开了程序上过于严格、烦琐的古旧不动产诉讼或混合诉讼程式。驱逐之诉的拟制使用受到法院的支持，最终驱逐之诉取代了其他不动产诉讼和混合诉讼，几乎成为请求返还不动产的唯一的诉讼程式。19 世纪司法改革前虽然理论上尚存 60 余种不动产和混合诉讼程式，但这些不动产诉讼的程式已被逐出之诉终结；可以说，驱逐之诉实质上起到了统一不动产诉讼程式的作用。当然，权利之诉、寡妇地产之诉等诉讼程式在驱逐之诉不能适用的情况下还会偶然起到作用，例如驱逐之诉以进占权（right of entry）为基础，如果原告失去了进占权，就只能求诸于权利之诉这种古老的诉

① 法律拟制本身就可指法庭对事实作出的作为裁决某一法律问题的基础的假设，即假设某一事实是真实的、存在的，不管它实际上是否真实或是否存在。法律上的拟制不容置疑，不可推翻。

讼程式。①

（二）对人诉讼初始令状

对人诉讼是对侵权或其他不法行为请求损害赔偿或请求原物返还动产的诉讼。有的对人诉讼，例如侵入私地侵害之诉也会涉及不动产，但原告只能要求损害赔偿，不能获得原物返还不动产的救济。对人诉讼的初始令状主要有以下几种类型，②下面作以简要说明。

1. 定额金钱债务令状

定额金钱债务令状（writ of debt）适用于定额金钱债务之诉，即原告要求偿还固定或特定数额金钱的债务的诉讼。

2. 盖印合同令状

盖印合同令状适用于盖印合同之诉，即因被告违反盖印合同请求损害赔偿的诉讼。普通法中，盖印合同为合同之一种，采用书面形式，需由当事人签名、盖印并交付始得成立。与简式合同相对，简式合同是口头合同或非盖印的书面合同。

3. 不当扣留动产令状

不当扣留动产令状适用于不当扣留动产之诉。不当扣留动产之诉是被告取得（包括合法取得）原告动产或契据等书面文件后，违法扣留拒不返还时，原告要求返还原物的诉讼。

4. 侵害令状

侵害令状（writ of trespass）适用于侵害之诉。侵害之诉是因暴力侵害引起的直接损害赔偿诉讼。侵害一词的含义在普通法上并不确定，有广义和狭义之分。广义侵害有两种类型：一是暴力和武力侵害（trespass *vi et armis*），此即狭义的侵害；二是非暴力和武力侵害（trespass without *vi et armis*）。侵害令状适用于狭义的侵害，即暴力和武力侵犯损害他人人身、财产或权利并造成直接损害的行为，因此侵害令状又可称为暴力和武力侵害令状（writ of trespass *vi et armis*）。侵害

① Henry John Stephen, *A Treatise on the Principles of Pleading in Civil Actions; Comprising a Summary View of the Whole Proceedings in a Suit at Law*, Joseph Butterworth and Son, 1824, p. 23.

② Frederic William Maitland, *Equity, also the Forms of Action at Common Law: Two Courses of Lectures*, Cambridge University Press, 1910, p. 355.

令状涉及的暴力包括实际暴力和默示暴力两种。实际暴力侵害典型的如危及人身的暴力威胁和暴力接触侵害(assault and battery)。[①] 虽未实际实施暴力,但造成了原告的人身或有形财产的直接而非间接的损害,法律会默示暴力存在。例如和平但不法的侵入私地侵害(trespass *quare clausum fregit*)、非法监禁(false imprisonment)、丧失侍奉侵害(trespass *per quod servitium amisit*)都属于默示暴力侵害。如果原告正在占有的动产被他人不法取走,则可以主张侵夺动产侵害(trespass *de bonis asportatis*)。[②] 这里补充说明一下侵入私地侵害。所谓私地(*clausum*; close),又称围地或圈地,指以围墙、篱笆等物圈围起来,与其他土地或公地(public land)隔开的土地。侵入私地不仅包括进占他人土地,也包括任由牲畜误入他人土地,将钉子钉入他人墙内,或在他人地下采矿等行为。原告提起侵入私地侵害之诉时必须以本人实际占有私地为前提;因此地产继承人通过进占占有继承地产之前,他人侵入的,不得对该人提起侵入私地侵害之诉。

5. 特别主张侵害令状

特别主张侵害令状(writ of trespass on the case)是适用于特别主张侵害之诉的初始令状的统称。特别主张侵害之诉(trespass on the case; action on the case; case),指未使用暴力或虽使用暴力但只造成间接损害的侵害,或是侵害无形财产或原告未实际占有的财产引起损害赔偿诉讼。特别主张侵害之诉是现代过失侵权诉讼的前身。

特别主张侵害令状根据原告的特别诉讼主张(case)逐一创设,每一特别诉讼主张都可能具有专门名称的初始令状,如因被告违反简式合同承诺请求赔偿的承诺令状(writ of *assumpsit*)、[③]因动产所有权受侵犯签发的动产侵占令状(writ of trover),另如妨害令状(writ of nuisance)、诽谤令状(writ of words)、过失侵权令状(writ of negligence)、欺诈令状(writ of deceit)。这些令状组合在一起,形成了区别于侵害令状的单独

---

① 对应的初始令状是侵夺动产侵害令状(writ of trespass *de bonis asportatis*),适用于暴力和武力破坏并不法取走他人动产的诉讼。

② Benjamin J. Shipman, *Hand-book of Common Law Pleading*, West Publishing Company, 1895, p, 50 – 51.

③ 全称是"基于承诺的特别主张侵害令状"(writ of trespass on the case in assumpsit)。

一类令状，统称特别主张侵害令状。特别主张侵害令状所针对的被起诉的行为，不再称为侵害（trespass），而称为侵权行为（tort）或不法行为（wrong）；但令状和相应的诉讼程式仍借用“侵害”一词，分别称为“特别主张侵害令状”和“特别主张侵害之诉”。所有特别主张侵害令状中，承诺令状和动产侵占令状最为常用。承诺令状，又称简约令状，适用于承诺之诉，即因被告违反简式合同请求损害赔偿的诉讼。动产侵占令状适用于审理动产所有权争议的动产侵占之诉。动产侵占之诉建立在一项假定的基础上（通常为单纯拟制），即被告拾得争议动产，原告主张该动产是自己的财产，让被告占为己用，因此要求损害赔偿。动产侵占之诉比不当扣留动产之诉更常用。因为承诺之诉和动产侵占之诉使用频繁，有时将它们作为独立的诉讼程式。它们之外的其他本类型的诉讼程式统称为特别主张侵害之诉，[①]是为狭义的特别主张侵害之诉，区别于包含了承诺之诉和动产侵占之诉的广义的特别主张侵害之诉。

三、初始令状的程式

（一）初始令状程式概述

作为诉讼程式基础的初始令状本身也经历了“程式化”或者说“格式化”的过程。最初，原告起诉时会查询有无现成的适合自己诉讼的初始令状，如果不存在这样的令状，原告不能像拟订诉状一样自由拟订初始令状，只能向大法官法院申请创设一个新的初始令状。大法官法院应申请以一定内容和格式创设新型初始令状；如果该令状具有可适用性，就会作为先例被遵循，令状的内容和格式通常不再变更。这就形成了令状程式，即令状内容以一套公式化的语句和格式确定下来。令状程式化使得原告使用的令状，必须与作为先例的令状程式充分一致，否则承担令状被撤销（quashed）的后果。随着令状数量的增加，为方便申请人和法院，13世纪前叶出现了令状程式的汇编，称为“令状录”（Registers of Writs; Register; *Registrum Brevium*）。[②]令状录虽非官方法律文件，但法官经常援引令状录的内容，因此令状录如同后世判例汇编

---

① Benjamin J. Shipman, *Hand-book of Common—Law Pleading*, West Publishing Company, 1895, p. 9.

② John Baker, *An Introduction to English Legal History*, 5th Edition, Oxford University Press, 2019, p. 177.

(Law Reports)一样具有半官方性质。[①] 令状录中既有的初始令状程式必须遵循,否则初始令状会被撤销。令状录不断扩充或改订,于1531年威廉·拉塞尔(William Rasell)印制"令状全录"(*Registrum Omnium Brevium*)时达成最后形态,一直沿用到19世纪初始令状废止时。

令状采拉丁文书写,由大法官法院加盖国玺签发,仅在早期作为例外,存在过偶用法文书写并加盖王玺(privy seal)的初始令状。根据1730年《法院诉讼程序法》(Proceedings in Courts of Justice Act,1730)即乔治二世4年律目26制定法(Statute 4 Geo. Ⅱ,c. 26)第1、3条的规定,自1733年3月25日起,所有初始令状、司法令状及其回呈等诉讼文书,除非在古老的海事法院可使用拉丁语外,只能使用英语。初始令状因此需要转译为英文,但翻译过程中,发现很多专门术语以及令状名称,如*nisi prius*,*quare impedit*,*fieri facias*,*habeas corpus*等直接译成英文就完全失去严肃感甚至荒唐可笑。两年之后,议会颁布了1732年《威尔士和切斯特法院法》(Courts in Wales and Chester,1732),即乔治二世6年律目14制定法(Statute 6 Geo. 2,c. 14),允许所有专业用语(technical words)继续使用通用语言。[②] 因此令状虽然被译为英文,但令状中很多重要的拉丁文术语,包括令状的拉丁文名称得以保留。令状最初使用非专业人士难以辨认的"法院手写体"(court hand)书写,1730年《法院诉讼程序法》废止使用法院手写体,规定所有诉讼文书应该使用易于辨识的普通字体书写。

(二)初始令状的内容和结构

初始令状作为以君主名义签发,记载于羊皮纸上指示郡长的信函式命令,结构上分为首部、正文和尾部三个部分。

首部记载君主的名称和称号、被指示人的称呼。被指示人,又称被指向人,是令状指向的执行令状的人。除例外情形,初始令状指向郡长(directed to the sheriff),即被指示人是诉讼提起地或预定审理地点所在郡的郡长。[③] 在司法改革前夕乔治四世(1820—1830年在位)统治时期,典型的初始令状首部如"乔治四世,蒙上帝恩典,大不列颠及爱尔兰

① H. A. Hollond, *Writs and Bills*, 8 Cambridge Law Journal 15 (1942).

② 3 Bl. Comm. 324.

③ 有的初始令状以郡长以外的人,如领主为被指示人。

联合王国国王,信仰的守护者,云云,向伦敦郡长致意”。[①]

令状尾部是见证条款,即记载见证人姓名和见证过程的条款。初始令状形式上由君主见证,因此本见证条款称为“君主本人见证条款”[*teste me ipso*(witness ourself)]。这与司法令状不同,司法令状由签发令状的法院的首席法官签字见证。初始令状的见证条款须记载见证的地点,该地点在威斯敏斯特或大法官法院开庭的其他地点。见证条款还须记载见证日期,见证日期被认定为令状实际签发日期。通常见证条款采用如下文字:“在朕统治第某年某月某日,于威斯敏斯特由朕见证。”[②]

令状正文记载命令的内容,是令状的主体部分。令状正文的命令存在多种程式,即命令的行文格式,很久以来,初始令状会根据正文命令程式的不同作出类型划分。布莱克斯通即根据命令程式将初始令状划分为指令令状(*praecipe*)和起诉担保令状(*si te fecerit securum*)两种。[③] 这一分类影响深远,一直为后世沿用。近代学者逐渐采用新的初始令状或其程式的划分方法。主要有侵害令状、指令令状和小咨审团审理令状(petty assize)三类划分法,[④]以及朕指令程式(*praecipimus tibi* form)、指令程式(*praecipe* form)、小咨审团审理程式(petty assize form)、说明理由程式(*ostensurus quare* form)四类划分法。[⑤] 本书对令状程式及相应令状分类主要借鉴最后一种划分方法。

(三)初始令状的主要程式和类型

1. 指令程式——指令令状

采用指令程式的指令令状是最为古老的初始令状类型。指令令状名称来自令状正文的发端语 *praecipe*(command),即“指令”。指令令

---

① 即 GEORGE the Fourth, by the grace of God, of the United Kingdom of Great Britain and Ireland King, Defender of the Faith, and so forth, to the Sheriff of London greeting。

② 即 Witness ourself, at Westminster, on the ________ day of ________ in the ________ year of our reign。

③ 3 Bl. Comm. 274.

④ R. C. Van Caenegem, *The Birth of the English Common Law*, 2nd Edition, Cambridge University Press, 1988, p. 54.

⑤ John Baker, *An Introduction to English Legal History*, 5th Edition, Oxford University Press, 2019, p. 580 – 586.

状正文有以下内容:(1)首先要求郡长指令被告履行一定行为,如交付原告一定金钱。(2)接着简要说诉讼理由。(3)随后是若其不为之条款(*nisi ferecit* clause),[①]规定若被告不履行令状指令要求的行为,则将其传唤至民诉法院或王座法院,就不履行说明理由[*ostensurus quare*(show why)]。因为给予了被告一个选择机会,即被告可选择向被告提供救济,也可以选择出庭应诉,若其不为之条款又称否则条款或选择条款(or else clause)。因被告可作选择,指令令状又称为选择令状(optional writ)。简言之,标准的指令令状具有三个特有的形式要求:(1)令状正文发端语是 *praecipe*(指令);(2)含 *nisi ferecit*(若其不为之)字样;(3)含 *ostensurus quare*(说明为何)字样。因此指令令状正文程式可简化如下,"指令某甲适当且不迟延地……若其不为之,而某乙……提供了担保,则……传唤某甲到……说明为何不如此为之的理由……"。

如果请求被告履行的事项是确定的,被告本人又有履行能力,则可使用指令令状。不动产诉讼中的权利令状、进占令状(writ of entry)和限嗣继承赠与地产回复令状,对人诉讼中的定额金钱债务令状、不当扣留动产令状、盖印合同令状和报账令状(writ of account),都属于指令令状。

2. 若提供担保程式——起诉担保令状

"若提供担保"是初始令状的另一类常用程式,相应的令状称为起诉担保令状。这类令状正文发端语是 *si te fecerit securum* [If (he) make you secure],字义"若其给你提供担保",意即若原告就其诉讼请求向郡长提供了担保。令状发端语之后的语句通常含 *pone per vadium et salvos plegios* (put by gage and safe pledges),即"通过提供担保物和担保人使得"字样。该语句要求郡长从被告处取得出庭担保,迫使被告在规定的日期到指定的法院出庭。因为令状发端句之后的语句通常以 *pone* (put)开头,起诉担保令状又称为"被告出庭担保令状"(*pone*; writ of *pone*)。[②] 但应注意的是,少数起诉担保令状中不含有 *pone per vadium* 开首的语句,例如毁损土地令状(writ of waste)和逐出承租人令

---

① *nisi ferecit*,即 unless he shall so do,字义"如果他不如此做"。

② 普通法上 writ of *pone* 有两个含义:一是出庭担保令状;二是前文提到过的移审令状。

状(writ of *quare ejecti*)。① 这两个令状正文的发端语都是 *si te fecerit securum*,但令状文本中不存在 *pone per vadium* 起首的语句,因此令状字面并未要求被告提供担保,而是要求郡长传唤被告出庭;是以它们虽是起诉担保令状,但形式上不是被告出庭担保令状。

令状正文最后是"说明为何"[*ostensurus quare* (show why)]起首的条款,要求被告说明实施不法行为的理由。可见起诉担保令状形式上与指令令状一样,都采用说明理由程式,被告需出庭说明实施不法行为或疏于实施某项合法行为的理由。但不同的是,指令令状要求被告服从令状要求的履行一定行为的命令,如果被告选择不服从,将被带至法院说明为何不服从的理由;而起诉担保令状不给被告选择机会,命令郡长直接将被告带至法院说明实施不法行为或疏于实施某项合法行为的理由。与指令令状具有选择性不同,起诉担保令状是强制的和不允许选择的,因此起诉担保令状又称绝对令状(peremptory writ)。又因为这类令状直接命令将被告带至法院说明为何实施不法行为的理由,又称为"说明理由程式令状"。②

这里补充说明一下原告起诉担保问题。尽管本类型的令状称为起诉担保令状,但实际上无论采用何种初始令状,原告起诉时都需要提供担保(通常是由保证人提供担保),担保诉讼的真实性并担保承担败诉的后果。先前如果原告提起诉讼的理由不存在,或在诉讼中败诉,原告需因虚假指控向国王支付罚金,判决上也会记载"原告听候处罚"[that he be in mercy (*in misericordia*)]字样。处罚败诉原告的做法后来逐渐弃用,原告起诉担保也就流为形式,郡长在初始令状回呈中象征性地记载两名虚构的保证人约翰·多伊和理查德·罗伊即可。站在现代诉讼法的立场上,以原告提供担保作为起诉条件,丧失提供担保能力且难以获得法律援助的原告就会无法提起诉讼,侵犯了原告在宪法意义上享有的起诉权。③ 原告起诉担保逐渐流于形式实质上暗合了

---

① 逐出承租人令状可使用指令令状程式,也可采用起诉担保令状程式。最初时认为前者更有利;而在爱德华三世时,后者被广泛采用。

② John Baker, *An Introduction to English Legal History*, 5th Edition, Oxford University Press, 2019, p. 585.

③ Mauro Cappelletti, *Social and Political Aspects of Civil Procedure—Reforms and Trends in Western and Eastern Europe*, 69 Michigan Law Review 847 (1971).

这一宪法要求。

3. 朕指令程式——朕指令令状

有少数令状正文的发端语是 *praecipimus tibi* (we command you),字义"朕指令你",用以命令被指示人适当且不迟延地履行某行为。这一程式称为朕指令程式,相应令状称为朕指令令状。偶尔有朕指令令状,如指示领主的开封权利令状(writ of right patent)会采用若其不为之条款。其他朕指令令状,如动产占有回复令状、抓捕逃奴令状(*de nativo habendo*)、磨坊使用义务审理令状(*justicies* for mill-suit)并无若其不为之条款。①

4. 小咨审团审理程式——小咨审团审理令状

所有令状程式中,小咨审团审理令状(petty assizes)比较特殊。此类令状,如新近侵占地产咨审令状(assize of novel disseisin; *assisa novae disseisinae*)和继承地产咨审令状(assize of mort d'ancestor; *assisa de morte antecessoris*)最大特点是命令"传唤 12 名邻近地区自由守法的人",组成后世所称的小咨审团(petty assize)审理案件。② 从格式上看,继承地产占有回复咨审令状以 *si te fecerit securum*(若提供担保)作为发端语,新近侵占地产咨审令状则既不以 *si te fecerit securum* 也不以 *praecipe*(指令)为发端语,但两令状正文中又都含有 *pone per vadium*(通过提供担保物)的语句。

四、初始令状在诉讼启动程序中的作用

初始令状是诉讼程式的基础,也是整个普通法民事诉讼程序大厦的支柱。作为诉讼启动的基本文件,初始令状在民事诉讼启动程序中的作用也非常突出。

(一)初始令状是启动诉讼的基本方式

王室法院的诉讼是作为地方法院诉讼的例外产生的。在王室法院(最初为民诉法院)提起民事诉讼需要国王的专门授权;没有授权,任何人不得在王室法院诉讼。初始令状正是在王室法院诉讼的授权书,《布

---

① John Baker, *An Introduction to English Legal History*, 5th Edition, Oxford University Press, 2019, p. 581.

② John Baker, *An Introduction to English Legal History*, 5th Edition, Oxford University Press, 2019, p. 582.

拉克顿》(Bracton)一书即称“没有令状,不得起诉。没有令状,另一方当事人也无义务答辩,尽管他可以选择答辩”。[①] 最初王室法院的民事诉讼几乎都以初始令状启动,初始令状是诉讼启动的基本方式。后来王室法院成为常规的法院;除了民诉法院外,王座法院和财税法院也取得了对人诉讼的并行管辖权;其他类型的诉讼启动方式大量出现,但这仍未改变初始令状作为启动诉讼的基本方式的地位。

(二)初始令状是普通法法院取得诉讼事项管辖权的依据

就民诉法院而言,所有民事案件的初审管辖权都需要通过大法官法院签发初始令状授权,并且需要每个案件逐一授权。就王座法院而言,因为它是“在国王本人面前的国王法院”(The Court of the King Before the King Himself),国王最初实际上,后来通过法律拟制,由本人在王座法院审理案件,因此王座法院可以不通过初始令状授权就能取得令状记载事项的管辖权。布莱克斯通对此做过说明:“依本法院的基本章程,本法院的法官具有裁决所有犯罪和侵害之诉的权力,因此对于发生在王座法院坐审的郡的任何不法行为(misdemeanour)根据王国的普通法和习惯,可无须从君主处取得初始令状。”[②]但这一规则就民事诉讼而言,仅适用于侵害之诉;侵害之诉之外的其他民事诉讼,王座法院原则上仍需依据初始令状才能取得诉讼事项管辖权。该管辖权取得时间就是郡长将令状回呈民诉法院或者王座法院之时。

普通法法院总体管辖范围也是由初始令状决定和限定的。普通法法院管辖的事项是初始令状授权审理的事项,初始令状的授权审理事项的总和构成普通法法院的全部管辖权。最初初始令状不断更新,普通法法院的管辖范围不断扩大;当初始令状类型几乎不再增加时,普通法法院的管辖权范围也就确定下来。历史上看,借助初始令状的创设,王室法院不断从封地法院、郡法院夺取了大量的初审司法管辖权,王室权力得以扩大。另外,王室法院的司法管辖权取决于初始令状的签发,实质也构成了王室权力的限制;王室权力只能在限定范围内有序发展,

---

① “Non potest quis sine brevi agere, cum non teneatur alius sine brevi respondere nisi gratis voluerit.” i. e. “No man is able to bring an action without a writ, for the other party will not be bound to answer without one, although he may do so if he chooses.” Bracton, f. 413b.

② 3 Bl. Comm. 285.

而不可无限扩张。正如梅特兰所说,"法治过去就是令状之治",[①]令状的限制使英格兰一直没有形成绝对君主权力;正是基于这一权力限制的传统,英格兰成为世界上最早确立现代法治的国家。

初始令状与巡回审理委任状(commission of assize)不同。巡回审理委任状直接将管辖权授予巡回法官和巡回法院;初始令状虽将管辖权授予普通法法院,但并非直接授予,而通过郡长回呈令状授予。初始令状指向郡长,要求郡长实施令状规定的行为,然后"将本令状呈交该法院"(and have there this writ),即王座法院或民诉法院。郡长呈交令状时,需就其采取的措施在令状上背书一份简短报告,这一报告称为回呈(return)。郡长呈交令状的行为称为回呈令状(to return the writ)。民诉法院或王座法院只在收到载有回呈的初始令状后,才取得令状记载的诉讼事项的管辖权。[②]

(三)初始令状是普通法法院签发强迫被告出庭的司法令状的依据

初始令状不仅是普通法法院管辖诉讼事项的授权书,还是法院采取后续司法行为如签发强迫被告出庭的司法令状的授权书。为此,对每项回呈的初始令状法院都会归档并由令状保管官(*custos brevium*)保存,以作为司法令状签发的授权证明。初始令状无论采用何种格式,都规定有强迫被告出庭的条款。如是指令令状,令状中载有若其不为之条款,当被告未履行被要求的行为时,接受回呈的法院会应原告申请根据该条款签发传唤令状,命令郡长传唤被告到本法院出庭,说明不履行的理由。如果是起诉担保令状,则不给予被告选择履行的机会,法院可根据令状中要求被告提供担保的条款,应原告申请直接签发出庭担保令状,命令郡长要求被告提供出庭担保,以之迫使被告出庭。

---

① "The rule of law was the rule of writs." Frederick Pollock & Frederic William Maitland, *The History of English Law before the Time of Edward* Ⅰ, Volume 2, 2nd Edition, Cambridge University Press, 1898, p. 561.

② 法院对诉讼事项的管辖权基于法律规定或者初始令状的授权。这一点不同于法院的对人管辖权。对人管辖权通过当事人出庭(司法改革前)或者将司法令状送达被告(司法改革后)的方式取得。对人管辖权的取得是一项单纯的事实问题。在19世纪司法改革前,通常收到初始令状回呈的法院一开始对被告仅享有强制被告出庭的管辖权,直至被告出庭才对被告享有裁判管辖权。

值得注意的是，初始令状本身不会用来直接强迫被告出庭，强迫被告出庭的是依据初始令状签发的司法令状。因此，如果原告只是单纯申请签发了针对被告的初始令状，被告无权因为初始令状签发错误向原告提起要求损害赔偿的诉讼。但是，如果原告已经根据初始令状申请签发了强迫被告出庭的司法令状，这时如果初始令状签发错误，遭受损害的被告可以对原告提起诉讼。①

（四）初始令状是原告第一诉答状的基础

初始令状也是普通法诉答程序的基础。② 前文述及，历史上，普通法诉讼分为启动、诉答、审理、判决四个阶段。诉答是诉讼启动后，当事人交替提交诉讼书状，从而提出诉讼请求、陈述诉讼主张或作出答辩的阶段。诉答的目的是形成供陪审团或法官裁断或判决的争点。诉答最初采用口头形式；随着造纸术的引入和纸张的广泛使用，15 世纪到 16 世纪时逐渐转为书面方式。③ 这样诉答不再需要当庭作出，当事人的律师或者在法庭外相互递交诉答状，或者根据特定案件的诉讼习惯向法院的适当官员提交诉答状，④由法院将诉答状的副本交付对方当事人。诉答是一项技巧性很强的专门业务；13 世纪中期开始出现专职的诉答师（counter；*narratores*），负责拟订使用法文书写的诉答状，并在法院宣读。诉答师是 14 世纪出现的高级律师（serjeant at law）的前身。⑤

被告出庭后诉答开始。诉答的第一个环节是原告作出第一诉答，即原告提交第一诉答状，陈述诉因和诉讼请求；此后被告作出第一诉答并提交被告第一诉答状。原告第一诉答状须以初始令状为基础。先前

---

① 3 Bl. Comm. 372；R. Ross Perry，*Common-Law Pleading：Its History and Principles*，Little，Brown，and Company，1897，p. 147.

② Richard D. Freer & Wendy Collins Perdue，*Civil Procedure：Cases，Materials，and Questions*，Third Edition，Anderson Publishing Co.，2001，p. 303.

③ John Baker，*An Introduction to English Legal History*，5th Edition，Oxford University Press，2019，p. 89.

④ 在民诉法院，诉答状提交首席书记官办公室（Office of the Prothonotaries）；在王座法院，原告第一诉答状提交原告第一诉答状书记官（Clerk of the Declarations），其他诉答状提交文书书记官（Clerk of the Papers）。

⑤ John Baker，*An Introduction to English Legal History*，5th Edition，Oxford University Press，2019，p. 83.

民诉法院和王座法院以初始令状启动的诉讼中,通常会在原告第一诉答状中完整记载初始令状的内容。后来为避免不必要的重复,初始令状只需说明诉讼程式的性质即可,例如说明诉讼是“特别主张侵害之诉”或者“暴力和武力侵害之诉”。①

原告第一诉答状的正文部分和结论部分会对诉因(诉讼理由)和诉讼请求分别作出陈述。诉因是指原告提起诉讼的根据,即原告针对被告请求司法救济时所依据的事实。为支持诉答状结论部分提出的诉讼请求,原告须陈述所有必要事实,例如原告实施某种侵害以及因此产生的损害或伤害后果。诉因也是初始令状的主要记载事项。初始令状遵循一份初始令状记载一项诉因的规则,以之作为原告启动诉讼、寻求司法救济的事实基础。不同的初始令状对诉因记载的详略要求不同。一般而言,定额金钱债务之诉、盖印合同之诉、不当扣留动产之诉、年金之诉的初始令状不会详细说明诉因的具体情况。而承诺之诉、特别主张侵害之诉中,初始令状会如同原告第一诉答状一般详细列明诉因。在暴力和武力侵害之诉中(虽然极少通过初始令状启动),初始令状会以与原告第一诉答状相同方式载明诉因,但是不会具体说明有关时间、数量和金额(value)。② 根据普通法规则,原告在第一诉答状中陈述诉因时,所陈述的诉因必须与初始令状记载的诉因一致;如果诉答状中陈述的诉因和初始令状记载的不一致,被告作出普通登录后,法院可驳回诉讼(discharged),但并不撤销诉讼。

虽然和初始令状一样,原告只能在第一诉答状中提出一个诉因,但他可列举若干实际上是陈述同一诉因的不同诉项(counts),这是诉答中普遍存在一种做法。例如,在一项承诺之诉中,原告出售并交付了一批货物给被告,被告承诺支付货款并向原告签发一张远期本票,原告最终未能获得货款,于是就损失请求诉讼救济。原告在第一诉答状中可以陈述如下诉项:(1)基于本票的诉项;(2)基于所售货物的诉项;(3)基

① John Impey, *The Modern Pleader: Containing the Several Forms of Commencing and Concluding Declarations in all Personal and Mixed Actions, in Superior and Inferior Courts, and by or Against Particular Persons, with Notes Thereon*, W. Clarke and Sons, 1814, p. 11.

② John Frederick Archbold, *The Practice of the Court of King's Bench in Personal Actions, and Ejectment*, Volume 1, Stephen Gouli, 1823, p. 60.

于经确认的欠账单(accounts stated)的诉项。即使原告未能证明一个诉项,也有机会证明其他诉项。例如,原告如果未能证明本票上的签字的真实性,可以证明曾经出售并交付了其所主张的价值的货物;如果证据仍不充分,则可以去证明他和被告确认了该账目。如果原告能证明支持诉因的任一诉项,即使不能证明其他诉项,也可以获得胜诉的裁断。[①]

① Robert Malcolm Kerr, *An Action at Law: Being an Outline of the Jurisdiction of the Superior Courts of Common Law, with an Elementary View of the Proceedings in Personal Actions and in Ejectment*, 2nd Edition, William Henry Bond, 1855, p. 218.

第四章　英格兰19世纪司法改革前民事诉讼启动方式与启动过程

第一节　民事诉讼启动方式概述

19世纪司法改革前民事诉讼启动程序的主要特点之一是启动方式复杂,技术性强。究其缘由,主要源于当时民事诉讼受理法院不一、类型多样。民事诉讼存在普通法法院的普通法诉讼和大法官法院的衡平诉讼之分,普通法诉讼又划分为不动产诉讼、混合诉讼和对人诉讼。大法官法院的衡平诉讼与民诉法院的不动产诉讼和混合诉讼,都采用单一的启动方式。但对人诉讼情形完全不同,王座法院、民诉法院和财税法院享有并行管辖权,诉讼启动上各门另户,方式繁杂,几近20种之多。

一、民事诉讼启动的基本方式

不管诉讼以何种方式启动,都离不开初始令状、诉状和司法令状三种基本文书。根据诉讼启动所使用的基本文书,诉讼启动方式可采"两分法"或"三分法"。"两分法"将诉讼启动分为初始令状和诉状启动两类基本方式,司法令状为初始令状和诉状的派生方式。"三分法"将诉讼启动分为初始令状、诉状、司法令状启动三类基本方式,它们都是诉讼启动的基本方式,各种诉讼启动的具体方式都可归入其中一类。本书采用三分法。

(一)初始令状启动诉讼

普通法上,初始令状是在王室法院启动诉讼的最基本方式。最初王室法院的诉讼是作为地方法院诉讼的例外存在的,原告如欲在威斯敏斯特的高级普通法法院启动诉讼,一直受一项规则的限制,即除非根据法院的习惯做法可通过诉状起诉,任何人起诉时,必须有国王的初始令状的授权。[①] 如果原告希望案件在地方法院审理,或者等待7年一次的大巡回审,则无须申请初始令状。

年鉴时期,[②]民诉法院和王座法院开始使用诉状启动诉讼,初始令状不再是唯一的诉讼启动方式,以初始令状启动诉讼的数量逐渐衰减。从年鉴停止编写的1535年起,直至1832年《统一司法令状法》颁布前,王座法院绝大多数案件都不再通过签发初始令状启动。

(二)诉状启动诉讼

诉状(bill),[③]又称起诉状(bill of complaint; complaint),指原告为启动诉讼向审理案件的法院提交的请求法院提供诉讼救济的文书。与口头起诉(oral complaint)不同,诉状采用书面形式。[④] 相较更为常规和古老的初始令状,诉状开始是作为初始令状例外出现的一种相对便捷的诉讼启动方式。[⑤] 在王室法院系统中,诉状最早出现在大巡回审中,称为大巡回审诉状(bill in eyre)。[⑥] 当大巡回审法官到达某一郡时,郡长本人会出席法庭,因此无必要签发由郡长回呈法庭的初始令状。14世纪前,王座法院经常跟随国王巡游全国审理案件(非派出部分法官实施巡回审理),当巡游到某郡时,原告也可以诉状提起诉因发生在该郡的诉讼。当王座法院不再巡游,固定在米德尔塞克斯郡的威斯敏斯特

---

① Henry John Stephen, *A Treatise on the Principles of Pleading in Civil Actions; Comprising a Summary View of the Whole Proceedings in a Suit at Law*, Joseph Butterworth and Son, 1824, p. 5.

② 年鉴是爱德华一世(Edward Ⅰ)至亨利八世(Henry Ⅷ)统治时期的判例汇编,用盎格鲁-诺曼语(Anglo-Norman)写成。现存年鉴手抄本或印刷本起止于1290年至1535年,这一段时间称为年鉴时期。

③ bill在诉讼程序中主要有两个含义。第一个含义指法院签发的代替正式令状的一种非正式命令。如后文提到的作为王座法院重要的诉讼启动方式的bill of Middlesex意即"米德尔塞克斯郡令"。bill在其他术语中也会指命令,如bill of exchange(汇票)即指出票人发出的要求受票人付款的命令(order)。第二个含义即指诉状。

④ bill本身有"书面文件"之义。

⑤ Henry John Stephen, *A Treatise on the Principles of Pleading in Civil Actions; Comprising a Summary View of the Whole Proceedings in a Suit at Law*, Callaghan and Company, 1894, p. 62.

⑥ 大巡回审也广泛采用口头起诉形式。

审案后,来自米德尔塞克斯郡的案件经常以诉状启动,但来自其他郡的案件仍需采用初始令状启动。[①] 受《大宪章》规定的管辖权的限制,王座法院诉状启动的案件几乎都是破坏国王和平的侵害之诉案件。在威斯敏斯特三大高级普通法法院,诉状还可用于起诉法院官员(包括法院的律师),以及其他不管何种原因已处于法院管辖之下的人,如法院监狱的监犯。这些人被认为具有在所属或所在法院被起诉的特权,他们被起诉时就已出席法庭,因此,无须初始令状或司法令状将其带至法庭。相应地,启动诉讼的诉状称为无须司法令状的诉状(bill without process)。19 世纪司法改革前,大法官法院衡平诉讼中诉状的适用最为普遍;因受罗马法和教会法程序的影响,几乎只以诉状作为启动诉讼的方式。

(三)司法令状启动诉讼

总体而言,司法令状启动诉讼是从诉状和初始令状启动诉讼派生而来。在初始令状或者诉状启动的诉讼中,司法令状本来只是诉讼系属法院签发的强迫被告出庭的手段,但后来逐渐用来独立启动诉讼,并一跃成为最主要的诉讼启动方式。

在普通法民事诉讼中,司法令状启动诉讼实质上是当事人在本应以诉状和初始令状启动的诉讼中,规避和省略诉状和初始令状的提交或签发,使得原本后续签发的司法令状直接成为启动诉讼的方式。司法令状启动诉讼可避免诉状及初始令状启动诉讼产生的费用和不便,使得诉讼启动更为简捷节省。

以司法令状启动诉讼通常借由拟制得以实现。在王座法院,原告可拟制一项侵害之诉,然后略过诉状的提交,直接以米德尔塞克斯郡令(bill of Middlesex)或潜逃拘捕令状(*latitat*)这两种司法令状启动任何类型的对人诉讼。在民诉法院,原告可拟制侵入私地侵害之诉并省略初始令状的签发,以侵入私地拘捕令状启动诉讼。在财税法院,原告则通过拟制自己是君主的债务人,直接申请签发君主债权减少拘捕令状启动诉讼。另外,如果原告是法院的官员或律师,基于原告的特殊身份和特权,原告也可以司法令状启动诉讼。该类原告无须拟制即可略过

---

① John Baker, *An Introduction to English Legal History*, 5th Edition, Oxford University Press, 2019, p. 48.

提交诉状，在王座法院和民诉法院直接以特权拘禁令状启动诉讼，在财税法院以特权拘捕令状启动诉讼。他们可在所属法院以司法令状提起一切类型的对人诉讼，所属法院对之享有专属管辖权。

诉讼启动程序中使用的司法令状可分为基本司法令状(primary process)和后续司法令状(ulterior process)两类。基本司法令状是启动诉讼的司法令状，[①]后续司法令状是根据初始令状或基本司法令状签发的，或在以诉状启动的诉讼中签发的强迫被告出庭的司法令状。基本司法令状兼具启动诉讼和强迫被告出庭的双重作用；当基本司法令状执行后被告不出庭时，原告可以申请签发后续司法令状继续强制其出庭。前文已述及，司法令状又可分为初始司法令状、中间司法令状和终局司法令状三种，启动诉讼的基本司法令状即为初始司法令状，[②]后续司法令状则属于中间司法令状。[③]

根据是否可以逮捕被告，诉讼启动程序中的司法令状分为保释性司法令状(bailable process)和送达性司法令状(serviceable process)两类。保释性司法令状指命令郡长逮捕被告，在其提供了合适的出庭保证后，将之释放的令状。保释性司法令状通过逮捕的方式强迫被告出庭。米德尔塞克斯郡令、潜逃拘捕令状、特权拘禁令状、侵入私地拘捕令状、君主债权减少拘捕令状都属于保释性司法令状。这些司法令状既可以强制被告出庭，也可以用来启动诉讼。送达性司法令状，指通过送达令状副本，并在必要时出示原件传唤被告出庭的司法令状。因不实际逮捕被告并且不要求被告提供特别保释保证，又称非保释性司法令状(non-bailable process)。

总之，对人诉讼启动程序中，司法令状适用普遍：不仅可以用来启

---

① 有人把以诉状和初始令状启动的诉讼中首次签发的强迫被告出庭的司法令状也归入基本司法令状。本书不持此种观点。

② 初始令状和启动诉讼的初始司法令状可归在一起，统称为启动诉讼令状(originating writs)或基本令状(primary writs)，与后续程序令状(ulterior procedural writs)或后续令状(ulterior writs)对应。启动诉讼令状用于启动诉讼，而后续程序令状则处理诉讼启动后的程序性问题，如强制出庭、召集陪审团。See R. C. Van Caenegem, *Royal Writs in England from the Conquest to Glanvill: Studies in the Early History of the Common Law*, Selden Society, 1959, p. 113.

③ 广义上后续司法令状不仅包括启动程序中签发强迫出庭的司法令状，还包括诉答、审理和执行程序中签发的各种司法令状，因此是中间司法令状和终局司法令状的总称。

动诉讼，也可以强制被告出庭。当用来启动诉讼时，既可采用逮捕被告又可采用送达被告方式。在不动产诉讼和混合诉讼中，通常只通过传统的初始令状，不采用诉状或司法令状启动诉讼，并且不可采用逮捕被告的司法令状强制被告出庭。

需要说明的是，虽然对人诉讼可以通过诉状、司法令状启动，而且司法令状逐渐成为最主要的诉讼启动方式，但这并未改变初始令状在整个诉讼程式和诉讼制度中的基础地位。每一项以米德尔塞克斯郡令、潜逃拘捕令状、侵入私地拘捕令状、君主债权减少拘捕令状等司法令状以及以诉状启动的诉讼，原告都必须首先选择一定的诉讼程式。诉讼程式取决于初始令状，因此无论采用何种诉讼启动方式，都是建立在初始令状的基础上，并假定初始令状已经签发。进入诉答程序后，原告第一诉答状需以假定签发的初始令状为基础拟订；如果原告第一诉答状与相应的初始令状不一致，原告第一诉答状会被驳回。[①]

二、普通法法院对人诉讼启动的具体方式

与大法官法院衡平诉讼仅使用诉状启动，民诉法院不动产诉讼和混合诉讼（除驱逐之诉外）只采用初始令状一种启动方式不同，[②]威斯敏斯特三大高级普通法法院的对人诉讼的具体启动方式复杂繁多。司法改革之际，高级普通法法院诉讼和程序指定调查委员会（Commissioners Appointed to Inquire into the Practice and Proceedings of the Superior Courts of Common Law）（又称普通法委员会）于1829年2月18日作出的关于普通法法院诉讼程序改革的第一次报告中，对人诉讼启动的基本方式总体采用初始令状和诉状两分法，并细分出来16种具体启动方式。这里列举如下：（1）王座法院有5种方式。其中通过初始令状的1种，即适应诉讼性质的初始令状（original writ adapted to the nature of the action）。通过诉状的4种：特权拘禁令状（attachment of privilege），又分为保释、不保释两类；米德尔塞克斯郡令，又分为保释、不保释两类；潜逃拘捕令状，又分为保释、不保释两类；诉状和传唤令状（bill and summons）。（2）民诉法院有5种方式。其中通过初始令状的3种：适应

① H. A. Hollond, *Writs and Bills*, 8 Cambridge Law Journal 15 (1942).

② 作为例外，混合诉讼中的驱逐之诉可在王座法院提起。除采用初始令状外，更多直接通过向被告送交原告第一诉答状（诉状副本）启动诉讼。

诉讼性质的初始令状；侵入私地拘捕令状（*capias quare clausum fregit*）；普通拘捕令状（common capias），又分为保释、不保释两类。通过诉状的2种：特权拘禁令状；诉状和传唤令状。（3）财税法院不采用初始令状方式，所有诉讼启动都归入诉状之列，有6种方式：出庭答辩令状（*venire ad repsondendum*）；附罚则答辩传唤令状（*subpoena ad respondendum*）；君主债权减少拘捕令状（*quo minus capias*）；特权出庭答辩令状（*venire* of privilege）；特权拘捕令状（*capias* of privilege）；诉状和传唤令状。① 这不包括在三大高级普通法法院针对本法院的律师和官员以及在王座法院和财税法院针对本法院的监犯采用的无需司法令状的诉状方式。另外，属于对人诉讼的动产占有回复之诉有着独特的诉讼启动方式。动产占有回复之诉不直接在威斯敏斯特的高级普通法法院提起，而以起诉状（plaint）方式在郡法院或者领主法院提起，而后通过诉讼记录移送令状从郡法院，或通过移送王室法院令状从领主法院，将案件移交威斯敏斯特的法院审理。总体而言，对人诉讼存在如此多的启动方式是由三种原因造成：（1）当事人意图避免初始令状的费用和不方便；（2）王座法院和财税法院想方设法取得原本是民诉法院的管辖权；（3）律师和法院官员享有起诉和被起诉上的诉讼特权。②

除了上述报告外，同时期蒂德（Tidd）的经典教科书《王座法院和民诉法院对人诉讼和驱逐之诉诉讼程序》也就对人诉讼的启动方式作了划分。该书中，诉讼启动的基本方式采用了初始令状、诉状、司法令状三分法，显得更为合理一些。这里就其列举的对人诉讼的具体启动方式引用如下；后文以此为基础，对王座法院、民诉法院、财税法院的对人诉讼启动方式和程序展开叙述。③

---

① *First Report Made to his Majesty by the Commissioners Appointed to Inquire into the Practice and Proceedings of the Superior Courts of Common Law*, ordered by the House of Commons to be printed 20th Feb. 1829, p. 74; Robert Wyness Millar, *Civil Procedure of the Trial Court in Historical Perspective*, Law Center of New York University, 1952, p. 75.

② *First Report Made to His Majesty by the Commissioners Appointed to Inquire into the Practice and Proceedings of the Superior Courts of Common Law*, ordered by the House of Commons to be printed 20th Feb. 1829, p. 77; William Searle Holdsworth, *A History of English Law*, Volume 9, Methuen & Co. Ltd., 1926, p. 251.

③ William Tidd, *The Practice of the Courts of King's Bench and Common Pleas in Personal Actions and Ejectment*, 9th Edition, Volume 1, J. Butterworth and Son, 1828, p. 91－92.

王座法院对人诉讼启动方式

1　米德尔塞克斯郡令或潜逃拘捕令状(bill of Middlesex or *latitat*)

2　初始令状(original writ)

(1)针对普通人

(2)针对王国贵族、下议院议员

(3)针对法人或百户区

3　特权拘禁令状(attachment of privilege)

4　诉状(bill)

(1)针对下议院议员

(2)针对法院律师或法院官员

(3)针对被马夏尔西监狱典狱长或郡长等人羁押的监犯

民诉法院对人诉讼启动方式

1　初始令状(original writ)

(1)特别初始令状(special original)

(2)普通初始令状(common original),即侵入私地侵害令状(writ of trespass *quare clausum fregit*)

2　侵入私地拘捕令状(*capias quare clausum fregit*)

3　特权拘禁令状(attacment of privilege)

4　诉状(bill)

(1)针对民诉法院的律师或官员

(2)针对下议院议员

财税法院对人诉讼启动方式

1　出庭答辩令状(*venire facias ad repsondendum*)

2　附罚则答辩传唤令状(*subpoena ad respondendum*)

3　君主债权减少拘捕令状(*quo minus capias*)

4　特权出庭答辩令状或特权拘捕令状(*venire facias*, or *capias* of privilege)

5　诉状(bill)

(1)针对财税法院律师和官员

(2)针对下议院议员

(3)针对被弗利特监狱监狱长、郡长等官员羁押的监犯

第二节 王座法院对人诉讼的启动方式及启动程序

一、王座法院对人诉讼启动方式概述

能否在王座法院启动诉讼、启动诉讼时采用何种方式主要受两个因素制约:一是诉讼的类型和性质;二是被告的身份。围绕这两个因素,王座法院对人诉讼的启动及其启动方式总体上呈现以下特点:①

(1)有些诉讼不能在王座法院启动。这包括全部的不动产诉讼,逐出租地之诉(驱逐之诉)、咨审之诉和逐出被监护人之诉以外的混合诉讼。不动产诉讼和普通的混合诉讼由民诉法院专属管辖,这些诉讼根据《大宪章制定法》(Statute of *Magna Carta*)第11条规定,不能在王座法院起诉。②

(2)有的诉讼虽然能在王座法院进行,但不得以初始令状启动。例如,对人诉讼中的定额金钱债务之诉、盖印合同之诉、报账之诉、不当扣留动产之诉不能以初始令状在王座法院启动。③

(3)有些诉讼可以在王座法院启动,但不能以诉状或王座法院签发的司法令状而只能以初始令状尤其是移送诉讼的初始令状启动。例如,动产占有回复之诉在王座法院只能以初始令状启动,④纠错之诉

---

① Matthew Hale, *Discourse Concerning the Courts of King's Bench and Common Pleas*, in Francis Hargrave ed., A Collection of Tracts Relative to the Law of England, Volume 1, E. Lynch, 1787, p. 362.

② 即1215年《大宪章》的第17条。1215年《大宪章》本是国王签署的权利特许状(charter of liberties),历经修改确认后,1297年颁布为制定法。

③ 也有著作认为这几种对人诉讼可以在王座法院以初始令状提起。See John Frederick Archbold, *The Practice of the Court of King's Bench in Personal Actions, and Ejectment*, Volume 1, Stephen Gouli, 1823, p. 2.

④ 王座法院有两个方式取得动产占有回复之诉的管辖权:一是通过回呈王座法院的初始令状——返还动产令状(*replegiari*(*e*) *facias*);二是通过移送诉讼的初始令状——移审令状(writ of *pone*)、诉讼记录移送令状(*recordari facias loquelam*)或移送王室法院令状(*accedas ad curiam*)——将案件移从郡法院送至王座法院。

(writ of error)必须以相应移送诉讼的初始令状启动。

(4)有些诉讼既可以初始令状又可以诉状方式启动,原告具有选择权。这些诉讼包括定额金钱债务之诉、盖印合同之诉、报账之诉、不当扣留动产之诉以外的所有对人诉讼,以及属于混合诉讼的咨审之诉、逐出租地之诉(驱逐之诉)、逐出被监护人之诉。例如,驱逐之诉除采用初始令状外,更多直接通过向被告送交原告第一诉答状(相当于诉状副本)启动。

(5)对某些特殊身份者的对人诉讼必须使用初始令状而不能采用诉状启动。普通法上,因为王国的贵族和下议院的议员不受拘捕令状(*capias*)的逮捕,起诉王国贵族、下议院议员只能采用初始令状方式。1700年制定法规定,除了初始令状,还可以使用诉状和传唤令状方式起诉下议院议员。根据1827年《针对百户区救济(英格兰)法》[Remedies Against the Hundred (England) Act,1827]即乔治四世7年和8年律目31制定法(Statute 7 &8 Geo. Ⅳ,c. 31)的规定,针对法人、百户区的起诉必须使用初始令状。①

(6)对有的特殊身份者只能以诉状而不能以初始令状提起对人诉讼。原告可以初始令状针对不具有特殊身份的普通人提起除定额金钱债务之诉、盖印合同之诉、报账之诉、不当扣留动产之诉以外的所有类型的对人诉讼;但如果被告身份特殊,是王座法院的律师或官员,或者是处于马夏尔西监狱典狱长实际羁押之下的监犯,原告不能以初始令状,必须以诉状启动诉讼。

(7)有的特殊身份者作为原告时可通过逮捕被告的司法令状启动诉讼。王座法院的律师和官员享有在自己所属的王座法院起诉的特权,可通过特权拘禁令状启动一切类型对人诉讼。

(8)原告可通过拟制侵害之诉,直接以米德尔塞克斯郡令或潜逃拘捕令状启动各种类型的对人诉讼。米德尔塞克斯郡令和潜逃拘捕令状是19世纪司法改革前王座法院最常用的对人诉讼启动方式。

---

① William Tidd, *The Practice of the Courts of King's Bench and Common Pleas in Personal Actions and Ejectment*, 9th Edition, Volume 1, J. Butterworth and Son, 1828, p. 145.

二、王座法院初始令状启动诉讼及其程序

(一)初始令状适用的诉讼

初始令状适用于定额金钱债务之诉、盖印合同之诉、报账之诉、不当扣留动产之诉之外所有类型的针对普通人的对人诉讼。但如果被告是王座法院的律师、官员,或者是被马夏尔西监狱典狱长羁押的监犯,不管哪一种对人诉讼,原告都需使用诉状启动。①

鉴于初始令状的签发费用高昂,②为减轻可能败诉的被告的负担,1732 年《防止无意义和恶意逮捕法》(An Act to Prevent Frivolous and Vexatious Arrests,1732)即乔治二世 5 年律目 27 制定法(Statute 5 Geo. Ⅱ,c. 27)第 5 条规定,如果诉讼金额不满 10 镑,不得在任何高级法院申请签发特别令状。该特别令状即指初始令状。1811 年《无意义逮捕法》(Frivolous Arrests Act,1811)即乔治三世 51 年律目 124 制定法(51 Geo. Ⅲ,c. 124)第 1 条将诉讼金额提高到至少达 15 镑,该金额不包括起诉时的各项诉讼费用开支。后来 1827 年《债务监禁法》(Imprisonment for Debt Act,1827)即乔治四世 7 年和 8 年律目 71 制定法(Statute 7 &8 Geo. Ⅳ,c. 71),又将诉讼金额提高到 20 镑。乔治三世(1760—1820 年在位)时期,王座法院有一项法院规则规定,③所有根据初始令状提起的诉讼,如果原告索赔的金额低于 40 镑,原告要求败诉被告支付的诉讼费用,不得高于通过诉状起诉时产生的诉讼费用;除非在这些诉讼中,原告不能通过诉状起诉,或者被告被实际逐出法外。如果案件金额超过 40 镑,又预计被告将申请签发纠错令状提起上诉复审,使用初始令状启动诉讼将是原告的最佳选择。④

---

① Matthew Hale, *Discourse Concerning the Courts of King's Bench and Common Pleas*, in Francis Hargrave ed., A Collection of Tracts Relative to the Law of England, Volume 1, E. Lynch, 1787, p. 360.

② 19 世纪初,初始令状的费用最低 3 镑 14 先令,最高 5 镑 4 先令 11 便士;而使用潜逃拘捕令状诉讼费用是 1 镑 5 先令 8 便士。See William Searle Holdsworth, *A History of English Law*, Volume 9, Methuen & Co. Ltd., 1926, p. 249, note 1.

③ R. M. 23 Geo. Ⅲ. K. B.

④ John Frederick Archbold, *The Practice of the Court of King's Bench in Personal Actions, and Ejectment*, Volume 1, Stephen Gouli, 1823, p. 62.

（二）初始令状启动诉讼的程序

以初始令状启动诉讼时，原告需申请签发初始令状。原告律师首先制作初始令状指示书（*praecipe* for original writ）。[①] 指示书列明当事人名称，提出审理地点（lay the venue），记载诉讼程式、诉因及其他事项；并说明初始令状回呈的时间和地点。原告律师将指示书提交审理地点所在郡的令状签发官，同时提供作为诉讼基础的证据，如盖印金钱债务证书。令状签发官按指示书记载的内容在羊皮纸上誊写初始令状，并予签发。[②] 原告律师取得初始令状后呈交审理地点所在郡的郡长，最初还需带上两名起诉保证人（pledges）。在令状回呈期的第4日，郡长将初始令状回呈受理案件的法院。接受回呈的法院将初始令状归档，随后签发加盖本法院印章的适当的司法令状，指示上述郡长传唤或强制被告出庭。[③]

（三）出庭答辩拘捕令状直接启动诉讼

如前所述，对人诉讼中，有些案件必须签发初始令状。例如，针对王国贵族以及法人、百户区的对人诉讼，原告不能申请签发拘捕令状逮捕被告。有些诉讼中，被告潜逃或者不能查找行踪，因此无法传唤或拘捕时，通常也须签发初始令状，作为签发扣押财产令状或适用逐出法外程序的依据。对于其他可以初始令状启动的对人诉讼，只要不是绝对必要，通常不会实际签发初始令状。这时原告律师用普通纸张拟订一份初始令状指示书；指示书不提交大法官法院负责签发初始令状的令状签发官，而直接呈交王座法院令状归档官（filacer）。[④] 令状归档官不根据指示书签发初始令状（他也无此权力）；他收取和保存指示书只是为了将来需要时转交给令状签发官，以便补签初始令状。令状归档官根据指示书直接拟订并签发出庭答辩拘捕令状；原告律师也可以自己

---

① *praecipe* 字义“指令”，在令状领域主要有两个含义：一是指令令状；二是签发令状的指示书。

② John Frederick Archbold, *The Practice of the Court of King's Bench in Personal Actions, and Ejectment*, Volume 1, Stephen Gouli, 1823, p. 218.

③ John Baker, *The Oxford History of the Laws of England, Volume* Ⅵ: 1483 – 1558, Oxford University Press, 2003, p. 328.

④ 令状归档官是普通法法院官员，负责初始令状归档，并有权根据初始令状签发拘捕令状和其他司法令状。

准备出庭答辩拘捕令状，由令状归档官签字。

出庭答辩拘捕令状指向郡长，命令郡长在所辖郡内搜捕被告并妥善看管，至令状回呈日（return day）将其带到法院就原告的诉讼作出答辩。这一司法令状常称为特别出庭答辩拘捕令状（special *capias ad respondendum*）。[①] 原告的请求额超过40镑时，如果令状归档官直接签发出庭答辩拘捕令状启动诉讼，原告须按诉讼请求金额的一定比例向国王支付费用，作为免于签发初始令状特许的补偿。由此可见，虽然出庭答辩拘捕令状性质上是诉讼系属法院根据初始令状签发的后续司法令状，由于当事人可以略过初始令状而直接申请签发出庭答辩拘捕令状，出庭答辩拘捕令状实际成为一种启动诉讼的方式。

三、王座法院诉状启动诉讼及其程序

（一）王座法院启动诉讼的诉状概述

王座法院启动诉讼的诉状分为一般诉状（bill at large）和基于特权诉状（bill *ratione privilegii*）两大类。

1. 一般诉状

一般诉状，即起诉被告的普通诉状。王座法院最初似乎比较尊重民诉法院的管辖权，不能在王座法院使用初始令状启动的案件，即不动产诉讼以及对人诉讼中的定额金钱债务之诉、不当扣留动产之诉、报账之诉、盖印合同之诉也不能采用诉状启动。[②] 因为一般诉状适用的案件范围受王座法院管辖权的限制，后来又可以通过拟制使用米德尔塞克斯郡令和潜逃拘捕令状启动一切对人诉讼，一般诉状长久以来在实务中不再适用。

2. 基于特权诉状

基于特权诉状是基于原告或被告某项特权而使用的诉状。该诉状适用的案件远比一般诉状为广，可适用于一切对人诉讼，但以原告或被告具有诉讼特权为限。原告或被告的诉讼特权有如下三种类型：一是

---

① William Tidd, *The Practice of the Courts of King's Bench and Common Pleas in Personal Actions and Ejectment*, 9th Edition, Volume 1, J. Butterworth and Son, 1828, p. 128.

② Matthew Hale, *Discourse Concerning the Courts of King's Bench and Common Pleas*, in Francis Hargrave ed., A Collection of Tracts Relative to the Law of England, Volume 1, E. Lynch, 1787, p. 364.

原告特权(*privilegium ex parte querentis*)。如法院官员和书记官作为原告享有的通过诉状或特权拘禁令状提起诉讼的特权。二是被告特权(*privilegium ex parte defendentis*)。普通法上各法院的官员、律师一直享有在本法院以诉状被起诉的特权。原告特权和被告特权是威斯敏斯特三大高级普通法法院官员、律师共同存在的特权。三是法院特权(*privilegium ex parte curia*)。被告虽非王座法院官员、律师,但如果是被王座法院的典狱长羁押的监犯,则享有法院特权,即只能在王座法院被起诉的特权。法院特权又称为基于场所特权(privilege *ratione loci*),本质上属于被告特权。① 下面介绍一下基于被告特权和法院特权的诉状。

(1)基于被告特权的诉状

针对享有被告特权的王座法院的官员或律师起诉时,原告需提交本法院答辩诉状(bill *tanquam praefens in curia*),该诉状可用来对被告提起任何类型的对人诉讼。原告必须在被告所属的王座法院起诉,不能到其他法院起诉。原告起诉时被告已经位于法院(已经出庭),因此不需要初始令状赋予法院管辖权,也无须法院签发司法令状强迫被告出庭。又因为王座法院的官员和律师享有免受针对人身的司法令状逮捕的特权,②所以不能采用此类司法令状起诉他们,只能以诉状作为诉讼的唯一启动方式。起诉时,原告将诉状提交王座法院办公室的原告第一诉答状书记官(Clerk of the Declaration),然后将诉状副本交付被告或其已知的代理人,同时送交一份诉答通知(notice to plead)。因为法院不必签发司法令状强制被告出庭,这一诉状是无须司法令状的诉状。

(2)基于法院特权的诉状

针对被王座法院典狱长监禁的监犯,原告需在王座法院通过提交典狱长监禁诉状(bill *in custodia marescalli*)提起对人诉讼。这一做法

---

① Matthew Hale, *Discourse Concerning the Courts of King's Bench and Common Pleas*, in Francis Hargrave ed., A Collection of Tracts Relative to the Law of England, Volume 1, E. Lynch, 1787, p. 364 – 365.

② 律师实际上具有所属法院官员的地位。

出现于亨利六世(1422—1461 年、1470—1471 年在位)时期。[①] 被告被王座法院典狱长监禁后,即享有在王座法院被起诉的特权;针对该人的对人诉讼必须在王座法院,不得到任何其他法院提起。原告针对被王座法院典狱长羁押的监犯起诉时,不受王座法院初审管辖权的限制,可以提起任何类型的对人诉讼。起诉时原告不得采用初始令状,只能采用诉状方式。因为起诉时被告已经位于王座法院,也不必使用任何司法令状强迫被告出庭,[②]因此这一诉状是无须司法令状的诉状。

最初原告只能以诉状针对被王座法院实际羁押的监犯提起诉讼。但后来不久,原告也可以诉状对获得保释的监犯提起诉讼;因为保释保证人是王座法院指定的被保释人的特别看管人,被保释人受保释保证人看管,如同被法院看管一样。[③]

(二)一般诉状启动诉讼的程序

王座法院最初从御前会议分离出来时,民事初审管辖权受到限制。王座法院只对侵害之诉以及其他以暴力和武力实施的损害案件,以及共谋(conspiracy)、欺诈(deceit)、伪造契据(forgery of deeds)以及其他所有基于欺骗的案件具有初审管辖权。[④] 这些案件与暴力和武力侵害之诉一样,都具有刑事性质,并且与国王利益联系在一起;因为此类案件的被告若败诉,需向国王缴纳罚金。特别主张侵害之诉产生后,虽然不涉及暴力和武力侵害,但因为具有刑事性质,王座法院立即取得管辖权。[⑤] 后来,王座法院管辖权有所扩大:除定额金钱债务之诉、盖印合同之诉、报账之诉、不当扣留动产之诉之外的其他的对人诉讼,以及属于混合诉讼的咨审之诉、逐出租地之诉、逐出被监护人之诉,王座法院也具有了初审管辖权。

---

① Abraham L. Freedman, *Imprisonment for Debt*, 2 Temple Law Quarterly 330 (1928).

② William Tidd, *The Practice of the Courts of King's Bench and Common Pleas in Personal Actions and Ejectment*, 9th Edition, Volume 1, J. Butterworth and Son, 1828, p. 145.

③ Abraham L. Freedman, *Imprisonment for Debt*, 2 Temple Law Quarterly 330 (1928).

④ John Frederick Archbold, *The Practice of the Court of King's Bench in Personal Actions, and Ejectment*, Volume 1, Stephen Gouli, 1823, p. 2.

⑤ *First Report Made to His Majesty by the Commissioners Appointed to Inquire into the Practice and Proceedings of the Superior Courts of Common Law*, ordered by the House of Commons to be printed 20th Feb. 1829, p. 9.

对于王座法院具有管辖权的案件可通过诉状提起。法院收到原告提交的诉状后,由首席书记官(prothonotary)或次席书记官(secondary)归档(后来改由原告第一诉答状书记官归档)。诉状的格式和原告第一诉答状相同(可以说原告第一诉答状是诉状的副本),誊写在羊皮纸上。根据伊丽莎白一世18年律目14制定法(18 Eliz. I,c. 14),诉状如果未归档,可以通过陪审团裁断补足,因此不提交诉状通常不会引起不便,于是就省略掉诉状誊写和提交法院的步骤,由原告直接申请签发强迫被告出庭的司法令状启动诉讼,被告出庭后原告再向其交付第一诉答状。事后被告若以纠错令状提请复审时原告再补交诉状。如果诉讼是针对法院官员、律师或者被马夏尔西监狱典狱长实际羁押的监犯提起时,所使用的诉状属于基于特权诉状,诉状不能省略,必须提交法院并予归档。[①] 如果被告被实际羁押,向被告交付诉状副本(原告第一诉答状)或将之留置给监守(gaoler or turnkey)前,必须将诉状提交法院归档;如果原告没有将诉状提交法院归档而直接将第一诉答状送交作为监犯的被告,不生效力。当然,如果监犯是在根据初始令状启动的诉讼中被逮捕,则原告无须提交诉状,可以直接提交原告第一诉答状。[②]

无论起诉时是否向王座法院提交诉状,原告都会申请签发司法令状强迫被告出庭应诉。如果是侵害之诉,首先申请签发的强迫出庭的司法令状不是传唤令状或拘捕令状,而是出庭担保令状(attachment),[③] 命令郡长要求被告提供担保物或担保人,担保其能在令状回呈日出庭答辩。如果郡长对出庭担保令状回呈"被告无任何财产"(*nihil*),原告则可向王座法院申请签发一份本法院特有的指令(precept)(一种司法令状)。该指令以王座法院审理案件时所在郡的名称命名,例如1665年大瘟疫时王座法院曾在牛津郡审理案件,该指令就称为牛津郡令(bill of Oxfordshire)。王座法院通常固定在米德尔塞克斯郡的威斯敏

① John Frederick Archbold, *The Practice of the Court of King's Bench in Personal Actions, and Ejectment*, Volume 1, Stephen Gouli, 1823, p. 312.

② William Tidd, *The Practice of the Courts of King's Bench and Common Pleas in Personal Actions and Ejectment*, 9th Edition, Volume 1, J. Butterworth and Son, 1828, p. 353.

③ 如同以初始令状启动的侵害之诉,原告无须申请签发传唤令状,可径直申请签发出庭担保令状。

斯特大厅审理案件，故该指令就有了最常用的名称——米德尔塞克斯郡令（bill of Middlesex）。历史上，当王座法院巡游至某郡，或者固定于米德尔塞克斯郡或其他郡审案时，来自该郡的案件可以使用诉状而非初始令状启动诉讼。① 一旦法院受理了原告的诉状，就可以根据原告申请签发米德尔塞克斯郡令等司法令状强制被告出庭。

米德尔塞克斯郡令是出庭答辩拘捕令状的一种，由王座法院向郡长发布，指示他逮捕被告，并在规定日期将被告带至威斯敏斯特的王座法院，就原告提起的侵害之诉的诉状作出答辩。② 如果郡长不能在法院所在的米德尔塞克斯郡找到被告，则回呈“被告所在不明”（*non est inventus*），原告此时可向王座法院申请签发潜逃拘捕令状（*latitat*）。潜逃拘捕令状，又称异地米德尔塞克斯郡令（*testatum* bill of Middlesex），是指向被告居住地所在郡的郡长，命令他逮捕被告以强迫被告出庭的令状。潜逃拘捕令状首先对米德尔塞克斯郡令的签发和回呈情况作出说明，然后告知收到潜逃拘捕令的郡长被告已经潜逃并流窜（*latitat et discurrit*）至他所管辖的郡，命令他将被告逮捕。郡长根据米德尔塞克斯郡令或潜逃拘捕令状逮捕被告后，被告以一定方式完成出庭，诉讼启动阶段结束。原告向被告提交一份诉状副本，这一副本即为原告第一诉答状，对方则提交被告第一诉答状，就此完成诉答程序的第一阶段。

（三）针对下议院议员的诉状和传唤令状启动诉讼及其程序

针对下议院议员以诉状和传唤令状提起诉讼是基于制定法的规定。普通法上，起诉贵族、下议院议员时不使用诉状，只能使用初始令状。他们享有议会特权，在民事案件中不受拘捕，因此针对贵族和下议院议员，也不能使用米德尔塞克斯郡令和潜逃拘捕令状这些拘捕被告人身的司法令状。制定法对诉讼启动方式作了修改。根据1700年《议会特权法》（Privilege of Parliament Act，1700）即威廉三世12年和13年律目3制定法（Statute 12 & 13 W. Ⅲ，c. 3）第2条的规定，除了可以采

① John Baker，*An Introduction to English Legal History*，5th Edition，Oxford University Press，2019，p. 48；H. A. Hollond，*Writs and Bills*，8 Cambridge Law Journal 15（1942）.

② 3 Bl. Comm. 286.

用初始令状,还可以通过诉状和传唤令状,起诉下议院议员。① 以诉状和传唤令状起诉可以避免使用费用高企、程序严格的初始令状,但该法并不适用于对贵族的起诉。

以诉状起诉下议院议员时,原告首先将诉状提交王座法院办公室的原告第一诉答状书记官。② 诉状中需说明被告具有议会特权,并在结尾处记载原告的诉讼请求以及申请签发的司法令状。诉状提交之后,法院签发的第一份司法令状是传唤令状。传唤令状指向案件审理地点所在郡的郡长,命令他传唤被告。如果被告居住在其他郡,原告可以向该郡郡长申请签发异地传唤令状(writ of *testatum* summons)。如果被告受传唤后不出庭,在令状回呈日 4 日后,原告可申请签发出庭担保令状、扣押财物令状等令状强迫其出庭。如果被告出庭,则需要在王座法院普通保释保证书记官(Clerk of the Common Bails)处登录出庭。如果具有议会特权的下议院议员因其他案件已被羁押在王座法院监狱(King's Bench Prison),可以向他直接交付一份原告第一诉答状提起诉讼,如同他被马夏尔西监狱典狱长羁押一样,这时无须签发传唤令状。不同于根据初始令状签发的传唤令状,根据诉状签发的传唤令状不会明确陈述诉因,而只是一般性地要求被告就原告的起诉如"就某项造成原告损害的特别主张侵害"出庭作出答辩。③ 被告出庭后或原告代被告

---

① 该法第 2 条规定,"任何人,如果针对下议院的任何骑士议员、特许市市民议员、自治市市民议员,或者具有议会特权的任何其他人具有诉由,可以在国王陛下王座法院、民诉法院或财税法院,使用传唤令状和无限次扣押财物令状,或者使用初始诉状和传唤令状、出庭担保令状、无限次扣押财物令状起诉上述骑士议员及其他人;上述各法院有权对其签发上述令状,直到该人根据各法院的程序对原告的诉讼登录普通出庭,或者提交普通保释保证"。(Any person or persons having cause of action against any knight, citizen or burgess of the House Of Commons, or any other person entitled to privilege of parliament, may prosecute such knight, &c. in his majesty's court of King's Bench, Common Pleas, or Exchequer, by summons and distress infinite, or by original bill and summons, attachment, and distress infinite; which the said respective courts are empowered to issue against them, or any of them, until he or they shall enter a common appearance, or file common bail to the plaintiff's action, according to the course of each respective court.) See William Tidd, *The Practice of the Courts of King's Bench and Common Pleas in Personal Actions and Ejectment*, 9th Edition, Volume 1, J. Butterworth and Son, 1828, p. 116.

② 如果是民诉法院,提交令状归档官(Filacer);如果是财税法院,提交主事官(Master)。

③ William Tidd, *The Practice of the Courts of King's Bench and Common Pleas in Personal Actions and Ejectment*, 9th Edition, Volume 1, J. Butterworth and Son, 1828, p. 120.

登录出庭后，原告向其提交原告第一诉答状，开始诉答程序。

四、米德尔塞克斯郡令和潜逃拘捕令状启动诉讼及其程序

19 世纪司法改革前，米德尔塞克斯郡令和潜逃拘捕令状是王座法院最常用的启动诉讼的司法令状，也是最常用的启动诉讼方式。米德尔塞克斯郡令和潜逃拘捕令状的广泛适用得益于诉讼程序的拟制。

（一）单层拟制

如果原告有两项诉因起诉被告，其中一项正好为暴力和武力侵害之诉，原告可先提交侵害之诉的一般诉状，然后使用米德尔塞克斯郡令或潜逃拘捕令状将被告逮捕。被告被逮捕后，或者交由马夏尔西监狱典狱长（Marshal of Marshalsea Prison）监禁，[①]或者提供保释保证后释放。根据王座法院的习惯，如果被告是王座法院的监狱典狱长的监犯，则具有在王座法院被起诉的特权，原告或者任何第三人可在王座法院以诉状方式对被告提起任何类型的对人诉讼。即使被告提供保释保证后被释放，仍视为处于王座法院的监狱典狱长监禁下。这样，原告可再向被告出示另一份诉状，从而在王座法院同时进行第二项诉讼。这种做法使下述的拟制程序得以产生。

如若原告没有暴力和武力侵害之诉的诉因，只有其他对人诉讼，如承诺之诉的诉因，意欲提起承诺之诉的原告可首先向王座法院出示一份虚拟的侵害之诉的诉状。这种虚拟的侵害之诉通常是假定发生于威斯敏斯特或亨登（Hendon）[②]的侵入私地侵害之诉。[③] 原告通过虚拟的诉状，向王座法院申请签发出庭担保令状。当郡长执行出庭担保令状回呈被告无任何财产时，原告申请签发米德尔塞克斯郡令和潜逃拘捕令状逮捕被告，此时原告再行出示本欲提起的承诺之诉的诉状，启动第二项诉讼，即原告真正的诉讼。原告随即放弃最初的侵害之诉的诉状，仅进行第二项承诺之诉的诉讼。因为被告被逮捕后交由马夏尔西监狱

---

① 马夏尔西监狱位于伦敦萨瑟克（Southwark），附属于王室内务法院（Court of Marshalsea）和王座法院。与王座法院监狱（King's Bench Prison）并非一个监狱，但都附属于王座法院。马夏尔西监狱于爱德华三世时期即已存在，1842 年与弗利特监狱、王座法院监狱一起合并为王室监狱（Queen's Prison）。

② 威斯敏斯特和亨登历史上都是米德尔塞克斯郡的一部分。

③ John Baker，*The Oxford History of the Laws of England*，*Volume* Ⅵ：1483 – 1558，Oxford University Press，2003，p. 152.

典狱长关押，王座法院对第二项诉讼拥有当然的管辖权，被告必须对原告的第二项诉讼的诉状作出答辩。根据普通法，如果被告被带至王座法院并被马夏尔西监狱典狱长实际或推定羁押，则不能在其他法院就任何民事事项受审。①

上述过程作出了一项拟制。所谓拟制指将法律上本来不存在或虚假之事假定为真，而这种假定不容当事人反驳。原告虚拟一份诉状，提起一项并不存在的侵害之诉，申请签发米德尔塞克斯郡令或潜逃拘捕令状，将被告关押在马夏尔西监狱，然后提起他需要的真实的诉讼。被告只能就真实的诉讼应诉，无法抗辩侵害之诉是虚假的。因整个诉讼启动只作出了一次拟制，所以是单层拟制。

（二）双层拟制

随着时间推移，上述拟制有了进一步的发展。第一项诉讼即侵害之诉的诉状、出庭担保令状，不再需要实际而可以拟制提交或签发，从而将之略过而直接签发米德尔塞克斯郡令启动诉讼。再后来，如果被告居住地在米德尔塞克斯以外的郡，则拟制已经签发了米德尔塞克斯郡令，从而直接签发潜逃拘捕令状启动诉讼（除非被告真正居住在米德尔塞克斯郡因此不需要签发潜逃拘捕令状）。这样就存在两层拟制：第一层是拟制一项侵害之诉并且诉状已提交或签发；第二层是拟制相应司法令状，即出庭担保令状、米德尔塞克斯郡令已经签发。

于是，无论何种对人诉讼，如果被告居住在米德尔塞克斯郡，则通过米德尔塞克斯郡令启动诉讼；如果被告居住在米德尔塞克斯之外的郡，则直接通过潜逃拘捕令状启动诉讼。诉状完全忽略不用，本来拘捕被告强制出庭的后续司法令状成为诉讼的直接启动方式，实质上转变为初始司法令状。

相对于初始令状，米德尔塞克斯郡令或潜逃拘捕令状是一种更为快捷简便、节省费用的诉讼启动方式，②又可用来启动所有类型的对人

---

① 4 Inst. 72.

② 米德尔塞克斯郡令费用为2先令6便士，潜逃拘捕令状为5先令1便士。黑尔对这一程序的其他优点有详细说明。See Matthew Hale, *Discourse Concerning the Courts of King's Bench and Common Pleas*, in Francis Hargrave ed., A Collection of Tracts Relative to the Law of England, Volume 1, E. Lynch, 1787, p. 366.

诉讼，因此受到当事人的普遍欢迎。这也为王座法院争取到了非常多的案源，使王座法院实际受理的民事诉讼案件数量远比民诉法院和财税法院为多。但在民诉法院起诉的案件大为减少，君主因此失去了大量的初始令状费收入。当事人规避初始令状的签发还会使得君主遭受其他损失，如根据初始令状签发司法令状的盖印费用。因为君主收入受到影响，再加上民诉法院的抵制，大法官法院曾经对米德尔塞克斯郡令采取过限制措施。例如，伊丽莎白一世（1558—1603年在位）时代，大法官法院常以未支付初始令状费为由，签发禁制令中止王座法院以米德尔塞克斯郡令启动的诉讼，强迫原告缴纳初始令状费。这种限制做法直到掌玺大臣埃哲顿（Lord Keeper Egerton）对大法官法院作出改革时才得以停止。①

五、特权拘禁令状启动诉讼及其程序

王座法院的律师和官员享有在自己所属法院起诉的特权，并可以米德尔塞克斯郡作为专属审理地点。王座法院的律师或官员可作为原告在王座法院提起一切对人诉讼，王座法院对之享有排他管辖权。他们以特权拘禁令状启动诉讼。特权拘禁令状是基于原告特权签发的拘禁被告强迫其到原告所属法院出庭的司法令状。性质上和潜逃拘捕令状相同，都属于拘捕令状。特权拘禁令状最早产生于何时并无确证，似乎早在爱德华三世（1327—1377在位）时期即已存在。②

申请签发特权拘禁令状时，原告律师应将令状指示书（*praecipe*）交给令状签署官（Signer of the Writs）。指示书中需包含被告姓名、回呈日和签署日、申请签发令状的代理人或律师的姓名。指示书应该登录于有关指示书的专门卷宗中。若指示书未提交给王座法院，令状签署官不得签发特权拘禁令状。③ 根据特权拘禁令状，可以拘押被告并要求被告提供特别保释保证。被告拘押在王座法院的监狱之后，原告必须在适当时间内向原告第一诉答状书记官提交诉状，并将一份诉状副本（即

---

① N. G. Jones. The Bill of Middlesex and the Chancery, 1556 – 1608. 22 J. Legal Hist. 1 (2001), 2.

② *First Report Made to His Majesty by the Commissioners Appointed to Inquire into the Practice and Proceedings of the Superior Courts of Common Law*, ordered by the House of Commons to be printed 20th Feb. 1829, p. 76.

③ R. Hil. 20 Geo. Ⅱ.

原告第一诉答状)送交被告或者王座法院监守(turnkey)。如果被告已通过提供保释保证获得释放,原告即使未向法院提交诉状,也可以向被告交付原告第一诉答状。事后法院若要求诉状,可随时补交。①

第三节　民诉法院和财税法院对人诉讼的启动方式及启动程序

一、民诉法院对人诉讼的启动方式及启动程序

(一)初始令状启动诉讼及其程序

在民诉法院,初始令状对于诉讼启动非常重要。最初的观念是,民诉法院并非天然拥有民事案件的初审管辖权,法官作为依君主授权行事的代理人,仅能审理君主特别委托的案件。因此只有在大法官法院代表君主签发了初始令状,并由郡长回呈至民诉法院时,民诉法院方始取得审理诉讼事项的授权。②

民诉法院使用的初始令状分为特别初始令状(special original)和普通初始令状(common original)两种。特别初始令状即适应诉讼性质的初始令状,各种对人诉讼案件都有符合自身性质的初始令状。因费用过高、形式要求严格,特别初始令状实际上极少使用。只在必要情形下,如被告是贵族、法人和百户区时,因其不能或无法拘捕,才不得不使用初始令状。普通初始令状,又称侵入私地侵害令状[writ (of trespass) *quare clausum fregit*]或侵入私地侵害初始令状(original *quare clausum fregit*),是适用于侵入私地侵害之诉的初始令状。因为该令状不需要亲自送达(personal service),有时可用于被告躲避起来而无法将其逮捕或向其本人送达司法令状的案件。③

(二)侵入私地拘捕令状启动诉讼及其程序

侵入私地拘捕令状(writ of *capias quare clausum fregit*; *capias*

---

① William Tidd, *The Practice of the Courts of King's Bench and Common Pleas in Personal Actions and Ejectment*, 9th Edition, Volume 1, J. Butterworth and Son, 1828, p. 353.

② Baker John Sellon, *The Practice of the Courts of King's Bench and Common Pleas*, Volume 1, A. Strahan, 1798, p. xliv.

③ William Tidd, *The Act for Uniformity of Process in Personal Actions*, Sauders and Benning, 1832, p. 1.

quare clausum fregit)是出庭答辩拘捕令状的一种,指侵入私地侵害令状签发之后,原告申请民诉法院签发的,用以逮捕被告,强迫其出庭的司法令状。侵入私地拘捕令状与侵入私地侵害令状不同。侵入私地侵害令状为侵入私地侵害之诉中签发的初始令状;侵入私地拘捕令状属于强制被告出庭的司法令状,是以侵入私地侵害令状为基础签发的后续令状(ulterior writ)。

诉讼实务中,通过拟制,可以侵入私地拘捕令状启动各种类型的对人诉讼。原告首先拟制一项侵入私地侵害之诉,即假定被告使用暴力和武力侵入原告的私地,从而申请签发侵入私地侵害令状(普通初始令状)。之后原告根据拟制的诉讼,申请签发侵入私地拘捕令状逮捕被告。原告拟制侵入私地侵害之诉是因为这一诉讼程式属于暴力和武力侵害之诉,可以根据古老的普通法规则,通过拘捕令状逮捕被告。后来新增加一层拟制,即假定侵入私地侵害令状已经签发,从而省略掉签发初始令状的步骤,直接以侵入私地拘捕令状启动诉讼。被告被逮捕后,原告可以对之提起任何其他诉讼事由的诉讼。这意味着侵入私地拘捕令状可用来启动各类对人诉讼,故又称为普通侵入私地拘捕令状(common *capias quare clausum fregit*),有时简称为普通拘捕令状(common *capias*)。民诉法院的侵入私地拘捕令状与王座法院的米德尔塞克斯郡令或潜逃拘捕令状相对应,都是建立拟制基础之上的启动诉讼的司法令状:一方面拟制一项暴力和武力侵入私地侵害之诉的存在;另一方面拟制初始令状或诉状已经签发或提交。不同点在于以侵入私地拘捕令状启动诉讼是拟制初始令状已经签发,而以米德尔塞克斯郡令或潜逃拘捕令状启动诉讼是拟制诉状已经签发。因为可用来启动各种类型对人诉讼,又省掉了初始令状签发程序和费用,形式上的要求也没有那么严格,侵入私地拘捕令状最终成为民诉法院对人诉讼最常用的启动诉讼的方式。

这里就有关不动产的诉讼的启动作一点补充。有关不动产的诉讼程式主要是不动产诉讼和混合诉讼。根据普通法规则,民诉法院对不动产诉讼和混合诉讼具有排他管辖权,不动产诉讼和混合诉讼必须通过签发初始令状启动。但是后来不动产诉讼和其他混合诉讼逐渐被驱逐之诉替代,绝大部分有关不动产的诉讼都通过驱逐之诉提起。这产生了两个结果:第一,驱逐之诉原本属于对人诉讼中的侵害之诉,因此王座法院对驱逐之诉也可享有管辖权。第二,驱逐之诉可以不使用费用高企、手续复杂的初始令状启动。因此无论在民诉法院还是王座法院,与不动产有关的诉讼实际上几乎都不再以初始令状启动。

(三)特权拘禁令状和诉状启动诉讼

特权拘禁令状适用于民诉法院的律师和法院官员起诉的案件。民诉法院的律师以及官员,基于其身份和特权,有权不采用初始令状启动诉讼。特权拘禁令状启动诉讼的程序近似王座法院相应令状,不再赘述。

在民诉法院,诉状适用于两种情形:一是针对民诉法院的律师和法院官员使用具有请求书(petition)性质的诉状启动诉讼。① 因为不需要签发司法令状强迫被告出庭,这种诉状属于无须司法令状的诉状。二是针对下议院议员通过诉状和传唤令状启动诉讼。实践中,针对被弗利特监狱(Fleet)羁押的监犯提起诉讼的方式与针对普通人一样,可采用初始令状方式。这不同于被王座法院监狱羁押的监犯,对后者只能以诉状方式在王座法院提起对人诉讼。有人认为,针对被弗利特监狱羁押的监犯,先前可以以诉状方式在民诉法院提起定额金钱债务之诉;但根据权威观点,这并不常用。②

二、财税法院对人诉讼的启动方式及启动程序

根据普通法,原告不得通过向大法官法院申请签发初始令状在财税法院启动民事诉讼,财税法院的所有诉讼启动方式都可归入诉状之列。③ 但司法实践中,多数诉讼并不实际提交诉状,而主要通过强迫被告出庭的司法令状直接启动。这些司法令状包括出庭答辩令状、附罚则答辩传唤令状、君主债权减少拘捕令状、特权拘捕令状。只有被告具有特别身份,如是议员,法院官员、律师,或是被法院羁押的监犯,因而享有被告特权时,才采用诉状启动诉讼。

---

① William Tidd, *The Act for Uniformity of Process in Personal Actions*, Sauders and Benning, 1832, p. 2.

② William Tidd, *The Practice of the Courts of King's Bench and Common Pleas in Personal Actions and Ejectment*, 9th Edition, Volume 1, J. Butterworth and Son, 1828, p. 91 – 92.

③ *First Report Made to His Majesty by the Commissioners Appointed to Inquire into the Practice and Proceedings of the Superior Courts of Common Law*, ordered by the House of Commons to be printed 20th Feb. 1829, p. 78.

（一）出庭答辩令状启动诉讼

出庭答辩令状（*venire facias ad respondendum*；*venire ad respondendum*；*venire*）是财税法院签发的指示郡长，命令他传唤被告在规定时间前往法庭作出答辩的司法令状。出庭答辩令状据称是财税法院最为古老的司法令状。[①] 出庭答辩令状是财税法院以诉讼系属法院的地位签发的令状，因此属于司法令状。财税法院不能以大法官法院签发的初始令状启动诉讼，但财税法院既是普通法法院，又兼为衡平法院，因此可认为出庭答辩令状相当于用来启动诉讼的初始令状。[②] 出庭答辩令状又起到传唤令状的作用，可传唤被告出庭。出庭答辩令状虽是对人传唤，非对物传唤，但出庭答辩令状可间接指向被告的财产，在被告不应传唤出庭时，原告有权立即申请签发针对被告财产的扣押财物令状。[③] 和拘捕令状不同，出庭答辩令状只是书面传唤被告出庭，并不针对被告人身，因此不能以逮捕被告方式强迫被告出庭。

出庭答辩令状的适用范围先前受到原告身份的限制，后来通过假定原告是国王的债务人或者收入官，将出庭答辩令状拟制适用于各类对人诉讼案件；除非被告是法院的律师或官员，对他们必须使用无须司法令状的诉状起诉。借此拟制，财税法院管辖权扩大到无特权者之间的所有普通对人诉讼，而这些诉讼原本由民诉法院专属管辖。当原告是财税法院律师或者官员时，他们享有在财税法院起诉和被诉的特权，[④]可申请签发特权出庭答辩令状（*venire* of privilege；*venire facias* of privilege），在财税法院启动任何类型的对人诉讼。[⑤] 因为出庭答辩令状相当于初始令状，所以可代替初始令状用来对具有议会特权的议员以

---

① Thomas Dax, *The Practice on the Plea Side of the Court of Exchequer*, J. & W. T. Clarke, 1831, p. 21.

② Thomas Dax, *The Practice on the Plea Side of the Court of Exchequer*, J. & W. T. Clarke, 1831, p. 21.

③ George Price, *Attorney's Practice in the Exchequer of Pleas, Being a Practical Summary of the Course and Forms of Proceeding at Law by the Exchequer Process*, Saunders and Benning, 1831, p. 130.

④ George Price, *Attorney's Practice in the Exchequer of Pleas, Being a Practical Summary of the Course and Forms of Proceeding at Law by the Exchequer Process*, Saunders and Benning, 1831, p. 331.

⑤ House of Commons, *Parliamentary Papers*, Volume 44, 1878, p. 637.

及百户区、法人提起诉讼。

原告申请签发出庭答辩令状时,首先向财税法院诉讼办公室(Office of Pleas)的诉讼书记官(Clerk of the Pleas)提交令状指示书。书记官签发令状,令状指向郡长;郡长收到令状后,立刻制作送达授权书(warrant),交给执达官(bailiff)。执达官收到授权书后即行传唤被告或者将令状副本交给被告本人。如果被告不在家,令状可以留置被告住宅,但当时必须有成年家庭成员在场,令状也可以留置在被告的寄居地。可见,出庭答辩令状并不绝对要求亲自送达被告;如果被告逃逸、不确定能否找到或被告不在英格兰境内,出庭答辩令状是有利的诉讼启动方式。[①] 根据乔治三世53年(1813年)的一项规则,出庭答辩令状亲自送达的效果和送达性君主债权减少拘捕令状相同,可以授权原告代被告登录出庭。基于上述规定,出庭答辩令状有了实质改变,很大程度上可以代替君主债权减少拘捕令状。[②]

(二)附罚则答辩传唤令状启动诉讼

附罚则答辩传唤令状(writ of *subpoena ad repondendum*)是一种古老的命令被告出庭的司法令状,它由财税法院大法官法庭(Chancery of the Exchequer)签发。财税法院的签发权力来自作为岁入法院(court of revenue)和衡平法院(court of equity)而拥有的针对个人签发禁制令的内在权限。[③]

如同大法官法院的附罚则传唤令状,财税法院的附罚则答辩传唤令状不指向郡长,而是直接指向被告,并可由原告本人送达被告。附罚则答辩传唤令状可以在英格兰或威尔士任何能够遇到被告的地点送达,[④]甚至是唯一的能够在英格兰境外送达的普通法司法令状。附罚则

① Thomas Dax, *The Practice on the Plea Side of the Court of Exchequer*, J. & W. T. Clarke, 1831, p. 21.

② Philip Burton, *The Practice in the Office of Pleas of the Court of Exchequer Epitomized*, J. & W. T. Clarke, 1824, p. 4.

③ George Price, *Attorney's Practice in the Exchequer of Pleas, Being a Practical Summary of the Course and Forms of Proceeding at Law by the Exchequer Process*, Saunders and Benning, 1831, p. 165.

④ George Price, *Attorney's Practice in the Exchequer of Pleas, Being a Practical Summary of the Course and Forms of Proceeding at Law by the Exchequer Process*, Saunders and Benning, 1831, p. 165.

答辩传唤令状的另一项便利是可以留置送达。如果不能找到被告,因此无法亲自送达,甚至被告已经搬离了住所(dwelling),这时将令状留置在被告的最后住所亦为有效送达。[①] 留置送达时需要有任一共同居住的家庭成员或仆人在场并出示令状原件。如果被告是寄宿人(lodger),可以将令状留置给房东,但不能留置给房东的仆人。[②] 附罚则答辩传唤令状因此可适用于君主债权减少拘捕令状送达被告困难甚至是有证据证明出庭答辩令状将无法送达的案件。

即使已经签发附罚则答辩传唤令状或者后续司法令状,如果被告未出庭,原告也不得提交第一诉答状。如果被告未在令状回呈后4日内出庭,原告可提交送达宣誓陈述书,申请签发出庭担保令状强制被告出庭。[③]

(三)君主债权减少拘捕令状与特权拘捕令状启动诉讼

君主债权减少拘捕令状(*quo minus capias*; *capias quo minus*)是财税法院最主要的诉讼启动的方式。财税法院最初管辖与君主收益和岁入尤其是拖欠君主债务有关的全部诉讼。当君主的债务人或收入官作原告时,可以通过君主债权减少拘捕令状在财税法院启动诉讼,因为原告可以主张自己针对被告的诉因使其偿付君主债务的能力“减少”。14世纪通过拟制,财税法院将这种起诉方式适用于原告不是君主的债务人或收入官的案件。原告向财税法院法官宣称,自己是君主的债务人,被告给其造成侵害,使其偿债能力减少,无法偿还君主债务,这样原告与被告的案件与财税法院的管辖权建立了联系——被告的行为影响了原告偿还君主债务。于是原告可申请签发君主债权减少拘捕令状逮捕被告,财税法院因此有机会管辖被告以及原告和被告的臣民之间的诉讼事项。最终,如同王座法院通过米德尔塞克斯郡令和潜逃拘捕令状,财税法院假借君主债权减少拘捕令状取得了所有对人诉讼以及驱逐之

---

① George Price, *Attorney's Practice in the Exchequer of Pleas, Being a Practical Summary of the Course and Forms of Proceeding at Law by the Exchequer Process*, Saunders and Benning, 1831, p. 165.

② Thomas Dax, *The Practice on the Plea Side of the Court of Exchequer*, J. & W. T. Clarke, 1831, p. 15.

③ Philip Burton, *The Practice in the Office of Pleas of the Court of Exchequer Epitomized*, J. & W. T. Clarke, 1824, p. 6.

诉的管辖权。在程序上,君主债权减少拘捕令状最初是第二顺位的后续司法令状,需以出庭答辩令状签发为前提;只有出庭答辩令状被证明无效时,才能签发君主债权减少拘捕令状。后来为了节省费用,减少出庭答辩令状签发带来的迟延,便略过出庭答辩令状,直接签发君主债权减少拘捕令状,并以之作为独立启动诉讼的方式。[①]

特权拘捕令状(*capias* of privilege)是财税法院律师或法院官员提起诉讼时,根据其特别特权签发的代替君主债权减少拘捕令状使用的拘捕令状。相应地,君主债权减少拘捕令状可称为在财税法院起诉的一般特权拘捕令状(*capias* of general privilege of suit in Exchequer)。[②]原告依其职位具有在财税法院起诉的特别特权,因此没有必要作出任何拟制即可提起任何对人诉讼。特权拘捕令状的实施程序和方式与君主债权减少拘捕令状相同。

(四)诉状启动诉讼

在财税法院,诉状的适用有三类情形:(1)针对财税法院的律师和官员提起的诉讼采用诉状启动。在财税法院,所有法院官员以及所有在财税法院具有岁入账户者为被告时,他们都被认为已位于法院,不必使用司法令状强迫其出庭,需依诉状对之起诉,这种诉状为无须司法令状的诉状。(2)根据1700年《议会特权法》,对享有议会特权的下议院议员提起诉讼时,采用诉状和传唤令状方式,以取代出庭答辩令状。这种启动方式下,原告首先将诉状提交主事官(master),然后申请签发传唤令状。为此,原告律师需向财税法院诉讼办公室提交一份令状指示书,办公室根据指示书签发传唤令状。传唤令状指向审理地点所在郡郡长,命令他传唤被告出庭。被告收到传唤令状后,可在诉讼办公室的出庭记录簿(appearance book)中登录出庭;如果被告未在规定日期内出庭,原告可以通过提交一份证明已传唤被告的宣誓陈述书,申请签发出庭担保令状和扣押财物令状强制被告出庭。(3)针对被郡长等官员或

---

① *First Report Made to His Majesty by the Commissioners Appointed to Inquire into the Practice and Proceedings of the Superior Courts of Common Law*, ordered by the House of Commons to be printed 20th Feb. 1829, p. 77.

② George Price, *Attorney's Practice in the Exchequer of Pleas, Being a Practical Summary of the Course and Forms of Proceeding at Law by the Exchequer Process*, Saunders and Benning, 1831, p. 56.

弗利特监狱典狱长(warden of Fleet)羁押的监犯提起诉讼时采用诉状方式,其程序类似于王座法院的相应程序。

第四节　大法官法院衡平诉讼的启动方式及启动程序

一、大法官法院衡平诉讼程序概述

大法官法院的诉讼程序和诉讼救济的产生和普通法法院密切相关。最初,原告只有向大法官法院申请签发初始令状,才能获得普通法法院的救济。申请签发初始令状实际上就是向大法官法院提出救济请求,大法官对此行使"普通法方面的管辖权"。大法官法院早先遵循"有权利就有救济"原则,如果发现既有初始令状不能保护原告的请求,大法官就创设新的令状提供救济。后来,大法官法院自由创设新令状的权力被议会立法禁止;当现有初始令状无法提供救济时,原告被迫转向国王申请救济。国王将案件转交大法官解决,后来则允许原告直接向大法官申请救济。大法官在 15 世纪开始以自己的名义对原告的请求作出判决;①大法官法院因此取得了"衡平方面的管辖权",所适用的程序称为衡平诉讼程序。

大法官法院的衡平诉讼程序早先并无正式形式,直到 16 世纪才最终定型。② 衡平诉讼程序虽然借鉴了普通法诉讼程序,但更多受到罗马法以及教会法院诉讼程序的影响,因此相较普通法诉讼程序,有很多自己的特点。第一,衡平诉讼程序不具有诉讼程式和陪审团审理两大支柱制度。因此不存在不同诉讼程式采用不同诉讼程序的问题,衡平诉讼只有一套诉讼程序,统一适用于各类衡平案件。衡平案件的事实问题也不召集陪审团审理,而由法官审理和判决。第二,衡平诉讼不以初始令状而通过请求书(petition)甚至口头起诉启动,后来则几乎全部以诉状作为诉讼启动方式。第三,因为不采纳陪审团制度,诉答中不需要将事实问题单独形成供陪审团裁断的争点,大法官法院诉答形成的事

---

① John Baker, *An Introduction to English Legal History*, 5th Edition, Oxford University Press, 2019, p. 110.

② William Searle Holdsworth, *A History of English Law*, Volume 9, Methuen & Co. Ltd., 1926, p. 342; 冷霞:《英国早期衡平法概论》,商务印书馆 2010 年版,第 220 页。

实和法律争点都由法官作出判决。第四,证据获取上,不采用在陪审团面前当庭交叉询问证人的做法,大法官法院可对证人和当事人作出讯问(interrogation),并将取得的证人证言制成书面宣誓证词(depositions)。[①] 法官审查书面宣誓证词并结合其他证据,根据内心确信形成对事实的判断。第五,大法官法院的判决(decree)实为一种命令,它不给予损害赔偿的救济,而是命令被告为或不为一定行为或取消某种权利。当事人若违反判决会被认定为藐视法庭而受到监禁惩罚。

二、大法官法院衡平诉讼启动程序概述

(一)大法官法院衡平诉讼启动程序概述

按照布莱克斯通的说法,衡平法和普通法最本质的区别是诉讼程序上的区别。[②] 诉讼启动方式是衡平程序和普通法诉讼程序区别最为明显的部分之一。

在英格兰,国王是司法的源泉,原告在普通法法院得不到应有的救济时,可直接向国王;特别是君临御前会议(King in *Curia Regis*)的国王申请救济。后来因申请过多,国王无法自己处理,于是在爱德华三世(1327—1377年在位)时期,国王通过令状或法令,将所有申请作为恩惠事项(matter of grace),委派给大法官或王玺掌管大臣(Lord Kccpcr of the Privy Seal)处理。[③] 由于大法官法院对案件的审理出自国王对大法官的明示或默示的一般授权,因此不必依据特别授权而仅依据原告的起诉就能获得诉讼事项管辖权。与之相对,普通法法院尤其是民诉法院每一案件都需要原告申请签发初始令状,初始令状是法院行使管辖的特别授权依据;令状回呈法院后,法院始获得诉讼事项的管辖权。原告在大法官法院起诉的方式是提交诉状(bill)。[④] 诉状又称起诉状(bill

---

① R. C. Van Caenegem, *History of European Civil Procedure*, in Mauro Cappelletti ed., International Encyclopedia of Comparative Law: Civil Procedure, J. C. B. Mohr, 1973, p. 74.

② 3 Bl. Comm. 436.

③ George Spence, *The Equitable Jurisdiction of the Court of Chancery*, Volume 1, Lea and Blanchard, 1846, p. 337.

④ 大法官法院的诉状和议会的议案都称为bill,两者相同点在于都是对国王申请,都需要国王的同意:大法官法院的起诉需经代表国王的大法官的同意才能受理并给予救济,而议会的议案需要经过国王本人的御准(royal assent)才能颁布。这种两种申请英文皆为bill,但中文翻译不同,大法官法院的申请翻译为诉状,议会的申请翻译为议案。

of complaint)、衡平诉状(bill in equity)或大法官法院诉状(bill in Chancery)。原告会在诉状中陈述诉讼理由、提出诉讼救济请求并申请签发传唤被告出庭的令状。如果是代表国王、享有君主特权的人或者权利受到君主特别保护的人(如公共慈善机构)提起诉讼,则由总检察长(Attorney-General)通过君主诉状(information; bill of information)起诉;总检察长空缺时,由副总检察长(Solicitor-General)代行起诉。君主诉状与普通的诉状除了行文方式几无区别。①

(二)大法官法院衡平诉讼启动程序的特点

1. 诉讼启动有门槛限制

为减轻法院不必要的负担、维护法院的尊严,大法官法院衡平诉讼设定了最低诉讼金额10镑的限制。如果诉状金额低于10镑,被告可提出法律上不充分抗辩(demurrer),或者提出驳回起诉的动议(motion)。②

2. 诉讼启动方式统一为诉状

衡平法上几乎所有的诉讼都由诉状启动,因此诉讼的启动方式很大程度上是统一的。与普通法程序原告需从繁多的诉讼启动方式中作出选择不同,在衡平诉讼中,因采用了统一的启动方式,原告不存在选择启动方式的负担,更不会因为选择错误被驳回起诉或判决败诉。③

3. 诉状须经出庭律师审查

向大法官法院提交的诉状必须由在大法官法院执业的出庭律师(counsel)签名,出庭律师的签名是诉状合适和正当的证明。④ 如果诉状无出庭律师签名甚至未收到诉状,书记官或者主事官仍然签发附罚则传唤令状传唤被告出庭的,他们将被罚没所收取的费用。⑤

---

① Henry Maddock, *A Treatise on the Principles and Practice of the High Court of Chancery*, 3rd Edition, Volume 2, J. & W. T. Clarke, 1837, p. 203.

② Henry Maddock, *A Treatise on the Principles and Practice of the High Court of Chancery*, 3rd Edition, Volume 2, J. & W. T. Clarke, 1837, p. 203.

③ William Searle Holdsworth, *A History of English Law*, Volume 9, Methuen & Co. Ltd., 1926, p. 343.

④ 3 Bl. Comm. 443.

⑤ George Spence, *The Equitable Jurisdiction of the Court of Chancery*, Volume 1, Lea and Blanchard, 1846, p. 368.

4. 传唤被告的司法令状由原告送达,并且不必告知诉讼理由

原告向大法官法院提交诉状时会在诉状正文最后部分请求法院签发强制被告出庭答辩的司法令状。法院对诉状作出审查后签发用以传唤被告出庭答辩的附罚则传唤令状。与普通法法院的初始令状或司法令状需交由郡长执行不同,附罚则传唤令状通常由原告本人送达被告。附罚则传唤令状只用来通知被告出庭,并不告知被告诉讼目的和诉讼理由。被告收到令状后,必须前往法院取得诉状副本,否则无法知悉原告的诉讼理由和诉讼请求,从而无从决定作出何种答辩。①

5. 大法官法院衡平诉讼启动时间是大法官法院签发传唤被告的司法令状时

原告在提交的诉状中会申请签发强迫被告出庭和答辩的附罚则传唤令状。大法官审查诉状决定是否批准签发附罚则传唤令状;如果同意并签发令状,则意味着衡平诉讼启动。通常认为,大法官签发令状的时间即为衡平诉讼启动时间。令状的送达是被告出庭应诉的前提;因此如果附罚则传唤令状未送达被告,衡平诉讼并未有效启动。②

三、大法官法院的诉讼启动方式——普通初始诉状

(一)诉状分类概述

在大法官法院,诉状类型多样,并且不仅仅用来启动诉讼。根据其作用,大法官法院的诉状可分为三大类:初始诉状(origial bill)、非初始诉状(bill not original)、初始诉状性质的诉状(bill in the nature of original bill)。

1. 初始诉状

初始诉状指就先前从未争讼过的事项向大法官法院提出诉讼请求时使用的诉状。这意味着初始诉状提出的争议事项从未被具有同一利害关系的相同当事人在大法官法院争讼并被大法官法院审理过。初始诉状是大法官法院启动衡平诉讼程序的基础,其他各种诉状通常源自

---

① William Searle Holdsworth, *A History of English Law*, Volume 9, Methuen & Co. Ltd., 1926, 340.

② William Mack & William Benjamin Hale, *Corpus Juris: Being a Complete and Systematic Statement of the Whole Body of the Law as Embodied in and Developed by All Reported Decisions*, Volume 21, The American Law Book Co., 1920, p. 354.

初始诉状或者与之有某种联系。初始诉状根据其目的分为请求救济的初始诉状以及非请求救济的初始诉状两种。

请求救济的初始诉状包括三种：(1)普通初始诉状。指原告就提出的救济请求申请法院作出判决的诉状。普通初始诉状与普通法法院的诉状或原告第一诉答状相当。(2)确定竞合权利诉状(interpleader bill)。指原告提起确定竞合权利诉讼时使用的诉状。确定竞合权利诉讼是指两名以上的人对原告占有和管理的财产提出同一权利主张时，原告虽非财产产权人，但担心自己将来有遭受双重履行请求的危险，因此对这些人提起的要求他们交互诉答，以确定真正权利人的诉讼。(3)调卷复审诉状(*certiorari* bill)。指诉讼在下级衡平法院提起，被告认为下级法院管辖权受到限制或本身没有管辖权，为避免不公正，请求大法官法院签发调卷令状提审的诉状。① 非请求救济的初始诉状分为请求证据开示诉状(bill of discovery)和证人证言保全诉状(bill to perpetuate testimony)两类。这些诉状与衡平法特有的证据制度有关。②

2. 非初始诉状

非初始诉状指衡平法上就相同当事人之间已在法院争讼的事项提出请求的诉状；其作用是补充或继续先前的诉讼，或者就该诉讼所产生或与之相联系的事项寻求救济。包括补充诉状(supplemental bill)、恢复诉讼诉状(bill of revivor)和恢复诉讼并补充诉状(bill of revivor and supplement)。补充诉状用来增加新的事实。在诉讼进行期间，因原告死亡或女性原告结婚而发生了资格转移，使诉讼被撤销时，可提交恢复诉讼诉状继续诉讼。恢复诉讼并补充诉状不仅可恢复由于原告死亡等原因而中止的案件的审理，而且可补足后续事件引起的初始诉状的缺陷，使得当事人可依全部案件事实获得救济。③

3. 初始诉状性质的诉状

初始诉状性质的诉状是非严格意义上的初始诉状。它总是涉及已

① George Goldsmith, *The Doctrine and Practice of Equity*, John. S. Littell, 1843, p. 60 – 61.

② Robert Wyness Millar, *Civil Procedure of the Trial Court in Historical Perspective*, Law Center of New York University, 1952, p. 201.

③ George Goldsmith, *The Doctrine and Practice of Equity*, John. S. Littell, 1843, p. 62 – 63; 薛波主编：《元照英美法词典》(缩印版)，潘汉典总审订，北京大学出版社2014年版，bill of revivor and supplement 词条。

经提出的其他诉状,但又不是前一诉状的延续,从而表现出一定的初始诉状的性质。[①] 初始诉状性质的诉状包括反诉诉状(cross bill)、复审诉状(bill of review)、复审诉状性质的诉状(bill in the nature of a bill of review)、指控因欺诈取得判决诉状(bill to impeach a decree obtained by fraud)、中止判决执行诉状(bill to suspend the execution of a decree)、执行判决诉状(bill to carry a decree into execution)、恢复诉讼诉状性质的诉状(bill in the nature of a bill of revivor)、补充诉状性质的诉状(bill in the nature of a supplemental bill)等。[②]

可以看出,只有普通初始诉状是大法官法院衡平诉讼初审程序的启动方式。非初始诉状和初始诉状性质的诉状主要用来消除诉讼过程中存在的某种障碍;即使有的能启动某种诉讼,如复审诉状可启动复审,但也不是启动初审程序。

(二)普通初始诉状的格式和内容

虽然诉状并无严格形式要求,但为了方便诉讼,诉状仍具有相对固定的格式。诉状首部会记载受理案件的法院,即在诉状最左上角载明"于大法官法院"(In Chancery),也会表明诉状的名称,即载有 Bill of Complaint 的标题。诉状正文可分为以下九个部分:[③]

(1)诉状被呈交人的称呼(address),用以表明诉状的呈交对象。根据具体情形,诉状可呈至大法官、掌玺大臣(Lord Keeper)或者保管国玺的专员大臣(Lords Commissioners)。如果保管国玺的人是诉讼当事人或者因其职位空缺国玺在国王的手中,诉状则沿袭古老的习惯致送君临大法官法院的国王本人。

(2)原告名称(names of the plaintiff),又称引言(introduction)。说明原告的姓名和名称、身份和职业以及住址。诉状必须载明全部必要

---

① 冷霞:《英国早期衡平法概论——以大法官法院为中心》,商务印书馆 2010 年版,第 233 页。

② George Goldsmith, *The Doctrine and Practice of Equity*, John. S. Littell, 1843, p. 64 – 66;冷霞:《英国早期衡平法概论——以大法官法院为中心》,商务印书馆 2010 年版,第 233 页。

③ George Cooper. A Treatise of Pleading on the Equity Side of the High Court of Chancery, I. Riley, 1813, p. 3 – 20; Charles Barton & James P. Holcombe, *History of a Suit in Equity from its Commencement to its Final Termination*, Robert Clarke & Co., 1877, p. 43 – 49.

当事人,不管涉及的权益多么间接,否则判决对其没有约束力。[1]

(3)陈述部分(stating part)即诉讼主张陈述部分(statement of the case),又称主部(premises),用以说明原告起诉被告所依据的全部事实基础。案件事实的陈述不得过分详细,例如不必将契据或其他文件逐字逐句地录入,只需充分说明一项适合法院审理的诉讼主张即可。在诉讼主张陈述的文前,还会使用"……的某某,即上述记名的原告,向大人谦卑地控告如下"的语句。[2]

(4)共谋条款(confederating clause),用以控告被告和其他若干人共谋,对原告造成侵害。根据诉答的一般规则,这部分内容并非完全必要。

(5)指控部分(charging part)。声称被告将会伪称、杜撰各种抗辩理由,而这些抗辩是不成立和无效的。这部分在诉状中经常省略。

(6)管辖权声明(averment of jurisdiction)。该条款声称被告的侵害行为违反衡平法,原告非在衡平法院不能获得救济,因此应由大法官法院根据一般授权管辖本案。最初该声明用来赋予大法官法院诉讼事项的管辖权,但大法官法院的管辖权毕竟只应受习惯法和先例的限制,不可能会受管辖权声明的影响。因此,如同上述共谋条款,管辖权声明条款也被认为是非必要的条款。

(7)质询部分(interrogating part),用以将有关案件事实的陈述部分和指控部分转化为问卷形式的质询书(interrogatories),要求被告答复。它可迫使被告具体回答有关重要事实的询问,避免被告就这些问题逃避答辩,因此能起到审前要求被告证据开示(discovery)的作用。

(8)救济请求(prayer of relief)即根据案件情形申请特别救济(special remedies),如申请禁制令,或请求特定履行。原告也会同时申请由法院自由裁量决定的一般救济(general relief)。

(9)签发司法令状的请求(prayer of process)即请求法院签发强迫被告出庭答辩的司法令状,通常是附罚则传唤令状。依据衡平规则,某人即使在诉状中被记名起诉,但若未针对该人签发附罚则传唤令状,该

---

① 3 Bl. Comm. 443.

② 即"Humbly Complaining, sheweth to his Lordship, XX of etc, the above named plaintiff, as follows。"

人也不是衡平诉讼的被告。如果诉状中不含请求签发司法令状部分，被告对该诉状可以提出法律上不成立抗辩。①

诉状的尾部是起诉保证人(pledges to prosecute)和出庭律师的签名。起诉保证人的名字通常记载于诉状背面,这一格式借鉴了普通法法院的做法。起诉保证人负责保证诉状内容真实,否则原告会向被告支付损害赔偿金。要求原告提供起诉保证人可以防止无意义或者恶意诉讼,避免原告在大法官法院提出本来更适合普通法法院诉讼的请求。实践中,保证人逐渐不再必要,只用虚拟的人名代替。从较早时期开始,每份诉状都要求签上大法官法院出庭律师的姓名,以保证诉状内容的真实性和适当性。如果诉状存在诽谤、诉因不当合并(multifariousness)、过度冗长等情形,对方提出异议并被确认,原告及其出庭律师会受到处罚。②

(三)大法官法院普通初始诉状与普通法法院的初始令状和原告第一诉答状的比较

1. 普通初始诉状和初始令状的比较

大法官法院普通初始诉状和普通法法院的初始令状都用来启动诉讼,但是两者有着本质不同。

首先,大法官法院普通初始诉状不能当然启动衡平诉讼,是否启动诉讼由大法官裁量决定。因为衡平法的救济原出自国王的恩惠,恩惠不是一种权利或义务,大法官有权拒绝接受原告救济申请。如果大法官接受原告的诉状申请,则会签发附罚则传唤令状传唤被告出庭,否则拒绝签发。与之不同,普通法诉讼中,原告从大法官法院取得初始令状是一种当然权利,只要支付初始令状费,就可获得令状的签发。当初始令状由郡长回呈普通法法院时,普通法法院取得诉讼事项的管辖权。

其次,普通初始诉状是原告呈交大法官的申请,初始令状是以国王名义发出的指示郡长的命令。呈交诉状是原告的私人行为,签发和回

① Charles Fisk Beach, *A Treatise on the Modern Practice in Equity*, Volume 1, W. H. Anderson & Ompany, 1894, p. 119.

② Duncan Mackenzie Kerly, *An Historical Sketch of the Equitable Jurisdiction of the Court of Chancery*, Cambridge University Press, 1890, p. 118 – 119; 冷霞:《英国早期衡平法概论》,商务印书馆 2010 年版,第 230 ~ 231 页。

呈初始令状的行为是官方行为。

再次,普通初始诉状性质上是原告的诉答状,在诉状的诉讼主张陈述部分会对诉讼理由做详细说明,并在质询部分具体列举让对方答辩的事实问题。初始令状不是原告的诉答状;初始令状虽会对诉讼理由做简要说明,但通常不会详细陈述。

最后,两者形式上也存在差异。一方面,大法官法院的初始诉状开始采用法语,14世纪后半叶使用英语,因此诉状又称为英语诉状(English bill)。而初始令状使用拉丁语,晚至1733年才改用英语。另一方面,尽管大多数诉状都具有相对固定的格式,但诉状没有高度专门化的形式要求;而初始令状受制于诉讼程式的高度技术性,仅仅因为形式上的缺陷就会使得原告败诉。

2. 普通初始诉状与原告第一诉答状的比较

由于原告在普通初始诉状中需要陈述诉讼理由和救济请求,要求被告作出答辩,因此大法官法院的普通初始诉状性质上和普通法法院的原告第一诉答状对应,[①]都属于诉答状(pleadings)。但普通初始诉状与原告第一诉答状具有不同之处。首先,普通初始诉状不仅是诉答状,还是诉讼的启动方式,具有启动诉讼的作用。普通法诉讼中,诉状可用来启动诉讼;相当于诉状副本的原告第一诉答状通常只具有诉答作用,不可用来启动诉讼。其次,从形式和内容上讲,普通初始诉状无须采用任何固定的法律形式,只须一般性地描述事实,不必使用任何专门术语或特定用语界定或描述诉讼理由,这与原告第一诉答状相反。最后,就请求的救济而言,普通初始诉状上请求的救济是普通法上无法提供的衡平救济措施。

① Charles Barton & James P. Holcombe, *History of a Suit in Equity from its Commencement to its Final Termination*, Robert Clarke & Co., 1877, p. 40.

第五章　英格兰19世纪司法改革前民事诉讼强迫被告出庭制度

第一节　民事诉讼出庭与强迫被告出庭制度概述

一、民事诉讼出庭制度

（一）出庭的含义和方式

在英格兰民事诉讼程序史上，出庭是非常古老又极为重要的概念。没有原告或被告出庭，诉讼不能进行，“正如缺了一个队就不会有足球比赛一样”。[①] 普通法上，作为具有特别含义的专门术语，出庭和通常理解的出席法庭有很大不同。普通法民事诉讼初审程序主要分为四个阶段，即诉讼启动、诉答、审理和判决阶段。在诉讼的各个阶段都会涉及出席法庭问题，如当事人在诉答阶段会出席法庭提交诉答状、审理阶段会出席法庭参加庭审和辩论、判决阶段会出席法庭接受判决。这些为参加诉答或审判而出席法庭的行为皆非严格法律意义上的“出庭”。出庭发生在诉讼启动阶段，是当事人专门实施的表明参加诉讼、接受法院管辖的诉讼行为。

最初原告和被告采用实际出庭方式。所谓实际出庭（actual appearance），指当事人亲自或通过各自律师，在公开法庭（open court）上实际会面。当事人实

① ［比］R. C. 范·卡内冈：《英国普通法的诞生》，李红海译，中国政法大学出版社2003年版，第215页。

际出庭是为了能够在法庭上以口头方式通过互相辩驳完成诉答。出于司法公正的要求,普通法不允许原告或被告在对方没有在场的情况下作出诉答。[①] 15世纪和16世纪时,诉答方式从口头改为书面,这样双方在法庭外通过互相交换诉答状即可进行诉答;因此原告和被告实际面对面出庭不再必要,而出庭也成为诉讼启动阶段的行为,同诉答阶段分开。

就被告而言,出庭是原告启动诉讼之后,被告在诉讼中实施的第一项正式诉讼行为。在实际出庭不再必要后,普通法上,被告需采用下面拟制方式出庭。首先是被告在法院的专门办公室由本人或律师书面登录出庭(entry of appearance)。[②] 登录出庭是一项正式书面行为,被告登录出庭时应向法院的令状归档官提交一份记录出庭的书面文件,即出庭备忘录(*memorandum*)。备忘录需按规定格式制作,记载上"被告某某本人出庭"字样。如果被告由律师代为出庭,须专门提交一份律师授权书备忘录。两份备忘录都要正式盖章,并由法院官员登录入档。登录出庭适用于原告未申请签发针对被告人身的拘捕令状的情形。另一种是通过提供特别保释保证(special bail)出庭。如果原告申请签发针对被告人身的拘捕令状并将被告逮捕,被告就处于郡长等官员的监禁下,这时被告须提供保释保证。被告先后需要提供两次保释保证。第一次是向郡长提供初步保释保证(bail below),由保证人保证被告会在规定日期出庭(提供特别保释保证),被告因此获得释放。第二次是保证人在规定日期向法院提供特别保释保证(special bail),[③]保证被告败诉时被告会履行判决义务,否则保证人将被告送交拘禁或由保证人承担责任。特别保释保证在被告出庭上有特别意义,普通法上将提供特

---

① *First Report Made to His Majesty by the Commissioners Appointed to Inquire into the Practice and Proceedings of the Superior Courts of Common Law*, ordered by the House of Commons to be printed 20th Feb. 1829, p. 70.

② 普通法上,当事人最初须本人出庭。如欲律师代为出庭,必须通过令状或者开示特许状(writ or letters patent)获得国王的特别授权。因为法人不可能亲自出庭,可以作为例外仅凭加盖法人印章的授权书指定律师出庭。后来制定法对普通法规则做了修改:威斯敏斯特制定法二第10章(爱德华一世13年律目10制定法)[Statute of Westm. Ⅱ (13 Edw. I,), c. 10]授予了当事人可由律师代为出庭的一般特许权。但是特定之人,如智障者,因缺乏法律行为能力不能指定律师,必须本人出庭。

③ 又称特别诉讼保释保证(special bail to the action)。

别保释保证拟制为被告接受法院管辖的正式出庭行为和出庭方式。[①]应予注意的是作为正式出庭方式的是提供特别保释保证,而非初步保释保证。如果原告通过申请签发拘捕令状但未实际逮捕被告的方式启动诉讼,这时被告可以通过提交普通保释保证出庭(common bail)。普通保释保证是被告通过提供虚拟的保证人作出的被告履行判决义务的保释保证,其提交方式和效果与自愿登录出庭相当。提供特别保释保证和普通保释保证出庭可统称为提供诉讼保释保证出庭。

登录出庭、提供特别保释保证或普通保释保证出庭与实际出庭相对,都属于拟制出庭,即将某种正式形式的行为假定当事人实际出庭行为。因为被告未被采取人身强制措施,所以登录出庭、提供普通保释保证出庭属于自愿出庭(voluntary appearance)。被告通过提供特别保释保证的出庭因被告被采取了人身强制措施,属于强制出庭(compulsory appearance)。一旦被告以上述任何一种拟制方式出庭,即可认为被告表明参加诉讼、接受了法院管辖,已处于法庭之上。这些特殊的正式出庭方式仅是对被告的要求。就原告而言,原告不需要作出特殊的正式出庭行为;当原告通过向法院提交诉状,或者申请签发初始令状或者司法令状提起诉讼时,就已将自己提交法院管辖。[②]

总之,在诉答从口头改为书面形式后,被告出庭不再单纯地实际来到法庭,出庭已经完全拟制化,必须以特定严格形式正式实施。被告出庭一方面表明被告知悉并确认了原告对其提起的诉讼,同意将自己提交法院管辖;另一方面表明被告愿意参与原告的争讼,已经准备好接收原告的第一诉答状,以便了解原告对诉讼理由和诉讼请求的详细陈述从而作出答辩。就诉讼程序而言,强调被告出庭的意义在于被告出庭与否在诉讼上会产生重要后果。被告出庭是法院对之获得裁判管辖权的基础,是诉讼程序进入下一个阶段——诉答阶段的前提。如果被告未出庭,诉讼启动程序不能结束,当事人不能进入诉答阶段,原告也就

---

① Henry John Stephen, *A Treatise on the Principles of Pleading in Civil Actions; Comprising a Summary View of the Whole Proceedings in a Suit at Law*, Joseph Butterworth and Son, 1824, p. 32.

② 原告也无义务在被告出庭前提交原告第一诉答状。但如果被告已经出庭,并向原告提出诉答请求后,原告拒绝提交第一诉答状继续其诉讼的,被告可申请法院作出驳回原告起诉的判决(judgment of nonsuit)。

不得向被告提交第一次诉答状，法院更无权对被告作出审理和判决。[①] 当然，法院虽然不能对被告作出实体判决，但仍有权签发各种针对财产和人身的司法令状强迫被告出庭。下文对此将详细说明。

（二）被告出庭的诉讼法意义

1. 被告出庭是法院对被告行使裁判管辖权的基础

裁判管辖权（adjudicatory jurisdiction; adjudicative jurisdiction）指法院针对当事人就特定诉讼事项作出判决的权力。[②] 法院裁判管辖权有三个要素：诉讼事项、判决权力和当事人。诉讼事项是裁判管辖权的标的要素，诉讼事项的性质影响法院的诉讼事项管辖权（subject matter jurisdiction）。例如19世纪司法改革前海事案件由海事法院而非威斯敏斯特高级法院管辖，又如衡平事项由大法官法院非由普通法法院管辖。判决权力是裁判管辖权的本质要素，是法院对案件实体问题作出判定的权力。判决权力针对实体问题，因此裁判管辖权区别于法院对程序事项、临时救济措施甚或自身是否有管辖权作出裁决的权力，也不同于法院执行判决的权力。当事人要素是法院裁判管辖权的基础要素：法院需要取得对当事人的管辖权，才能对当事人和诉讼事项形成判决权力。法院裁判管辖权具有被动性，只有原告启动诉讼才可能产生。原告启动诉讼后，法院即刻对原告享有管辖权；但是法院对被告何时以何种方式取得管辖权，则是法院裁判管辖权需要解决的根本问题之一。

在英格兰，中世纪以降直至19世纪司法改革前，民事诉讼尤其是对人诉讼中法院对被告获得裁判管辖权的方式和时间取决于被告出庭。这意味着法院对被告的裁判管辖权的基础是被告出庭。如果被告未出庭，法院不能取得对被告的裁判管辖权；法院除了签发司法令状强迫被告出庭外，不得进行诉答以及其他后续诉讼活动，当然不能对案件作出审理和判决。[③] 这称为裁判管辖权出庭基础规则，简称出庭基础规则。出庭基础规则具有以下效力：（1）法院对被告裁判管辖权的确定依

① Henry John Stephen, *New Commentaries on the Laws of England*, Volume 3, Henry Butterworth, 1844, p. 564.

② 国际法意义上的裁判管辖权指一国法院或裁判所将人或物纳入诉讼并作出判决或裁决的能力。See *Restatement (Third) of the Foreign Relationship Law of United States*, § 401.

③ 对人诉讼直至1725年、衡平诉讼直至1732年才开始根据制定法规定有条件和有限制地允许缺席判决。

据是被告出庭。被告的身份、住所或者被告所在地在所不问:被告是否为英格兰臣民,住所、居所是否在英格兰或威尔士,在英格兰和威尔士出现与否,司法令状是否送达被告,都不直接决定法院对被告裁判管辖权的取得。(2)法院对被告裁判管辖权的取得时间是被告出庭之时。原告申请签发初始令状或向法院提交诉状、初始令状回呈民诉法院或王座法院、通知或强迫被告出庭的司法令状的签发或者送达的时间,都不是法院对被告取得管辖权的时间。直至被告按司法令状要求出庭,法院才开始对被告享有裁判管辖权;如果被告不遵守司法令状出庭,法院一直不能取得对被告的裁判管辖权。(3)在被告出庭前,不允许原告向被告送交第一诉答状作出诉答,从而无法进入诉答程序。此时法院除了进一步签发司法令状强迫被告出庭外,不得继续诉讼或对被告作出判决。

以被告出庭作为裁判管辖权的基础,究其渊源,可能与日耳曼法上诉讼最初具有仲裁性有关。根据当时的诉讼观念,只有当事人一致同意将争议提交法院时,法院才能给予裁判。被告没有出庭,意味着被告不同意法院的管辖,当事人之间自然不存在诉讼合意,因此法院没有管辖权。另外,作为英格兰民事诉讼程序史上的一项非常特别的制度,裁判管辖权出庭基础规则也可能与古代的诉讼习惯有关。早时对立的原告和被告需面对面口头作出诉答;为公平起见,除非在被告面前,原告不得提出诉讼请求。后来随着诉答书面化,原告和被告可以在庭外相互提交诉答状,实际出庭诉答不再必要;但要求出庭的习惯延续下来,只是将实际出庭改为拟制出庭。最后,出庭基础规则具有符合自然正义和正当程序的要求的一面。根据诉讼基本原理,无论以何种诉讼方式启动诉讼,为保护被告利益,在法院作出判决前,必须将诉讼正式通知被告,并且给被告留有足够时间准备答辩。被告出庭意味着被告承认已经收到原告的起诉通知,知悉了原告对其起诉的事实。

2. 裁判管辖权出庭基础规则的例外

出庭基础规则要求被告出庭时法院方始获得裁判管辖权,但任何规则或原则都存在例外。很久以来,对人诉讼中,如果被告是王座法院、民诉法院或财税法院的律师、官员,或者是被威斯敏斯特高级普通法法院的监狱的典狱长羁押的监犯,他们享有诉讼上的特权。在原告起诉时,这些被告就已经处于法院管辖之下,并实际或被认为实际出席了法庭;因此对他们而言,裁判管辖权出庭基础规则无适用的余地,他们无须采用正式登录出庭或通过提供诉讼保释保证方式出庭。原告以诉状提出诉讼请求后,可以直接进入诉答程序;如果被告拒绝答辩,法院不必采取强制措施使他们参与答辩,有权直接判决。

根据普通法规则,如果被告不是被威斯敏斯特高级普通法法院的监狱如马夏尔西监狱或者弗利特监狱的典狱长羁押,而是被郡长或其他执行逮捕的官员羁押,被告并不享有上述诉讼上的特权。这时除非被告通过提供特别保释保证出庭,或者原告申请签发附理由解交人身令状(*habeas corpus cum causa*; *corpus cum causa*)将被告从郡长等监禁者手中移交威斯敏斯特高级普通法法院的监狱的典狱长羁押,使得被告获得诉讼上特权,威斯敏斯特高级普通法法院不能对之行使管辖权。[①] 附理由解交人身令状是一项以国王名义签发给郡长或其他负责监禁的官员的令状,令其"将据称处于你监禁下在朕的监狱的某某本人"在某一日期带至国王在威斯敏斯特法官面前,"并附上该人被逮捕和羁押的日期和理由,以接受国王的法院的审理"。[②] 附理由解交人身令状程序复杂、费用高昂,给原告带来了很大的不便和额外开支,议会于 1692 年颁布《诉讼诉答状法》(Pleadings in Actions Act,1692)即威廉三世和玛丽二世 4 年律目 21 制定法(4 Will. and Mar. ,c. 21)对此作出改革。[③] 依据该法,如果被郡长等监禁者羁押的被告不能提供出庭保释保证而被继续监禁或羁押,法院无须等待被告提供诉讼保释保证,也无须使用附理由解交人身令状,原告可直接向被告交付原告第一诉答状副本,通知其答辩。被告不出庭诉答时原告可以取得缺席判决,如同被监禁的被告已经在法院出庭但拒绝答辩或诉答一样。这样,被郡长等监禁者羁押的监犯的地位与被威斯敏斯特高级普通法法院监狱的典狱

---

① Andrew Dickinson, *Keeping up Appearances: The Development of Adjudicatory Jurisdiction in the English Courts*, 86 British Yearbook of International Law 6 (2016).

② Edward Jenks, *The Story of the Habeas Corpus*, in Committee of the Association of American Law Schools, Select Essays in Anglo-American Legal History, Volume 2, Little, Brown, and Company, 1908, p. 537.

③ 该制定法又名《向监犯送交原告第一诉答状法》(An Act for Delivering Declaracions to Prisoners)。

长羁押的监犯相当,不必适用裁判管辖权出庭基础规则。

二、民事诉讼强迫被告出庭制度

(一)强迫被告出庭的管辖权依据

普通法上,法院的裁判管辖权虽然受出庭基础规则的限制,被告不出庭时法院不能对之作出实体判决,但法院对不出庭的被告不是毫无办法,而是享有强制出庭管辖权。强制出庭管辖权指法院命令被告出庭,被告如果不出庭则予以惩罚或要求承担其他后果的权力。强制出庭管辖权来源于法院享有的规制管辖权(prescriptive jurisdiction)。所谓规制管辖权是指法院在裁判管辖权之外,对当事人或第三人诉讼上的作为或不作为予以规范的权力。① 规制管辖权包括采取以下措施的权力:(1)保全措施(conservatory measures),旨在确保诉讼的继续或实体判决的执行。(2)调整措施(regulatory measures),旨在改善当事人间关系,维持或以其他方式规范现状,如合伙人间发生诉讼时,命令合伙人在诉讼期间监管合伙企业经营。(3)先期措施(anticipatory measures),旨在作出某种与实体判决相类似的权利处分,如临时支付令。强制出庭措施作为命令被告从事出庭这一积极行为的措施,性质上属于保全措施,自然涵盖于规制管辖权中。

强制出庭管辖权是平衡出庭基础规则的产物。依据出庭基础规则,普通法法院民事诉讼以及大法官法院衡平诉讼中,被告出庭是法院对案件享有裁判管辖权的直接依据和基础。如果被告未出庭,法院对案件不能享有裁判管辖权,不得进行诉答或其他后续诉讼活动,更不能作出缺席判决。因此,被告出庭对法院裁判管辖权至关重要,不可或缺,但这一规则对原告和法院构成巨大的限制。为取得一种平衡,防止对原告造成不公,也防止法院权威和正常程序受到影响,授予了法院强制被告出庭的管辖权。在被告无正当理由不出庭时,法院不必单纯等待被告"善意"出庭,可以签发司法令状命令被告出庭。被告如果不遵守命令,会被认定为藐视法庭,法院可以进一步签发司法令状针对其人身和财产采取严厉的强制措施。如果被告逃避上述司法令状的执行,

---

① 国际法上,"prescriptive jurisdiction"一词还可指国家通过立法方式对人、财产和交易等行为予以规范的权力,此时可译为"立法管辖权"。See *Restatement (Third) of the Foreign Relationship Law of United States*, § 401.

法院还可适用最为严厉的逐出法外程序。

（二）强迫出庭司法令状的主要类型

因为被告出庭是法院取得裁判管辖权的基础和诉讼得以继续的前提，所以从很早开始，法院就将注意力和精力集中在能够确保被告出庭的措施上。强迫被告出庭的主要措施就是法院签发的司法令状。普通法法院强迫被告出庭的司法令状种类繁多。根据 17 世纪英格兰法史大家马修·黑尔爵士（Sir Matthew Hale）的论述，对人诉讼主要采用以下七种司法令状：传唤令状（summons）、出庭担保令状（attachment）、扣押财物令状（*distringas*；distress）、拘捕令状（*capias*）、第二拘捕令状（*alias*）、第三拘捕令状（*pluries*）、逐出法外拘传令状（*exigent*）。不动产诉讼则有四种司法令状：传唤令状、大扣押传唤令状（grand *cape*）、缺席判决（default judgment）、小扣押传唤令状（petit *cape*）（出庭后适用）。[①] 对人诉讼中，根据是否针对被告人身，强迫被告出庭的司法令状基本可以归入两大类：第一类是非针对人身的强迫出庭司法令状，如传唤令状、出庭担保令状和扣押财物令状。第二类是针对人身逮捕被告强迫出庭司法令状，如出庭答辩拘捕令状。对潜逃的被告，可以采取逐出法外程序强迫其出庭。逐出法外程序中签发的针对被告人身的司法令状除了逐出法外拘传令状（writ of *exigent*；*exigi facias*）外，还包括逐出法外者拘捕令状（writ of *capias utlagatum*）。逐出法外者拘捕令状虽名为拘捕令状，但除用来拘捕被告人身外，还可扣押被告的财产。前文提到的启动诉讼程序的米德尔塞克斯郡令、潜逃拘捕令状、侵入私地拘捕令状、君主债权减少拘捕令状也属于针对被告人身的司法令状，和出庭答辩拘捕令状一样都属于拘捕令状；但它们具有启动诉讼和强迫被告出庭的双重作用，并且启动诉讼的作用占主要方面，所以本书在启动诉讼的初始司法令状部分作出了论述。

大法官法院衡平诉讼程序主要采用针对人身的司法令状强迫被告出庭。被告不遵守附罚则传唤令状（*subpoena*）（类似于普通法法院的不具人身强制性的传唤令状）出庭时，原告可请求法院签发针对人身的拘禁令状（attachment）、附公告拘禁令状（attachment with proclamations）、违抗

---

① Matthew Hale, *The History of Common Law and an Analysis of the Civil Part of the Law*, Henry Butterworth, 1820, p. 92.

法庭逮捕令状(commission of rebellion)强迫其出庭。只有在被告所在不明而无法执行针对人身的司法令状时,才签发扣押财产的财产暂管令状(sequestration)强迫被告出庭。

就普通法法院的不动产诉讼而言,因为不动产诉讼具有对物诉讼性质,因此不采用拘捕人身而只采用针对财产的司法令状如大扣押传唤令状强迫被告出庭。

第二节　普通法法院对人诉讼中非针对人身的强迫被告出庭司法令状

非针对人身的司法令状是传统上的强迫被告出庭的方式。这类司法令状一方面起到通知被告诉讼的作用,另一方面可直接或间接通过扣押被告财产或要求被告提供出庭担保强迫被告出庭。

一、传唤令状

传唤令状(writ of summons)是告知被告在规定日期出庭的令状。19 世纪司法改革前,传唤令状适用于暴力和武力及其他破坏国王和平的侵害之诉以外的一切对人诉讼。传唤令状最常见于原告向大法官法院申请签发的初始令状是指令令状的对人诉讼,如定额金钱债务之诉、盖印合同之诉、不当扣留动产之诉、报账之诉、年金之诉。① 指令令状要求郡长指令被告履行一定行为,若被告不履行指令所要求的行为,则将之“传唤”至普通法法院说明为什么不履行该行为。正是基于指令令状的要求,普通法法院具有了签发传唤令状的权力。传唤令状适用的具体程序如下:

(1)拟订传唤令状。传唤令状从内容上看,实际就是初始令状的副本。原告律师从令状签发官处取得初始令状后,可自己誊抄初始令状,并在尾部书写一项出庭通知,就做成了传唤令状。典型出庭通知内容如下:“某乙先生,应某甲的起诉,现将本司法令状送达您,在本司法令状的回呈日,即____日,您可以通过律师,前往威斯敏斯特国王陛下王座法院出庭,对本诉讼提出抗辩。提请注意,如果您缺席出庭,上述甲

① 传唤令状也适用于所有以指令令状启动的不动产诉讼。

将代您登录出庭,并继续诉讼,如同您通过您的律师出庭一样。"通知最后一句是代为登录出庭以及缺席判决的提示,1811年《无意义逮捕法》颁布前传唤令状中不含有该提示。

(2)送达传唤令状。传唤令状文本作成后,当事人须自己保留一份,用作已送达宣誓陈述书的附件。传唤令状指向郡长,原告律师因此需将初始令状和传唤令状带至郡长办公室,由郡长着令状传唤官(summoners)送达被告。

(3)登录出庭。先前,被告被传唤后,应该在初始令状的回呈日或者回呈日之后第4日(*quarto die post*)在令状归档官处登录出庭。如果被告未登录出庭,而郡长回呈传唤令状已经送达,令状归档官通常会应原告申请签发出庭担保令状。1811年《无意义逮捕法》颁布后,允许在被告未登录出庭时代为登录出庭。该法规定,如果传唤令状已送达被告,且郡长将初始令状回呈法院,在回呈之日后的第9日或以后,原告可在所在郡的令状归档官处查阅被告是否已经登录出庭。如果被告没有登录出庭,则要求送达传唤令状的人在法官、专员(commissioner)、令状归档官或其副手面前作成令状已送达宣誓陈述书,然后将宣誓陈述书和一份拟订好的出庭指令(*praecipe* for appearance)提交给令状归档官,由令状归档官完成被告的出庭登录。一旦完成登录出庭,可以继续诉讼程序,尤其是作出缺席判决。

被告收到传唤令状后,先前允许提出缺席理由。如果缺席理由成立,原告有义务将案件延期至下一开庭期,但具体日期由法院指定;如果原告未予以延期,要承担疏于起诉(non-prossed)的责任。当被告为法人时,法人必须通过律师出庭,因此不能提出缺席理由。后来所有被告可通过律师出庭,因此对人诉讼中不允许提出缺席理由,即便被告是贵族或下议院议员。

与针对被告财产、人身直接强制被告出庭的司法令状不同,传唤令状只是用来通知被告出庭。但传唤令状实际上也具有强制性。被告不遵守传唤令状出庭时将被认定为藐视法庭,会引起后续针对财产或人身的司法令状的签发;因此,也可以说传唤令状是一种间接强制出庭司法令状。该令状与19世纪司法改革后同名的传唤令状不同:前者只能用来通知被告出庭,不能用来启动诉讼;而后者不仅用来通知被告出庭,更是诉讼启动方式。

二、出庭担保令状

出庭担保令状(attachment; *pone*)是普通法法院签发的一项强迫被告出庭的司法令状。该令状指向郡长,要求郡长命令被告提供担保物或保证人,担保被告在规定日期出庭就原告的起诉作出答辩。依据出庭担保令状,郡长可扣押被告的动产,作为出庭担保物(gage),如果被告未能出庭,则罚没担保物;郡长也可要求被告提供担保人(safe pledges or sureties),如果被告不出庭,担保人会被处以罚金。

出庭担保令状首先适用于暴力和武力侵害之诉,以及虽然未使用暴力和武力但同样属于破坏国王和平的特别主张侵害之诉,如欺诈之诉、共谋之诉。这些诉讼程式中,普通法法院签发的强迫被告出庭的第一个司法令状是出庭担保令状。一方面,因为上述侵害需要更紧急的救济,所以可以不经过签发传唤令状,而直接通过出庭担保令状要求被告出庭。[①] 另一方面,因为这类诉讼使用的初始令状属于起诉担保令状(*si te fecerit securum*)。起诉担保令状文本中多数具有以下字样,"通过提供担保物或担保人使得被告某某(出庭)……"[*pone per vadium et salvos plegios* (put by gage and safe pledges A B, the defendant, etc.)]该类初始令状并无传唤被告出庭的要求,因此无须先签发传唤令状,可以直接签发出庭担保令状。对人之诉中,如果启动诉讼的初始令状是指令令状,按指令令状的要求,第一个签发的强迫被告出庭的司法令状是传唤令状;只有被告不遵守传唤令状出庭时,才开始签发出庭担保令状强迫被告出庭。

初始令状签发后,原告律师可将初始令状以及律师授权书备忘录带至令状归档官处,由令状归档官制作出庭担保令状。原告律师也可自己誊写出庭担保令状,由令状归档官签字。出庭担保令状指向郡长,命令郡长执行令状。郡长可能回呈已经取得被告担保,也可能回呈被告无可供担保的财产。在后一种情况下,原告可以申请签发异地出庭担保令状(*testatum pone*, or attachment)。[②] 1811 年后,出庭担保令状需

---

① 3 Bl. Comm. 280.

② William Tidd, *The Practice of the Courts of King's Bench and Common Pleas in Personal Actions and Ejectment*, 9th Edition, Volume 1, J. Butterworth and Son, 1828, p. 110.

要在令状尾部记载上述传唤令状使用的出庭通知,并与传唤令状相同方式送达被告。[①]

三、扣押财物令状

扣押财物令状(writ of *distringas*; writ of distress)是命令扣押被告动产,强迫其履行特定义务的令状。扣押财物令状有多种作用,包括执行判决,而最为古老的是强迫被告出庭。扣押财物令状的签发通常发生在被告不遵守传唤令状或出庭担保令状出庭时。如果已根据出庭担保令状罚没担保物或担保人已缴纳罚款,或者传唤令状、出庭担保令状虽未亲自送达被告,但已留置在被告住所,被告仍未出庭时,送达人可就此等事宜出具宣誓陈述书,由原告向法院申请签发扣押财物令状。扣押财物令状指向郡长,命令他扣押被告的动产或土地收益(profits of the land)[后者即土地孳息(issues)],[②]迫使被告出庭。该令状并非一次性扣押被告所有财产,而是逐步扣押。郡长依据扣押财物令状一次只能扣押被告的一件物品,并须在迫使被告出庭的合理限度内扣押。郡长第一次扣押财产时回呈的扣押物金额通常是40先令,该金额不得超出。如果第一次就扣押了全部债务金额,则违反了诉讼程序规则。若被告在扣押财物令状回呈日或之后第4日不出庭,原告可以申请签发第二扣押财物令状(*alias distringas*),并可以增加扣押物金额。如果债务金额不高,法院在签发第二扣押财物令状时可以命令扣押全部债务金额的物品。如果债务金额较高,则不能作此命令。被告仍未按时未出庭的,原告需申请签发第三扣押财物令状(*pluries distringas*)或异地扣押财物令状(*testatum distringas*)。如此反复,直至回呈的扣押物金额与债务金额相当或者债务人无财产可供扣押。由于这种令状不受次数限制,可连续若干次扣押被告财产,直至被告出庭或者无财产扣押为止,[③]因此称为无限次扣押财物令状(writ of *distringas* infinite; writ of distress infinite)。普通法扣押财物令状和出庭担保令状虽然都会扣押

---

① John Frederick Archbold, *The Practice of the Court of King's Bench in Personal Actions, and Ejectment*, Volume 1, Stephen Gouli, 1823, p. 299.

② John Frederick Archbold, *The Practice of the Court of King's Bench in Personal Actions, and Ejectment*, Volume 1, Stephen Gouli, 1823, p. 299.

③ John Frederick Archbold, *The Practice of the Court of King's Bench in Personal Actions, and Ejectment*, Volume 1, Stephen Gouli, 1823, p. 299; 3 Bl. Comm. 281.

被告财产,但是两者有如下不同:其一,扣押财物令状可以扣押被告土地收益,而出庭担保令状只能扣押被告的普通动产而不能扣押被告的土地收益。其二,扣押财物令状可以用来反复扣押被告财产,出庭担保令状无此效力。

先前,如果被告最终未按扣押财物令状的要求出庭,被扣押的财产罚没给国王。作为例外,1770 年《议会特权法》(Parliamentary Privilege Act,1770)即乔治三世 10 年律目 50 制定法(10 Geo. Ⅲ,c. 50)第 3 条规定,法院可以命令出售被扣押的被告土地收益,用以偿付原告的合理诉讼费用。剩余金额则予扣留,直至被告出庭或以其他方式回应令状。[①] 如果被告在扣押财物令状实施后出庭,被扣押的财产必须解除扣押,归还给被告。如果被扣押财产已经出售,须将剩余金额偿付被告。[②] 由此可见,扣押财物令状和出庭担保令状作用一样,仅限于强迫被告出庭,不是现代意义的诉讼保全措施,不能用来作为实现原告诉讼请求或原告胜诉判决执行的财产担保。这一情形直到 1811 年《无意义逮捕法》规定了制定法扣押财物令状(statutory *distringas*),允许原告就被扣押的财产清偿判决时才有所改变。

第三节　普通法法院对人诉讼中针对人身的强迫被告出庭司法令状和民事诉讼逮捕制度

一、对人诉讼中针对人身的强迫被告出庭司法令状

普通法对人诉讼中,典型的强迫被告出庭的后续司法令状是针对人身的出庭答辩拘捕令状。出庭答辩拘捕令状指向郡长,命令郡长如在辖区内发现被告,则将其逮捕并妥善关押,于令状回呈日带至法庭就原告提起的诉讼作出答辩。民事诉讼中,根据拘捕令状逮捕被告,是最

① 3 Bl. Comm. 280; William Tidd, *The Practice of the Courts of King's Bench and Common Pleas in Personal Actions and Ejectment*, 9th Edition, Volume 1, J. Butterworth and Son, 1828, p. 111.

② Robert Wyness Millar, *Civil Procedure of the Trial Court in Historical Perspective*, Law Center of New York University, 1952, p. 487, note 29.

简单、最有效地确保被告出庭的方法。①

出庭答辩拘捕令状适用于王座法院和民诉法院以初始令状启动的对人诉讼。最初在普通法上以拘捕令状逮捕被告的做法仅适用于暴力和武力侵害之诉等少数对人诉讼,但制定法逐步扩大了可以逮捕被告的对人诉讼范围。在诉讼程序中,如果郡长针对初始令状、传唤令状或出庭担保令状回呈被告已被传唤或无财产可供扣押,就可以申请签发出庭答辩拘捕令状。后来简化了这一程序,原告律师可省略初始令状以及后续的传唤令状和出庭担保令状的签发,径直申请签发拘捕令状,并以之作为诉讼的启动方式。

郡长在执行出庭答辩拘捕令状时,如果未能在本郡发现被告,就回呈"被告所在不明",此时原告可申请签发第二拘捕令状(*alias capias*)或第三拘捕令状(*pluries capias*),命令该郡长再次或第三次逮捕被告。如果有迹象表明被告潜逃并流窜(lurks and wanders)至其他郡,原告可以申请签发异地拘捕令状(*testatum capias*),指示该郡郡长逮捕被告。该逮捕属于依据出庭答辩拘捕令状这一中间司法令状作出的强迫被告出庭的逮捕,它不同于执行中的逮捕。执行中逮捕依据偿债拘捕执行令状(*capias ad satisfactionem*)等终局司法令状作出。

二、拘捕令状和民事诉讼逮捕制度的历史演变

19世纪司法改革前签发拘捕令状逮捕被告是民事诉讼程序中最主要的强迫被告出庭方式,这里有必要考察其历史演变过程。

(一)民事诉讼拘捕令状和逮捕制度的产生

签发针对被告人身的司法令状逮捕被告强迫其出庭的做法在普通法民事诉讼程序中并非一开始就存在,针对人身的司法令状的产生要比传唤令状、出庭担保令状或扣押财物令状等司法令状为迟。民事诉讼中最初不允许逮捕被告,一般认为这与封建时期的领主—封臣关系(lord-tenant relationship)有关。根据封建法,从领主处保有土地的封臣给他人造成民事损害的,免受逮捕。因为封臣保有领主土地的同时,需为领主完成一定役务,例如在战争中服军役,如果封臣被逮捕和监禁,这种役务会中断甚至丧失,从而损及领主的利益。

---

① Frederick Pollock & Frederic William Maitland, *The History of English Law before the Time of Edward* Ⅰ, Volume 2, 2nd Edition, Cambridge University Press, 1898, p. 580.

随着封建制度在13世纪解体,当事人不受逮捕的规则发生了根本转变。这里起到关键作用的是侵害之诉的出现。侵害之诉在1250年时尚不为人习知;但一经产生就发展迅速,1272年时已成为广泛使用的诉讼程式。① 最早的“侵害”只是暴力和武力侵害,是一种受国王处罚的犯罪行为,有关侵害的诉讼纯粹属于刑事诉讼;但后来由于受害人请求损害赔偿的权利获得承认,出现了侵害之诉这一新的民事诉讼类型。侵害之诉的形成是法律史上的重大事件,对程序法和实体法都产生了深远的影响。因为脱胎于刑事诉讼,侵害之诉一直保留着刑事诉讼的一些特征,最为明显的就是因为被告以暴力和武力破坏了国王和平,使得国王对案件有了利害关系,可以逮捕被告并要求被告缴纳一定的罚金。显然,相对于领主丧失役务的损失,国王惩罚破坏和平行为、收取罚金的利益需优先考虑。这样,虽是民事诉讼,侵害之诉却沿用刑事诉讼逮捕被告的做法,逮捕被告的封建限制被破除。普通法于是确立了以下规则:凡与国王有利害关系的案件,包括刑事诉讼和民事的侵害之诉,可以逮捕被告;不涉及国王利益的普通的民事诉讼中,不允许逮捕被告。正如17世纪马修·黑尔爵士所言,“普通法上,下列案件可以签发逮捕被告人身的司法令状:暴力和武力侵害之诉、国王主张债权诉讼、君主之诉(plea of the Crown)、②针对王室法院的欺诈和藐视法庭案件。但是定额金钱债务之诉、不当扣留动产之诉、盖印合同之诉和年金之诉不使用监禁被告的拘捕令状,只使用传唤令状、出庭担保令状和扣押财物令状;特别主张侵害之诉中也不使用拘捕令状,只能适用出庭担保令状(*pone per vaidum*; attachment)以及扣押财物令状。”③

(二)制定法对普通法逮捕制度的改变

因为逮捕是一项有效的强制措施,制定法于是改变了上述普通法规则的限制,逐步扩大了逮捕适用的诉讼程式范围。制定法首先将拘

① Abraham L. Freedman, *Imprisonment for Debt*, 2 Temple Law Quarterly 330 (1928).

② 又称国王之诉,指国王对之享有金钱利益的诉讼,或针对国王的犯罪的诉讼。后专指刑事诉讼。

③ Matthew Hale, *Discourse Concerning the Courts of King's Bench and Common Pleas*, in Francis Hargrave ed., A Collection of Tracts Relative to the Law of England, Volume 1, E. Lynch, 1787, p. 359.

捕令状适用于报账之诉。1267年《马尔伯勒制定法》第23章[①]即亨利三世52年律目23制定法(52 Henry Ⅲ,c. 23)规定,应向领主报账的管家(bailiff),如果逃避报账,并且无土地或保有产可供扣押,可着郡长拘捕其人身,迫使其出庭提交账目。该诉讼采用的拘捕令状称为出示账目拘捕令状(*monstravit de computo*)。随着商贸的发展,商人利益保护问题逐渐突出。1283年,即爱德华一世11年,议会通过了《阿克顿伯内尔制定法》(Statute of Acton Burnel)。[②] 该法规定,如果债务人被具有商人身份的原告带至法官面前并承认了所欠债务,原告可在偿付期满后,申请签发监禁债务人的司法令状。1285年,议会通过了另外一部类似的制定法,与1283年制定法合称为商人制定法(Statute of Merchants)。1352年爱德华三世25年制定法五第17章(Statute 25 Edw. Ⅲ,Stat. 5, c. 17)将拘捕令状适用于定额金钱债务之诉、不当扣留动产之诉和动产占有回复之诉中。[③] 1503年亨利七世19年律目9制定法(Statute 19 Hen. Ⅶ,c. 9),允许将拘捕令状适用于特别主张侵害之诉,包括承诺之诉。1531年亨利八世23年律目14制定法(23 Hen. Ⅷ,c. 14)将拘捕令状扩大适用于盖印合同之诉。[④]

与上述制定法相呼应,15世纪中叶的时候,王座法院在司法实务中,通过拟制侵害之诉,允许原告申请签发米德尔塞克斯郡令或潜逃拘捕令状强迫被告出庭,并允许原告在被告出庭后,放弃侵害之诉的指控,提出真正的诉讼理由。这实际上将逮捕被告强迫出庭的做法从暴力和武力侵害之诉扩展到了各种对人诉讼。[⑤] 民诉法院和财税法院后来分别采用的侵入私地拘捕令状和君主债权减少拘捕令状也起到类似作用。

---

① 当时称《马勒布里奇制定法》(Statute of Marlbridge)。

② 其名称源于该年议会开会所在地阿克顿伯内尔,它是英格兰什罗普郡(Shropshire)的一个村庄和行政堂区。

③ 在此之前,这些诉讼形式只能通过连续签发的扣押财物令状强迫被告出庭。

④ Abraham L. Freedman, *Imprisonment for Debt*, 2 Temple Law Quarterly 330 (1928).

⑤ Theodore F. T. Plucknett, *A Concise History of the Common Law*, 4th Edition, Butterworth & Co. (Publisher) Ltd., 1948, p. 366; *Fourth Report Made to His Majesty by the Commissioners Appointed to Inquire into the Practice and Proceedings of the Superior Courts of Common Law*, ordered by the House of Commons to be printed 6th March 1832, p. 6.

三、对人诉讼逮捕被告的制定法限制及其程序上的影响

(一)对人诉讼拘捕令状和逮捕的广泛使用

由于上述制定法和司法实践,至17、18世纪的时候,民事案件中广泛使用逮捕被告人身的司法令状。首先,针对被告人身的拘捕令状大量用来启动对人诉讼。王座法院的米德尔塞克斯郡令、潜逃拘捕令状,民诉法院的侵入私地拘捕令状,财税法院的君主债权减少拘捕令状,本来都是强迫被告出庭的后续司法令状,但后来借助拟制,成为最主要的启动诉讼的方式,并且可适用到几乎所有对人诉讼中。其次,具有特定身份的原告,即法院官员或律师可采用针对被告人身的司法令状启动诉讼并强迫被告出庭。这些逮捕被告的司法令状包括王座法院、民诉法院的特权拘禁令状,财税法院的特权拘捕令状,它们可适用于各种对人诉讼。再次,诉讼启动后如果被告不出庭,原告可以申请签发针对被告人身的后续司法令状逮捕被告以强迫其出庭。这些司法令状如出庭答辩拘捕令状、逐出法外程序中的逐出法外拘传令状和逐出法外者拘捕令状。最后,逮捕被告的司法令状常用于判决执行。原告获得胜诉判决后,如果被告不执行判决,原告可申请签发偿债拘捕执行令状(*capias ad satisfaciendum*)。偿债拘捕执行令状是用以执行判决的终局司法令状,由法院向郡长签发,要求郡长拘捕并羁押被判败诉的债务人,直至其偿清债务、履行判决。这里需补充说明的是,对原告而言,在诉讼启动阶段申请签发拘捕令状逮捕被告会有利于判决的执行。爱德华三世(1327—1377年在位)时期,法院在没有制定法授权的情形下就确立了如下规则:如果原告申请签发出庭答辩拘捕令状逮捕被告,并将其带至法院,原告获得胜诉判决后,可申请签发偿债拘捕执行令状执行法院判决。[①] 因此,原告更愿意在诉讼开始之时申请签发出庭答辩拘捕令状逮捕被告,这样他就有机会在胜诉时使用偿债拘捕执行令状,通过逮捕被告人身方式有效地强迫被告执行判决。

除少数例外情形,如被告是贵族或享有议会特权的议员,对人诉讼的原告都可以在诉讼开始时或者进行过程中,申请签发针对被告人身的司法令状逮捕被告。衡平诉讼程序也大量使用针对人身的后续司法

---

① Harbert's Case, 3 Co. Rep. 11, 12 (1584); Abraham L. Freedman, *Imprisonment for Debt*, 2 Temple Law Quarterly 330 (1928).

令状,如拘禁令状强迫被告出庭。可见,民事诉讼中,除了不动产诉讼和混合诉讼,拘捕令状被广泛适用各类案件中。逮捕被告天然是一项强力有效的迫使被告出庭和实现判决债权的措施。在民事诉讼中,即使涉讼金额非常微小,原告都愿意逮捕被告。这带来了严重的负面结果。以偿债拘捕执行令状为例,债务人被依据偿债拘捕执行令状逮捕后,可能会处于不间断且无限期的关押中,直至债务偿清或以其他方式解除。债务未偿清时,负责关押的郡长不得释放债务人,否则犯有帮助脱逃罪,债务人的债务转由其承担;原告本人也不能同意释放债务人,因为同意释放意味着判决债务视为已经得到绝对的、不可否认的清偿,他即使与债务人另外达成了偿债协议也得不到强制执行。债务人也受到严重压迫,处于极度不幸两难的境地:任何人无义务提供他衣食,他只能依靠朋友甚或原告接济,除非他有隐匿的财产;他可能无法工作,又要被迫支付监禁费用,①会更加无力偿债赎身,最后只得一直被关押下去。

（二）逮捕的制定法限制及程序法的影响

鉴于民事诉讼逮捕适用广泛,对债务人严厉、残酷,议会颁布了若干制定法,对逮捕作出了限制。1725 年议会颁布了《无意义逮捕法》(Frivolous Arrests Act,1725)即乔治一世 12 年律目 29 制定法(12 Geo. Ⅰ,c. 29)。② 该法第 2 条规定,"所有案件中,如果诉讼金额达不到 10 镑或以上,原告在诉讼中即使使用了针对人身的司法令状,也不得逮捕或者使人逮捕他人人身。原告应当在法院管辖区域内,将司法令状的副本送达被告本人,并且在令状副本之上,用英语记载一项向上述被告表明送达的意图和目的的通知;司法令状不得要求费用和报酬,除非需要在特定的特许权区(franchise)和司法管辖区(jurisdiction)由专门官员负责执行该司法令状。如果诉讼金额达到 10 镑或以上,原告应当就

① 先前英格兰的监狱是营利性的,监犯需要支付监禁费用。

② 该制定法又名 1725 年《无意义和恶意逮捕法》(Frivolous and Vexatious Arrest Act)。后为 1732 年乔治二世 5 年律目 27 制定法(Statute 5 Geo. Ⅱ,c. 27)修订,并最终由 1747 年乔治二世 21 年律目 3 制定法(Statute 21 Geo. Ⅱ,c. 3)确定为永久立法。后者又经下列制定法的修订:1779 年乔治三世 19 年律目 70 制定法[19 Geo. Ⅲ,c. 70 (1779)],1803 年乔治三世 43 年律目 46 制定法[43 Geo. Ⅲ,c. 46 (1803)],1811 年乔治三世 51 年律目 124 制定法[51 Geo. Ⅲ,c. 124 (1811)],1817 年乔治三世 57 年律目 101 制定法[57 Geo. Ⅲ,c. 101 (1817)],1827 年乔治四世 7 年和 8 年律目 71 制定法[7 & 8 Geo. Ⅳ,c. 71 (1827)]。

该诉讼金额作成宣誓陈述书并予提交。宣誓陈述书可以在签发司法令状的法院的有权接受宣誓陈述书的法官或专员面前作出,也可在签发司法令状并被授权主持宣誓的官员或其副手面前作出。宣誓陈述书应支付1先令,但不得超出;宣誓陈述书所确定的诉讼金额应在令状背面予以记载;受令状或司法令状指示的郡长或其他官员,应按照上述背书的金额接受保释,亦不得超出"。① 该条规定确立了以下规则:如果诉讼金额不超过10镑,或者超过10镑但原告未提交宣誓陈述书,被告不受逮捕。这一规则可确保被告不会因为琐碎的案件被逮捕,也可以确保原告主张的诉讼金额真实。1725年制定法是一部具有重要历史意义的立法,对英格兰民事诉讼程序发展产生了深远的影响,可以说是现代民事诉讼程序改革的嚆矢。该法前2条都至关重要,第1条在历史上第一次规定了现代意义上的缺席判决制度。缺席判决制度的确立推动了整个强制出庭制度的废止,这一点后文将专门论述。第2条规定改革了拘捕令状,因此改变了诉讼类型的划分以及对应的强制出庭规则。受第2条影响,对人诉讼可重新划分为两大类。第一类是诉讼金额不超过10镑或者虽达10镑但原告未就诉讼金额提供宣誓陈述书的案件,第二类是诉讼金额达到10镑或以上而且原告提交了诉讼金额宣誓陈述书的案件。这两类案件适用不同的强制出庭规则。就第一类案件,原告可以申请签发针对被告人身的拘捕令状,但不能用来实际逮捕被告并要求被告提供特别保释保证。因此称为非保释性司法令状,相关诉讼称为非保释性诉讼(nonbailable action)。② 这一令状虽然可采用拘捕令状的形式,但"名不副实",已转变为单纯通知被告出庭的司法令状,具有了传唤令状的性质。非保释性司法令状执行或送达方式也发生了变化,逐渐形成了无须郡长送达令状的做法。依照法院判例,非保释性司法令状可由任何人包括原告本人或原告律师送达被告,只要该人有能力就送达事宜作出宣誓,除非在例外情形,如在某些特许权区和司法

① William Tidd, *The Practice of the Courts of King's Bench and Common Pleas in Personal Actions and Ejectment*, 9th Edition, Volume 1, J. Butterworth and Son, 1828, p. 164.

② 非保释性诉讼中只是不要求被告提供特别诉讼保释保证,但仍需要提供普通保释保证。

管辖区送达时,必须由司法官员实施。[①] 这样,普通法令状制度史上第一次出现了当事人送达令状的做法,这是诉讼程序的一项突破,改变了先前初始令状和司法令状只能由郡长送达或执行的传统。因为可由当事人送达并能用来启动诉讼,可以说,非保释性司法令状是19世纪司法改革所确立的现代传唤令状的前身。

对于诉讼金额达到10镑或以上而且原告提交了诉讼金额宣誓陈述书的第二类案件,可签发实际逮捕被告的司法令状,被逮捕的被告需通过提供特别保释保证方式出庭。这一司法令状即为保释性司法令状,其诉讼称为保释性诉讼(bailable action)。依据法院规则,在诸如支付金钱的承诺之诉和盖印合同之诉中,如果诉讼请求是支付确定金额的债权或损害赔偿,金额达10镑或以上时,原告就诉讼金额提供宣誓陈述书后,可作为当然事项(matter of course)申请签发针对被告人身的司法令状逮捕被告。[②] 对于损害赔偿额不确定的诉讼,例如侵害之诉以及请求非确定金额赔偿的承诺之诉或盖印合同之诉,即使原告就诉讼金额提供了宣誓陈述书,如果没有法院或法官的逮捕被告的特别命令(special order),不得逮捕被告。因为原告可能会虚构损害赔偿额,并任意宣誓,这时逮捕被告可能明显不合理。如果被告实施了残忍的暴力接触侵害或者身体伤害,或者被告将迁离王国,法院可签发特别命令逮捕被告。先前,动产侵占之诉和不当扣留动产之诉由于被认为是返还财产诉讼,不是金额不确定的侵权诉讼(tort),因此若诉讼金额超过10镑,原告当然可申请司法令状拘捕被告。后来根据1808年的一项法院规则,未经过首席法官(Lord Chief Justice)或其他法官签发命令,不得在动产侵占之诉或不当扣留动产之诉中拘押被告要求保释。[③] 1725年制定法规定,如果诉讼涉及的是票据债务,即使低于10镑,也可签发保释性司法令状,但当事人不能用事后补签本票的方式规避该法。值得

① William Tidd, *The Practice of the Courts of King's Bench and Common Pleas in Personal Actions and Ejectment*, 9th Edition, Volume 1, J. Butterworth and Son, 1828, p. 168.

② William Tidd, *The Practice of the Courts of King's Bench and Common Pleas in Personal Actions and Ejectment*, 9th Edition, Volume 1, J. Butterworth and Son, 1828, p. 171.

③ R. H. 48 Geo. Ⅲ; William Tidd, *The Practice of the Courts of King's Bench and Common Pleas in Personal Actions and Ejectment*, 9th Edition, Volume 1, J. Butterworth and Son, 1828, p. 171.

注意的是,1725 年制定法的规定只是限制了当事人在特定诉讼金额以下案件申请签发司法令状逮捕被告人身的权利,但并未限制法院。因此,即使诉讼金额低于 10 镑,法院也可发出指令授权逮捕被告拘押要保。后来 10 镑的金额限制被 1811 年《无意义逮捕法》提高至 15 镑,1827 年《债务监禁法》又将之提高至 20 镑。

除了适用案件金额上的限制外,因使用拘捕令状逮捕被告影响被告人身自由,程序上也设定了巨细靡遗的限制,主要表现在以下方面:(1)逮捕实施人。逮捕需由郡长或郡长授权的下属官员如执达官(bailiff)实施。(2)逮捕依据。逮捕被告时需要逮捕证(warrant)。逮捕证是郡长向下属官员签发的逮捕被告以便将其带至法庭的命令。它是针对被告人身的司法令状的附属命令,需记载原告姓名、诉讼理由、被告被拘押要保时的保释金额。郡长在实际收到司法令状前,不得签发逮捕证,否则会被处以罚款;下属负责逮捕的执达官需实际收到逮捕证才能执行逮捕,否则会受到非法监禁的指控,法院将释放被告或者命令撤销被告的出庭保释保证书(bail bond)。(3)逮捕地点。受司法令状指示的郡长只能在其郡内逮捕被告,不可在其他郡逮捕被告。例如若郡长根据米德尔塞克斯郡令,在伦敦逮捕被告,法院会根据当事人申请将其释放,或者命令撤销被告提供的出庭保释保证书。另外,君主在场时不得逮捕被告;当君主的法官审理案件时,不得在王室法院逮捕被告;也不得在王宫的 12 英里辖区(verge)内逮捕被告。① (4)逮捕方式。如果被告的住所外门关闭,实施逮捕的官员不能闯入外门或者外窗逮捕被告;经允许非暴力进入外门后,可以闯入内门,即使里面住着寄宿者,但以该房屋属于被告为限。如果被告所在房屋属于第三人,郡长请求进入遭拒绝后,可以闯入外门逮捕被告。被告已被逮捕,但又逃脱至某房屋,郡长可以闯入外门,将其重新抓获。②

四、对人诉讼保释保证与强制出庭

诉讼启动程序中依据司法令状逮捕被告的目的是强迫被告出庭。

---

① 5 Co. 91; John Frederick Archbold, *The Practice of the Court of King's Bench in Personal Actions, and Ejectment*, Volume 1, Stephen Gouli, 1823, p. 71.

② John Frederick Archbold, *The Practice of the Court of King's Bench in Personal Actions, and Ejectment*, Volume 1, Stephen Gouli, 1823, p. 71 – 72.

被告被逮捕后，会解交郡长或监狱关押；若被告提供了充分有效的出庭担保，则应将其释放。被拘押的被告提供的获释担保称为保释保证，而法院在取得保释保证后将被逮捕的被告有条件释放则称为保释。保释保证和保释的英文都是 bail，[①]本义为移交(hand over)。有此名称，是因为一旦被告提交出庭保证，被逮捕或监禁者就从监所中释放，“移交”给保释保证人，由保释保证人继续监管，当然这种监管比监狱相对宽松。保释保证人如若担心被保释人逃跑，有权将被告交还郡长监押；一旦交还监押，保释保证人的保证责任即告解除。保释保证与释放保证(mainprize)不同。虽然两者都是有条件释放被保证人的担保，但保释保证中，保释保证人(bail)同时是被保释人的监禁人，有权将被保释人监禁。而在释放保证中，释放保证人(mainpernors)是单纯的担保人，无权监禁被保证人。[②]

普通法对人诉讼中确立了复杂精密的保释保证制度。被告被逮捕后，需先后提供初步保释保证(bail below)和特别保释保证(special bail)两种保释保证。

(一)初步保释保证及有关程序

初步保释保证，又称初级保释保证、出庭保释保证(appearance bail)或郡长前保释保证(bail to the sheriff)，指保证人向郡长作出的担保被告出庭的保释保证。初步保释保证适用于被告被实际逮捕的民事案件。原告首先向法院申请签发拘捕令状，申请时需提交拘押要保宣誓陈述书(*affidavit* to hold a bail)，证明自己有超过20镑的到期债权。[③]法院随后签发拘捕令状，命令郡长逮捕被告。被告被逮捕后如欲获得释放，须提供2名保释保证人。保释保证人和被告一同向郡长出具出庭保释保证书(bail bond)，保证被告在规定的期限内出庭，此即为初步保释保证。初步保释保证并非保证被告偿付债务，而是保证被告将在规定时间出庭。出庭保释保证书性质上为盖印金钱债务证书(bond；

---

① “bail”一词含义颇多，既同时指保释和保释保证，又指保释保证人，有时还指保释金甚至保释保证书，几乎涵盖保释中全部基本概念。bail 指保证人时，单数和复数同形。

② 3 Bl. Comm. 128.

③ 1725年前无最低金额限制，1725年至1811年限额为10镑，1811～1827年限额为15镑。

obligation)，并且是惩罚性盖印金钱债务证书(penal bond)。保证人在出庭保释保证书上承诺被告将在令状回呈日出庭，否则将支付保证书上规定数额的金钱给郡长。该数额是令状记载的诉讼金额的两倍。① 虽然1725年乔治一世12年律目29制定法(12 Geo. I, c. 29)规定，郡长要求的保释保证金额不得超过原告宣誓陈述中记载并背书于司法令状上的诉讼金额，但这一规定常不被执行。② 根据1803年《诉讼费用法》(Costs Act, 1803)即乔治三世43年律目46制定法(43 Geo. Ⅲ, c. 46)，被告可以不提供保释保证人，而代之以向郡长缴纳保释金的方式提供担保。保释金的金额为令状记载的诉讼金额，外加10镑用以担保诉讼费用的偿付。

由于诉讼启动阶段逮捕被告的目的只有一个，即强迫被告在令状回呈日出庭，如果被告能够向郡长提供充分担保，出庭就得到了保障。因此1444年亨利六世23年律目10制定法(Statute 23 Hen. Ⅵ, c. 10)规定，如果被告提供的保释保证充分有效，郡长有义务接受该出庭保释保证书，释放被告。③ 实务中，如果郡长愿意，也可以不要求被告提供保释保证就将被告释放，但被告如果到时逃避出庭，郡长须承担自己被起诉的风险。初步保释保证作出后，如果被告违反出庭保释保证书规定，不在指定日期出庭，原告可根据安妮女王4年和5年律目16制定法(Statute 4 &5 Ann., c. 16)，要求郡长将出庭保释保证书让与自己，以便对保释保证人提起诉讼。原告也可要求郡长将被告本人带至法庭，或要求被告作出特别保释保证。如果原告受让出庭保释保证书(原告无义务接受转让)，原告只能针对保释保证人提起诉讼，郡长的责任立即解除。如果原告拒绝受让出庭保释保证书(这是常见情形)，法律认定郡长尽管是被迫接受出庭保释保证书，仍应对被告未能出庭负责。原告可以通过申请签发一份简易司法令状(summary process)拘禁(attach)郡长，强制郡长支付全部债务和诉讼费用。

---

① William Tidd, *Forms of Practical Proceedings, in the Courts of King's Bench, Common Pleas, and Exchequer of Pleas*, 5th Edition, J. Butterworth and Son, 1819, p. 106.

② William Tidd, *The Practice of the Courts of King's Bench and Common Pleas in Personal Actions and Ejectment*, 9th Edition, Volume 1, J. Butterworth and Son, 1828, p. 224.

③ 3 Bl. Comm. 291.

（二）特别保释保证及有关程序

被告被依据拘捕令状逮捕后，需提供初步保释保证，保证自己将在规定时间出庭才能获得释放。被释放的被告届时需按照初步保释保证的承诺完成出庭，他的出庭方式即是提供特别保释保证。特别保释保证，又称特别诉讼保释保证（special bail to the action）或高级保释保证（bail above），指保证人作出的如果被告败诉，被告将偿付诉讼费用和判决债务，否则被告将提交监禁或者保证人将代为偿付的保证。[①] 特别保释保证与初步保释保证性质不同。初步保释保证是在诉讼更早阶段向郡长作出的被告将出庭的保证，特别保释保证是随后于指定日期向法院作出的被告将履行判决义务的保证。特别保释保证在法律上被设定了超越其实体意义的特殊的程序效力，即拟制为被告的出庭方式。如果被告在规定的日期提供了特别保释保证，意味着被告已正式出庭，被告因此接受了法院的对人管辖权。

根据普通法，当诉讼中签发了实际逮捕被告人身的司法令状时，被告必须以提供诉讼保释保证的方式出庭。提供特别保释保证的程序如下。首先，被告须提供两名保释保证人，由保证人作出具结保证（recognizance），连带承诺如果法院判决被告败诉，被告将偿付诉讼费用和判决债务，否则，被告将再次被提交监禁；如果被告未偿付债务也未被监禁，保释保证人将代为偿付或者受到监禁。被告律师依该具结保证在羊皮纸上誊写一份特别保释保证证明（bail piece）交予法院。如果必要，法院会让保释保证人作保证能力证明宣誓，即由保释保证人宣誓本人为户主或自由地产保有人，在偿还自己的债务后还拥有保释金额两倍价值的财产，因此具备保证人资格。其次，保释保证作出后，被告律师向原告律师发出特别保释保证证明通知（notice of bail piece）。原告收到通知后，若同意被告提供的保释保证人，则保释保证为完全特别保释保证（speical bail absolute）；若原告对此提出异议，则保释保证为有限特别保释保证（special bail *de bene esse*）。后一情形下，保释保证人须提供保释保证能力证明宣誓陈述书（*affidavit* of justification）。被告也可增加其他保释保证人，新增加保释保证人亦需证明有保证能力。

---

① 3 Bl. Comm. 291.

最后,保释保证人有效证明自己具备保释保证能力后,被告申请签发保释保证人批准指令(rule for allowance of bail),并将副本送达原告律师。至此保释保证手续完成,被告也借此完成了拟制出庭,诉讼启动程序最终画上句号。

如果被告不能在规定时间提供特别保释保证,或者原告就诉讼保释保证提出异议而被告不能证明保证的有效性或增加保证人,被告则未能完成出庭。根据裁判管辖权出庭基础规则,主诉讼程序无法继续进行,原告只能转而请求执行初步保释保证中的罚没条款,从中获得救济。原告可就出庭保释保证书对郡长提起诉讼;也可要求郡长将出庭保释保证书转让给自己,向保证人提起诉讼,从而间接实现主诉讼程序的诉讼请求。在特别诉讼保释案件中,如果被告出庭后,原告取得胜诉判决,原告可以通过执行令状针对被告人身或财产强制执行判决;也可选择起诉特别保释保证人,要求其履行具结保证的责任。

一旦特别保释保证成立,被保释人就处于特别保释保证人的实际或者潜在监禁之下,特别保释保证人对被保释人具有非常大的权限。在法律上,特别保释保证人就是被保释人的监守(gaoler)。特别保释保证人认为必要,有权将被保释人逮捕并将其提交郡长关押,从而解除自己的责任。特别保释保证人可以在任何地方逮捕被保释人,并可授权他人或者由他人协助逮捕被保释人。但除非遇到抵抗,逮捕时不可使用暴力。特别保释保证人可以破门进入被保释人居住的房间(但以外大门已经打开为限)搜捕被保释人。特别保释保证人还可以使用必要的暴力强迫被保释人跟随身边或授权任何他人将其羁押。应注意的是,与特别保释保证人不同,初步保释保证人无权将被保释人监禁。

(三)普通保释保证及有关程序

普通保释保证(common bail; bail common),又称普通诉讼保释保证[①],名义保释保证(straw bail)或拟制保释保证(fictitious bail),指在不需要实际逮捕被告的诉讼金额较小的民事案件中,通过虚拟的保证人作出的被告履行判决义务的保释保证。普通保释保证形式上和特别保释保证相同,都是保证人提供的被告履行判决义务的保证,因此两者共

① common bail 依字义译作“普通保释保证”,但因是保证被告履行判决,故又可译为“普通诉讼保释保证”。

同构成诉讼保释保证(bail to the action)。普通保释保证使用“普通”一词,是因为任何人都可以作为保释保证人。普通保释保证不需要真实的保证人,可由虚拟的保证人提供保证。虚拟保证人通常采用两个化名,分别作约翰·多伊和理查德·罗伊。

逮捕制度普遍适用于对人诉讼后,被告动辄就会在民事诉讼中被逮捕,并且被迫提供保释保证,这给被告带来很大的负担。为缓解这一状况,民诉法院早在 1582 年就颁布一项命令,规定在所有对人诉讼中,如果原告请求的债务或损害赔偿金额不足 20 镑,允许被签发拘捕令状的被告提供普通保释保证,即由虚拟的约翰·多伊和理查德·罗伊担当保释保证人。[①] 但后来,似乎在查理二世(1660—1685 年在位)时期,如果诉讼金额达到 10 镑或以上,原告通过提交宣誓陈述书,可以要求被告提供特别保释保证。[②] 王座法院可能更早就允许被告在小额案件中登录普通出庭,[③]但小额案件中究竟要求被告登录普通出庭,还是提供特别保释保证,法官有自由裁量权。1725 年《无意义逮捕法》通过制定法方式对逮捕和保释保证制度做了规定。根据该法,如果诉讼金额不超过 10 镑,不得根据任何法院签发的任何司法令状,将任何人拘押要求特别保释保证(be held to special bail)。这样,特别诉讼保释或普通诉讼保释不再由法官自由裁量,而取决于是否符合法律规定的逮捕被告条件。根据该法,逮捕被告需满足两个要件,一是诉讼金额达到 10 镑或以上(1811 年改为 15 镑,1827 年改为 20 镑);二是原告提交了诉讼金额宣誓陈述书。如果被告不符合逮捕条件,所属诉讼就是非保释性诉讼。非保释性诉讼中也会签发针对被告人身的拘捕令状,但不能用来逮捕被告,只通过在拘捕令状上背书一项出庭通知(notice to appear)告知被告出庭。被告收到令状后,无须提供特别保释保证,只要象征性地提供普通保释保证即为充分。

---

① H. A. Hollond, *Writs and Bills*, 8 Cambridge Law Journal 15 (1942).

② 3 Bl. Comm. 221; H. A. Hollond, *Writs and Bills*, 8 Cambridge Law Journal 15 (1942).

③ Nathan Levy, *Mesne Process in Personal Actions at Common Law and the Power Doctrine*, 78 Yale Law Journal 52 (1968).

第四节　普通法法院对人诉讼中强迫被告出庭的逐出法外程序

一、逐出法外概述

(一)逐出法外的起源

逐出法外是和英格兰法一样古老的制度,可追溯到盎格鲁－撒克逊时期。逐出法外最初是对不赔偿命金(wergeld)的杀人者的一种惩罚,[①]后来用作对拒绝出庭或逃避审判的人的严厉处罚措施。[②] 逐出法外拉丁语 *utlagaria*,源自撒克逊语 laga,指自由人身份。[③] 犯罪者受到法院传唤时拒不出庭或者犯罪后逃避逮捕,会“被剥夺身份”,因此谓之 *utlagaria*。“laga”一词后来和拉丁文 *lex* 混淆,又因为 *lex* 和对应的英文 law 有“法律”和“权利”双重含义,*utlagaria*(outlawry)逐渐被理解为“剥夺法律的保护”或者“褫夺法律上的权益”,中文遂将之译为“逐出法外”“褫夺法权”或“褫夺法益”。逐出法外者则称 *utlagatus*(outlaw),意思是不受法律保护的人,他们法律权益被剥夺,不能得到任何司法的帮助。女性被逐出法外英文为 waived,[④]而不用 outlawed,据称是因为 law 有“誓言”“宣誓”之义。按柯克(Coke)说法,先前女性不能出庭宣誓,只有 12 岁及以上男性可以在法庭宣誓。[⑤] 对女性的逐出法外则称为 *waiviaria*(waiver),女性的逐出法外者称为 *waviata*(waive)。

作为对被告不服从法院命令拒绝出庭的处罚,逐出法外早先仅适用于叛逆罪(treason)和重罪(felony)案件。叛逆罪是违反忠诚或臣服义务的犯罪,有重叛逆罪(high treason)和轻叛逆罪(petty treason; petit treason)之分。重叛逆罪是背叛国王或政府的犯罪。轻叛逆罪指仆人

---

① 命金又称命价,是杀人者给予受害人亲属的赔偿金,受害人地位越高命金越高。

② David Walker, *The Oxford Companion to Law*, Clarendon Press, 1980, p. 909, entry outlaw.

③ Bobby G. Deaver, *Outlawry: Another “Gothic Column” in North Carolina*, 41 North Carolina Law Review 634 (1963).

④ waived 字义“被抛弃”。

⑤ Co. Litt. 122 b; Bacon Matthew, *New Abridgment of the Law*, Volume Ⅶ, T. & J. W. Johnson & Co., 1860, p. 332.

杀害主人、下级杀害长官之类的严重违背对个人的忠诚义务犯罪。[①] 重罪是可处以罚没不动产和动产,并判处死刑的严重犯罪,如谋杀、盗窃、抢劫、强奸和纵火罪。逐出法外程序既适用于以大陪审团起诉书(indictment)指控的叛逆或重罪案件,也适用于所有重罪私诉或重伤害罪私诉(appeal of felony or mayhem)案件。

在诉讼程序上,叛逆罪和重罪案件的被告拒不出庭后果严重,会被视为对犯罪的承认。原告无须进一步提供证据,法院即可按指控的叛逆罪或重罪判决被告有罪,如同经过小陪审团审理一样。叛逆罪和重罪本来就是可判处死刑的严重犯罪,被告不遵守法院命令出庭,则罪上加罪,构成最为严重的反叛国家或共同体(community)的犯罪,会受到最为严厉的逐出法外的处罚:其一,逐出法外者的生命不受保护。逐出法外者会被判处死刑,但更为严厉的是任何人都可以执行死刑。逐出法外者被形象地称为"长有狼头"(*caput genere lupinum*),任何人都可将之抓捕;如若抵抗或者逃跑,可像对待狼一样将之当头击毙。[②] 被抓捕后,只要能证明他确已被逐出法外,可以不经审判直接绞死。逐出法外者是全体人民的敌人,任何人不能向他们示好或者提供财物。其二,逐出法外者会受到褫夺私权(attainder)即丧失民事权利和民事行为能力,"民事死亡"(*civiliter mortuus*)的处罚。褫夺私权本是叛逆罪和重罪罪犯被判处死刑时的"不可分离的直接后果",[③]自然适用于逐出法外者。被告被褫夺私权后,第一个主要后果是罚没财产。被告动产会罚没给国王。如果是叛逆案件,被告自由保有的地产罚没给国王;若是重罪案件,该地产先罚没给国王一年零一日,然后复归被告的直接领主。褫夺私权另一个主要后果是血统败坏(corruption of blood),这意味着被告玷污了祖先及后代的血统,无权继续保有或继承地产,也不能将地产交给他的继承人继承。

(二)逐出法外在民事诉讼中的适用

逐出法外适用范围后来大为增加,从单纯的叛逆和重罪案件扩展到轻罪(misdemeanour)以及民事案件。在王室法院,轻罪是严重性未

---

① 1828年后对轻叛逆罪改按谋杀罪处理。

② 4 Bl. Comm. 320.

③ 4 Bl. Comm. 380.

达到重罪程度但破坏了国王和平的犯罪，诸如伪证、殴击、诽谤、共谋、欺诈、公妨害。重罪和轻罪处罚上不同，重罪的被告会被罚没财产并判处死刑，[①]而轻罪的处罚是无限期监禁，犯罪者可支付罚金赎回自由。[②]逐出法外适用的轻罪包括所有以大陪审团起诉书指控的暴力和武力侵害罪、共谋罪、欺诈罪或其他比暴力和武力侵害罪性质严重的轻罪，但没有制定法的规定，逐出法外不能适用于更为轻微的犯罪。

逐出法外在民事案件中最早适用的诉讼程式是具有刑事性质的桥接民事、刑事诉讼程序的暴力和武力侵害之诉。布拉克顿（Bracton）（约1210年至约1268年）时代，逐出法外已适用于所有暴力和武力侵害之诉，[③]之后制定法在一定限度内逐步扩大了逐出法外的适用范围。1285年，根据威斯敏斯特制定法二第11章（爱德华一世13年律目11制定法）[Statute of Westm. 2 (13 Edw. Ⅰ), c. 11]，逐出法外适用于报账之诉；1352年，根据爱德华三世25年制定法五第17章（25 Edw. Ⅲ, Stat. 5, c. 17），逐出法外适用于定额金钱债务之诉、不当扣留动产之诉、动产占有回复之诉；1503年，根据亨利七世19年律目9制定法，逐出法外适用于特别主张侵害之诉；1531年根据亨利八世23年律目14制定法（23 Hen. Ⅷ, c. 14），逐出法外适用于盖印合同之诉。[④]

逐出法外适用范围增加的同时处罚的严厉性人为缓和。重罪和叛逆罪的逐出法外者的生命不再不受任何法律保护。[⑤] 到爱德华三世（1327—1377年在位）统治时期，除了得到合法授权的郡长外，任何人不得任意杀死逐出法外者，否则将如同杀死任何其他人一样，受到死刑的

---

① 重罪和叛逆罪罚没财产的处罚直至1870年《罚没法》（Forfeiture Act, 1870），即维多利亚33和34年律目23制定法（33 & 34 Vict., c. 23）的颁布才被废除，因此重罪和轻罪的最主要的区分标准消失。1967年，英国完全取消了重罪与轻罪的划分，"重罪"一词不再使用。

② 直至近代议会作出限制前，轻罪的罚金数额不受限制，虽然《大宪章》以及后世的权利法案曾笼统规定不得处以过高罚金。Ralph Davidson, The Promiscuous Fine, 8 Crim. L. Q. 1965, 79.

③ Bract, lib. v., p. 425; William Tidd, Francis Joseph Troubat, Asa Israel Fish. The Practice of the Courts of King's Bench and Common Pleas, in Personal Actions, and Ejectment. Volume. Ⅰ. Robert H. Small, 1856, p. 130.

④ Theodore F. T. Plucknett, *A Concise History of the Common Law*, 4th Edition, Butterworth & Co. (Publisher) Ltd., 1948, p. 365.

⑤ 4 Bl. Comm. 319.

惩罚。[①] 轻罪案件中，逐出法外者不按被指控的罪名定罪和处罚，只处罚其拒绝出庭这一藐视法庭的行为。曾经有个案例，被告被指控引诱一名年轻绅士与放荡女子结婚，被告因不出庭被逐出法外并处罚金5000镑。这一判决被认定存在错误，因为若被指控的犯罪是轻罪，不能对逐出法外者按被指控的罪名定罪处罚，只能按藐视法庭定罪处罚，而藐视法庭罪的处罚是罚没动产，不得处以罚金。[②]

民事案件中，逐出法外者不会被剥夺生命，地产也不再罚没给国王或者复归领主，也不会被判决血统败坏。逐出法外者只是按藐视法庭处罚，实体上的处罚主要保留以下几个方面：第一，逐出法外者如被发现将被逮捕和监禁，需提供保释保证才能获得释放。第二，逐出法外者会被国王罚没动产以及地产上的收益，但地产本身不被罚没或收归国王。国王对地产上的收益的权利只能在逐出法外有效期内行使，享有的期限不得比被告更长，并随着被告死亡而终止，[③]被告死亡后地产上的收益应由继承人继承。第三，逐出法外者对第三人享有的债权可根据告知令状（*scire facias*）罚没给国王。第四，被告被逐出法外不构成民事死亡，他的妻子不能取得寡妇地产权，继承人不能继承其财产。第五，无论是刑事还是民事案件，逐出法外者都会受到诉讼程序方面的处罚。例如，只要逐出法外判决有效存在，逐出法外者就不享有受司法保护的权利。当遭受侵害时无权提起诉讼要求损害赔偿，不能在任何诉讼中作出答辩，也不得为自己的利益以任何方式或为任何目的利用诉讼程序或获得法院的帮助，除非是为了撤销逐出法外的判决。[④]

二、民事诉讼逐出法外程序的性质和作用

（一）民事诉讼逐出法外程序的性质

虽然相比重罪和叛逆罪案件，民事诉讼中的逐出法外的惩罚减轻许多，但仍保留了很强的人身和财产上的惩罚性。这种惩罚性使逐出法外在民事诉讼中具有了特别的程序性功能。这种功能表现为两个方

---

① Co. Litt. 128 b.

② The King v. Tippin; Bacon Matthew, *New Abridgment of the Law*, Volume Ⅶ, T. & J. W. Johnson & Co., 1860, p. 335.

③ 1870年《罚没法》（Forfeiture Act, 1870），即维多利亚女王33年和34年律目23制定法（33 & 34 Vict., c. 23）颁布后逐出法外仍会产生该后果。

④ Co. Litt. 6b.

面：一是本案判决前可通过签发逐出法外中间司法令状强迫被告出庭；二是本案判决后可通过签发逐出法外终局司法令状强制执行判决。这样，民事诉讼案件中，逐出法外性质发生了重大变化，从对逃避出庭的被告采取的单纯的实体处罚手段，转变为迫使被告出庭或者履行法院判决的诉讼强制措施和程序。[①] 就本案判决前逐出法外程序而言，本书认为，逐出法外程序表现出以下四个方面的性质。

1. 附属性

虽然叛逆罪和重罪的逐出法外程序可以认为是独立的刑事定罪和处罚程序，但在民事诉讼中，就逐出法外所要达到的目的和实际作用而言，逐出法外程序不是一个逻辑自洽的独立诉讼程序。逐出法外程序用来确保被告出庭，并对不出庭的被告采取人身和财产上的强制措施，因此逐出法外程序具有手段、方法的性质，不是单独的诉讼程序状态，必须附属于本案诉讼程序才能存在；如果本案诉讼尚未开始，或已经开始但被告不存在逃避司法、拒不出庭的情形，就不必适用逐出法外程序。

2. 相对独立性

虽然逐出法外程序本质上是附属于本案程序，但又具有一定的独立性。逐出法外程序有自己的启动方式和启动时间，有不同于本案的自成体系的诉讼程序规则，甚至具备自己的判决和判决执行方式。因此，逐出法外程序虽然总体上属于诉讼启动程序的一部分，但有时可以将之独立出来，认为它是与本案诉讼并列的程序。

3. 强制性

强制性是逐出法外程序的根本属性。逐出法外程序是针对不出庭或不执行判决的被告采取的极为严厉的强迫出庭措施。这些措施包括拘捕被告限制其人身自由，扣押并罚没其动产和地产上的收益。

4. 保全性

所谓保全性，指逐出法外某种程度上可以确保原告的民事诉讼目的获得实现。逐出法外程序直接的目的虽然是强迫被告出庭，但可以直接或间接起到保全诉讼的作用。在逐出法外程序中，原告会申请签

---

① 4 Bl. Comm. 319.

发各种司法令状，逮捕被告人身或者扣押被告财产。如果被告被发现，则予以逮捕，被告需要提供诉讼保释保证才能获得释放，而诉讼保释保证可起到担保判决实现的作用。逐出法外程序中扣押的被告财产最初罚没给国王或复归领主，并不用来担保原告诉讼请求的实现；但是后来原告可以从该财产中获得债务清偿，从而能够直接实现诉讼请求。

（二）民事诉讼逐出法外程序的作用

这里仅就诉讼启动过程中，即本案判决前逐出法外程序的作用作出说明。

1. 强迫被告出庭

逐出法外是古代法律上的终极武器，但又经常被使用。① 因为逐出法外对不出庭的被告处罚严厉，因此逐出法外可有效地强迫被告出庭。在民事诉讼中，如果被告不出庭，原告通常采用的手段是向法院申请签发司法令状强迫其出庭。法院可以签发针对被告财产的出庭担保令状、扣押财物令状，或针对被告人身的拘捕令状；如果遇到被告逃逸等情形，上述司法令状无法送达和执行，原告会祭出逐出法外程序这一强迫被告出庭的终极武器。当然，因为逐出法外程序繁杂、费用高昂，原告必然优先选择更方便可行的普通的强制被告出庭手段，只有这些手段都不起作用，迫不得已时才采用逐出法外程序。

2. 财产保全作用

逐出法外程序本来只是强迫被告出庭的手段，后来演变为一项诉讼财产保全措施，原告可借此控制被告的财产，实现债务或判决的清偿。② 最初在逐出法外程序中，根据司法令状扣押的被告的动产和土地收益，或者收取的被告对案外第三人享有的债权，都罚没给君主，原告

---

① Frederick Pollock & Frederic William Maitland, *The History of English Law before the Time of Edward* Ⅰ, Volume 1, 2nd Edition, Cambridge University Press, 1898, p. 502.

② 英格兰在司法改革前，撇开大法官法院的衡平诉讼的中间禁制令不谈，普通法上从强迫出庭制度中至少发展出以下四种诉讼保全措施：一是初步保释保证。提供保证的被告未在令状回呈日出庭时，原告可要求保证人偿付保证书上规定的罚款。二是特别保释保证。根据该保证，如果法院判决被告败诉，被告未偿付债务也未被监禁，保释保证人将代为偿付或者受到监禁。因此，初步保释保证和特别保释保证类似于人保。三是1811年设立的制定法扣押财物令状，原告可将被扣押财产用来偿付债务。四是逐出法外者拘捕令状，原告可取得被扣押财产用以清偿债务。

不能从这些财产中获得任何利益。因此,逐出法外程序起不到财产保全的作用。17 世纪时,原告可以从君主处取得根据司法令状没收的被告财产或出售财产的价款,也可以取得被告对案外第三人享有的债权,用以清偿诉讼请求。开始时是否获得清偿只能出于君主的恩惠(*de gratia regis*),[①]由君主任意决定。后来原告可作为权利,通过动议或请求(petition),从君主处当然获得被告被罚没的财产或财产出售的价款,以及被告对案外第三人享有的债权。这一当然权利始于何时,尚不确定,很可能是 18 世纪末。原告能够借由逐出法外程序获得债务清偿的做法改变了逐出法外程序的性质,使其由单纯强迫被告出庭的程序转变为具有财产保全性质的程序。这种转变使逐出法外程序比先前更有效果,毕竟原告希望得到的是债务的清偿,而非仅仅是强迫被告出庭。

三、民事诉讼本案判决前逐出法外程序的步骤

本案判决前的逐出法外程序适用于被告逃避司法令状拒绝出庭的情形,它是民事诉讼逐出法外程序的典型状态,下面就该程序和步骤作以说明。

(一)签发前置令状

逐出法外只适用于以初始令状启动的本案诉讼,因此王座法院和民诉法院可采用逐出法外程序。财税法院不能使用初始令状启动诉讼,所以无权将被告逐出法外。原告如欲启动逐出法外程序,必须先申请签发初始令状,以诉状或者省略诉状直接以司法令状如米德尔塞克斯郡令启动的诉讼,无法适用逐出法外程序。基于原告特权的特权拘禁令状或者基于被告特权的特权诉状启动的民事诉讼也不能适用逐出法外程序。

以初始令状启动诉讼后,原告必须申请签发出庭答辩拘捕令状。如同初始令状一样,出庭答辩拘捕令状也是必不可少的令状。出庭答辩拘捕令状签发后,执行令状的郡长如果不能找到被告,则回呈“被告所在不明”。原告申请签发第二拘捕令状;如郡长仍回呈“被告所在不明”,则原告再申请签发第三拘捕令状;当郡长第三次回呈“被告所在不

① Nathan Levy, *Mesne Process in Personal Actions at Common Law and the Power Doctrine*, 78 Yale Law Journal 52 (1968).

明”时,原告可启动逐出法外程序。严格而言,上述三项拘捕令状应该依次连续签发,只有郡长对在先令状回呈“被告所在不明”,才能取得后续令状。但是后来为避免过度迟延,允许原告同时申请签发第二和第三拘捕令状,郡长回呈“被告所在不明”也就流为形式。①

(二)签发逐出法外拘传令状和公告令状

逐出法外程序的目的是强迫由于逃逸等原因无法直接逮捕的被告出庭,因此第一个正式步骤是对无法执行拘捕令状的被告签发逐出法外拘传令状(writ of exigent; *exigi facias*)。逐出法外拘传令状在民诉法院由逐出法外拘传书记官(exigenter),在王座法院由令状归档官(作为逐出法外拘传书记官)负责签发。令状指向诉讼审理地的郡长,命令郡长连续在5个郡法院拘传被告出庭,各郡法院开庭期之间相隔1个月。当找到被告时,可如同执行拘捕令状一样将被告逮捕,并带至法院就原告的诉讼作出答辩。为了缩短逐出法外程序耗费的时间,不管被告居住地在何处,原告都会将初始令状及其后续的拘捕令状和逐出法外拘传令状指向伦敦的郡长,这样就可以连续在5个哈斯廷法院(Hustings)拘传被告。② 不同于郡法院每1个月开庭一次,哈斯廷法院每2周开庭一次。但即使如此,通常至少需要12个月才能完成逐出法外程序,使原告的诉讼请求和诉讼费用获得偿付。③

16世纪前秘密逐出法外问题严重,很多原告选择距离被告居住地很远的郡启动逐出法外程序,被告很可能根本不知道存在诉讼的情况下就被逐出法外。为解决这一问题,1514年《逐出法外法》(Outlawry Act,1514)即亨利八世6年律目4制定法(Statute 6 Hen. Ⅷ,c.4)确立了公告令状(writ of proclamation)制度。1588年《避免秘密逐出法外法》(Avoidance of Secret Outlawries Act,1588)即伊丽莎白一世31年律目3制定法(31 Eliz. Ⅰ,c.3)进一步规定,法院签发拘传令状的同时应

① *First Report Made to His Majesty by the Commissioners Appointed to Inquire into the Practice and Proceedings of the Superior Courts of Common Law*, ordered by the House of Commons to be printed 20th Feb. 1829, p. 90.

② 哈斯廷法院是伦敦城的地方法院,与郡法院地位相当。

③ *First Report Made to His Majesty by the Commissioners Appointed to Inquire into the Practice and Proceedings of the Superior Courts of Common Law*, ordered by the House of Commons to be printed 20th Feb. 1829, p. 92.

签发公告令状,命令被告居住地所在郡的郡长在三个显著的地点发布3次要求被告出庭的公告。这三个地点分别是郡法院、普通季审法院(general quarter sessions)以及签发逐出法外拘传令状时被告居住的堂区的教堂门口(在教堂门口需于周日礼拜结束后立即张贴令状);①未签发公告令状或未将公告发布不得宣告逐出法外,否则宣告无效。②

(三)作出逐出法外判决

逐出法外拘传令状签发后,被告可在拘传令状回呈日前任何时间自愿出庭。自愿出庭的被告应该制作出庭备忘录,提交法院官员登录出庭。被告可以申请签发中止程序令状(writ of *supersedeas*),宣称被告已经出庭,命令被指向的郡长"在任何场合,完全停止以传唤、逐出法外、逮捕或任何其他方式侵扰被告"。如果被告未自愿出庭并被郡长逮捕,被告可以和普通的逮捕一样,通过提供特别保释保证获得释放,否则由郡长继续监禁。无论被告自愿登录出庭还是通过特别保释保证出庭,都可以认为逐出法外强迫被告出庭的目的已经达到。如果逐出法外拘传令状签发后,被告连续在5个郡法院或哈斯廷法院缺席出庭,也未被逮捕,并且在一个月前已经发出第3次公告,郡长可回呈"已第5次拘传"(*quinto exactus*),由第5个郡法院的死因裁判官(coroner)或由伦敦城记录法官(Recorder)作出被告被逐出法外(be outlawed)的判决。逐出法外判决不是本案诉讼的判决,但暂时终止了本案诉讼,并根本改变了被告的地位。③

(四)逐出法外判决的执行

逐出法外判决作出后,可针对被告人身和财产执行该判决。郡长将逐出法外拘传令状和公告令状,连同逐出法外判决回呈逐出法外书记官(Clerk of Outlawry)(在王座法院由令状归档官充任逐出法外书记官),由其签发逐出法外者拘捕令状(writ of *capias utlagatum*)。逐出法

① *First Report Made to His Majesty by the Commissioners Appointed to Inquire into the Practice and Proceedings of the Superior Courts of Common Law*, ordered by the House of Commons to be printed 20th Feb. 1829, 91.

② William Tidd, *The Practice of the Court of King's Bench, in Personal Actions*, Isaac Riley, 1807, p. 129.

③ Nathan Levy, *Mesne Process in Personal Actions at Common Law and the Power Doctrine*, 78 Yale Law Journal 52 (1968).

外者拘捕令状可指向任何郡的郡长,命令该郡长如果发现被告公开露面,则将其作为逐出法外者逮捕并监禁。相对于作为中间司法令状签发的普通拘捕令状以及作为最终司法令状签发的偿债拘捕执行令状,逐出法外者拘捕令状效力更为严厉。例如,前两种拘捕令状受被拘捕者户主权(right of householder)的限制,郡长未经允许不得进入被拘捕者住宅执行逮捕;但郡长可根据逐出法外者拘捕令状破门而入,因为该令状是针对被判决逐出法外者作出,根据普通法,逐出法外者不受法律保护。①

逐出法外者拘捕令状分为一般逐出法外者拘捕令状和特别逐出法外者拘捕令状两类:一般逐出法外者拘捕令状只针对被告人身,不针对被告财产,令状命令郡长逮捕被告并将之带至法院接受法院的判决。被告被郡长羁押后,可以通过提供特别保释保证担保出庭,并可申请撤销逐出法外判决;被告也可能一直被羁押,直至被告因逐出法外判决被实际撤销、取得宽恕特许状(charter of pardon)或者根据无力偿债法被释放。② 特别逐出法外者拘捕令状不仅针对被告人身还可针对被告财产,该令状命令郡长逮捕被告,同时召集陪审团调查和评估被告被逐出法外之时及之后在郡内的动产、土地和保有产,将之扣押和妥善保管,并向君主报告财产价值和土地收益。③ 陪审团完成调查并作出裁定后,郡长回呈特别逐出法外拘捕令状,调查结果附随令状之上。逐出法外者逃避司法的藐视法庭行为受到惩罚——其财产落入君主手中。特别逐出法外拘捕令状回呈时,令状和调查结果在王座法院交给令状归档官,在民诉法院则交给逐出法外书记官,随后在令状保管官办公室归档。逐出法外者拘捕令状副本需提交财税法院办公室的书记官,该书记官收到令状副本后,在副本背面记载一项指令,要求所有相关人员出庭主张被扣押财产的权利;如果无人主张权利,可以针对逐出法外者的财产采取执行措施。财税法院书记官可签发出售动产令状

---

① Nathan Levy, *Mesne Process in Personal Actions at Common Law and the Power Doctrine*, 78 Yale Law Journal 52 (1968).

② William Tidd, *The Practice of the Court of King's Bench, in Personal Actions*, Isaac Riley, 1807, p. 130.

③ William Tidd, *Forms of Practical Proceedings, in the Courts of King's Bench, Common Pleas, and Exchequer of Pleas*, 5th Edition, J. Butterworth and Son, 1819, p. 51.

(*venditioni exponas*),命令郡长根据陪审团调查确定的评估价值出售被判决逐出法外的被告的动产。财税法院书记官也可以根据案件情况,签发告知令状,命令郡长收取第三人拖欠被告的债务,也可签发财产扣押执行令状,命令郡长收取被告土地的孳息和收益。根据财产扣押执行令状,郡长不仅能够取得被逐出法外的当事人的租金和动产,也可以取得在被告土地上起卧的第三人的牲畜。这三项财产执行令状必须由财税法院签发,因为财税法院对涉及国王岁入的案件具有排他管辖权。原告或者代表君主利益的总检察长可以向财税法院提交针对被逐出法外的被告的诉状,强迫被告披露动产和不动产,以协助执行上述司法令状。

四、民事诉讼逐出法外的程序限制

民事诉讼中,对于逃避司法令状执行的被告而言,逐出法外是一项迫使其出庭的强有力的办法;但逐出法外不仅措施过于严厉,还存在着被原告滥用的可能,为抵销这些弊端,法律上对逐出法外作出了诸多程序性限制。

(一)规定严格的逐出法外程序要件

普通法为逐出法外设计了非常精密的程序,本身就是对逐出法外的限制。逐出法外的限制可以追溯到1215年《大宪章》。《大宪章》之前逐出法外没有固定的程序,常被肆意滥用,为此《大宪章》规定任何人只能根据国家的法律才能被逐出法外。[①]“国家的法律”很大程度上就是指国家的程序法,这意味着《大宪章》之后逐出法外必须由法院根据特定程序实行。依前文所述,在民事诉讼中逐出法外须遵守复杂和严格的程序要件。首先,原告必须对被告提起了一项适合逐出法外程序的民事诉讼。逐出法外仅适用于王座法院和民诉法院的对人诉讼,并且只能是破坏国王和平的侵害之诉以及制定法明确规定的其他对人诉讼程式。该民事诉讼必须已经启动,才能对被告采用逐出法外程序。其次,已经采取了适当的、合理的告知措施使被告知道或者应当知道诉讼的存在。最后,已经对被告采取了必要的强迫出庭措施。如

① 1215年《大宪章》第39条规定,“凡自由民非经同等地位者依法判决或遵照国家法律之规定,不得加以拘留、监禁、剥夺财产占有、逐出法外、放逐或以任何方式处死,亦不得加以定罪、处刑。”该条款被认为是现代正当程序条款的起源。

前所述，在作出逐出法外判决前原告必须申请签发系列特定令状，包括初始令状、3份拘捕令状、逐出法外拘传令状（要连续在5个郡传唤被告出庭）、公告令状（需做3次公告）。这些令状用以传唤或拘捕被告出庭，每一项令状不可或缺，如果缺少任何令状，都会使逐出法外的宣告无效。

（二）允许撤销逐出法外

针对逐出法外惩罚严厉、容易滥用的缺陷，法律允许被告申请撤销逐出法外，这是对逐出法外强有力的程序上的限制。无论逐出法外者自愿出庭，还是被依据逐出法外者拘捕令状逮捕后出庭，都可以申请撤销逐出法外。撤销逐出法外时可采用本法院纠错令状（writ of error *coram nobis*）和动议（motion）两种方式：[①]纠错令状因费用高企、过于迟延，实践中几乎不被使用，当事人更常采用相对便捷和节省费用的动议方式。逐出法外的撤销非常容易实现。被告可以主张一些实质性的理由撤销逐出法外，如原告未曾提起诉讼，拘捕令状未签发，签发逐出法外拘传令状时被告已被监禁、正在海外或为国王服役。被告也可以提起很不重要的理由，只要该理由表面上有合理依据，就能撤销逐出法外判决。因为逐出法外是用来强迫被告出庭的程序，只要被告出庭即可认为该目的已经实现。被告还可以主张形式上的错误或不规范撤销逐出法外判决，如记录忽略了某司法令状、记录前后不一致或有其他明显错误。极端的例子是当逐出法外拘传令状针对若干人签发，其中一人是女子时，令状回呈时若称“他们已被第5次拘传并被逐出法外”（outlawed），则不是有效表述，因为女子被逐出法外时应该使用“waived”一词。又如，令状回呈中必须说明每次拘传的具体日期和年份，如果回呈的日期后未加年份，回呈无效。

总之，基于中间司法令状的逐出法外程序中，只要被告已经登录普通出庭或通过提供充分的保释保证出庭，当其提出撤销动议时，法院几乎都会作为当然事项撤销逐出法外，但被告必须支付原告逐出法外程序产生的所有诉讼费用，包括初始令状费，以使原告恢复至逐出法外拘传令状签发前的状态。基于终局司法令状的逐出法外程序中，被告须

---

① William Tidd, *The Practice of the Court of King's Bench, in Personal Actions*, Isaac Riley, 1807, p. 138.

支付诉讼费用并偿付原告债务或给予损害赔偿才能撤销逐出法外。

（三）提供逐出法外的替代选择

作为强制出庭措施，逐出法外手段严厉、程序复杂、费用高昂，因此制定法一直在寻求替代逐出法外适用的办法。1811 年《无意义逮捕法》一定程度上实现了这一目的。根据该制定法，以初始令状启动的诉讼，当不能找到被告，因此无法向被告本人亲自实施或送达拘捕令状或传唤令状时；如果能够在英格兰司法管辖区①找到被告的居所并发现他的动产或土地收益，则允许原告申请签发扣押财物令状，扣押被告的动产和土地收益，并可将含有传唤出庭通知的上述令状留置被告住处。② 在满足上述条件后，被告仍未在规定时间出庭的，原告可代被告登录出庭，并取得被告败诉的判决，原告还可用被扣押的财产清偿判决。这一规定对逐出法外程序的适用起到限制作用。过去当被告逃逸无法执行拘捕其人身的司法令状时，原告唯一能够采取的程序是将被告逐出法外。根据 1811 年制定法，如果被告逃逸但在英格兰司法管辖区内有已知的住所且具有可供扣押的动产，原告可以选择申请签发扣押财物令状。该令状为原告提供了更为有效的新的救济手段：如果被扣押财产的被告未在规定时间内出庭，法院可作出被告败诉的缺席判决，并以被扣押的被告财产执行判决。因源自制定法的规定，这一扣押财物令状称为“制定法扣押财物令状”（statutable *distringas*）。它不同于普通法上的无限次扣押财物令状，以后者扣押被告财产时，法院不可在被告缺席时作出缺席判决，被扣押的财产也不能用来执行判决。制定法扣押财物令状下，通过缺席判决同样能够威慑被告及时出庭，并可以被扣押财产清偿判决，因此在一定范围内可作为烦琐复杂、费用高昂的逐出法外程序的替代。这样，如果在英格兰司法管辖区不能发现被告，但被告有已知居所并且有可供扣押的财产，原告可首先针对这些财产签发制定

---

① 英格兰、威尔士以及特威德河畔贝里克（Berwick-upon-Tweed）。See *First Report Made to His Majesty by the Commissioners Appointed to Inquire into the Practice and Proceedings of the Superior Courts of Common Law*, ordered by the House of Commons to be printed 20th Feb. 1829, p. 90.

② 该法规定在原告送达被告的司法令状中背书的传唤被告出庭的通知应含以下内容：“提请注意，如果你缺席出庭，上述某某将代你登录出庭，并继续诉讼，如同你通过你的律师出庭一样。”

法扣押财物令状，只有在制定法扣押财物令状仍无法强迫被告出庭的情形下，原告才考虑启动逐出法外程序。当然，如果被告不在英格兰司法管辖区，且没有为人所知的居所或者任何动产，就无法对被告签发制定法扣押财物令状，就须按照先前普通法的做法，启动逐出法外程序。

第五节　普通法法院不动产诉讼和混合诉讼强迫被告出庭的司法令状

一、不动产诉讼强迫被告出庭的司法令状概述

因诉讼程式以及初始令状的类型不同，不动产诉讼和混合诉讼强迫被告出庭的方式也有多种：(1)传唤令状和大扣押传唤令状。通常适用于交付指令令状(*praecipe quod reddat*)启动的不动产诉讼。交付指令令状是命令被告返还特定不动产的初始令状。交付指令令状启动的不动产诉讼是严格意义上的不动产诉讼。(2)传唤令状、出庭担保令状和无限次扣押财物令状(distress infinite)。通常适用于完成行为指令令状(*praecipe quod faciat*)或不动产性质诉讼(action in realty)。(3)传唤令状和再传唤令状(re-summons)。适用于继承地产咨审之诉、确定土地性质咨审之诉和最终圣职推荐权咨审之诉。上述这三种诉讼都是小咨审之诉，小咨审之诉属于混合诉讼。(4)出庭担保令状和再出庭担保令状(re-attachment)。适用于新近侵占地产咨审之诉和妨害地产咨审之诉(*assisa de nocumento*; assize of nuisance)。这两种诉讼也是小咨审之诉，[①]它们与其他不动产诉讼和混合诉讼的区别在于强制被告出庭的第一份司法令状不是传唤令状。可见，不动产诉讼和混合诉讼中，不采用拘捕被告人身而主要采用针对被告财产的司法令状强迫被告出庭。自爱德华三世(1327—1377年在位)以来，不动产诉讼、混合诉讼几乎完全被驱逐之诉取代。驱逐之诉属于对人诉讼，是19世纪司法改革前不动产有关的唯一常用诉讼类型。当然，驱逐之诉并未完全终结旧时的不动产诉讼和混合诉讼，权利之诉、寡妇地产之诉等诉讼在少数情形下仍可能起到作用。

---

① Henry Roscoe, *A Treatise on the Law of Actions Relating to Real Property*, Volume 1, Joseph Butterworth and Son, 1825, p. 146.

下文就带有对物性质的传唤令状和大扣押传唤令状这两种强迫出庭司法令状作出说明,其他司法令状类似于对人诉讼的相应令状,不再展开叙述。

二、指令交付令状启动的不动产诉讼中强迫被告出庭程序

不动产诉讼使用的指令交付令状包括权利令状(如直属封臣指令令状)、进占令状等。① 以这类初始令状启动不动产诉讼后,原告申请签发传唤令状传唤被告出庭。在指令交付令状启动的不动产诉讼中,传唤令状的送达规则非常古老。据称所有要求返还地产的诉讼都使用诉争地产传唤令状(summons *in terra petita*)。诉争地产传唤令状是针对诉争地产即原告意欲通过诉讼取得的争议地产签发的传唤令状,这是一种具有对物性质的传唤令状。令状针对诉争地产签发和送达,但是被传唤的被告一旦出庭,究竟被告哪块地产被送达传唤令状则不是重要事项。对诉争地产传唤时,传唤人可以在地产上竖立一根木棍或木杆,将传唤令状固定其上。即使被告或代表他的人当时不在场,在普通法上该传唤似乎也是有效的传唤。但为了避免被告提出异议,不仅要对诉争地产送达传唤令状,最好也将令状亲自送达被告本人。如果当时被告正好在诉争地产上,原告可以在对诉争地产送达传唤令状的同时向被告宣读传唤令状内容。后来为防止只对物、不对人的秘密送达,伊丽莎白一世31年律目3制定法(31 Eliz. Ⅰ,c. 3)第2条规定,在所有不动产诉讼中,当事人对诉争地产作出送达后,应该在令状回呈日前至少14日内在地产所在镇或堂区的教堂门口于礼拜日对传唤令状作出公告,否则不得申请签发大扣押传唤令状。②

如果被告在传唤后不出庭,则可对之签发大扣押传唤令状,命令郡长扣押系争的不动产,并传唤被告说明不出庭的理由,被扣押的不动产会收归国王占有。大扣押传唤令状属于扣押传唤令状(*cape*)的一种,名称来源自令状起首词 *cape*,意思是“取走”(take)。扣押传唤令状适用于土地或保有产诉讼,是用来扣押系争不动产强迫被告出庭或参加

---

① George Booth, *The Nature and Practice of Real Actions: In their Writs and Process, Both Original and Judicial*, Stephen Gould, 1808, p. 82.

② Henry Roscoe, *A Treatise on the Law of Actions Relating to Real Property*, Volume 1, Joseph Butterworth and Son, 1825, p. 148 – 149.

诉讼的令状。扣押传唤令状和扣押财物令状都可以通过扣押财产强迫被告出庭,但不同之处在于前者扣押的是系争不动产,后者扣押的是被告的动产和土地收益,非系争财产。被告若在大扣押传唤令状回呈日出庭,可提出合理的缺席理由如未收到传唤令状(non-summons)申请延期审理;如果被告未在规定日期出庭,则系争不动产判决给原告。① 显然该判决属于缺席判决。②

如果被告已按传唤令状要求出庭而且出庭记录在案,或被告出庭提出现场勘验(view)请求,请求准允后,被告未在指定时间再次出席法庭,原告可申请签发小扣押传唤令状,③要求郡长扣押系争不动产,传唤被告再次出席法庭。与大扣押传唤令状不同,小扣押传唤令状适用于被告出庭后缺席诉答或审理的场合。

第六节 大法官法院衡平诉讼强迫被告出庭的司法令状

大法官法院衡平诉讼程序中的司法令状根据使用目的主要分为三种:强迫被告出庭的令状、强迫已经出庭的被告参加答辩的令状和强迫被告执行判决的令状。④ 这里仅讨论强迫被告出庭的司法令状。

一、附罚则传唤令状

在大法官法院,原告提交初始诉状后,需要法院签发司法令状传唤被告出庭。最初,当事人会申请签发要求被告出庭的普通令状如告知令状、通知令状(*monstravit*)、出庭答辩令状(*venire facias*),这些令状后来逐渐被专门的附罚则传唤令状(*subpoena*)取代。⑤ 附罚则传唤令状命令被告本人在指定日期出庭并就原告的指控作出答辩;如果被告不遵守令状出庭,将被处以罚款[*sub poena* (under penalty)],令状由此得

① "*cape* (writ)",entry from Wikipedia.

② Frederick Pollock & Frederic William Maitland, *The History of English Law before the Time of Edward* Ⅰ, Volume 2, 2nd Edition, Cambridge University Press, 1898, p. 591.

③ "*cape* (writ)",entry from Wikipedia.

④ William Searle Holdsworth, *A History of English Law*, Volume 9, Methuen & Co. Ltd., 1926, p. 348.

⑤ William Lindsay Carne, *A Sketch of the History of the High Court of Chancery from its Origin to the Chancellorship of Wolsey*, 13 Virginia Law Register 391 (1927).

名。据称附罚则传唤令状源自教会法院的诉讼做法，教会法院对收到传唤但不出庭的被告会给予大绝罚(major excommunication)的处罚。①附罚则传唤令状的签发和送达需遵守以下程序。

1. 原告提交诉状并申请签发附罚则传唤令状

原告首先将诉状誊写在羊皮纸上，提交至法院的专门官员六书记官(Six Clerks)的办公室，诉状上提出签发附罚则传唤令状的申请。历史上，一度允许原告在提交诉状前，就可以申请签发附罚则传唤令状。②1546年根据《赖奥思利勋爵令》(Lord Wriothesley's Orders)，原告申请签发附罚则传唤令状时，必须已经向法院提交诉状，并且诉状上应载有拟订诉状的律师的签名。③ 1705年安妮女王4年和5年律目16制定法(Statute 4 &5 Ann. ,c. 16)第22条规定，除非原告申请停止毁损土地的禁制令或者停止已经开始的普通法诉讼，在诉状提交之前，不得签发附罚则传唤令状或其他强迫被告出庭的司法令状。但上述规定常不被遵守，原告经常先申请签发附罚则传唤令状，再向法院提交诉状。④ 如果被告是贵族和具有爵位者，不能一开始就向被告送达附罚则传唤令状，而应先向法院提交请求书(petition)，申请送达请求出庭函(letter missive)。送达请求出庭函时需同时送交诉状的官方副本(office-copy)和请求书。请求出庭函不过是一项致意函(compliment)，因此被告可任意决定是否出庭。如果被告不出庭，此时可向其送达附罚则传唤令状。⑤

2. 大法官审查诉状并批准签发令状

大法官审查诉状以决定是否批准签发附罚则传唤令状。原告须在

---

① William Lindsay Carne, *A Sketch of the History of the High Court of Chancery from its Origin to the Chancellorship of Wolsey*, 13 Virginia Law Register 391 (1927).

② Charles Barton & James P. Holcombe, *History of a Suit in Equity from its Commencement to its Final Termination*, Robert Clarke & Co., 1877, p. 80.

③ George Spence, *The Equitable Jurisdiction of the Court of Chancery*, Volume 1, Lea and Blanchard, 1846, p. 368; William Searle Holdsworth, *A History of English Law*, Volume 9, Methuen & Co. Ltd, 1926, p. 348.

④ Edmund Robert Daniell, *A Treatise on the Practice of the High Court of Chancery*, Volume 1, J. & W. T. Clarke, 1837, p. 562.

⑤ Edmund Robert Daniell, *A Treatise on the Practice of the High Court of Chancery*, Volume 1, J. & W. T. Clarke, 1837, p. 555.

诉状的案情陈述中提供充分的理由，否则大法官会拒绝签发附罚则传唤令状。与初始令状不同，附罚则传唤令状不是当然权利令状，大法官对附罚则传唤令状的签发具有自由裁量权，只有认为诉状的诉讼理由充分时，才会签发。另外，与初始令状须加盖国玺不同，大法官签发附罚则传唤令状时只加盖王玺（Privy Seal），因此附罚则传唤令状不受议会的控制和左右。

3. 送达附罚则传唤令状

附罚则传唤令状签发后，通常由原告本人送达被告。原告有时因为害怕自己送达令状时会触怒被告而陷入危险，会申请郡长送达附罚则传唤令状。① 附罚则传唤令状只是一项单纯的传唤被告出庭的命令，不必说明诉讼理由和签发的具体原因，在送达时也不必送达诉状副本，因此被告欲了解诉讼事项，必须前往法院取得诉状副本，不然无法决定如何诉答。

根据1437年亨利六世15年律目4制定法（Statute 15 Hen. Ⅵ, c. 4）规定，原告起诉时须提供起诉担保人（security），保证原告指控失败时，偿付被告因此造成的损失和费用，原告若未提供起诉担保人不得签发附罚则传唤令状。如同普通法初始令状中的起诉担保人以及原告第一诉答状中记载的起诉保证人（pledges），大法官法院的起诉担保人后来在伊丽莎白一世（1558—1603年在位）时期就不再需要或仅仅流于形式。②

二、后续强迫出庭的令状

除非有适当理由获得延期出庭许可，被告必须在附罚则传唤令状送达后的指定日期出庭，否则会被按令状上的条款处以100镑的罚款。然而这一罚款条款并不实际执行，只是作为威吓手段使用。③ 虽然如此，因为附罚则传唤令状是以大法官法院名义签发，被告收到后若不按期出庭，大法官法院可认定被告藐视法庭，对之采取一系列限制人身或

---

① George Spence, *The Equitable Jurisdiction of the Court of Chancery*, Volume 1, Lea and Blanchard, 1846, p. 370, note (e).

② George Spence, *The Equitable Jurisdiction of the Court of Chancery*, Volume 1, Lea and Blanchard, 1846, p. 369.

③ David Burton Fowler, *The Practice of the Court of Exchequer*, Volume 1, Joseph Butterworth and Son, 1817, p. 116.

扣押财产的措施。

1. 拘禁令状

被告未按期出庭时,如果原告提交宣誓陈述书证明附罚则传唤令状已经送达被告,即可作为当然事项取得拘禁令状(attachment)。拘禁令状指向郡长,命令郡长拘禁被告,将其带至法院。拘禁令状性质上与普通法法院的拘捕令状相近,不同于与之英文名称一致但主要针对被告财产的出庭担保令状(attachment)。拘禁与逮捕或拘捕区别在于:执行逮捕的人(如郡长副手)需要将被逮捕者移交具有更高权力的人(如郡长),由其毫不迟延地处理;而执行拘禁的人负责监管被拘禁者,并在规定日期将之提交法院。[①] 拘禁令状如若未能有效执行,原告可申请签发第二拘禁令状(*alias* attachment)甚或第三拘禁令状(*pluries* attachment)。

2. 附公告拘禁令状

如果郡长针对拘禁令状最终回呈"被告所在不明",原告可申请签发附公告拘禁令状(attachment with proclamations)。这一令状除了要求采取通常的拘禁措施外,还命令郡长在全郡发布公告(public proclamations),宣布被告出于对君主承担的忠诚义务,应出席法庭并作出答辩。

3. 违抗法庭逮捕状

如果郡长就附公告拘禁令状仍回呈"被告所在不明",则被告继续构成藐视法庭,因这次被告违反了对君主的忠诚义务,原告可申请签发违抗法庭逮捕状(commission of rebellion; *commissio rebellionis*)。[②] 逮捕状指定四名专员(commissioners),授权他们在全国任何地方逮捕被告。被逮捕的被告送交弗利特监狱或其他监狱关押。如果被告出庭且支付原告诉讼费用,可涤除藐视或违抗法庭的罪行。

4. 财产暂管令状

如果郡长就违抗法庭逮捕状依旧回呈"被告所在不明",则由法院派遣仗卫官(serjeant-at-arms)搜寻被告。若被告逃避搜寻,仗卫官回呈

---

① Edmund Robert Daniell, *A Treatise on the Practice of the High Court of Chancery*, Volume 1, J. & W. T. Clarke, 1837, p. 574.

② 违抗法庭逮捕状又称违抗法庭逮捕令状(writ of rebellion; *breve rebellionis*)。

“被告所在不明”，原告可申请签发财产暂管令状（sequestration）。仅在仗卫官而非其他官员回呈“被告所在不明”时才能签发财产暂管令状。[①]财产暂管令状产生较晚，与大法官法院的前述几种令状完全不同，它针对被告财产而非人身签发。先前通行的观点是，大法官法院只能提供对人的救济（remedy *in personam*），不能提供对物救济（remedy *in rem*），因为大法官只能对被告的良知或意愿行使管辖权，不能对被告的财产行使管辖权。允许大法官法院签发财产暂管令状使大法官法院的管辖权扩张到对物管辖权上，是大法官法院职能理念上的一项突破。

财产暂管令状命令财产暂管人（sequestrators）进占并扣押被告的不动产和动产，取得和接收地租等土地收益，直至被告藐视法庭的责任因出庭而涤清。这种依据中间司法令状作出的财产暂管，只是为了强迫被告出庭，被暂管的财产不能用来清偿原告的请求，因此与判决执行阶段依据强制被告支付金钱的令状作出的财产暂管不同。

若被告是贵族和具有爵位者，经送达请求出庭函和后续附罚则传唤令状仍不出庭，可立即向其签发财产暂管令状。因为被告具有免受逮捕的特权，法院不能对之签发拘禁令状。对于具有下议院议员身份的被告，因无须签发请求出庭函，又不能签发拘禁令状，法院在附罚则传唤令状之后，可直接签发财产暂管令状。如果被告是法人（body corporate），则应签发扣押财物令状，扣押其动产以及地租等土地收益，直至其遵守附罚则传唤令状出庭。[②]

三、普通法法院和大法官法院强迫出庭制度的比较

普通法对人诉讼强迫被告出庭的措施最初主要是出庭担保令状和扣押财物令状，这两种令状针对被告财产，但后来出现了更为有效的针对被告人身的拘捕令状，拘捕令状逐渐取代上述针对财产的令状，成为对人诉讼最常用的强迫被告出庭的司法令状。普通法对人诉讼针对人身强迫被告出有两种主要做法：第一，如果能够寻找到被告，则使用米德尔塞克斯郡令、潜逃拘捕令状、侵入私地拘捕令状、君主债权减少拘捕令状等针对被告人身的拘捕令状启动诉讼或在诉讼启动后逮捕被告

---

① Edmund Robert Daniell, *A Treatise on the Practice of the High Court of Chancery*, Volume 1, J. & W. T. Clarke, 1837, p. 630.

② 3 Bl. Comm. 445 – 446.

强迫或传唤其出庭。第二,如果被告所在不明,无法对之签发针对财产或人身的司法令状,原告可启动逐出法外程序强迫被告出庭。这种两种做法一直持续到19世纪初。普通法的不动产诉讼和混合诉讼,不采用拘捕令状和逐出法外方式,仍以传统的针对被告财产的司法令状强制被告出庭。

衡平诉讼程序中强迫被告出庭的方式主要是人身强制。只有被告所在不明,针对被告人身的司法令状无法适用时,才采取财产暂管令状这一扣押被告财产的方式强制被告出庭。另外,如果被告逃逸或所在不明而又无财产可供扣押时,不似普通法法院可以采用逐出法外程序,大法官法院没有可以采用的进一步强制被告出庭的措施。

第六章　英格兰19世纪民事诉讼启动程序变革总体考察

19世纪是英格兰变革的世纪，到这个时期英格兰社会已经历了巨大变化。17世纪末君主立宪制度确立，议会牢牢掌握了统治权，法院摆脱了王权控制。18世纪末工业革命开始，英国进入了自由资本主义迅猛发展阶段。新制度方兴日盛，但中世纪遗留的旧制度残潮不退，严重羁绊社会的发展，亟待一场彻底的革新。历史上的每次巨大的制度变革都必然有深刻的思想准备，18世纪末19世纪初的时候，英国出现了以边沁（Bentham）为代表的功利主义思潮。功利主义者认为传统社会制度，尤其是法律制度已完全不能适应并服务于社会秩序的主要目的——“大多数人的最大幸福”，因此必须作出根本变革。功利主义者批评最为猛烈的领域就是司法制度，他们认为，司法制度，包括司法程序和司法组织是旧的法律体系中最不理性、最为落后、最让人难以忍受的部分，边沁还为此专门撰写了《司法程序的原则》（*Principles of Judicial Procedure*）一书作出论证。在功利主义者的推动下，19世纪司法改革由亨利·布鲁厄姆（Henry Brougham）1828年2月7日在下议院的演讲拉开序幕。布鲁厄姆用了6小时做了英国议会史上最长的演讲,[①]“他对所有法院不论是高级法院还是低级法院的诉讼程序做了详细说明,并提出了大量的批评意见和完善建议”。[②] 这次演讲促成议会于1828年任命了一个5名委员组成的普通法委员会(Common Law Commission),负责调查英格兰和威尔士高级普通法法院的诉讼程序、诉讼规则和诉答制度。议会根据委员会的报告和建议颁布了改革诉讼程序的立法,19世纪司法组织和诉讼程序变革正式开始。[③]

这是一场议会主导的司法改革,也是普通法和衡平诉讼程序史上迄今为止的最深刻的变革。作为变革的最先成果和重要组成部分,诉讼启动程序是民事司法改革最为彻底的领域之一:旧有的诉讼程式完全废除,统一了诉讼启动方式,取消了强迫出庭制度,繁杂冗长、严厉峻酷的诉讼启动程序脱胎换骨,简化到几乎推倒重来的程度。究其缘由,民事诉讼启动程序能有如此彻底变革,除了整个诉讼程序变革洪流的推动,诉讼启动程序,尤其是诉讼启动方式和强制出庭制度存在着自身无法克服的缺陷是其根本原因。

第一节　民事诉讼启动程序变革的根本原因

一、司法改革前民事诉讼启动方式存在的缺陷

(一)诉讼启动方式缺陷概述

19世纪司法改革前民事诉讼启动方式繁杂。前文述及,当时民事诉讼类型复杂,存在普通法诉讼和衡平诉讼之分,而普通法诉讼又分为不动产诉讼、混合诉讼和对人诉讼。不同类型的民事诉讼启动方式种类殊异,繁简不一。大法官法院的衡平诉讼启动方式只有诉状一种,民诉法院提起的不动产诉讼和混合诉讼虽然诉讼程式多样,但是除驱逐

---

① 演讲题为《普通法法院的状况》(*State of the Courts of Common Law*)。“他演讲了6个小时,中间吃掉了一帽子的橙子——这是根据下议院的规则唯一允许的补充体力的东西。”See William Ball, *Lincoln's Inn: Its History and Traditions*, Stevens & Sons, Ltd., 1947, p. 111; Robert Wyness Millar, *Civil Procedure of the Trial Court in Historical Perspective*, Law Center of New York University, 1952, p. 43.

② Rosemary Ashton, *Victorian Bloomsbury*, Yale University Press, 2012, p. 32.

③ 根据议会惯例,每次重大改革,议会都会首先成立专门的调查委员会,作出调查并提出调查报告和立法建议,议会根据委员会的报告和建议,制定有关改革的立法。

之诉外，仅采用初始令状一种启动方式。对人诉讼则完全不同，它由威斯敏斯特三大普通法法院并行管辖，各法院诉讼启动方式种类繁多、过程复杂。这使当事人提起对人诉讼时出现以下问题：(1)当事人不得不面临诉讼启动方式选择的困难和不便，增加了诉讼拖延的可能。例如，仅就身份上的区别，原告在选择启动方式的时候至少须提出并确定以下一串长长的问题。一是被告是律师吗？如果是律师，必须在律师本人所属法院通过诉状对其提起诉讼。因为律师是法院的官员，享有在所属法院出庭特权。二是原告自己是律师吗？如果是律师，则享有诉讼启动上的特权，可不使用普通人使用的拘捕令状和潜逃拘捕令状，而通过特权拘禁令状或拘捕令状起诉被告。三是被告是贵族或议会议员吗？如果是贵族或议员，必须使用诉状对之起诉，因为贵族和议会议员享有不受实际逮捕的特权，不能对之采用拘捕令状。四是被告是法人吗？如果被告是法人，因其无法受逮捕，不能以拘捕令状启动诉讼，必须以初始令状启动诉讼。(2)繁多复杂的诉讼启动方式当事人难以掌握，很容易被无良的律师利用和欺骗。(3)诉讼启动方式的区别使得各法院相同案件的诉讼进程和诉讼费用不一，根本上影响了司法公平。(4)增加了研习者和律师的负担，他们被迫学习大量无意义的启动程序规则，耗费相当时间和精力了解各种启动方式和启动程序间的区别。诉讼启动程序成为诉讼法，甚至是所有法学领域中最烦琐以致最令人生厌的部分。

(二)诉讼启动方式缺陷的具体分析

1. 初始令状启动诉讼的不足

初始令状是最为古老和正式的诉讼启动方式，或许正因为此，初始令状存在更多的缺陷，甚至失去了存在的合理性：第一，初始令状启动诉讼程序要求过于僵化和严格。例如，初始令状需对原告诉讼请求做专门陈述，这本来能起到通知被告诉讼的正面作用，但在诉讼实践中，却严重制约了原告的第一诉答状。依据诉讼规则，原告的第一诉答状必须和初始令状严格一致，即使微小的差别都会使原告败诉。第二，初始令状制作过程复杂，费用高昂。初始令状须记载在羊皮纸上，格式正式，通常文本冗长，制作费时费力，律师要收取高额费用。初始令状签发时，当事人还要向法院官员支付初始令状费。以初始令状启动诉讼的费用远高于以米德尔塞克斯郡令或潜逃拘捕令状启动诉讼。第三,初始令状性质上是君主授予的在王室法院诉讼的许可,是王室法院行使诉讼事项管辖权的依据;但法治原则要求法院管辖权不应受制于司法外的任何力量,亦无须君主确认。将初始令状作为恩惠事项授予当事人,或者为收取令状费出售起诉权,即使该权利当然取得,也违反了在法院起诉不得经由第三人批准的原则。事实上,1215 年《大宪章》第 40 条就已规定,“朕对任何人不会出售,也不会拒绝或拖延给予权利或司法”。第四,初始令状费是法官和法院官员的收入手段。司法改革前,初始令状费早已不再是君主的收入,而落入了法官和法院官员的口袋。根据现代法官和法院官员薪酬制度,法官和法院官员的收入不应该来自当事人支付的费用,而应该来自国家支付的薪金。

2. 诉状启动诉讼的不足

诉状主要适用于两种诉讼的启动:一是以律师、法院官员和受王室法院的监狱典狱长羁押的监犯为被告的对人诉讼。这些诉讼采取无须司法令状的诉状方式启动。这种看似简捷的诉讼启动方式,其缺点仍是费用高昂,大约是非保释的米德尔塞克斯郡令、潜逃拘捕令状或普通拘捕令状启动诉讼的费用的两倍多。二是以下议院议员为被告的对人诉讼。这类诉讼采用的启动方式是诉状和传唤令状。诉状和传唤令状方式启动诉讼可以避免初始令状费以及初始令状带来的拖延,但这种启动方式所支付的诉讼费用几乎和初始令状费一样高昂。

3. 司法令状启动诉讼的不足

常用的启动诉讼的司法令状主要有属于拘捕令状的米德尔塞克斯令、潜逃拘捕令状、侵入私地拘捕令状、君主债权减少拘捕令状。这些令状启动诉讼时费用较低廉,可避免初始令状的拖延和形式上的限制,因此相比初始令状和诉状具有很大的优势。但它们亦有如下缺陷:(1)适用范围受到限制。首先,某些类型案件不能使用上述拘捕令状启动,当事人必须选择初始令状,例如起诉王国贵族、下议院议员或者法人、百户区的案件。其次,如欲提起纠错之诉,原告必须通过初始令状提起诉讼,只有这样才能获得上诉复审机会。最后,如果被告有若干人,其中一名在境外,或者无法找到所在地,因此,不能送达司法令状或者将之逮捕,就只能采用初始令状启动诉讼,否则,无机会将被告逐出法外。(2)以米德尔塞克斯郡令、潜逃拘捕令状和普通拘捕令状启动诉讼的另一缺陷在于需要作出拟制,这些拟制不仅多余而且带来诸多不便。例如,就潜逃拘捕令状而言,原告需要首先向被告提起一项假定的侵害之诉,并假定实际上未曾签发过的米德尔塞克斯令已经签发,再假定被告从米德尔塞克斯郡逃跑,隐匿在另一郡,因此签发潜逃拘捕令状命令该郡郡长将其拘捕。这种怪异的措辞,实质上唯一的目的只不过是逮捕或传唤被告,使其于某日期到王座法院出庭。被起诉的当事人如果没有律师的帮助,必然无法理解令状的内容。

王座法院、民诉法院还存在基于原告特权的特权拘禁令状,财税法院则有特权出庭答辩令状和特权拘捕令状。这些司法令状主要目的是给予原告一种特权,使原告可以避免初始令状带来的诉讼拖延和高企费用。但特权拘捕令状使诉讼程序更为复杂,实际上形成了更多的人为障碍。例如,需要确定原告特权是否因为疏于执业而丧失;如果碰巧被告也是律师或法院官员,则被告会要求改用无须司法令状的诉状起诉。

综上所述,19世纪司法改革前几乎每一种启动程序都存在着某种难以克服的缺陷,而究其本质,所有的诉讼启动方式只不过是通知被告诉讼以及通知被告出庭的手段,有时兼用来强迫被告出庭。因此理论和实践上,传统上的所有诉讼启动方式简化和统合为传唤令状和拘捕令状两种即已充分,前者通过通知和传唤被告,后者通过逮捕被告启动诉讼,其他诉讼启动方式实无保留的必要。当然,拘捕令状可逮捕被告人身,有其有效性,但民事诉讼毕竟不是刑事诉讼,采用这种方式启动,过于严厉和残酷,在权衡利弊后,出于人道考虑,最终也应该将其废止。因此,可采用的只有传唤令状一种启动诉讼方式,这也是19世纪诉讼程序改革的思路和目标。

二、司法改革前民事诉讼强迫被告出庭制度的缺陷

(一)出庭和诉讼保释保证制度的缺陷

对人诉讼中出庭制度的缺陷突出。前文述及,司法改革前非保释性诉讼和保释性诉讼分别采用送达性司法令状和保释性司法令状,不同令状被告出庭方式截然不同。若是送达性司法令状,被告通过提供自愿登录或普通保释保证即可完成出庭;若是保释性司法令状,被告

会被逮捕并需要通过提供特别保释保证完成出庭。虽然事实上特别保释保证人作出的保证与被告出庭本无直接联系,但法律将提供特别保释保证拟制为出庭方式。毫无疑问,这种通过逮捕迫使被告拟制出庭的方式对被告而言非常严厉并且不便,是被告的沉重负担。将出庭同保释保证拟制连接在一起,被告容易借机拖延诉讼,原告也会经常处于不便之中。法律并不要求被告第一次提供的特别保释保证人作保证能力证明宣誓,被告律师于是会雇佣伪托保释保证人(sham bail)。伪托保释保证人是在各种诉讼中专职充当保释保证人的人,常被形象地称为"稻草人"(men of straw)。对此,原告可提出异议(exception),主张被告提供的保释保证人不充分或者怀疑其不充分,而被告正是专等到原告提出异议时,才提供真正的保释保证人。真正的保释保证人会在公开法庭的法官面前通过宣誓或财产审查证明自己的资格。但法院并不实际调查保释保证人的资格。若原告律师不反对,保释保证人只凭宣誓就可以提供保证;原告律师即使反对,也多被驳回。这使保释保证一定程度上流于形式,但当事人和律师已耗费了大量时间,当事人还不得不为此支付高额诉讼费用和律师费。特别保释保证不仅拖延诉讼,有时还会使诉讼中止。被告提供的保释保证人常常保证能力不充分,甚至被告会直接拒绝提供保证能力充分的证明,这种情形下原告无法提交第一诉答状,诉讼程序不能继续。原告无奈只能选择放弃本诉,针对郡长或者初步保释保证人提起诉讼,因为郡长或初步保释保证人应该依据出庭保释保证书对被告拒绝出庭的行为负责。

总之,作为拟制出庭方式的特别保释保证程序过于繁杂,给当事人带来很大的负担,也徒然增加程序上的争议,使当事人和律师的大量的时间和精力被消耗在程序事项而非实体问题的解决上。姑且不论逮捕和保释制度因为过于严厉而理应废止,即使可以保留,保释程序也不应如此烦琐复杂,保释程序应和其他诉讼启动程序一样,做到简单、有效、节省费用,尽可能地减少原告、被告的负担。

(二)强迫出庭制度的缺陷

诉讼尤其是对人诉讼的最初理念是需要原告、被告合意参与。如果被告未出庭参与诉讼,禁止法院对被告行使裁判管辖权,但法院对不出庭的被告享有强制出庭管辖权。原告可向法院申请签发拘捕被告人身和扣押被告财产的司法令状强迫被告出庭,法院会非常耐心地、一件一件地签发各式司法令状。我们可以观察到亨利三世(1216—1272年在位)以来就存在的典型做法:在以初始令状启动的诉讼中,如果被告不按照传唤令状要求出庭,则对其签发出庭担保令状,扣押其财产或要求其提供保证人保证出庭;如果被告仍未出庭,则要求其提供一份更有效的出庭担保;如果被告继续不出庭,则对之签发拘捕人身的令状,命令郡长逮捕被告。郡长回呈"被告所在不明"时,则会连续四次签发扣押财物令状,直至扣押被告全部财产并交给君主。整个强制出庭程序动用了1个传唤令状、2个出庭担保令状、1个拘捕令状、4个扣押财物令状。如果不能在本郡发现被告,被告在本郡也没有任何土地和动产,不管什么诉讼类型,还可以签发异地司法令状,到另一郡拘传被告,并最终还可能会采用更为严厉、复杂的逐出法外程序。

上述强迫出庭的令状烦琐复杂,当事人不胜其扰。扣押财物或拘捕人身强迫被告出庭的措施虽然看似强制力明显,但常常因为存在不同程度的缺陷不能奏效。扣押被告财产或逮捕被告目的的实现需要郡长的配合,郡长可能不愿意执行令状,稍有执行上的困难,郡长就会回呈"未能发现被告财产"或"被告所在不明",原告就该回呈不得提起异议。对原告而言,强迫被告出庭的司法令状不仅执行效果上打了折扣,还存在以下缺陷:一是拒不服从扣押财物令状出庭的被告的动产即使被罚没,也不能作为清偿原告债务之用而是给予了君主,因为财产罚没的缘由不是被告对原告应承担责任,而是被告违反了君主要求其出庭的命令。二是拘捕被告会使得被告偿债能力降低甚至丧失,原告因为被告被监禁可能更加难以得到债务的偿还。

原告强迫被告出庭的核武器是逐出法外程序,但逐出法外程序会由于下列因素的限制影响其发挥作用:(1)逐出法外程序极其缓慢拖沓并会产生高昂费用。它不仅对被告严厉,对原告也是一种程序上的苛待,可以说它是最缓慢、最昂贵、最不便利的强迫被告出庭的程序。逐出法外需要原告连续在5个郡传唤被告出庭,直至第5次传唤时才能将被告逐出法外,如果审理地点的郡法院6个月开庭一次,这就可能要等待36个月的时间。[①] 虽然后来可以连续在5个哈斯廷法院传唤被告，但至少也需要12个月的时间完成整个逐出法外程序。19世纪早期的逐出法外程序中，宣告逐出法外判决前的最低平均费用是17镑，[②]这还不包括申请签发初始令状的费用，而通过逐出法外实现债务偿付所需支付的诉讼费用更是高达40镑或以上。[③] (2)为了抵销逐出法外的严厉后果，法律上设计了非常严苛的程序要求，只要程序上存在细微瑕疵，就可能导致逐出法外判决被撤销，从而使原告前功尽弃。(3)逐出法外的优势本在于依靠扣押的财产为诉讼提供保障，但16世纪时起被告仅需支付几镑，就可购买到一项宽恕特许状(pardon)，收回被扣押的土地和动产。因此，有人说逐出法外实际上是一种不公平的、费用高昂、拖延迟缓而又无确定性的程序。[④]

即使对被告采取了扣押财产、拘捕或逐出法外措施，面临的依然是出庭取决于被告主观意志的问题；如果被告罔顾人身被拘捕或财产被扣押，固执地拒绝出庭，法院仍不能作出判决，原告最终还是获得不了实体救济。对于这一点，梅特兰有过说明，"我们的法院有一件事情是不会做的——显而易见的事情。法院宁可用尽所有威吓手段迫使被告出庭，也不会在被告未出庭时作出对其不利的判决。如果被告非常顽固，经得住监禁或逐出法外之苦，原告会丧失任何救济……我们的法律不会对未出庭的被告作出判决"。[⑤] 梅特兰接着对上述现象存在的原因做了评价和解释。"摆在我们面前的似乎是一项本来令人尊重的观念，

---

① Frederick Pollock & Frederic William Maitland, *The History of English Law before the Time of Edward* Ⅰ, Volume 1, 2nd Edition, Cambridge University Press, 1898, p. 525.

② 1835年100镑购买力约合2011年9441镑。See House of Commons Library, *Inflation: The Value of the Pound* 1750 – 2011, *Research Paper* 12/31, https://researchbriefings.parliament.uk/ResearchBriefing/Summary/ RP12 – 31#fullreport, December 4th, 2021.

③ *First Report Made to His Majesty by the Commissioners Appointed to Inquire into the Practice and Proceedings of the Superior Courts of Common Law*, ordered by the House of Commons to be printed 20th Feb. 1829, p. 87; Nathan Levy, *Mesne Process in Personal Actions at Common Law and the Power Doctrine*, 78 Yale Law Journal 52 (1968).

④ Nathan Levy, *Mesne Process in Personal Actions at Common Law and the Power Doctrine*, 78 Yale Law Journal 52 (1968).

⑤ Frederick Pollock & Frederic William Maitland, *The History of English Law before the Time of Edward* Ⅰ, Volume 2, 2nd Edition, Cambridge University Press, 1898, p. 592.

但它逐渐变质为愚蠢的固执。法律希望能非常公平,但却对被告缺席作出了过激反应。它不是对缺席者说‘我不在乎你是否缺席’,而是以自己的意志否定被告的意志——‘你必须出庭’。对此我们可以补充说,具有准刑事诉讼性质的侵害之诉出现并占主导地位后,人们无法简单认为对人诉讼不过是单纯的私人间的争讼。缺席的被告破坏了和平,他藐视司法的行为必须予以弹压,原告的诉讼请求能否得到偿付则成了次要的问题。”①

法院如是固守强迫被告出庭的传统,除因法院具有保守倾向,坚持遵循出庭是法院行使裁判管辖权的基础的陈旧观念外,或许是利益使然。19世纪司法改革前法院官员的收入不是依靠薪金,而是来自当事人支付的诉讼费用。原告请求签发扣押财物令状和拘捕令状等司法令状时,需要向法院官员支付专门的令状签发费。负责签发扣押财物令状和拘捕令状的是令状归档官,他的职位是金钱购买而来,因此他会非常在意保护自己的收入。逐出法外程序的官员即逐出法外书记官亦是如此。一项诉讼如果需要签发多件令状,法院官员就可以收取多份费用,所以他们不愿意取消甚至不允许稍许改革这种能带来源源不断收益的强迫被告出庭的司法令状制度。

然而,尽管存在诸多制约和阻挠,出庭和强迫出庭制度的根本缺陷使得改革和废止管辖权出庭基础规则、取消强迫被告出庭制度,代之以新的管辖权基础规则和出庭制度势在必行。

第二节　民事诉讼启动程序变革的推动因素

本书尝试分析一下英格兰民事诉讼启动程序发展变革的推动因素。诚然,司法改革的推动因素有诸多分析角度如经济力量、社会思想、学者努力、文化宗教影响等,这里仅借用亨利·梅因爵士(Sir Henry Maine)的观点,②探讨一下拟制、衡平法和制定法这些法律上的因素在促进民事诉讼启动程序的变革所起到的不可或缺的历史作用。

---

① Frederick Pollock & Frederic William Maitland, *The History of English Law before the Time of Edward* Ⅰ, Volume 2, 2nd Edition, Cambridge University Press, 1898, p. 593.

② See Henry Sumner Maine. *Ancient Law*, John Murray, 1870, p. 30.

一、拟制和衡平法是诉讼启动程序发展和统一的历史推动因素

（一）拟制推动了普通法诉讼启动程序的自我统一

历史上，拟制是普通法自我发展的内在推动因素和力量。作为普通法的一部分，诉讼程序规则本质上是习惯法性的，法官遵循和沿袭一直存在的诉讼习惯做法（practices），[①]历经几百年，形成了以令状和诉讼程式为基础，以复杂的启动程序、严密的诉答程序、陪审团审理为主体架构的异常发达的诉讼程序体系。无疑，英格兰诉讼程序在遵循传统习惯做法的同时，必然经历自我修正和自我完善，而拟制正是普通法法院在司法实践过程中发现和利用的一项既能保留传统，又能修正旧有规则不足的重要工具。从一开始，拟制就被普通法诉讼，尤其是对人诉讼运用到了极致。通过拟制，威斯敏斯特高级普通法法院的诉讼启动程序尽可能地实现了统一。在王座法院，原告拟制侵入私地侵害之诉，然后申请签发米德尔塞克斯郡令或潜逃拘捕令状启动真正的对人诉讼。在民诉法院，通过拟制侵入私地侵害之诉，并假定侵入私地侵害令状已经签发，原告直接申请签发侵入私地拘捕令状启动真正的诉讼。在财税法院，原告通过拟制自己为君主债务人，申请签发君主债权减少拘捕令状启动真正的诉讼。历史地看，通过拟制侵入私地侵害之诉，采用拘捕令状启动本欲提起的对人诉讼程式，是在不打破旧有普通法诉讼习惯做法的前提下统一诉讼启动方式的一种最可行办法。如果不拟制侵入私地侵害之诉，而直接启动本欲提起的诉讼程式，则每个诉讼程式会有自己的启动方式和启动程序规则；而拟制侵害之诉后，只需要采用侵害之诉的拘捕令状启动诉讼。侵害之诉相对于其他更为古老的对人诉讼程式如定额金钱债务之诉，是相对新型、合理并节约诉讼费用的程序。这样，不需要废止或统一旧的诉讼程式，通过侵害之诉的拟制，拘捕令状成为主导的启动方式，各个普通法法院的诉讼启动程序统一为相对先进的侵害之诉的诉讼启动程序。

普通法上，拟制是在尊重法律传统和不破坏严格形式要求的前提下，对现有规则一种规避，这种规避表面上并不改变现有规则，但改变了法律适用的方式，法律规则实质上已与先前不同。就诉讼启动程序

① practices 几乎与诉讼程序同义。

而言,拟制的本来作用可能只不过是规避旧的法律习惯的束缚,或者为了帮助王座法院、财税法院攫取大量的本来属于民诉法院的管辖权,当事人拟制使用拘捕令状也只是为了省却初始令状、诉状或其他司法令状的签发,节省点诉讼费用和时间,但拟制的客观效果却远远地超过了法官和当事人的主观目的,最终实际上起到了统一诉讼启动方式和诉讼程序的作用。

毋庸讳言,法律拟制的运用虽然积极作用明显,但鉴于普通法的程序本已相当复杂,拟制无疑大大增加了这一复杂程度,拟制的大量运用使拟制本身也逐渐演变为诉讼程序的赘疣。诉讼程序需要的根本改革,普通法自身包括拟制无法完成,必须借助外部力量的介入。

(二)衡平法为诉讼启动程序的发展提供了制度储备和支持

普通法诉讼启动程序的发展除了内部自我推动因素之外,14世纪出现的衡平法也起到巨大的作用。历史上看,自衡平法产生起,衡平程序和普通法程序就相互借鉴和影响;但总体而言,衡平诉讼是普通法诉讼程序乃至于整个民事诉讼程序的新鲜血液来源和制度储备库。这一点可直接借用19世纪诉讼程序改革成果作出说明。改革之前最能体现普通法诉讼程序特征的元素是初始令状为基础的诉讼程式、单一争点的诉答程序和陪审团审理制度;在改革后统一的民事诉讼程序中,这些元素几乎都已经或正在消失:初始令状和诉讼程式被废止、复杂的诉答程序大为简化、陪审团审理制度突然衰落。改革后的民事诉讼很大程度上是衡平程序,甚至夸张一点说19世纪民事诉讼程序改革是衡平诉讼程序"战胜"普通法诉讼程序的过程。就诉讼启动程序而言,普通法法院的诉讼启动程序,从初始令状直至逮捕、保释制度都被废除,简化后的启动程序吸收了很多衡平诉讼启动程序的优点。例如,传唤令状指向被告本人而不是郡长,可由原告自行送达被告,这和大法官法院使用过的附罚则传唤令状近似。

二、议会立法是诉讼启动程序改革的最终推动力量

19世纪前,拥有700年历史的英格兰民事诉讼程序,一直固守先制,鲜有革新,中间甚至实质上抵御住了罗马法的冲击。但就在19世纪的时候,这一英格兰法律史上最为顽固守旧的领域,却作出了最为激烈彻底的改革,英格兰民事诉讼程序一跃成为欧洲最先走向现代化的诉讼程序。[①] 这次变革的彻底性在诉讼启动程序上尤为明显。作为普通法诉讼程序的基础、最能体现英格兰诉讼程序特征的诉讼程式被彻底废除，诉讼程式下如“鸽巢”般并列的诉讼程序转变为统一的“流水线”式的诉讼程序。作为诉讼启动程序的主体部分的裁判管辖权出庭基础规则以及强制出庭的逮捕制度、逐出法外制度被废除，繁杂的诉讼启动方式彻底简化和统一，诉讼启动程序的根本变化使整个诉讼的时间达到了几乎节约一半的程度。在民事诉讼领域，英格兰传统的逐步积累、缓速发展的渐进变革模式一下子转换为彻底的突变模式，这在英格兰法律史上可以说是罕见甚至唯一的。探根究源，推动这一彻底改革的最终决定力量，不是对英格兰民事诉讼程序作了局部改良，甚至指引了改革方向的拟制和衡平法，而是议会和议会立法(Parliament Acts)[制定法(statutes)]。

从历史上看，制定法对诉讼程序的产生和发展一直起到关键的作用，几乎每一次重大程序制度的确立或变更都离不开制定法的颁布。普通法建立之初1166年创设咨审团审理的《克拉伦登法令》、1258年限制创设新的诉讼程式的《牛津条令》、1267年确立不动产诉讼缺席判决制度的《马尔伯勒制定法》、1285年确立巡回陪审团制度的《巡回陪审团审理制定法》、1285年允许大法官在同类案件中签发初始令状的威斯敏斯特制定法二第24章都是最好的证明。这些重要的制定法修改或确认了普通法诉讼习惯，大大地促进了诉讼程序制度的发展。当然不排除有的制定法使诉讼程序走向僵化或变得严苛，如严厉的民事逮捕制度即制定法之花结出的“恶果”，但总体而言，制定法是推动民事程序制度发展的巨大积极力量。

19世纪民事诉讼程序的改革确立了新的立法模式。旧时古老复杂的普通法程序规则，绝大部分未编纂成文，深藏在浩如烟海的法院判例所形成的诉讼习惯的迷宫中。即使偶有制定法或成文的法院规则规定程序问题，也是零星和不成体系的。司法改革时，诉讼程序转向议会立法模式，旧有的诉讼习惯被议会立法废除、修改或者确认，新的规则被创设，诉讼程序规则实现了成文法化和系统化。诉讼习惯法转变为议

---

① R. C. Van Caenegem, *History of European Civil Procedure*, in Mauro Cappelletti ed., International Encyclopedia of Comparative Law: Civil Procedure, J. C. B. Mohr, 1973, p. 103.

会立法标志着诉讼程序立法技术质的提高。议会掌握着诉讼程序基本立法的制定,但议会并不制定全部诉讼程序规则,议会通过授权立法(delegated legislation),准许法官自行编纂具体程序规则,这样,法官创设的程序规则纳入了国家的立法体系。在英格兰这一传统的法官造法的普通法地区,立法者最终立上潮头,并在19世纪的时候决定并主导了一场诉讼程序的重大转折。原本发展缓慢,深受传统影响,一直有拒绝变革倾向的英格兰诉讼程序制度迎来了剧烈革新的时代。

这里须探讨的一个问题是为什么民事诉讼程序的根本改革会发生于19世纪而不是其他时间。因过于古老,早在17世纪的时候普通法和衡平诉讼程序在诸多方面就已陈腐守旧,弊端重重,很多人对此做了深入的论述。1657年一位名为威廉·谢帕德(William Sheppard)的律师被克伦威尔(Cromwell)从乡村召到伦敦,他出版了《英格兰的巴姆》(*England's Balme*)一书,①提出了一系列法律和社会改革建议。与诉讼有关的主要有以下方面:合并普通法、衡平法;建立审理小额诉讼请求的郡法院;建立上诉法院系统;取消诉讼程式;统一司法令状;废止特别诉答;废除拟制;小额诉讼请求实行无陪审团审理;取消债务引起的监禁;建立世俗的遗嘱检验法院;监狱改革等。② 1662年曾出现过一份声讨扣押财物令状的宣传册,③认为通过扣押财产强迫被告出庭,是一种费用高昂、烦琐、轻率(costly, prolix, neglected)的程序,应该予以废止。这些观点充满远见卓识,甚至可以说是19世纪诉讼程序改革的指南,但它们一直没有得到议会或中央高级法院的回应。历史上看,司法组织和诉讼程序的改革等到19世纪才由议会推动绝非偶然,它是同时期议会改革的成果。英国议会改革从1832年《改革法》

① 书的全名是:*England's Balme, or Proposals by Way of Grievance and Remedy Humbly Presented to His Highness and the Parliament, Towards the Regulation of Law, and Better Administration of Justice*。

② John Baker, *An Introduction to English Legal History*, 5th Edition, Oxford University Press, 2019, p. 228.

③ *Certain Proposals of Divers Clerks and Attorneys of the Court of Common Pleas for the Taking Away Fines upon Original Writs and Damage Cleer and Regulating the Proceedings of Law and Remedying Some Inconveniences*, R. W., 1662.

(Reform Act,1832)开始,[①]被历史学家称为“英国历史上最重要的事件”。相较欧洲其他国家,英国议会改革是更接近于革命的运动,实现了别的国家只有依靠革命才能实现的目标——新生的社会力量参与到政权中,将国家带向民主、文明与现代。改革产生改革,议会改革后立即着手司法组织和诉讼程序的改革,英格兰走向了一个全面的立法改革司法的时代。就诉讼程序而言,作为普通法诉讼程序“摇篮”的诉讼程式以及被奉为普通法诉讼《十二表法》的初始令状被废除。难以想象,如果没有议会立法的力量,仅依靠普通法的自我发展或衡平法的协助,这种变革何以实现。当然,不能忽视的是,即便司法组织和诉讼程序的改革是一场剧烈的变革,这一改革也非一蹴而得,而是渐进成就的。从 19 世纪 30 年代开始直至 19 世纪 70 年代中期,诉讼程序和司法组织的改革持续近半个世纪。就诉讼启动程序而言,议会先后颁布 1832 年《统一司法令状法》(Uniformity of Process Act,1832)、1838 年《判决法》(Judgments Act,1838)、1852 年和 1860 年《普通法诉讼程序法》(Common Law Procedure Acts,1852 and 1860)、1852 年《大法官法院诉讼程序法》(Court of Chancery Procedure Act,1852)、1873 年和 1875 年《最高法院法》(Supreme Court of Judicature Acts,1873 and 1875)等制定法才最终完成改革。

英格兰法是少见的自足的法,有着强大的自我发展和自洽的修复机制。它通过自我孕育出来的普通法、衡平法、制定法三股力量不断地推动自己前进,成就为世界最先进的法律文明之一。靠着这些力量,法治可以在这个国家循序渐进发展,而不必经历暴风骤雨和流血革命。正如储安平所说,“英国历史上革命的次数较之他国为少。一切政治改革都采取渐进的方式。在一般英人心中,以为无论何时,即使有修改宪法的必要,也应当采取和平的方法,纵不能不破坏政治上之制度,所破坏者也以愈少愈好。英人只主改革,不主推翻”。[②]

---

① 威廉四世 2 年和 3 年律目 45 制定法(2 & 3 Will. Ⅳ,c. 45)的通称。该法废除被贵族操纵的选区,增加郡的代表名额,并对许多原来无代表的城镇给予代表名额。

② 储安平:《英国采风录》,东方出版社 2005 年版,第 158 页。

第三节　民事诉讼启动程序变革历程

作为 19 世纪司法组织和诉讼程序改革的一部分，民事诉讼启动程序的变革历程与司法组织和诉讼程序的改革是一致的。以 1875 年发生的普通法和衡平诉讼程序的统一作为"分水岭"，19 世纪民事诉讼程序变革分为两个阶段，第一个阶段是民事诉讼程序统一前阶段，自 19 世纪 30 年代初开始至 19 世纪 70 年代初结束。这一阶段普通法法院和大法官法院各自完成了普通法和衡平诉讼程序，包括启动程序的变革；第二个阶段是以 1873 年和 1875 年《最高法院法》的颁行为标志的民事诉讼程序统一阶段，这一阶段废止了旧有的法院和诉讼程序体系，建立了更为合理的法院组织，制定了现代化的诉讼程序规则，实现了普通法和衡平诉讼程序的统一。

一、民事诉讼程序统一前的诉讼启动程序变革

（一）普通法民事诉讼启动程序改革概述

议会 1828 年任命的普通法委员会自成立至 1834 年使命完成共出具了 6 份报告。1829 年 2 月 18 日的第一份报告与诉讼启动程序关系最为密切，报告除部分涉及普通法法院的诉讼事务处理外，主要就各种诉讼启动方式尤其是保释性和送达性司法令状存在的问题做了详细说明并提供了具体改革建议。① 1831 年 3 月普通法委员会调查范围扩展至根据中间和最终司法令状作出的逮捕、监禁以及民事诉讼证据领域，并于 1832 年出具了第四份报告。这一报告对民事债务诉讼中拘捕和监禁制度作出了调查，提出了废除该项制度的建议。② 1833 年和 1834 年普通法委员会分别就英格兰教省法院（provincial courts）的小额债务索赔程序以及出庭律师公会（Inns of Court）的状况分别作出第五和第六份报告。上述系列报告促成了 1832 年《统一司法令状法》、1833 年

① *First Report Made to His Majesty by the Commissioners Appointed to Inquire into the Practice and Proceedings of the Superior Courts of Common Law*, ordered by the House of Commons to be printed 20th Feb. 1829, p. 5 – 7.

② 这份报告委员未达成一致，一名委员在报告附件中提出了整体上保留现有逮捕制度的意见。

《不动产时效法》(Real Property Limitation Act,1833)、1833年《民事诉讼程序法》(Civil Procedure Act,1833)和1838年《判决法》的制定。

为进一步改善司法,1850年议会任命了5名委员组成的普通法(诉答)委员会[Common Law (Pleading) Commission],对威斯敏斯特高级普通法法院和巡回法院的诉讼程序、诉讼规则和诉答制度是否需要改革作出调查。普通法(诉答)委员会的工作一直持续到1860年,分别于1851年、1853年和1860年出具了三份报告。这些报告促成了1852年、1854年和1860年《普通法诉讼程序法》(Common Law Procedure Acts, 1852,1854 and 1860)的制定。这三部制定法是第一阶段普通法诉讼程序改革的最终成果。下文以先后颁布的各制定法为线索,就诉讼启动方式、强制出庭制度以及诉讼程式的改革作出说明。

(二)普通法民事诉讼启动方式的改革

1. 1832年《统一司法令状法》的改革

19世纪司法改革前的英格兰诉讼启动方式极尽繁多复杂,夸张一点说,几乎涵盖了人类诉讼史上可能产生过的所有启动方式类型。司法改革时,诉讼启动方式最受诟病,被指责为法院严酷压迫当事人、法院官员和律师肆无忌惮攫取收入的手段,因此,19世纪司法改革时诉讼启动方式首当其冲。诉讼启动方式的改革从司法令状开始,议会在普通法委员会1829年2月18日的报告基础上,于1832年5月23日颁布了《统一司法令状法》,即威廉四世2年和3年律目39制定法(2 & 3 Will. Ⅳ, c. 39)。《统一司法令状法》是19世纪司法改革时颁布的第一部制定法,也是诉讼启动方式变革的最主要立法。该法序言确立了以下立法理由和目的:"鉴于在国王陛下威斯敏斯特高级法院启动对人诉讼的司法令状过于繁多和复杂,诉讼非常不便;为予救济……制定本法。"《统一司法令状法》几乎全部废除了威斯敏斯特高级普通法法院对人诉讼的旧有启动方式,将之简化为以下三种司法令状方式:(1)传唤令状(writ of summons)。传唤令状适用两种情形:一是普通的非保释性诉讼,即不需要拘押被告并要求提供保释保证的诉讼;二是根据乔治四世6年律目16制定法(6 Geo. Ⅳ, c. 16)第10条规定,针对议会议员提起的诉讼。(2)拘捕令状(writ of *capias*)。对于未受监禁(at large)或者已被郡长等人拘禁的被告,意欲将之拘捕并要求提供特别保释保证时,可以通过签发拘捕令状启动诉讼。(3)续行羁押令状(writ of detainer)。被告已被王座法院典狱长(Mahrshal of the King's Bench)或者弗利特监狱典狱长(warden of the Fleet)监禁,并且需要继续监禁时适用。[①] 根据该法第21条规定,上述3种司法令状是王座法院、民诉法院和财税法院对人诉讼唯有的启动方式。这次改革对普通法对人诉讼启动程序产生了以下影响。首先,针对贵族、法人和百户区以及普通人的初始令状被取消,因此废除了对人诉讼中初始令状启动诉讼的做法。对人诉讼中沿用了几百年的作为诉讼程式基础的初始令状终于退出历史舞台。其次,废除了针对下议院议员、律师或法院官员以及被王室法院典狱长、郡长等人监禁的监犯提起诉讼的诉状方式。再次,几乎全部废除了作为诉讼启动方式的各种司法令状,改用传唤令状、拘捕令状、续行羁押令状这3种司法令状作为诉讼启动方式。法院官员或律师作为原告提起诉讼时采用的特权拘禁令状或特权拘捕令状,王座法院的米德尔塞克斯郡令、潜逃拘捕令状,民诉法院的侵入私地拘捕令状,财税法院的出庭答辩令状、君主债权减少拘捕令状等司法令状都被废止。复次,三大普通法法院的诉讼启动方式得以简化并实现了统一,这为普通法法院诉讼程序的统一作出了铺垫。最后,启动诉讼的费用受到限制,改革后的所有司法令状的收费应该和先前的潜逃拘捕令状收费相同。潜逃拘捕令状的诉讼费用相对合理,远低于以初始令状和诉状启动诉讼时的收费。

1832年《统一司法令状》对诉讼启动方式的改革是根本性的,但仍存在不够彻底的地方,主要表现以下四个方面:(1)虽然简化了对人诉讼的启动方式,将过去近20种的启动方式缩减为三种,但仍采用拘捕令状这一严厉的启动方式。(2)君主提起的对人诉讼作为例外不受该法的限制。例如,君主主张盖印金钱债务证书、具结保证书或者判决书产生的债权,可以不使用改革后的三种司法令状,而使用告知令状这一古旧司法令状在财税法院启动诉讼。(3)该法仅适用于对人诉讼,不适用于不动产诉讼和混合诉讼。因此,权利之诉、限嗣继承赠与地产回复之诉等不动产诉讼仍继续使用初始令状启动诉讼,驱逐之诉、寡妇地产

① William Tidd, *The Act for Uniformity of Process in Personal Actions*, Sauders and Benning, 1832, p. 3.

之诉、毁损土地之诉、妨碍圣职推荐权之诉等混合诉讼的启动方式也未受影响。驱逐之诉仍然可以按1832年制定法颁布前的方式启动诉讼，即在王座法院或民诉法院可以初始令状启动，在王座法院或财税法院又可以原告第一诉答状（诉状副本）方式启动。动产占有回复之诉虽然是对人诉讼，但是因为是通过起诉状（plaint；complaint）在低级法院，而非在威斯敏斯特三大高级普通法法院启动诉讼，因此其诉讼启动方式似乎不适用该制定法，仍可沿用旧有的启动方式。① (4)该制定法仅适用于威斯敏斯特三大普通法法院对人诉讼的初审案件的启动，不适用执行程序或上诉程序，因此，该法不禁止通过告知令状执行判决或具结保证书，也不禁止当事人通过纠错令状、错误判决令状启动上诉程序，或通过初始移审令状、诉讼记录移送令状、移送王室法院令状将下级法院的案件移送王座法院或民诉法院审理。此外，传统的用以司法审查的调卷令状、解交人身令状等司法令状也得以保留。

2. 1838年《判决法》和1852年《普通法诉讼程序法》的进一步改革

在1832年《统一司法令状法》根本变革的基础上，1838年《判决法》即维多利亚女王1年和2年律目110制定法（1 & 2. Vict.，c. 110）进一步改革和统一了诉讼启动方式。《判决法》第2条规定，“威斯敏斯特高级普通法法院所有对人诉讼，都应该通过传唤令状启动”。这样，1832年《统一司法令状法》中残存的拘捕令状和续行羁押令状这两种针对人身的启动诉讼方式被废除，拘捕令状作为威斯敏斯特高级普通法法院民事诉讼启动方式的历史终告完结。

1852年议会颁布了《普通法诉讼程序法》即维多利亚女王15年和16年律目76制定法（15 & 16 Vict.，c. 76），②该法第2条重申了1838年《判决法》确立的一切对人诉讼都应该通过传唤令状启动的规定。依据1832年《统一司法令状法》，启动诉讼的司法令状仍需说明所采用的诉讼程式即说明诉讼性质和诉讼事由，而1852年《普通法诉讼程序法》规定，原告无须在传唤令状或传唤令状通知中陈述任何特定

---

① William Tidd, *The Act for Uniformity of Process in Personal Actions*, Sauders and Benning, 1832, p. 5.

② 1852年《普通法程序法》是一部类似现代意义的民事诉讼法典的制定法，正文达236条之多，还就诉答程式和诉答规则列有若干附录。

的诉讼程式。

1860年《普通法诉讼程序法》即维多利亚女王23年和24年律目126制定法(23 &24 Vict. ,c. 126)废除了不动产诉讼程式,将传唤令状作为除驱逐之诉以外的所有普通法诉讼的启动方式。驱逐之诉的诉讼程序当时已经根据1852年《普通法诉讼程序法》第168条做了简化,废除了拟制做法,直接使用类似于传唤令状的驱逐令状(writ of ejectment)启动诉讼。

(三)普通法民事诉讼强迫出庭制度的改革

1. 1832年《统一司法令状法》对强迫出庭制度的改革

强制出庭制度的改革是1832年《统一司法令状法》的另一项主题,主要涉及附属司法令状和代为登录出庭制度等内容。根据该法,对人诉讼的启动方式简化为传唤令状、拘捕令状和续行羁押令状三种司法令状。这三种司法令状性质上是基本令状或基本司法令状(primary writ or process)。基本令状是法院第一时间签发的启动诉讼的令状,基本令状也可用来强迫被告出庭。被告未遵守基本令状出庭时,以基本令状为根据,原告可以申请签发强迫被告出庭的其他司法令状。这些后续的司法令状称为附属令状或附属司法令状(auxiliary writ or process)。附属令状包括以下类型。第一是扣押财物令状(writ of *distringas*)。该法第3条规定,如果原告能够出具宣誓陈述书证明传唤令状签发后无法亲自送达被告本人,被告未出庭并且无法强迫其出庭,原告可以申请签发扣押财物令状。扣押财物令状可用以强迫被告出庭,也可用来事后将被告逐出法外。因此,扣押财物令状具有强迫被告出庭令状和逐出法外令状两种形式。如果原告所选择的是强迫被告出庭令状形式,在被告不遵循扣押财物令状时,可申请作出缺席判决,但不能用来将被告逐出法外。第二,在签发传唤令状或拘捕令状启动诉讼后,若无法送达令状或无法将被告逮捕,原告可以申请签发第二、第三传唤令状(*alias or pluries* summons)或第二、第三拘捕令状(*alias or pluries capias*)。如果传唤令状已经亲自送达被告而被告拒不出庭,就无必要签发第二传唤令状,原告可以直接代被告登录出庭,从而申请缺席判决。第三,由于逐出法外程序尚未废除,根据该法第5条规定,当拘捕令状回呈"被告所在不明",或者扣押财物令状回呈"被告所在不明和被告无财产”(*non est inventus and nulla bona*)时,当事人可以申请签发逐出法外拘传令状、公告令状等令状,将被告逐出法外。

1832年《统一司法令状法》沿袭了1811年《无意义逮捕法》的代为登录出庭制度。依据1832年制定法,向被告亲自送达传唤令状后,被告必须在送达后8日内登录出庭。如果被告未在规定日期登录出庭,原告可根据传唤令状所载条款,代被告登录出庭,然后继续诉讼程序并取得被告败诉的缺席判决。原告代为登录出庭时,必须就传唤令状已经送达事宜提交宣誓陈述书。[①] 根据该法第3条,在签发扣押财物令状场合,如果执行令状时能找到被告,应将令状送达被告;如果不能找到被告,则应将扣押财物令状留置在执行的场所。被告应该在令状送达或留置后的8日内登录出庭;如果被告不登录出庭,原告可以根据扣押财物令状中的出庭通知条款,代被告登录出庭,从而继续诉讼,并取得缺席判决。

2. 1838年《判决法》对强迫出庭制度的进一步改革

根据1838年《判决法》,威斯敏斯特高级普通法法院所有对人诉讼都应该通过传唤令状启动,这样1832年《统一司法令状法》颁布后普通法法院残存的作为启动诉讼方式的拘捕令状、续行羁押令状被废止。根据1838年《判决法》第1条废除了低级法院和高级法院所有普通法民事诉讼中依据中间司法令状逮捕被告的做法。但作为例外第1条又规定,在高级法院的特定案件中,可将拘捕令状作为一种新的中间司法令状,以该法规定的方式适用于被告。[②] 对此第3条规定,诉讼开始后最终判决作出前,原告如果能够通过宣誓陈述书证明诉讼金额达到20镑或以上,可向法官申请签发拘捕令状,命令郡长逮捕被告,但必须有合理理由(probable cause)认定被告若不羁押将逃离英格兰,因此其人身和财产会失去控制,原告即使取得胜诉判决最终也无法执行。被告被逮捕后,可以通过提供出庭保释保证书或保释保证金获得释放,并应

---

① William Tidd, *The Act for Uniformity of Process in Personal Actions*, Sauders and Benning, 1832, p. 9.

② 值得注意的是,作为中间司法令状的出庭答辩拘捕令状(*capias ad respondendm*)和附罚则答辩传唤令状(*subpoena ad respondendum*)虽久已废用,直至1947年才根据《王权诉讼法》(Crown Proceedings Act, 1947)(1948年1月1日生效)正式废止。

于规定日期提供特别保释保证。[①] 可见，依据1838年《判决法》、1832年《统一司法令状法》规定的拘捕令状的性质和作用发生了改变，不再具有作为初始司法令状启动诉讼的功能，只能作为中间司法令状在诉讼过程中逮捕被告，并且需要满足更为严格的条件。根据拘捕令状实施的逮捕和保释保证程序与旧时程序相比性质上也有了根本变化，逮捕被告以及相应的保释保证程序不再是诉讼主程序的一部分，而成为诉讼主程序的附属程序或附属强制措施。[②]

这里附带说明一下，依据终局司法令状逮捕债务人的做法到1869年《债务人法》(Debtors Act, 1869)即维多利亚女王32年和33年律目62制定法(32 & 33 Vict., c. 62)颁布时原则上废止。该法也允许某些例外情形，如被告有偿付能力却拒不偿债时对被告实施逮捕。

3. 1852年《普通法诉讼程序法》对强制出庭制度的改革

1852年《普通法诉讼程序法》废止了1832年《统一司法令状法》规定的各种附属司法令状。根据第10条，废除了作为附属令状签发的第二司法令状和第三司法令状(*alias and pluries* writs)，以令状更新(renewal)取而代之。令状更新是在令状期限即将届满时，法院应当事人申请，对令状作出展期。根据第11条的规定，传唤令状的有效期是令状签发之日起6个月；如果在有效期届满前，未能送达被告，可以在届满前任何时间予以更新。该法第26条废除了1725年《无意义逮捕法》颁布以来一直采用的原告代被告登录出庭的做法。依据第27条和第28条规定，原告在被告未出庭时，无须代为登录出庭，可直接申请缺席判决。

该法的另一项重要变革是第24条废除了扣押财物令状。扣押财物令状是一项耗费大量时间和费用强迫被告出庭的附属司法令状。因为扣押财物令状的废止，基于该令状的逐出法外无法作出，因此依据中间司法令状实施的逐出法外实际上被废除。

---

① Henry John Stephen, *New Commentaries on the Laws of England*, Volume 3, Henry Butterworth, 1844, p. 571.

② Samuel Prentice, *Chitty's Archbold's Practice of the Court of Queen's Bench*, Volume 1, H. Sweet, 1862, p. 715.

4. 1879 年《民事诉讼程序法废止法》废除了民事诉讼中的逐出法外程序

19 世纪时逐出法外已经很少适用。1879 年《民事诉讼程序法废止法》(Civil Procedure Acts Repeal Act,1879)即维多利亚女王 42 年和 43 年律目 59 制定法(42 &43 Vict. ,c. 59)明确废除了民事诉讼中的逐出法外程序。至此,除了传唤令状经过改造得以保留外,旧时的由出庭担保令状、扣押财物令状、拘捕令状和逐出法外程序组成的强制出庭体系瓦解殆尽。

刑事诉讼中的逐出法外程序在司法改革时期尚未完全废止。1870 年《罚没法》(Forfeiture Act,1870)即维多利亚女王 33 年和 34 年律目 23 制定法(33 &34 Vict. ,c. 23)第 1 条仍规定,对于叛逆、重罪或自杀行为,不得处以褫夺私权、血统败坏以及罚没财产或土地复归的处罚,但该法不影响逐出法外罚没财产的规定。直至根据 1938 年《司法实施(杂项条款)法》[Administration of Justice (Miscellaneous Provisions) Act,1938]即乔治六世 1 年和 2 年律目 63 制定法(1 &2 Geo. 6,c. 63)第 12 条的规定,刑事诉讼中的逐出法外程序才最终废除。

(四)普通法诉讼程式的改革

作为 19 世纪诉讼程序改革的第一部议会立法,1832 年《统一司法令状法》废除了对人诉讼中旧有的包括初始令状在内的几乎全部的启动诉讼的方式,但该法未就诉讼程式改革作出规定。依据该法,原告需要在启动诉讼的司法令状(传唤令状、拘捕令状和续行羁押令状)中说明要求被告答辩的诉讼程式类型如令状中注明"在定额金钱债务之诉中"(in an action of debt)或"在特别主张侵害之诉中"(in an action of case)类似字样。尽管如此,1832 年制定法毕竟废除了对人诉讼的初始令状,引入了统一的启动诉讼的传唤令状,迈出通往废除旧有诉讼程式、建立现代诉讼制度道路上的第一步。①

司法改革期间,第一部变革诉讼程式的制定法是 1833 年《不动产时效法》(Real Property Limitation Act,1833)即威廉四世 3 年和 4 年律目 27 制定法(3 &4 Will. Ⅳ,c. 27)。该法废除了久已弃用的60 种不动

① William Searle Holdsworth, *A History of English Law*, Volume 9, Methuen & Co. Ltd. , 1926, p. 252.

产诉讼和混合诉讼的初始令状及其诉讼程式，仅保留了属于不动产诉讼的寡妇地产权利令状、未取得寡妇地产令状、妨碍圣职推荐权令状以及属于混合诉讼的驱逐令状四种初始令状及其诉讼程式。1833 年《民事诉讼程序法》即威廉四世 3 年和 4 年律目 24 制定法（3 &4 Will. Ⅳ, c. 24）又废止了一些残存的古旧程序，包括宣誓裁判（wager of law）。[①]它对诉讼程式产生一个有意思的影响：宣誓裁判的废除复活了不当扣留动产之诉和定额金钱债务之诉两种对人诉讼程式。它们因须适用陈旧的宣誓裁判故久已弃用，宣誓裁判废除后，它们又成为可资利用的诉讼程式。即便如此它们仍不及动产侵占之诉和承诺之诉这两个较晚产生的诉讼程式实用。

1850 年普通法（诉答）委员会的报告支持废除所有诉讼程式，但他们也承认法律专业人士对此的情绪和观点分歧很大。因此，根据委员会报告制定的 1852 年《普通法诉讼程序法》并未一步到位废止诉讼程式，而是在第 3 条规定，所有对人诉讼只能采用传唤令状启动，传唤令状使用统一格式，无须在令状文本中说明任何特定的诉讼程式或诉讼理由。这改变了 1832 年《统一司法令状法》规定的启动诉讼的司法令状需要说明诉讼程式即说明诉讼性质和诉讼理由的做法，诉讼程式的记载从令状中消失，原告不会再陷入因诉讼程式选择错误而败诉的境地。然而，原告虽然无须一开始在传呼令状中记载诉讼程式，但诉讼程式的选择并没有完全废止，实务上原告仍会在第一诉答状中列明诉讼程式。每个诉讼程式都有自己的先例，诉讼程式对当事人依然重要。[②] 1852 年制定法还规定，除了驱逐之诉和动产占有回复之诉，所有诉讼程式都可合并在一个诉讼中提出，这改变了过去即使当事人相同，如果诉讼程式不同也不能合并审理，只能分别提起诉讼的

---

① 该法第 1 条明确承认，对于微妙和复杂的诉讼机制如特别诉答（special pleading）制度，其改革无法由非专业人士实行，立法机关因此授权并要求普通法法官在该法通过 5 年之内制定出一套规则和命令，规范普通法诉答程序，其目的特别在于解决拖延、形式化和高昂的费用问题。作为回应，法院制定了 1834 年《希拉利规则》（*Hilary Rules*）对诉答程序作了改革。

② Frederic William Maitland, *Equity, also the Forms of Action at Common Law: Two Courses of Lectures*, Cambridge University Press, 1910, p. 375.

规则。[①]

1860 年《普通法诉讼程序法》继续推进诉讼程式的改革，废除了残存的三项不动产诉讼程式——寡妇地产权利之诉、未取得寡妇地产之诉和妨碍圣职推荐权之诉，代之以普通的通过传唤令状启动的对人诉讼。至此全部不动产诉讼程式彻底废止，回复不动产的诉讼只剩下属于混合诉讼的驱逐之诉。驱逐之诉当时已经根据 1852 年《普通法诉讼程序法》做了改革，废除了使不动产产权问题得以审理的租赁、进占和驱逐的复杂拟制作法，诉讼程序变得简捷合理。

直至 1873 年《最高法院法》(Supreme Court of Judicature Act, 1873)即维多利亚女王 36 年和 37 年律目 66 制定法(36 & 37 Vict., c. 66)颁布，诉讼程式始明文废止。自此，传承了几百年的作为普通法民事诉讼基础的诉讼程式最终大幕落下，当事人再不受诉讼程式的束缚，更不会因为选择诉讼程式错误而承担败诉的后果。

(五)大法官法院衡平诉讼启动程序的改革

大法官法院衡平诉讼程序的改革似乎准备更早，1824 年议会任命大法官法院委员会(Chancery Commission)，就大法官法院的管辖权和诉讼程序的改进作出调查，以确定能否减少诉讼环节和费用。该委员会 1826 年出具了一份报告，报告作出后很长时间议会并未制定相应立法改进大法官法院的诉讼程序，但该报告使衡平诉讼程序的讨论增加，为后来的改革作出了准备。[②] 在开始普通法诉讼程序改革的《统一司法令状法》颁布后第二年，议会通过了 1833 年《大法官法院规范法》(Chancery Regulation Act, 1833)即威廉四世 3 年和 4 年律目 94 制定法(3 & 4 Will. Ⅳ, c. 94)。该法废除了大法官法院的一些不必要的职位，改革了诉讼费用制度，将法院官员的报酬改为薪金方式，要求法院官员不得就其提供的服务单独收取费用。就诉讼启动程序而言，该法规定原告可以自己准备一份要求被告出庭的司法令状，提交法院加盖大法官法院办公室印章签发。该令状类似于普通法法院 1832 年改革后采

① 15 & 16 Vict., c. 76, s. 41; William Searle Holdsworth, *A History of English Law*, Volume 15, Sweet & Maxwell Ltd., 1965, p. 105.

② Duncan Mackenzie Kerly, *An Historical Sketch of the Equitable Jurisdiction of the Court of Chancery*, Cambridge University Press, 1890, p. 275.

用的传唤令状。原告不必请求法院签发加盖王玺的附罚则传唤令状，被告也不必去法院取得诉状的官方副本，节省了时间和不必要的费用。①

19世纪30年代，针对大法官法院及其诉讼程序暴露出的问题，上议院成立了一个小型调查委员会。该委员会1840年出具报告，指出由于诉讼程序存在缺陷造成了司法严重延误。② 该报告成为大法官法院进一步改革的蓝本，议会据此制定了多部制定法。③

1850年议会任命了另一个"大法官法院委员会"，调查大法官法院的诉讼程序、诉讼规则和诉答制度是否可以改进。委员会的调查范围后来扩大至大法官法院的管辖权问题，并于1852年、1854年和1856年各作出一份报告。根据这些报告，议会颁布了若干部制定法，④对大法官法院组织和诉讼程序作出了广泛而影响深远的改革。其中最重要的一部是1852年《大法官法院诉讼程序法》，维多利亚女王15年和16年律目86制定法（15 &16 Vict.，c. 86）。这是一部适用于大法官法院的现代意义上的衡平诉讼程序"法典"，对旧有衡平诉讼程序做了全面深入的改革。就诉讼启动程序而言，该法主要规定了以下内容。首先，改革了诉状，废除了无实际意义且徒增花费的形式要求。诉状采用了更为简单的诉讼请求陈述书形式，原告只需要在陈述书中简单陈述案件主要事实，并且在结尾处提出诉讼请求即为充分。诉状改用普通纸张，以印刷体书写（printed），不再需要誊

---

① Duncan Mackenzie Kerly, *An Historical Sketch of the Equitable Jurisdiction of the Court of Chancery*, Cambridge University Press, 1890, p. 275.

② 程汉大主编：《英国法制史》，齐鲁书社2001年版，第391页。

③ 1840年代关于大法官法院改革的制定法主要有：Court of Chancery Act, 1840 c. 94, Masters in Chancery Act, 1840 c. 34, Court of Chancery Act, 1841 c. 52, Court of Chancery Act, 1841 c. 5, Court of Chancery Act, 1842 c. 103, Clerk of the Crown in Chancery Act, 1844 c. 77, Court of Chancery Act, 1845 c. 105, Masters in Chancery Act, 1847 c. 60, Masters in Chancery Act, 1847 c. 97, Court of Chancery Act, 1848 c. 10, Court of Chancery Offices Act, 1848 c. 94.

④ 即 Court of Chancery (England) Act, 1850 c. 35, Court of Chancery Act, 1851 c. 83, Court of Chancery Act, 1852 c. 87, Court of Chancery Procedure Act, 1852 c. 86, Master in Chancery Abolition Act, 1852 c. 80, Court of Chancery (England) Act, 1853 c. 98, Court of Chancery Examiners Act, 1853 c. 22, Court of Chancery Act, 1854 c. 100, Court of Chancery Act, 1855 c. 134, Chancery Amendment Act, 1858 c. 27。

写于羊皮纸上。诉状去掉了质询部分,因此原告不必再为了让被告开示证据而在诉状中以问卷形式重复陈述部分甚至指控部分的内容。原告如果意欲让被告开示证据,可以在被告出庭后8日内单独向被告提交质询书。[①] 其次,废除了附罚则传唤令状,代之以在诉状副本背面背书一项命令被告在8日之内登录出庭的通知。原告不再通过送达附罚则传唤令状,而代之以送达背书了登录出庭通知的诉状通知被告出庭答辩。送达诉状的效力和先前送达附罚则传唤令状的效力相同。这一点是该法最重要的一项改革成果。再次,废除了补充诉状,允许当事人在新的事实产生时修改诉状,这样减轻了补充诉状带来的诉讼迟延和费用。[②] 最后,废除了恢复诉讼诉状,代之以法院签发的相同效果的命令。

二、民事诉讼及其启动程序的最终统一

1867年9月,议会任命了“司法组织委员会”(Judicature Commission),负责调查英格兰和威尔士高级普通法法院和大法官法院法庭和法官室(chambers)的司法事务运行情况及其效果。委员会最初由16名委员组成,1869年时增加至21名,1867年至1874年委员会前后共出具了5份报告。1869年3月25日的第一份报告涉及高级法院的组织和程序改革。1872年作出的第二份报告涉及季审法院(quarter sessions)、郡法院等低级法院,因委员间本身分歧较大,此报告的建议多未被实施。[③] 1874年委员会分别就商事裁判所(tribunals of commerce)和法官室诉讼规则出具了第三份和第四份报告。1874年7月10日提交了第五份报告,完成了委员会的工作。

委员会的第一份报告最为重要,该报告全体一致通过,提出的建议被

---

① Michael Lobban, Preparing for Fusion: Reforming the Nineteenth-Century Court of Chancery, Part Ⅱ, 22 Law and History Review, 2004, p. 582.

② William Searle Holdsworth, *A History of English Law*, Volume 15, Sweet & Maxwell Ltd., 1965, p. 118.

③ Edward Jenks, *A Short History of English Law*, Little, Brown, and Companry, 1913, p. 364 - 365.

1873 年和 1875 年《最高法院法》采纳。[①] 建议主要有五个方面：(1)合并现有的四个威斯敏斯特高级法院，作为最高法院的一部分；(2)缩短诉答过程；(3)不再将陪审团审理作为案件事实问题的唯一审理方式；(4)改变现行诉讼程序规则；(5)改革开庭期。[②] 这些建议被广泛接受，1873 年赛尔伯恩大法官(Lord Chancellor Selbourne)将《最高法院法》草案提交上议院时，获得了几乎所有普通法和衡平法官的支持。[③] 1873 年 8 月 5 日《最高法院法》颁布，依据赛尔伯恩大法官在上议院的陈述，该法有四个要点：统一了普通法法院和大法官法院；统一了普通法和衡平诉讼程序；简化了诉讼程序规则；重新塑造了上诉程序。[④] 根据该法，最高法院分为主要负责初审的高等法院和行使上诉管辖权的上诉法院两级。高等法院合并了当时的大法官法院、王座法院、民诉法院、财税法院、海事法院、遗嘱检验法院、离婚和婚姻案件法院、伦敦破产法院(London Court of Bankruptcy)、巡回法院(assizes)及其管辖权。高等法院最初划分为五个分庭，分别是衡平分庭、王座分庭、民诉分庭、财税分庭以及遗嘱检验、离婚和海事分庭。当王座分庭、财税分庭的最后一任首席法官于 1880 年先后去世时，根据枢密院君令(Order in Council)，民

---

① 又可称为 1873 年和 1875 年《司法组织法》(Judicature Acts, 1873 and 1875)。《司法组织法》为有关最高法院的系列制定法的统称。1873 年至 1894 年的《司法组织法》(Judicature Acts)包括：The Supreme Court of Judicature Act, 1873 (36 & 37 Vict., c. 66); The Supreme Court of Judicature Act, 1875 (38 & 39 Vict., c. 77); The Appellate Jurisdiction Act, 1876 (39 & 40 Vict., c. 59); The Supreme Court of Judicature Act, 1877 (40 & 41 Vict., c. 9); The Supreme Court of Judicature (Officers) Act, 1879 (42 & 43 Vict., c. 78); The Supreme Court of Judicature Act, 1881 (44 & 45 Vict., c. 68); The Supreme Court of Judicature Act, 1884 (47 & 48 Vict., c. 61); The Appellate Jurisdiction Act, 1887 (50 & 51 Vict., c. 70); The Supreme Court of Judicature Act, 1890 (53 & 54 Vict., c. 44); The Supreme Court of Judicature (London Claues) Act, 1891 (54 & 55 Vict., c. 14); The Supreme Court of Judicature Act, 1891 (54 & 55 Vict., c. 53); The Supreme Court of Judicature (Procedure) Act, 1894 (57 & 58 Vict., c. 16)。1899 年起又颁布了几部制定法，分别是 Supreme Court of Judicature Act, 1899; Supreme Court of Judicature Act 1902; Judicature (Rule Committee) Act 1909 (9 Edw 7 c 11); Supreme Court of Judicature Act 1910 (10 Edw 7 & 1 Geo 5 c 12)。以上制定法则可统称为 1873 年至 1910 年《司法组织法》(Judicature Acts, 1873 to 1910)。

② Edward Jenks, *A Short History of English Law*, Little, Brown, and Companry, 1913, p. 365 – 370.

③ Margaret H. Ogilvie, *Historical Introduction to Legal Studies*, Carswell, 1982, p. 330.

④ Margaret H. Ogilvie, *Historical Introduction to Legal Studies*, Carswell, 1982, p. 330.

诉分庭和财税分庭被废除,其职能并入王座分庭。[①] 作为最高法院的一部分,上诉法院行使先前财税法院内室法庭、大法官法院上诉法庭的上诉管辖权以及枢密院司法委员会享有的除拿捕案件外的海事案件和精神错乱案件的上诉管辖权。

1875 年 8 月 2 日议会制定了 1875 年《最高法院法》(Supreme Court of Judicature Act,1875)即维多利亚女王 38 年和 39 年律目 77 制定法(38 & 39 Vict. ,c. 77)对 1873 年《最高法院法》作出部分修正和扩充。两部议会立法合称 1873 年和 1875 年《最高法院法》,同时于 1875 年 11 月 1 日生效。

1873 年《最高法院法》不仅在正文部分重塑了国家司法机构,而且为了实现诉讼程序的统一、废除过时的技术性规则、提高诉讼程序的效率并尽可能地简化程序,在附件中提供了一部内容详尽的民事诉讼规则——《程序规则》(*Rules of Procedure*)。[②] 1873 年《程序规则》随后被 1875 年《最高法院法》废止,其内容并入了作为 1875 年《最高法院法》附件 1 的《法院规则》(*Rules of Court*)。1875 年《法院规则》适用于高等法院和上诉法院的诉讼程序和诉答程序,但不适用于刑事诉讼和有关君主利益的诉讼以及离婚和其他婚姻诉讼。1875 年《最高法院法》授权法院必要时可举行修订会议并经出席会议的法官多数同意修改附件中的《法院规则》。1883 年最高法院颁布了《最高法院规则》(*Rules of Supreme Court*),[③]1875

---

① 根据 1970 年《司法实施法》[Administration of Justice Act 1970 (c. 31),s. 1 – 6],1971 年遗嘱检验、离婚和海事分庭更名为家事分庭(Family Division),遗嘱检验争讼事项(contentious probate business)移交给了衡平分庭,海事案件转交王座分庭下设的海事法庭,而家事分庭继承了先前由大法官分庭处理的家事案件,以及被取代的遗嘱检验、离婚和海事分庭管辖的离婚案件。根据 1977 年《专利法》[Patents Act 1977 (c. 37) s. 96],在大法官分庭下设立了专利法庭(Patent Courts)。

② John Mounteney Lely & William Decimus Inglett Foulkes, *The Judicature Acts*, 1873 *and* 1875, 2nd Edition, Law Publisher, 1877, p. xxxviii, 121.

③ 《最高法院规则》1883 年 10 月 24 日生效。1961 年根据最高法院诉讼和程序委员会(Supreme Court Practice and Procedure)的建议,1883 年《最高法院规则》第一次做了广泛修订,形成了 1962 年《最高法院(修订)规则(制定法性文件第 1962/2145 部)》[Rules of the Supreme Court (Revision) 1962 (SI 1962/2145)]。进一步的修订发生在 1965 年,其成果是 1965 年《最高法院(修订)规则(制定法性文件第 1965/1776 部)》[Rules of the Supreme Court (Revision) 1965 (SI 1965/1776)]。现行民事诉讼规则为 1998 年《民事诉讼程序规则》(Civil Procedure Rules,1998),于 1999 年 4 月 26 日生效,性质上也是制定法性文件(statutory instrument)[编号为制定法性文件第 1998/3132 部(SI 1998/3132)]。1998 年规则完全废止了旧有的《最高法院规则》,但在功能和性质上与之一样,也是一部适用于上诉法院、高等法院和郡法院的民事案件的统一"民事诉讼程序法典"。

年的《法院规则》除了部分修改外，都纳入其中。

1883年《最高法院规则》性质上是议会委任法官制定的授权立法。虽本身不属于议会的制定法，但实质上构成一部内容详尽的综合性民事诉讼程序"法典"。它不是一套全新的规则，而是先前诉讼程序改革成果的集大成，原本适用于普通法法院的《普通法诉讼程序法》、适用于大法官法院的《大法官法院诉讼程序法》以及其他被保留或经修订的诉讼程序规则都归入了这部统一的、系统的诉讼程序法典中，并作出适当的更新。可以说，虽然历史上英格兰法不曾受罗马法影响实现实体法法典的编纂，但在民事诉讼法领域，却实际经历了只有法国、德国等大陆法系国家才有过的引起深刻变革的法典化过程。

1883年《最高法院规则》共有63条(Orders)，几乎每一条都由若干款(Rules)组成。第1条至第18条就诉讼启动做了规定。[①] 因为诉讼启动程序的改革在第一阶段已基本完成，这里择要就有关诉讼启动程序的规定说明以下六点：(1)根据《最高法院规则》，统一了普通法和衡平诉讼程序，所有民事诉讼沿用普通法法院采用的action名称。先前大法官法院、海事法院等法院采用的suit或cause等表示民事诉讼的名称不再使用。(2)高等法院各分庭所有的民事诉讼统一使用传唤令状启动，因此无论请求普通法还是衡平救济都需以传唤令状启动诉讼。1873年《最高法院法》设立了地区登记处(registries)负责司法令状的签发。(3)如果需要在司法管辖区之外送达传唤令状或者传唤令状通知，令状的签发应经过法院或法官的批准。(4)除非被告同意通过其律师接受送达并登录出庭，传唤令状原则上由原告亲自送达被告；如果原告不能实施亲自送达，法院有权命令采用替代方式送达。(5)原告的诉讼主张和诉讼请求以诉讼请求陈述书(相当于诉状)的形式背书在传唤令状背面；原告也可在送达被告传唤令状时，

---

① 条文标题分别是：第1条，诉讼的形式和诉讼提起；第2条，传唤令状和程序；第3条，诉讼请求的背书；第4条，地址的背书；第5条，传唤令状的签发；第6条，并行令状；第7条，事务律师和原告的证据开始；第8条，令状的更新；第9条，传唤令状的送达；第10条，替代送达；第11条，管辖区外送达；第12条，出庭；第13条，缺席出庭；第14条，当令状特别背书时答辩批准书；第15条，根据第3条第8款(Order Ⅲ，Rule 8)签发令状时报账申请；第16条，当事人；第17条，诉讼理由合并；第18条，精神病人和心智不健全者诉讼。

不在令状背面背书诉讼请求陈述书,而在之后规定的时间内将诉讼请求陈述书单独送达被告。(6)如果原告宣誓声称被告不会提出抗辩,可以请求被告出示不签发被告败诉判决的理由;法院在被告无充分理由时,即可签发判决。

第七章　英格兰19世纪民事诉讼启动程序具体制度变革分析

19世纪司法改革确立了现代英格兰民事诉讼程序，无论是诉讼启动，还是诉答、审理和判决、执行、上诉程序，都实现了制度上的深刻变革。就诉讼启动程序而言，首先是诉讼启动方式的变革。旧有的诉讼启动方式几乎全部废除，统一以传唤令状启动诉讼。诉讼启动程序更为深刻的变革发生在强制出庭制度上。先前的强制出庭制度彻底废除，所有的强制出庭司法令状被废止。诉讼启动方式的变革和强制出庭制度的废除与下述两项条件的成就紧密相关：一是裁判管辖权基础的改革。先前，法院对被告裁判管辖权基础是被告出庭，改革后，只要被告出现于英格兰司法管辖区或被告同意法院的管辖，并已成功地向其送达传唤令状，法院即可对被告取得管辖权。即使被告不出庭，法院也可继续诉讼并作出判决。因此诉讼启动程序中只需通知性的传唤令状即可，无必要采用强制被告出庭的司法令状，强制出庭司法令状失去了存在的理由。二是现代缺席判决制度的确立。强制出庭制度退出历史舞台离不开缺席判决制度的贡献。缺席判决使不出庭或不提交答辩状的被告承担败诉的后果，因此可间接强制被告出庭，成为旧有强制出庭司法令状的替代。没有现代缺席判决，强制出庭司法令状退出的真空将无法弥补。下文分别就民事诉讼裁判管辖权的基础规则、诉讼启动方式、缺席判决的制度变革展开分析和阐述。

第一节　现代诉讼启动范式和传唤令状制度的确立

一、诉讼启动的历史范式

如前所述,现代民事诉讼的启动主要分为提起诉讼和诉讼通知两个环节,这两个环节有五大问题需要确认:(1)第一个问题是向法院提起诉讼的方式是什么。通常是提交诉状,但提交诉状并非唯一方式,在英格兰即存在请求签发司法令状提起诉讼的方式。(2)第二个问题围绕诉讼通知展开,这又涉及多个细节问题。首先,应以何种方式通知被告诉讼事项。通常以送达被告诉状副本方式作出通知,但英格兰 19 世纪司法改革前的诉讼通常仅送达司法令状并不送达诉状副本。其次,作为诉讼通知的司法令状或诉状副本是否一定由法院负责送达,可否由原告本人私人送达。现代英格兰民事诉讼中传唤令状可由原告本人送达。再次,诉讼通知时是否必须告知被告诉讼理由。如果送达被告诉状副本,必然会告知诉讼理由,但只送达司法令状却不送达诉状副本时,则存在是否需要在司法令状上告知诉讼理由的问题。英格兰现代民事诉讼要求告知诉讼理由,但司法改革前大法官法院衡平诉讼程序以司法令状通知诉讼,不送达被告诉状副本,也不在司法令状上告知诉讼理由。最后,作出诉讼通知时,是否可以司法令状强迫被告出庭应诉。英格兰司法改革前允许通过逮捕被告或扣押财产的司法令状强迫被告出庭。(3)第三个问题是向法院提出诉讼请求和诉讼通知有无先后顺序。向法院提出诉讼请求通常先于诉讼通知,但也存在先传唤被告再向法院提出诉讼请求的做法。当今少数国家如法国和比利时,就是先行由当事人或传唤官向被告送达起诉文书,再向法院提出诉讼请求。(4)第四个问题是法院收到诉讼请求后是否需要对诉讼请求作出审查以决定是否进行诉讼通知;如果需要作出审查究竟应作形式审查还是实质审查。(5)第五个问题是诉讼何时启动。诉讼启动的时点至少存在三个参照系——向法院提出诉讼请求、法院签发确认诉讼通知文书及诉讼通知文书送达被告之时。各国通常以提出诉讼请求作为诉讼启动时点,当代英格兰民事诉讼启动的时间则是令状签发时。

英格兰民事诉讼启动程序中,诉讼提起和诉讼通知离不开令状和诉状这两个诉讼文书。令状是法院发布的要求被指示人为或不为一定行为的命令。令状经法院之手,以君主或法院名义签发,因此是一项公共司法文书。诉状与之不同,是由原告撰写,以原告的名义向法院提交的主张诉讼请求的文书。考虑到究竟是以提交诉状还是请求签发令状提起诉讼、诉状和令状之间的关系以及通知被告诉讼理由的形式等因素,可以观察到诉讼启动存在相对典型的结构系统。这一系统中各因素相互作用和制约,整体上形成一定的运行机制,可谓之"民事诉讼启动范式"。英格兰历史上存在过以下民事诉讼启动范式。

1. 单纯令状范式

单纯令状范式是英格兰 19 世纪司法改革前普通法诉讼广泛存在的范式。初始令状和司法令状启动诉讼都可归入这一范式。这种启动范式下,当事人通过律师向法院提交签发令状的申请,即令状指示书。原告在指示书中会提出自己的诉讼理由和诉讼请求,因此向法院提交指示书就是向法院提出诉讼请求。法院应申请签发令状后,原告的诉讼请求和诉讼理由会记载在令状中,向被告送达令状起到诉讼通知的作用。单纯令状范式的存在与诉讼启动程序和诉答程序的分离有关。诉讼启动程序中,原告可不需要先向法院提交记载诉讼请求和诉讼理由详情的诉状,也无须在送达令状时送达诉状副本给被告,直到被告出庭后进入诉答阶段,才向法院和被告送交相当于诉状的原告第一诉答状。

2. 单纯诉状范式

单纯诉状范式即原告向法院提交诉状提出诉讼请求,但不申请签发司法令状,仅通过向被告送达诉状副本方式通知诉讼。单纯诉状范式是作为单纯令状范式的例外出现的,仅适用于少数特殊情形。19 世纪司法改革前,在威斯敏斯特高级普通法法院起诉法院官员、律师,以及其他已经处于法院管辖之下的任何人,例如法院的监犯可单纯以诉状对之提起诉讼,他们被起诉时就已经出席法庭,因此无须签发司法令状传唤或将其带至法庭。此即所谓的无须司法令状的诉状启动诉讼方式。以无须司法令状的诉状启动诉讼,意味着诉讼开始时直接进入诉答阶段。送达被告的诉状副本会记载具体的诉讼内容,即原告的诉讼理由和诉讼请求的详情。这一范式和当前大陆法系国家或地区普遍采用的以起诉状提起并通知诉讼的做法近似。

3.“诉状+司法令状”范式

在“诉状+司法令状”范式下，原告向法院提交诉状提出诉讼请求，同时申请签发司法令状，但只通过送达司法令状通知被告诉讼。英格兰诉讼史上，深受罗马法和教会法程序影响的大法官法院衡平诉讼在司法改革前一直采用这种做法，即原告通过提交诉状启动诉讼，同时申请签发附罚则传唤令状传唤被告出庭。法院审查后签发附罚则传唤令状，通知被告出庭答辩。附罚则传唤令状通常由原告本人送达被告。但附罚则传唤令状不通知被告诉讼理由和诉讼请求，原告送达令状时也不送达诉状副本，被告收到令状后，必须前往法院出庭以取得诉状副本，否则无法知悉原告的诉讼理由和诉讼请求。

中世纪的王座法院的某些普通法诉讼程式中，原告也可以通过诉状启动诉讼，并向法院申请签发米德尔塞克斯郡令等司法令状，通知被告诉讼并拘捕被告强迫其出庭。后来原告通过拟制，省略诉状的提交，直接申请签发米德尔塞克斯郡令等司法令状启动诉讼，从而实际上应归入单纯令状范式。根据1700年《议会特权法》，对享有议会特权的下议院议员提起诉讼时，可以不采用初始令状，而采用诉状和传唤令状方式。原告将诉状提交法院，申请签发传唤令状通知被告诉讼。传唤令状不会明确陈述诉因，只是一般性地要求被告就原告的起诉作出答辩。被告出庭后或原告代被告登录出庭后，原告才向其提交诉状副本(原告第一诉答状)。

4.“传唤令状+诉状”范式

“传唤令状+诉状”范式是1873年司法改革后英格兰民事诉讼程序采取的诉讼启动范式。诉讼以原告向法院请求签发传唤令状提起，诉讼通知的方式是向被告送达传唤令状和诉状。载明原告诉讼主张和诉讼请求的诉状可直接记载于传唤令状背面；原告也可不将诉状背书在令状之上，而在传唤令状送达被告后的规定的时间内单独送达诉状。不同于以提交诉状启动诉讼的“诉状+司法令状”范式，“传唤令状+诉状”范式通过请求签发司法令状启动诉讼，但诉讼通知时必须送达被告传唤令状和诉状副本。

5.诉前传唤范式

在英格兰，这一范式存在于日耳曼法时期，普通法产生前就已摒弃。在此范式下，原告不需要向法院申请签发司法令状或提交诉状，即由本人直接传唤被告出庭。这意味着原告私人实施的传唤发生在向法院提出诉讼请求之前。原告作出传唤时需告知被告就原告即将提出的诉求出庭答辩的时间，但无须通知对方诉讼请求，被告直到出庭时，才能知道原告的诉讼请求。在美国，有的州仍采用类似的诉前私人传唤范式。原告律师在自己的办公室作成传唤令状和起诉状后，不提交法院，直接送达被告，[①]所有诉讼文书只有等到原告认为可以采取诉讼行动时才开始提交法院。这一做法优点是实施方便、节省时间和费用，当事人有更多机会达成诉讼外和解；缺点是非常不正式，诉讼开始时法院不能介入，完全无法对其控制。是以美国 1938 年《联邦民事诉讼程序规则》(*Federal Rules of Civil Procedure*)未采纳这一做法，而规定原告以起诉状提起诉讼，通过送达传唤令状和起诉状副本通知诉讼。[②]

二、司法改革时诉讼启动范式的选择

司法改革之初，普通法诉讼程序和衡平诉讼程序在启动范式选择上采用了不同改革路径。在普通法法院，1832 年《统一司法令状法》将传唤令状作为对人诉讼的主要启动的方式；但如需要逮捕被告，则采用拘捕令状和续行羁押令状形式启动诉讼，除此之外的所有启动诉讼的司法令状都被废除。该法也取消以初始令状、诉状启动诉讼的方式，但未废除不动产诉讼的初始令状诉讼启动方式。1838 年《判决法》取消了拘捕令状和续行羁押令状的诉讼启动方式，将传唤令状作为对人诉讼的唯一启动方式。1860 年《普通法诉讼程序法》最终将传唤令状用于不动产诉讼的启动，传唤令状成为除驱逐之诉外的所有普通法诉讼的启动方式。驱逐之诉当时已经根据 1852 年《普通法诉讼程序法》使用类似于传唤令状的驱逐令状启动诉讼。总体而言，普通法法院采用的是单纯司法令状范式。在大法官法院，1852 年《大法官法院诉讼程序法》颁布后，衡平诉讼废除了附罚则传唤令状，原告向法院提交诉状提起诉

---

① Philip A. Trautman, *Commencement of Actions and Service of Process in Washington*, 16 Willamette Law Review 87 (1979).

② 1938 年《联邦民事诉讼程序规则》第 3 条也规定，"民事诉讼开始的方式是向法院提交起诉状"(complaint)。Robert Wyness Millar, *Civil Procedure of the Trial Court in Historical Perspective*, Law Center of New York University, 1952, p. 82.

讼,以送达被告诉状副本的方式通知诉讼。原告可在诉状副本上背书一项出庭备忘录,命令被告在诉状送达8日之内登录出庭,这一备忘录相当于简式的出庭传唤令状。可以认为,表面上这是一种单纯诉状范式,但诉状中并入了传唤出庭的命令,而诉状副本又经法院之手,因此实际上是一种类似于单纯诉状范式的特别诉讼启动范式。

1875年《法院规则》综合了大法官法院和普通法法院诉讼程序改革的做法,通过适当的调整,最终采纳了"传唤令状+诉状"范式,将之统一适用于所有的民事诉讼程序。根据《法院规则》,原告提起诉讼时须向法院申请签发传唤令状,法院签发传唤令状时诉讼启动。传唤令状由当事人自行送达被告,送达时可在令状上背书原告的诉讼请求陈述书。诉讼请求陈述书是原告的第一份诉答状,记载着原告的诉讼主张和诉讼请求,因此实际上是原告的诉状。1998年《民事诉讼程序规则》总体上仍沿用了这一范式,只在诉讼通知内容和送达方式等方面作出了局部的调整,并将古老、费解的诉讼文书名称转变为简单易懂的现代名称,如将传唤令状改称诉讼请求告知书(claim form)、诉答状改称诉讼主张陈述书(statement of case)、相当于诉状的诉讼请求陈述书更名为诉讼请求状(particulars of claim)。相较先前的诉讼启动范式,尤其是单纯令状范式,司法改革完成后的"传唤令状+诉状"范式具有以下特点:

(1)启动诉讼的决定性文件是传唤令状。它虽然沿用了改革前王座法院和民诉法院曾使用的传唤令状的名称,但"旧瓶装新酒",完全成为另一种性质的司法令状。旧时的传唤令状是后续司法令状,不能用于启动诉讼,只能用来通知和迫使被告出庭,而新的传唤令状是诉讼的启动方式,不再起到直接强迫被告出庭的作用。司法令状是否具有直接强迫被告出庭的作用,取决于不遵守令状的后果。司法改革前被告不遵守传唤令状出庭,会被认为是藐视法庭,法院因此可以继续签发其他司法令状如扣押财产令状或拘捕令状强迫被告出庭。而在新的传唤令状下,收到传唤令状的被告如果不出庭,法院并不认为被告藐视法庭,不再对之采取强制措施强迫出庭,但可以让其承担不利缺席判决的后果。

(2)令状被指示人变为被告。司法改革前,王座法院和民诉法院传唤令状的被指示人是公共官员，通常是郡长，令状命令该人传唤或以其他方式要求被告出庭，而大法官法院的附罚则传唤令状则直接指示被告。1832年《统一司法令状法》在创设新的传唤令状时或许借鉴了附罚则传唤令状的做法，将令状被指示人确定为被告，这方便原告向被告私人送达传唤令状，也节省了原告的时间和费用。这里附带说明一下，历史上传唤令状一直以君主名义签发，直至1980年才改为法院名义。

(3)令状的送达方式的改变。最初的时候，普通法诉讼的所有司法令状都由郡长送达或执行，至19世纪司法改革前，非保释性司法令状可由私人送达，但保释性司法令状仍须郡长执行。1832年《统一司法令状法》未就传唤令状的送达方式作出明文规定，但可认为沿用了非保释性司法令状私人送达的做法。1873年《法院规则》明确规定传唤令状应由当事人送达。[①] 自此在英格兰确立了个人送达传唤令状的规则。1998年《民事诉讼程序规则》做了一些变通，规定原则上由法院送达诉讼请求告知书(相当于传唤令状)，但当事人可通知法院自行送达。可见，传唤令状经历了由职权送达到当事人私人送达的过程，现在则采用并行送达的方式。

(4)传唤令状增加了对不遵守传唤命令的后果的提示。这一变化来自司法改革前的1811年《无意义逮捕法》。该法规定传唤令状需提醒被告对传唤作出回应，为此令状最后一句应记载如下出庭通知："提请注意，如果你缺席出庭，上述某某(原告)将代你登录出庭，并继续诉讼，如同你通过你的律师出庭一样。"这一做法为1875年《法院规则》沿袭。出庭通知具有重要的程序意义：它表明以传唤令状传唤被告后，不再签发后续强制被告出庭的司法令状；被告不出庭法院将作出缺席判决。传唤令状中回呈日的记载被取消。先前，所有启动诉讼的令状必须在开庭期的回呈日回呈，被告也要在回呈日出庭。1832年《统一司法令状法》规定传唤令状不再规定任何特定的回呈日，而要求被告须在传唤令状送达后8日(含令状送达之日)内登录出庭。

(5)诉讼通知内容和方式的变化。1852年《普通法诉讼程序法》第

---

① Rules of 1873, Rule 5; Rules of 1875, O. Ⅸ, r. 2; Rules of 1883, O. Ⅸ, r. 2; Robert Wyness Millar, *Civil Procedure of the Trial Court in Historical Perspective*, Law Center of New York University, 1952, p. 86.

3 条规定,对人诉讼传唤令状中无须在令状文本中说明任何特定的诉讼程式或诉讼理由(form or cause of action),只须将诉讼程式或诉讼理由记载于被告登录出庭后才向被告送交的原告第一诉答状中即可。这样,传唤令状只用来告知原告正在起诉被告,并不告知被告诉讼性质和诉讼请求,给被告带来了不便。1875 年《法院规则》对此作出了补救,要求传唤令状背书诉讼请求的性质,但只须简单描述诉讼请求的一般性质如是“基于合同的债务请求”。《法院规则》又规定某些案件,如原告请求被告偿付固定金额的债务或提出其他固定金额请求,必须在令状上作出特别背书,详细地记载诉讼请求和理由。这些特别背书相当于诉讼请求陈述书(诉状),当传唤令状含有特别背书时,原告就无须在随后的诉答阶段向被告单独送达诉讼请求陈述书。1998 年《民事诉讼程序规则》将诉讼请求告知书确定为提起和通知诉讼的基本文书。诉讼请求告知书与之前的传唤令状相当,是法院应原告申请签发的通知被告诉讼,命令被告作出答复的司法文书。《民事诉讼程序规则》进一步规定,原告可在诉讼请求告知书上背书诉讼请求状,或将之作为诉讼请求告知书的附件。诉讼请求状记载着原告的诉讼主张和诉讼请求,实质上就是原告的诉状。背书了诉讼请求状的诉讼请求告知书,是传唤令状和诉状的结合体,也使诉讼请求告知书具有了诉答状的功能,从而构成诉讼主张陈述书的一部分。原告也可以选择在诉讼请求告知书送达被告后 14 日内单独送达诉讼请求状。因此,诉讼通知时,原告可以先在诉讼请求告知书中简要说明诉讼请求的性质,随后在稍晚的时间通过送交诉讼请求状告知被告诉讼请求和诉讼理由的具体情形。总之,在新的诉讼启动范式下,传唤文书起到主导作用,但相较历史上的启动范式,诉状的地位在诉讼通知中变得突出起来——原告需要在诉讼开始时就要向被告送达诉状,并且要尽早送达。这克服了旧时不在诉讼通知时告知被告诉讼理由或诉讼理由详情的缺点,有效地保证了被告的听审权。从根本上改变了司法改革前诉讼启动和诉答程序明显分离为前后衔接的两个阶段的做法,使诉答提前到了诉讼启动阶段,有利于诉讼效率的提高。

三、司法改革后诉讼启动范式效果的分析

(一)法院签发传唤令状原则上不是司法行为,而是司法认证行为

很明显,申请签发传唤令状是当事人的私人行为,而签发传唤令状

需要由法院办公室在传唤令状上加盖法院印章，因此是公共行为。签发传唤令状性质上不属于法院的司法行为（judicial act）。[①] 所谓司法行为指法院在法定权限范围内正常行使司法权的行为；司法权指法院享有的审查判断的权力，本质上是一种自由裁量权。在英格兰司法实践中，签发传唤令状启动诉讼是原告的当然权利，法院原则上无权拒绝原告签发传唤令状的申请。这意味着法院在确定是否签发传唤令状时，不能行使裁量权对申请作出实质审查和判断。法院签发传唤令状实际上是一种非司法性的官方认证行为，即法院将传唤令状认证为法院文书。法院认证传唤令状的目的是确认文书的真实性，从而向被告确保诉讼的发生以及相应司法文书的真实。

当然法院签发传唤令状时，并非对申请完全不作审查，而可以作形式审查。形式审查是不行使或几乎不行使任何自由裁量权的非实质性的审查。形式审查的内容主要是：(1)审查原告请求签发的传唤令状的内容包括原告、被告的信息，诉讼请求的性质，请求的金额是否完整；[②] (2)诉讼费用是否提交；(3)在传唤令状中是否背书诉讼请求陈述书。[③]

收到传唤令状签发申请的法院官员即使认为本法院签发传唤令状并不适当，法院也需要接受签发传唤令状的申请。签发令状者身份不是法官，而是法院官员，法院官员没有权力就能否接受当事人的申请作出司法裁决。在传唤令状签发成功后，如果法院认为不应由本法院签发传唤令状，可以将案件转移给适当的法院，或者通过司法裁决驳回诉讼。法院在诉讼启动时对法院管辖权几乎无审查权限。当原告在错误的法院起诉时，该法院会根据相应的诉讼规则将案件转移至适当法院，原告通常会被处罚一定款项，用以支付法院转移案件的费用。根据法院的意见，如果案件本应该在郡法院起诉，却违反某项规则在高等法院起诉，或者相反，法院可以移送案件；如果法院确信原告起诉时知道或者应当知道该项规则，可以驳回诉讼（strike out the proceedings）；但是如果原告对所犯错误并无过失，则不可驳回诉讼；如果原告意图给被告造成困扰或者让被告产生不必要的诉讼费用，或者被告已经告知原告

① Jack I. H. Jacob, *The Fabric of English Civil Justice*, Stevens & Sons, 1987, p. 74.

② 1998年后传唤令状改为诉讼请求告知书。

③ 根据1875年《法院规则》，主要是固定金额的债务诉讼需要特别背书诉讼请求陈述书。

应该向哪个法院起诉的情况下,原告仍在错误的法院提起诉讼,法院可以驳回诉讼。

法院对传唤令状的签发申请仅作出形式审查的原则存在着一项例外。1883年《最高法院规则》规定,在英格兰司法管辖区之外送达传唤令状的,传唤令状的签发和送达需要经过法院或法官批准。[①] 原告申请域外送达传唤令状时,需要证明以下几点:原告的请求属于规则明确规定的允许域外送达传唤令状的诉讼请求类型;原告已提出了有效的诉讼主张,在实体上有胜诉的相当可能性;案件适合在域外送达。因为签发和送达传唤令状的命令由法院应原告单方申请,在不通知被告并且不实行双方听审的情形下作出,因此原告应提供支持其申请的证据并需要充分和合理地披露所有重要事实。法院需要审查和判断原告是否具有充分的理由,并且需要判断本法院是否为适合提出诉讼请求的法院,即方便法院(*forum conveniens*)。很明显,这种审查和判断是法院或法官行使自由裁量权的司法行为,不再是认证行为。

(二)原告可分别送达传唤令状和诉讼请求陈述书有利于司法目的实现

在"传唤令状+诉状"范式下,原告通过向法院申请签发传唤令状提出诉讼请求,传唤令状送达被告时完成诉讼通知。令状背面可背书原告的诉讼请求陈述书,[②]这样被告收到传唤令状时可以详细知悉原告的诉讼主张和诉讼请求。如果因某种原因,原告未在传唤令状上背书诉讼请求陈述书,也可先送达传唤令状,但必须在规定时间内将诉讼请求陈述书单独送达被告,否则被告可以申请撤销诉讼。允许当事人在提交和送达诉讼请求陈述书之前传唤被告,会产生一些不利后果,如原告可能完全没有充分的诉讼主张,只是随意提出诉讼请求或者将诉讼作为一项拖延策略;但考虑到原告可能遭遇紧急情形,例如,原告律师收到原告的起诉指示时诉讼时效马上届满,因此无法及时准备完整的诉讼请求陈述书,这时为保障原告诉讼权利,理应给予原告提出诉讼请

---

① 10 R. S. C. Ord. 6, r. 7(1); Ord. 11.

② 1998年后改为诉讼请求状。

求的机会。[①] 可以说，“传唤令状＋诉状”范式是法律最终权衡的结果，英格兰法以细节制胜，这一缜密的考虑，确实胜人一筹。

（三）传唤令状可由当事人送达对当事人和法院都有利

传唤令状送达被告是诉讼启动程序中不可或缺的关键步骤，也是民事诉讼自然正义的基本要求。相较大陆法系，诉讼文书可由当事人送达是英格兰民事诉讼程序的一大特色。19世纪司法改革后，高等法院的传唤令状完全由原告送达，郡法院的初始司法令状则由郡法院官员送达。[②] 原告送达传唤令状通常通过其事务律师进行，事务律师在很多案件中非常愿意自己送达传唤令状，因为这样可以控制程序的进程，他可以不在传唤令状签发后立即送达出去，而等待合适时机。原告送达的另外好处是有更多可供选择的送达方式。无疑，当事人送达传唤令状还可以大大减轻法院的负担，也可以克服法院有时会不尽力送达传唤令状的弊端。

（四）民事诉讼启动的时间为传唤令状签发时

诉讼启动程序的关键问题之一是确定诉讼启动的具体时点。通说认为，与诉讼启动是一项事实问题不同，诉讼启动时点的确定是一项法律问题，须依据现行法的规定或借助对现行法的解释，从法律上作出判断。[③] 依各国法律和司法实践，通常将法院介入诉讼的某一特定时点作为诉讼启动时点，但该时点又各自不同，法院收到诉讼请求、送达诉讼通知文书给被告的时间都有可能作为诉讼启动时点。这部分源于不同国家对诉讼启动时点含义认定的不同。有的国家以诉讼“有效”启动的时点作为诉讼启动时点，例如在德国，根据《民事诉讼法》第253条第1款规定，诉状送达被告时诉讼始得启动，并产生诉讼系属效力。[④] 而多

---

① Paula Loughlin & Stephen Gerlis, *Civil Procedure*, Second Edition, Cavendish Publishing Limited, 2004, p. 135.

② 1998年《民事诉讼规则》进一步统一了传唤被告的文书及其送达方式。规定无论高等法院还是郡法院，都使用传唤令状传唤被告，传唤令状原则上由法院官员送达，当事人也可事先通知法院自己送达。

③ ［日］中村英郎：《新民事诉讼法讲义》，陈刚、林剑锋、郭美松译，法律出版社2001年版，第149页。

④ ［德］罗森贝克、施瓦布、戈特瓦尔德：《德国民事诉讼法》，李大雪译，中国法制出版社2007年版，第686页。

数国家则以法院开始介入,例如法院收到诉讼请求或者法院签发传票之时,作为诉讼启动时点,诉讼是否有效启动在所不问。

19世纪司法改革后,英格兰民事诉讼启动的时间是法院签发传唤令状之时,在先的传唤令状的申请签发的时间(提出诉讼请求的时间)以及在后的传唤令状送达的时间都未被认定为诉讼启动的时间。这一做法为1998年《民事诉讼程序规则》所沿袭。该规则第7.2条规定,“(1)法院应原告申请签发诉讼请求告知书时,诉讼程序开始。(2)法院在诉讼请求告知书上登录的日期为诉讼请求告知书的签发日期”。[①]据此,诉讼开始的时间即诉讼启动的时间,是法院应原告申请签发诉讼请求告知书之时。法院签发诉讼请求告知书时会登录签发日期,该日期可以作为诉讼启动时间的最佳证据。有必要说明的是,诉讼请求告知书虽由当事人或其律师填写,但它是经法院认证并盖印签发的官方诉讼通知,不同于完全由当事人自行拟订的起诉状。诉讼请求告知书虽可背书相当于诉状的诉讼请求陈述书,因此也可认为是传唤令状和诉状的结合体,但总体而言,仍应看作传唤令状。

在英格兰,虽然诉讼启动时间是诉讼请求告知书或传唤令状签发之时,但公平起见,诉讼时效的起算可提前至法院收到原告提交的诉讼请求告知书之时。请求签发诉讼请求告知书的原告可将诉讼请求告知书寄送法院官员,法院收到申请签发诉讼请求告知书的信件后会记载接收日期;如果诉讼请求书当日没有签发,则接收日期为诉讼时效中断日期。[②]

(五)法院对被告的管辖权开始于传唤令状送达被告之时

原告通过提起诉讼自愿将自己提交法院管辖,因此诉讼开始后,法院便取得对原告的管辖权。传唤令状的送达是法院对被告取得管辖权的基础,传唤令状(1998年后为诉讼请求告知书)送达被告后法院取得对被告的管辖权;如果传唤令状未送达被告,法院不得对被告行使管辖权,从而不能对之作出判决。传唤令状送达被告时,须给被告留有充分

---

① 按照《民事诉讼规则》的体例,第7.2条不是第7条第2款,而是第7部分的第2条。第7.5.1款则指第7部分第5条第1款。

② Stuart Sime, *A Practical Approach to Civil Procedure*, 16th Edition, Oxford University Press, 2013, p. 236.

的确认送达或者表明是否准备争讼(contest)的时间;如果送达发生在域外(司法管辖区之外),可以适当延长上述时间。被告未能在传唤令状规定时间内确认送达或者表明是否争讼,并且无正当理由的,法院有权在被告缺席的情况下,作出对其不利的判决。

总之,司法令状在英格兰民事诉讼启动中地位突出。司法改革前,英格兰普通法民事诉讼启动方式开始从以诉状、初始令状为主,后来转向以司法令状为主,司法改革完成后则仅以传唤令状这一司法令状启动诉讼。以司法令状启动诉讼是英格兰民事诉讼程序的一贯特征,诉讼启动最终选择的也是独特的诉状附属于司法令状的"传唤令状+诉状"范式。

第二节　民事诉讼裁判管辖权基础规则的变革

一、民事诉讼出庭基础规则的废除

19世纪司法改革前,出庭是被告在诉讼中实施的第一项正式行为。普通法对人诉讼和大法官法院的衡平诉讼坚守裁判管辖权出庭基础规则,该规则以被告出庭作为法院对被告行使对人裁判管辖权的基础。只有被告完成出庭,诉讼程序才得以继续;如果被告未出庭,法院除了签发司法令状强迫其出庭外,不得进行诉答,更不能作出审理和判决。作为裁判管辖权基础的被告出庭并非实际出庭,而是一种拟制出庭——法律将被告实施的某一正式行为即登录出庭备忘录和提供诉讼保释保证假定为出庭。被告出庭一直是法院对被告行使裁判管辖权的基础,但进入18世纪之后,出庭的方式和裁判管辖权的基础逐渐发生了变化,19世纪更作出了根本变革,下文就这一过程做出说明。

1. 允许代为登录出庭,为裁判管辖权出庭基础规则废除作出准备

1725年《无意义逮捕法》确立了代为登录出庭制度,裁判管辖权出庭基础规则初次面临改革。该制定法规定,在诉讼金额低于10镑的对人诉讼中,司法令状送达被告后,被告未在令状规定日期出庭的,经法院批准,原告提供司法令状已适当送达被告的宣誓陈述书后,可代缺席的被告登录出庭。原告代被告登录出庭时需在提交的备忘录中记载"原告律师某代被告某某出庭"。原告代被告登录出庭也属于拟制出庭

方式,因由制定法规定,有时称为“制定法拟制出庭”。先前的拟制出庭方式即被告自愿登录出庭或者提供诉讼保释保证出庭则称为“普通法拟制出庭”。代为登录出庭制度下,被告的正式出庭在形式上仍然是法院取得裁判管辖权的基础,但是被告出庭与否不再完全取决于被告的意志;如果被告不主动出庭甚至拒绝出庭,法院授权原告在一定条件下代为登录出庭,并基于制定法的拟制将代为登录出庭视为被告出庭,原告因此可以继续诉讼,并有机会取得己方胜诉的缺席判决。这意味着,如果被告不出庭,只要原告确已向被告亲自送达司法令状并代被告登录出庭,法院立即取得对被告的裁判管辖。① 因此,被告出庭表面上虽然还是判决的条件和必经程序,但法院行使裁判管辖权的基础实质上开始不依赖被告出庭,而转向依赖司法令状的送达。

1725 年《无意义逮捕法》使裁判管辖权基础规则改革迈出了第一步,但该法适用范围非常有限,只适用于小额诉讼案件。近百年后,议会立法扩大了代为登录出庭案件的范围:首先是改变以至取消了案件金额的限制。1811 年《无意义逮捕法》将允许代为登录出庭的案件限额提高至 15 镑;1827 年《债务监禁法》进一步提高至 20 镑;1832 年《统一司法令状法》最终取消了代为登录出庭案件的限额,各种金额的案件都可以代为登录出庭,这大大拓宽了代为登录出庭适用的案件范围。其次,1811 年《无意义逮捕法》第 2 条规定了一种特别的扣押财物令状(制定法扣押财物令状)下的登录出庭制度。1725 年制定法规定的代为登录出庭仅适用于由初始令状或其他令状启动,并签发了逮捕被告的司法令状(拘捕令状)的案件。1811 年制定法做了改变,根据该法,在以初始令状或其他令状启动但未签发拘捕令状的案件中,即使不能亲自送达传唤令状或出庭担保令状给被告;如果传唤令状或出庭担保令状已经在被告住所或居所适当执行,且被告在英格兰司法管辖区内有可供扣押的动产或土地收益时,可申请签发扣押财物令状扣押被告财产,并可将扣押财物令状留置在被告居所作为送达方式。经过这些步骤,被告仍然不出庭时,原告有权代被告登录出庭,但原告在扣押财物令状

---

① Andrew Dickinson, *Keeping up Appearances*: *The Development of Adjudicatory Jurisdiction in the English Courts*, 86 British Yearbook of International Law 6 (2016).

中必须背书一项提示被告不出庭将代为登录出庭的通知。[①]

2. 1852年废除代为登录出庭,完全取消了裁判管辖权出庭基础规则

根据1838年《判决法》第2条规定,威斯敏斯特高级普通法法院的所有对人诉讼都应该通过传唤令状启动,这样1832年《统一司法令状法》保留的拘捕令状以及续行羁押令状这两种针对人身的启动诉讼的方式被废除,因此也彻底废止了提供诉讼保释保证的拟制出庭方式。被告出庭方式只剩下被告书面登录出庭以及原告代为登录出庭两种。当司法改革进一步推进时,1852年议会颁布了重要的《普通法诉讼程序法》。该法第26条废除了原告代被告登录出庭的做法;第27条又规定,传唤令状应该亲自送达被告,令状送达后,如果被告未出庭,原告提交证明传唤令状已经亲自送达的宣誓陈述书或者法官批准继续诉讼的命令,并提交传唤令状副本后,原告即可申请签署缺席判决。这样被告未登录出庭时,原告不必代为登录出庭也可继续诉讼程序。1852年制定法还对传唤令状不能亲自送达被告的情形做了规定。根据该法第17条规定,在实际可行时,原告应该向被告亲自送达传唤令状。法院或法官在被告不出庭时,若能明显判断出原告已经尽了合理的努力亲自送达令状,而被告或者已经知悉令状或者在故意逃避令状的送达,在法院或法官看来合适的条件下,可应原告申请命令自由继续诉讼程序,如同送达已经完成。1852年制定法第24条废除了扣押财物令状,扣押财物令状下的代为登录出庭制度也被废止。

1852年制定法的颁布是裁判管辖权出庭基础规则的重大转折点,被告出庭不再是法院对之行使裁判管辖权的决定因素和基础。在先前,根据普通法的规定,无论是最初的实际出庭还是后来的拟制出庭,无论是自愿出庭还是强制出庭,在所有的对人诉讼案件中,被告出庭都是法院对被告行使裁判管辖权的基础,是法院对被告取得管辖权的时间节点,也是后续诉讼继续进行的前提条件。1852年制定法颁布后,被告出庭转变为虽然还起些作用,但已远非绝对重要的程序事项。自此之后,法官再不必把被告的正式出庭作为判决时需要考虑的前提问题

---

① Sir William David Evans, *A Collection of Statutes Connected with the General Administration of the Law; Arranged According to the Order of Subjects*, Volume 3, Saunders and Benning, 1829, p. 141 – 143.

和基础问题。可以看出,不是来自普通法的传统或普通法司法推理的内在转变,而是借助制定法这一外部力量,变革了出庭基础规则这一普通法上过时但又极为顽固的制度。

3. 登录出庭做法的继续保留和最终废止

被告出庭的法律效果虽然发生了根本变化,不再是法院取得对人裁判管辖权的基础,代为登录出庭也被废止;但书面登录出庭做法保留下来,并通过调整在相当长时间内仍然起着作用。1883 年《最高法院规则》第 12 条第 30 款(Ord. Ⅻ,r. 30)规定了被告附条件登录出庭的制度,该制度为 1911 年一项判例所确认。[①] 这样被告可有一般出庭和附条件出庭两种登录出庭方式:一般出庭(general appearance),又称普通出庭,指被告收到原告送达的司法令状后,到庭表明"将本人提交法院管辖"或"服从法院管辖",并告知法院将对原告的请求作出应答。被告登录一般出庭是被告收到传唤令状后作出的一项正式程序行为,应采用书状形式,并在规定限期内将书状呈交法院;如果被告不服从法院管辖,意图提出管辖异议,可以登录附条件出庭(conditional appearance)即特别出庭(special appearance)。司法改革后,被告登录出庭对法院管辖权产生以下影响:第一,如果被告登录一般出庭表明接受法院的管辖,被告就不再对法院的裁判管辖权提出异议,也放弃了就程序事项,例如缺少有效的司法令状、司法令状未送达或未按时送达、当事人名称错误、司法令状存在形式上缺陷提出异议的权利。就法院而言,被告登录一般出庭时,法院取得对被告的裁判管辖权。即使法院原本可能对被告并无管辖权依据,但因被告登录一般出庭,同意了法院管辖权,法院仍可取得对被告的裁判管辖权,此即所谓的应诉管辖权。第二,如果被告登录的是附条件出庭,则是对法院的管辖权提出了异议。法院需对管辖权异议作出审理,异议成立时法院对被告不得行使裁判管辖权。第三,如果被告不作任何形式的登录出庭,会丧失根据诉讼程序规则就原告诉讼行为不规范提出异议的权利。法院可基于传唤令状已经发出和送达,被告未登录出庭(缺席),并放弃了主张原告诉讼行为不规范的权利这三项事实,认定法院对被告

---

① Keymer v. Reddy (1911) 1 KB 219 (CA). 附条件登录出庭的有关规则为 1962 年《最高法院(修订)规则(制定法性文件第 1962/2145 部)》[Rules of the Supreme Court (Revision) 1962 (SI 1962/2145)]的第 12 条第 7 款(Ord. 12,r. 7)所确认。

具有裁判管辖权,从而作出缺席判决。

诉讼法上出庭概念的完全摈弃是司法改革过后100年的事情了。1979年《最高法院(令状和出庭)规则》废弃了诉讼法上的"出庭"概念以及登录出庭的做法。根据1979年上述规则,送达传唤令状时必须附随一份称做送达确认书(acknowledgement of service)的表格,被告收到传唤令状和送达确认书表格后,如果准备确认令状的送达并对诉讼作出答辩,有义务在规定时间内在送达确认书上填写相应内容,并提交给适当的法院;如果被告未在传唤令状送达后规定的时间内提交送达确认书,原告可以申请法院作出被告未确认送达的缺席判决。被告若在规定时间内提交了送达确认书,表明了答辩的意图,则会提供另外的期间让被告就传唤令状或传唤令状的送达提出异议。因此,送达确认书的提交并不使被告主张令状签发或送达中存在不规范做法的权利丧失,只是如果上述期间届满,被告未提出上述异议,则被认为服从法院管辖,就不可再提出异议,必须作出答辩。新的规则下,被告所处的地位总体上与先前附条件出庭登录时的地位相当,不同的是先前被告提出管辖异议但被驳回时,附条件出庭会被视为无条件出庭;而在新的规则下,被告的送达确认书将失去效力,被告需要决定是否重新确认送达并表明答辩的意图。如果被告提交第二份送达确认书,则认为被告同意了法院的管辖。① 很明显,新的规则对被告更为便利也更加合理。

1998年《民事诉讼程序规则》沿袭了上述做法,只做了细微的调整。除了在商事法庭(Commercial Court)被告必须在所有案件中提交送达确认书外,②被告如意欲就原告的诉讼请求作出答辩,可以选择第一时间提交答辩状;被告认为自己不能在规定的期间内提交答辩状时,可以先提交送达确认书。被告如意欲就法院管辖权提出异议,必须首先提交送达确认书。被告向法院提交送达确认书并不意味着对法院管辖权的认同,被告仍然有权就法院管辖权提出异议。被告管辖权异议受时间上的限制,被告必须在送达确认书提交后的14日内提出管辖权异议,并提供证据支持。如果被告提交送达确认书后,未在该时间内提出

---

① Andrew Dickinson, *Keeping up Appearances: The Development of Adjudicatory Jurisdiction in the English Courts*, 86 British Yearbook of International Law 6 (2016).

② CPR, R 58.6 (1).

管辖权异议申请,可认定为接受了法院的管辖权;如果被告在规定时间既未提交送达确认书,又未提交答辩状,原告可以取得缺席判决。

二、现代民事诉讼裁判管辖基础规则

(一)现代类型的对人诉讼和对物诉讼的划分

司法改革对诉讼分类产生了巨大的影响。随着初始令状和诉讼程式的废除,诉讼程式下的不动产诉讼(real action)和对人诉讼(personal action)的分类已成为过时的做法。由于传统的审理地点(venue)规则不再适用,属地诉讼(local action)和非属地诉讼(transitory action)的区分也被淡化,对人诉讼(action *in persnam*)和对物诉讼(action *in rem*)成为现代诉讼的主要划分方式。

司法改革后的对人诉讼是针对特定的人提起的,请求法院命令该人为或不为特定行为,例如支付金钱、履行合同、停止某一侵害的诉讼。虽然与司法改革前的对人诉讼名称相同,并由其延续而来,但对人诉讼的性质发生了变化。司法改革前的对人诉讼属于普通法诉讼,原告只能要求损害赔偿或原物返还动产的普通法救济。司法改革后,不再有普通法诉讼和衡平诉讼的区分,对人诉讼可同时提供普通法和衡平救济。

对物诉讼是针对特定的物提起的,目的是请求法院发布对该物处分的命令,或者虽针对某人提起,但涉及不动产或动产的产权或占有的诉讼。广义上,对物诉讼有时也包括对物性诉讼(actions savours of res)即有关人的身份,如婚姻身份的诉讼。① 对物诉讼中法院的管辖权直接指向物,而不仅仅是当事人的权利,因此对物诉讼既能决定当事人的权利又能处分物。

对人诉讼和对物诉讼形式上分别针对人或者物,根本区别则在于管辖权和判决的性质不同:其一,对人诉讼中法院取得对被告本人的管辖权,即对人管辖权(jurisdiction *in personam*),因此可作出为被告创设个人义务(判决债务)的判决,并通过扣押并公开拍卖被告财产予以执行。对物诉讼中法院仅取得对特定财产的管辖权即对物管辖权(jurisdiction *in rem*),因此只能作出效力仅及于作为诉讼标的的财产本身的判决,该判决仅能针对该财产强制执行,不可给被告加诸某种个人义务。其二,两种诉

① Clive M. Schmitthoff, *A Text-book of the English Conflict of Laws: Private International Law*, Pitman, 1945, p. 381.

讼判决的性质和效力不同。对人诉讼的判决为对人判决(judgment *in personam*),对人判决原则上只在当事人间有约束力,不能影响第三人的权利。如果为执行对人判决而扣押了被告的财产,并根据该判决出售了该财产,财产购买人取得产权是派生产权(derivative title),其效力取决于作为先手的判决债务人的产权的有效性。因为对人判决(只是命令债务人支付特定金钱)不能产生针对诉讼当事人之外的第三人的效力。对物诉讼作出的判决是对物判决(judgment *in rem*),对物判决具有一般的对世效力,对当事人以外的第三人也有约束力。如果标的财产根据对物判决被出售,因为出售是根据直接改变物的处分的对物判决实施,所以购买人将得到完全产权(absolute title),即使作为先手的所有权人的产权有缺陷。

(二)对人诉讼的裁判管辖权基础

1. 对人诉讼裁判管辖权的出现基础和同意基础

司法改革前的对人诉讼中,法院对被告的裁判管辖权基础是被告出庭。司法改革后,裁判管辖权的基础发生根本改变,形成了以下两种管辖权基础:一是以被告出现于司法管辖区和传唤令状向其送达为基础,称为"出现+送达基础",简称"出现基础";二是法院裁判管辖权的取得以当事人自愿同意法院管辖和传唤令状送达被告为基础,称为"同意+送达基础",简称"同意基础"。

出现基础规则是司法改革后确立裁判管辖权的最基本规则。法院对被告的管辖权取决于被告出现于英格兰司法管辖区并向其完成了传唤令状的送达,法院因此对被告行使的管辖权称为基于出现管辖权(presence-based jurisdiction)。这一管辖权的取得需要满足以下条件:第一,被告出现于英格兰司法管辖区。英格兰司法管辖区指英格兰法院的管辖区域即代表主权者的英格兰法院行使权力的全部地域范围,具体包括英格兰、威尔士以及特威德河畔贝里克(Berwick-upon-Tweed),但不包括苏格兰、爱尔兰、马恩岛和海峡群岛。① 这里要注意的是,英格

---

① *First Report Made to His Majesty by the Commissioners Appointed to Inquire into the Practice and Proceedings of the Superior Courts of Common Law*, ordered by the House of Commons to be printed 20th Feb. 1829, p. 90; Clive M. Schmitthoff, *A Text-book of the English Conflict of Laws: Private International Law*, Pitman, 1945, p. 388, note 1. 根据1998年《民事诉讼程序规则》第2.3条,除上下文另有规定外,司法管辖区指英格兰、威尔士,以及与英格兰和威尔士邻接的联合王国领水的任何区域。

兰司法管辖区是整个国家地域层面而非某个地方法院管辖的国内地域层面的概念,对人管辖权是针对被告的一种国家层面地域管辖权,被告须与英格兰法院的司法管辖区有一定的联系,这种联系就是出现(presence)。所谓出现指被告位于英格兰司法管辖区的某一地域。出现分为两种情形:一种是事实上出现即实际可见地处于区域内;另一种是拟制出现,指从法律上被认定为处于区域内。例如根据法律拟制,位于英格兰船舶上总是被认为位于英格兰司法管辖区,[①]因此对于位于英格兰船舶上的人,可以亲自送达传唤令状。被告出现于英格兰司法管辖区即表明接受英格兰法院的管辖,这是主权效忠原则作用的结果。在主权效忠原则下,所有位于英格兰司法管辖区内的人都有对主权者效忠的义务,他们应该遵守领域内的法律,接受法院的合法管辖。效忠义务之所以产生,是因为受效忠国对其领域内的任何人都有提供保护的义务。效忠义务是基于地域关系,非基于国籍,因此法院以出现为基础行使管辖权时,不必顾及被告的国籍等身份状态。位于主权管辖领域内的所有人,不仅包括本国臣民,也包括临时在本司法管辖区内生活的外国人,甚至是路经本司法管辖区的人,都可因为"出现"成为被告,除非该人由于外交豁免等原因享有管辖豁免权。第二,位于英格兰司法管辖区的被告被送达传唤令状。在大陆法系,传唤令状的送达通常仅起到诉讼通知的作用,并不与管辖权相关联;而英格兰法的特殊性在于法院管辖权受制于传唤令状的送达。只有对位于英格兰司法管辖区的被告送达传唤令状后,才能确立英格兰法院对被告的管辖。处于主权者代表的地位的法官有权以主权者名义签发传唤令状,命令位于司法管辖区的被告参加诉讼,就原告的诉讼请求作出答辩。被告收到命令后应该出庭答辩,并服从法院的指令、裁定和判决,这也是被告享受到英格兰主权者保护时应付出的必要代价。被告即使是暂时访问或途经英格兰也可被送达传唤令状;被告即便只是出现在外国商船上,但如果该船舶达到了英格兰领水,也可以向被告送达传唤令状,使其受到英格兰法院的管辖。第三,被告须在诉讼开始时出现于英格兰司法管辖

① Seagrove v. Parks (1891) 1 Q. B,551.

区。[①] 依据英格兰诉讼规则,诉讼开始时间是传唤令状签发之时。只要诉讼开始时,被告位于英格兰司法管辖区,即使随后离开英格兰,也可以对之送达传唤令状。

对人管辖权还可以通过被告自愿同意法院的管辖权来实现。无论被告是否和法院所在地有联系,是否出现在法院司法管辖区,法院有权管辖自愿接受管辖的人。此时法院管辖权的取得以自愿同意为基础,法院因此享有的管辖权称为基于同意管辖权(consent-based jurisdiction)。在某些案件中,当事人甚至可以根据意思自治选择本来不具有管辖权的法院。基于同意管辖权仅适用对人诉讼,对物诉讼通常不允许当事人选择管辖法院。与基于出现管辖权一样,向被告送达传唤令状是法院获得管辖权的必要条件。在诉讼开始时,如果被告出现于英格兰司法管辖区,则可以向其亲自送达传唤令状;如果被告未在司法管辖区内出现,也没有指定接受送达的代理人,原告可以经法院批准(leave),在司法管辖区外(域外)向其送达传唤令状。

基于出现和基于同意的对人管辖权有如下共同特点:一是法院取得实体问题裁判管辖权不需要当事人或诉因与英格兰司法管辖区有实质的联系。现代各国通行的民事诉讼程序法中,通常要求法院的司法管辖区与当事人或诉因间有实质联系。例如,争议事项的主要部分发生于司法管辖区,如果被告是个人,被告的惯常居所位于司法管辖区;如果被告是法律实体,被告在司法管辖区成立或主要营业地位于司法管辖区。英格兰诉讼法上的出现、同意为基础的管辖规则非常特别,它摒弃了实质联系要件,即使法院与当事人或诉因没有实质联系,法院也能取得实体问题的裁判管辖权。二是传唤令状送达被告之时英格兰法院对被告取得管辖权。传唤令状的送达在对人管辖权中具有重要作用,无论是基于出现或者基于同意,如果被告未被送达传唤令状,英格兰法院就不能对之取得管辖权。因为送达是管辖权取得的基本条件,因此基于出现和基于同意两种管辖基础可以统称为“送达基础”。

相较于司法改革前的裁判管辖权的出庭基础,送达基础下,法院对被告的管辖权的取得由被告出庭时提前至法院诉讼通知送达被告时。

---

① Clive M. Schmitthoff, *A Text-book of the English Conflict of Laws: Private International Law*, Pitman, 1945, p. 388.

回望历史,这看似不过提前了一小步,实质上却是诉讼程序和司法文明上前进的巨大一步。法院手中的强制被告出庭管辖权失去了存在基础,整个强制出庭制度大厦倾覆,诉讼启动程序中最为复杂和漫长的强制出庭过程被消除,诉讼启动程序简化和缩短到难以想象的程度。法院通过逮捕被告人身、扣押被告财产强迫出庭的权力被剥夺,权力者掌控的利维坦被关进牢笼,民事被告从债务人监狱中解救出来,人身自由和人格尊严不再受任意践踏。

2. 对人诉讼裁量行使管辖权与域外送达

司法改革后,英格兰法院只有在英格兰司法管辖区内向被告适当送达传唤令状时,才能对被告行使裁判管辖权。对于无法在英格兰司法管辖区送达传唤令状的被告,1883 年《最高法院规则》第 11 条确立了一项英格兰法院取得管辖权的新的方法。依据该条规定,若当事人或案件与英格兰司法管辖区有"一定联系",法院允许向位于司法管辖区之外的被告送达传唤令状,从而使英格兰法院取得管辖权。这种管辖权称为裁量行使管辖权(assumed jurisdiction)。裁量行使管辖权是基于出现管辖权和基于同意管辖权的重要例外和补充。

裁量行使管辖权的取得条件和行使程序规定在《最高法院规则》中,其第 11 条第 1 款列举了七项英格兰法院可针对不能在司法管辖区内送达传唤令状的被告行使管辖权的情形。这些情形可归类如下:(1)诉讼事项与英格兰司法管辖区有一定联系。例如,诉讼标的物是位于英格兰司法管辖区的地产、侵害行为在英格兰司法管辖区内实施或损失发生于英格兰司法管辖区、当事人之间的合同在英格兰司法管辖区内履行。(2)被告与英格兰司法管辖区有一定地域联系,即被告住所或经常居住地位于英格兰司法管辖区内。(3)被告是英格兰法院审理的其他诉讼的必要或适当当事人。《最高法院规则》对允许域外送达传唤令状的情形采用列举而非概括规定方式,只有属于明文列举的情形法院才会批准域外送达传唤令状。① 从这些列举的情形可以看出,法院裁量行使管辖权的取得需要诉讼事项或当事人与英格兰司法管辖区有

① Frederic Philip Tomlinson, *The Judicature Acts and Rules of the Supreme Court*, 1883, William Clowes and Sons, Limited, 1883, p. 145. 1998 年《民事诉讼程序规则》第 6.20 条明确列举了 18 项可域外送达的诉讼请求类型。

一定的联系,并且这种联系应达到真实和实质程度。真实和实质的联系是对域外的被告或诉讼事项管辖的基本条件,也是防止法院滥用管辖权的安全阀。

为让法院取得裁量行使管辖权,原告必须向法院提出申请并经特别批准,才能向位于英格兰司法管辖区外,即域外的被告签发和送达传唤令状。域外送达传唤令状需经法院审查批准,是否批准法院具有自由裁量权。这与司法管辖区内送达传唤令状不同,后者作为原告的当然权利事项,无须法院审查批准。法院审查域外送达传唤令状时,是应原告单方面申请进行,未通知被告并且不实行双方听审,因此为保证程序的公正,原告需提供支持其申请的证据并需充分和合理地披露所有重要事实。法院虽然不总是审查案件的全部实体问题,但有权将诉讼事项作为是否批准的考虑因素,原告具有实体上胜诉的相当可能性才能获得批准。如果法院确信原告非常可能败诉或者原告恶意提起诉讼,可拒绝批准。域外送达传唤令状时,传唤令状的签发和送达需要分别申请批准,两项申请书可以在法官室同时提交,也可以分别提交;如果两项申请书同时提交,原告需要提供有关诉讼事项的宣誓陈述书;如果分别提交,当事人仅提交有关诉讼事项的口头陈述即足以获得令状签发的批准书,但是申请送达传唤令状时必须提供宣誓陈述书。对法院拒绝批准签发或送达传唤令状的裁决原告可以请求上诉复审。

域外送达传唤令状以下列方式实施:如果被告是英国臣民,或者是出现在英国自治领的人,则需要送达令状副本本身;如果被告不属于上述两类人,则向其送达令状通知(notice to writ)即可,不必送达令状副本。这一送达上的区别是由传唤令状的性质决定的。传唤令状为君主的命令,只能指向对君主具有永久或临时效忠义务的人,对无效忠义务的被告,须采用非君主命令形式的令状通知。传唤令状或令状通知一旦域外送达成功,被告即受到英格兰法院的管辖,如同他在英格兰司法管辖区内被亲自送达传唤令状一样。

(三)对物诉讼的裁判管辖权基础

所有对物诉讼中,海事法院的对物诉讼最为典型。似乎伊丽莎白一世(1558—1603年在位)时代之前对物诉讼就出现于海事法院,但直到19

世纪开始时才成为主要的海事诉讼程序。[①] 对物诉讼产生之初是为了实现海事优先权(maritime lien),1840 年和 1861 年《海事法院法》(Admiralty Court Acts,1840 and 1861)将之扩大适用于所有海事诉讼请求。

海事法院对物诉讼裁判管辖权行使的基础相对简单,即诉讼标的物(船舶或货物)位于英格兰司法管辖区并对诉讼标的物送达传唤令状。以此为基础对物诉讼裁判管辖权的取得需要满足以下条件:第一,对物诉讼的标的物位于英格兰司法管辖区。英格兰海事法院对物管辖权的取得以标的物位于(亦即出现了)英格兰法院司法管辖区内为前提,并且在传唤令状送达之时,标的物仍然位于英格兰司法管辖区。与对人诉讼不同,海事法院的对物诉讼中英格兰司法管辖区指英格兰的港口或从英格兰海岸向外 3 海里内的领海区域。[②] 第二,标的物被送达传唤令状。[③] 海事法院对物管辖权的取得是传唤令状在英格兰法院司法管辖区送达诉讼标的物之时。这一时间不是当事人提出诉讼请求之时也不是传唤令状签发之时,体现了对物诉讼裁判管辖权的取得以对诉讼标的物能实际控制为条件。对物诉讼中,传唤令状送达有两种方式:一是针对财产送达,即将传唤令状直接送达给诉讼标的物,包括船舶或船上货物。这种直接送达又称为对物送达(物上送达)(real service),与对人诉讼中的亲自送达(对人送达)(personal service)相对。对物送达时需将令状放在财产外部能够合理察看到的地方,通常是将令状钉在主桅杆上;如果货物已经卸载到陆地上或者转运,则将传唤令状短时间放置在货物上。二是将传唤令状送达给被授权接受送达的律师。对物诉讼传唤令状也可以送达给被授权接受送达的律师。对物诉讼传唤令状不允许替代送达(substituted service)或者在司法管辖区外送达。送达传唤令状时,除非特殊情况,应将第一诉答状(declaration)(相当于起诉状)作为附件同时或在规定日期内单独送达。传唤令状不能用来扣押船舶,原告欲扣押船舶需专门申请签发扣船证(warrant of arrest)。[④]

---

① F. L. Wiswall, *The Development of Admiralty Jurisdiction and Practice Since* 1800, Cambridge University Press, 1971, p. 155.

② 1987 年英国将领海宽度延伸到海岸向外 12 海里处。

③ 送达传唤令状后来被送达诉讼请求告知书(claim form)替代。

④ Aleka Mandaraka-Sheppard, *Modern Maritime Law*, *Volume* 1: *Jurisdiction and Risks*, 3rd Edition, Informa Law from Routledge, 2013, p. 154.

这里补充说明一下对物诉讼传唤令状签发的实体法后果。司法改革后，对物诉讼启动的时间是传唤令状签发之时，这一时间影响原告对船舶的权利。如果原告本来不享有船舶优先权，对物诉讼启动后原告立即取得船舶的制定法上物权（statutory right *in rem*）——一种制定法上优先权（statutory lien）。原告对船舶享有的制定法上物权可以对抗传唤令状签发后购买船舶的善意第三人，即使该人购买船舶时对传唤令状的签发不知情并且已支付了合理的价款。原告取得船舶的制定法上物权是传唤令状签发之时，而非传唤令状送达或者船舶被扣押之时。对物传唤令状的签发记录在海事登记处（Admiralty Registry），该记录具有对世通知的效力。潜在的船舶购买者可以在登记处检索记录，以核查船舶上是否存在对物诉讼。

第三节　现代缺席判决制度的确立和发展

“缺席”一词的英文是default，就被告而言，长久以来用指被告不出庭（non-appearance in court），1628年柯克在著作中即称缺席“在法律上被认为指不出庭”。[①] 前文述及，在英格兰民事诉讼中，出庭是具有特别含义的专门术语，指当事人来到法庭参加诉讼，接受法院管辖的诉讼行为。法律上区分了出庭和出席法庭两个概念：出庭发生在诉讼启动阶段，是诉讼启动阶段的出席法庭行为，不同于诉答阶段为提交答辩状、审理阶段为参加庭审和辩论、判决阶段为接受判决出席法庭的行为。与出席法庭相对应，缺席有狭义、中义和广义之分。狭义上指被告不出庭即在诉讼启动阶段不来到法庭参加诉讼接受法院的管辖；中义上，指被告不出庭或者不提交答辩状；广义上，除不出庭、不提交答辩状外，还包括未出席庭审。[②] 1883年《最高法院规则》对“缺席”采用了广义用法。该规则第8条、第27条第2款、第36条第31款分别就被告不出庭（default of appearance）、不答辩（default of defense）、不出席庭审（default of appearance in trial）情形下的判决做了规定。1979年《最高法院（令状和出庭）规则》[*Rules of the Supreme Court*（*Writ and Appearance*）]不再使

① Co. Litt. 259b.

② default最广义上可指对任何诉讼程序规则要求的行为的不履行。

用“出庭”一词,以向法院“提交送达确认书”取代出庭这一术语。该规则影响了缺席和缺席判决含义的具体描述。1998年《民事诉讼程序规则》将缺席定义为被告收到诉讼通知后,未在规定时间提交诉讼文书送达确认书,或提交送达确认书后不在规定时间内提交答辩状。该规则对缺席采用了中义用法,未在规定时间内出席庭审不再归入缺席的范畴。依据现代诉讼程序法,缺席构成对原告诉讼请求的默示承认,法院可根据原告申请,在无须对案件实体问题开庭审理的情况下,径行以被告未遵守诉讼规则为由,根据原告提供的诉讼事实和诉讼请求作出被告败诉的判决。这一判决即属于缺席判决。依据1998年规则,现代意义的缺席判决可以界定为受到传唤的被告在规定时间不提交送达确认书(相当于先前的不出庭)或不提交答辩状时,法院对其作出的不利判决。[①] 缺席判决是一项影响当事人的实体权利和义务的判决,但缺席判决仅因程序上的原因作出,因此被告如果有充分的理由,可申请撤销缺席判决。

缺席判决制度是现在诉讼程序中视为当然的制度,但英格兰民事诉讼史上,缺席判决的适用并不广泛,主要有两种情形涉及缺席判决:一是不动产诉讼中的缺席判决;二是1267年《马尔伯勒制定法》在对人诉讼中确立的缺席判决。但如果仔细审视,这些缺席判决并非现代意义上的缺席判决,直到1725年英格兰才开始在有限范围内真正确立了对人诉讼缺席判决制度。

一、18世纪前的缺席判决制度

(一)不动产诉讼与缺席判决

历史上,不动产诉讼一直允许缺席判决。不动产诉讼是针对不动产的具有对物性质的诉讼,因为不是对人诉讼,不得使用针对被告人身的司法令状强迫被告出庭。不动产诉讼采用缺席判决,可以弥补这种不足,因为缺席判决会判决不出庭的被告实体上败诉,能起到强迫被告出庭的作用。黑尔和梅特兰都将不动产诉讼的缺席判决归入强迫被告

---

① 1998年《民事诉讼规则》第12.1条对缺席判决的定义如下:缺席判决指被告未提交送达确认书或未提出答辩时,或者原告未对被告提出的反诉作出答辩时,法院不经过开庭审理作出的判决。

出庭的司法令状之列。[①] 但值得注意的是,缺席判决会产生实体法上的后果——败诉的被告丧失地产权益,因此缺席判决不是一种纯粹的程序性强制措施。另外,与针对人身或财产的司法令状直接强制被告出庭不同,缺席判决是通过施以不利判决的威胁间接强制被告出庭。

最早规定不动产诉讼缺席判决的制定法是《威斯敏斯特条令》(*Provisions of Westminster*)。该法颁布于1259年,它是英格兰第一部对王室法院的诉讼程序作出精心变革的制定法。[②] 该法第7条规定,"……在妨碍圣职推荐权之诉中,如果妨害人在被传唤出庭的第一日不出庭或者不提交缺席理由,则另给予一日提供出庭担保。如其仍不在该日出庭或者提出缺席理由,将被通过上述大扣押财物令状扣押财产。之后如果仍然不出庭,则告知主教,由于妨害人缺席,妨害人在本案中不得再提出妨碍原告的主张,但不应损害妨害人在其他案件中希望实现的权利"。[③] 根据这一规定,在妨碍圣职推荐权之诉中,如果被告在法院签发大扣押财物令状后仍然缺席,则允许法院判决原告胜诉。缺席判决前需依次签发三种司法令状——传唤令状、出庭担保令状和大扣押财物令状。该条款在1263年《威斯敏斯特条令》重新颁发时,未做任何变动保留下来。1267年该条款再次未作更改重新颁布,收为《马尔伯

---

① Matthew Hale, *The History of Common Law and an Analysis of the Civil Part of the Law*, Henry Butterworth, 1820, 92; Frederick Pollock & Frederic William Maitland, *The History of English Law before the Time of Edward* Ⅰ, Volume 2, 2nd Edition, Cambridge University Press, 1898, p. 592.

② "Provisions of Westminster", entry from Wikipedia.

③ "... *Et in placito 'quare impedit', si ad primum diem ad quem summonitus fuerit non veniat nec essonium mittat* 〈*impeditor, tunc attachietur ad diem alium*; *quo die si non veniat nec essonium*〉 *mittat, distringatur per magnam districcionem superius dictam. Et, si tunc non venerit, per ejus defaltam scribatur episcopo quod reclamacio impeditoris illa vice conquerenti non obsistat, salvo impeditori alias jure suo cum inde loqui voluerit* 〈*velit*〉." i. e. "... And in pleas of quare impedit, if the impedient does not appear or send an essoin on the first day for which he has been summoned, then he is to be attached for another day. If he does not appear on that day or send an essoin he is to be distrained by the grand distress mentioned above. And, if he does not then appear, the bishop is to be told on the basis of his default that the claim of the impedient is not to obstruct the complainant on this occasion, but without prejudice to the impedient's right on another occasion when he wishes to pursue it."

勒制定法》第12章①即亨利三世52年律目12制定法(52 Hen. Ⅲ, c. 12)。②《马尔伯勒制定法》第7章又在监护权利之诉(writ of right of wardship)中引入了缺席判决制度。相较妨碍圣职推荐权之诉,监护权利之诉缺席判决的前置程序非常烦琐和冗长。法院须签发大扣押财物令状,被告违反该令状不出庭时需要在未来半年内重复执行该令状2~3次。郡长每次执行令状时,都应在郡法院宣读令状,公开通告被告出庭。这样过后被告仍不出庭,法院始能作出被告丧失系争监护权的缺席判决。③

除了上述制定法的明文规定外,缺席判决还可适用于其他不动产诉讼。根据《旧令状论》(*Old Natura Brevium*),"如果原告在涉及土地的诉讼中申请签发了交付指令令状(*precipe quod reddat*),而被告在令状规定的日期未能出庭,则可申请签发大扣押传唤令状,由国王占有该土地。如果被告在大扣押传唤令状规定日期仍未出庭,则该土地判决给原告。"④有关非限嗣继承产的权利之诉中签发的初始令状就是交付指令令状。通过小咨审团审理令状启动的新近侵占地产咨审之诉中也有类似的缺席判决机制。在新近侵占地产咨审之诉中,法院会在传唤被告的同时召集12名咨审员(recognitors)组成咨审团(assize),若咨审团已经出席,可针对一直缺席的被告作出裁断,法院根据裁断作出判决。⑤

英格兰法中,不动产诉讼的缺席判决虽名为缺席判决,但与现代意义的缺席判决差别甚大,这可从两个方面说明:(1)不动产诉讼的缺席判决并不使得败诉被告的土地不可逆转地丧失。例如,新近侵占地产咨审之诉的被告因缺席判决失去土地占有时,可以针对原告提起新的

---

① 《马尔伯勒制定法》是亨利三世52年即1267年颁布的系列法律的总称,共包含29章。该制定法是英国尚未完全废除的最为古老的法律,其中4章至今仍然生效。

② Paul Brand, *Kings, Barons and Justices: The Making and Enforcement of Legislation in Thirteenth Century England*, Cambridge University Press, 2003, p. 307.

③ Paul Brand, *Kings, Barons and Justices: The Making and Enforcement of Legislation in Thirteenth Century England*, Cambridge University Press, 2003, p. 203 – 204.

④ "*cape* (writ)", entry from Wikipedia.

⑤ Theodore F. T. Plucknett, *A Concise History of the Common Law*, 4th Edition, Butterworth & Co. (Publisher) Ltd., 1948, p. 365.

“更高性质的”权利之诉，要求审理原缺席判决案件系争土地的所有权问题，从而取回土地。《马尔伯勒制定法》第13章和第7章也规定，妨碍圣职推荐权之诉和监护权利之诉中，因缺席判决败诉的被告可以对原告重新提起回复圣职推荐权或回复监护权的诉讼。因此，不动产诉讼的缺席判决制度虽然给予原告胜诉判决，但同一争点还可能在未来类似案件中重新审理，缺席判决并未给予原告“既判力”（*res judicata*）的保护。（2）在某些案件中，法院作出不动产诉讼缺席判决前应就实体问题作出审理。例如，在继承地产咨审之诉中，需要咨审团调查初始令状中的三个事实点：一是原告的被继承人（ancestor）是否在死亡时自由占有可继承地产（be seised in fee）；二是被继承人是否在令状签发日之前50年内死亡；三是原告是否为已去世被继承人的最近继承人（next heir）。[①] 只要三个事实点都得到咨审团的确定，即使被告缺席，法院也在缺席判决中判决原告胜诉。现代意义的缺席判决与之不同，法院不经过开庭审理实体问题即可作出原告胜诉的缺席判决。

（二）早期对人诉讼与缺席判决

早期普通法对人诉讼中也曾存在类似缺席判决的制度。1259年《威斯敏斯特条令》在1263年由国王重新颁发时，增加了一项关于中间司法令状的重要条款（第9条）。后来该条款未做任何变更，又作为1267年《马尔伯勒制定法》第13章即亨利三世52年律目13制定法（52 Hen. Ⅲ，c. 13）重新颁布。[②] 该条款规定，对人诉讼中，一旦争点确定，被告只有一次提出缺席理由的机会；如果提出缺席理由后未按缺席理由中指定的日期出庭，陪审团可在其缺席的情况下，根据调查作出裁断。上述条文于1285年被威斯敏斯特制定法二第27章（Statute of Westminster Ⅱ，c. 27）即爱德华一世13年律目27制定法（6 Edw. Ⅰ，c. 27）修正。修正后的条款规定，一旦当事人经过诉答达成争点后将自己提交陪审团裁断，被告必须在紧接着的下一个回呈日提出缺席理由；如果被告超过此日期不出席庭审，而陪审团已经出席法庭，陪审团可继

① 2 Co. 399；George Booth，*The Nature and Practice of Real Actions：In their Writs and Process，Both Original and Judicial*，Stephen Gould，1808，p. 73.

② Paul Brand，*Kings，Barons and Justices：The Making and Enforcement of Legislation in Thirteenth Century England*，Cambridge University Press，2003，p. 312.

续审理案件。可以看出,上述制定法涉及的对人诉讼判决非现代意义的缺席判决。1267 年制定法规定的判决是法院在被告未出席庭审时作出的判决。被告已经在法庭登录出庭,提交了答辩状并完成了诉答程序,案件也进入审理阶段,但在陪审团开始审理案件的时候,被告未出席法庭的审理,陪审团在只有原告一方出席的情况下对案件实体问题予以审理并作出了裁断,法院依裁断作出了判决。然而,虽非现代意义的缺席判决,1267 年制定法第一次在对人诉讼中,确立了一项被告不遵守法院的出庭要求将遭受实体败诉后果的判决制度。

进言之,1267 年制定法规定的判决,不是 1998 年《民事诉讼程序规则》第 12. 1 条规定的现代意义缺席判决,而是该规则第 39. 3 条规定的未出席庭审(failure to attend trial)制度的前身。[①] 1267 年制定法规定的判决发生在庭审阶段,是时陪审团已经召集并开始审理案件。庭审阶段被告不出席审理不属于现代民事诉讼法上的缺席范畴,被告未出席庭审可称为缺席审理(trial *in absentia*),作出的判决不宜称为缺席判决,称为“缺席审理判决”或许更合适。[②] 现代英格兰民事诉讼程序法对审前缺席判决和缺席审理判决的区分具有重要意义,这两种判决的适用条件和判决救济途径都不相同。1267 年制定法规定的判决也与 19 世纪司法改革前的未答辩判决(judgment *nihil dicit*)不同。未答辩判决指被告出庭但未答辩时,法庭作出的原告胜诉的判决。未答辩指被告虽然出庭但未作出诉答,即未在规定时间内就原告的第一诉答状作出答辩或虽作出答辩又予撤回或放弃。此行为构成对原告诉因的承认,因此相比不出庭,性质上对被告更为不利。未答辩判决发生在诉答阶段,针对已出庭但未参加诉答的被告作出,1267 年制定法规定的判决发生在审理阶段,此时被告已经出庭而且已作出诉答,但未参加陪审团审理。

---

① 根据《民事诉讼程序规则》第 39. 3 条,一方当事人未出席开庭审理的,法院可进入开庭审理程序,但所有当事人都未出席开庭审理的,法院可撤销全部诉讼;如只有原告不出庭的,法院可驳回原告的诉讼请求以及对反诉的任何答辩;如果只有被告不出庭的,法院可驳回被告的答辩状或反诉状。

② 民事诉讼中,“缺席审理判决”(judgment in absentia; judgment by trial in absentia)为学理表述,1998 年《民事诉讼程序规则》并未采用该术语。

二、普通法法院对人诉讼缺席判决制度的确立和发展

（一）18世纪对人诉讼缺席判决的初步确立

缺席判决是现代诉讼中迫使被告参与诉讼的最重要手段，但1725年前几百年中英格兰法一直缺少这项现代诉讼程序习以为然的制度。究其缘由，是因为英格兰对人诉讼的最初的理念是诉讼需要参与者的合作，因此排斥对未出庭的被告作出判决。① 换言之，法院最初被认为和仲裁庭性质相同，法院的管辖权须以当事人的一致同意，尤其是被告的同意为前提。② 如果没有这一同意，法院不能对被告行使裁判管辖权，诉讼不能继续进行，遑论作出判决了。被告表示同意的方式就是出庭，被告出庭时法院对被告获得裁判管辖权。法院对不出庭的被告虽然不享有裁判管辖权，但具有签发司法令状强制出庭的管辖权。因为法院认为被告不出庭是违背法院命令的藐视法庭行为。司法令状是强制被告出庭的有力措施，但它程序烦琐复杂、耗时费力、费用不菲，又带有严厉残酷的惩罚性。人们最终转向了更为有效的缺席判决方式。相较司法令状，缺席判决优点明显。在缺席判决制度下，未出庭的被告应承担实体上败诉的后果，原告可针对被告财产强制执行缺席判决，这必然会促使被告出庭应诉。与之相反，强制出庭的司法令状只是一项纯粹的程序性制度，原告通常无法借助司法令状实现实体上的权利。例如，使用扣押财产的司法令状强迫被告出庭时，被扣押的被告财产最终由国王罚没，不能用来清偿原告债权，因为不出庭被认为是藐视法庭，从而藐视国王权威的行为。相较于司法令状这一直接、严厉的强制措施，缺席判决间接、温和，从心理上更容易被当事人接受。基于这些理由，17世纪末18世纪初的时候，议会开始在对人诉讼中引入缺席判决。

1692年《诉讼诉答状法》首先将缺席判决适用于被郡长等官员监禁的不能提供诉讼保释保证的被告。该法颁布前，在普通法上，对被郡长等人监禁的被告，威斯敏斯特高级普通法法院并不能直接取得裁判管辖权，只有在被告提供特别保释保证出庭，或者原告通过附理由解交人

---

① Robert Wyness Millar, *Civil Procedure of the Trial Court in Historical Perspective*, Law Center of New York University, 1952, p. 361.

② William Searle Holdsworth, *A History of English Law*, 3rd Edition, Volume 2, Methuen & Co. Ltd., 1923, p. 105.

身令状将其解交威斯敏斯特高级普通法法院的监狱的典狱长的关押时，这些法院才对被告取得管辖权。附理由解交人身令状会给原告带来很大的不便和额外开支，该法第1条前半部分对此进一步做了如下说明，“根据威斯敏斯特各存卷法院的诉讼习惯，原告签发针对被告人身的令状逮捕被告后，被告如果无法提供保释保证，被告将被交付监押。然而，除非原告在被告逮捕之后的两个开庭期结束前通过解交人身令状将被告送交上述法院接受原告第一诉答状的指控，上述监犯可以通过律师提供普通保释保证或登录普通出庭解除监禁，这会对原告造成很大的损害”。因此，该法在第1条后半部分规定，“任何被告，如果在任何人提起的任何诉讼中根据威斯敏斯特任何法院签发的任何令状被拘押后，不能够提供出庭担保而在监狱中监禁或羁押，诉讼的原告可以根据本法，在令状应回呈日之后的下一开庭期结束前，针对上述监犯提交第一诉答状，并将诉答状副本送交该监犯或者监狱看管人。对于该诉答状，上述监犯应该出庭并作出诉答；如果上述监犯不出庭作出诉答，原告可取得判决，如同该监犯在上述法院出庭但拒绝对此类原告第一诉答状答辩或诉答一样”。[①] 依据该规定，被郡长等官员羁押的被告，如果不能提供特别保释保证，原告无须通过附理由解交人身令状将其交付王室法院的监狱，就可以向法院提交原告第一诉答状，并将一份副本送达被羁押的被告；对于该诉答状，如果被告不出庭作出诉答，则视其为已经出庭答辩，原告可以取得判决。法院作出的该判决，实质上就是缺席判决，虽然法律条文中没有明确使用缺席判决字样。

1692年制定法规定的判决适用范围有限，只能适用于被郡长等官员羁押的未提供特别保释保证出庭的监犯。议会后来颁布了1725年《无意义逮捕法》真正确立了对人诉讼缺席判决制度。[②] 该法虽然是一部禁止无意义和恶意逮捕的立法，但第1条对缺席判决作了如下规定，“……从1726年6月24日开始，如果诉讼金额不超过10镑，不得根据任何高级法院签发的任何司法令状要求任何人提供特别保释保证……

---

① William Tidd, *The Practice of the Courts of King's Bench and Common Pleas in Personal Actions and Ejectment*, 9th Edition, Volume 1, J. Butterworth and Son, 1828, p. 342.

② *The Statutes at Large from Magna Charta to the Forty-first Year of George* Ⅲ, Volume 5, Charles Eyke and Andrew Strahan, 1786, p. 421.

在所有此类案件中……原告……不得逮捕或令人逮捕被告本人……而应在法院管辖区内,将司法令状的副本送达被告本人;如果上述被告……在司法令状回呈日或者回呈日后 4 日内未出庭,原告可以合法地……就上述司法令状已送达被告本人事宜作成宣誓陈述书并将之提交适当的法院,然后可代被告登录普通出庭或提交普通保释保证,从而继续诉讼程序,如同上述被告……已自己登录出庭或提交普通保释保证;即使有任何相反法律或习惯亦不得适用”。[①] 上述规定确立了对人诉讼中的代为登录出庭制度,是对强迫被告出庭制度作出的重大变革。依据该规定,诉讼金额低于 10 镑的对人诉讼中,原告可以申请签发针对被告人身的拘捕令状,但是该令状不能用来逮捕被告,而只是传唤被告出庭。令状送达后,如果被告未能在令状规定日期出庭,原告可以在提供司法令状已适当送达被告的宣誓陈述书后,替代被告登录普通出庭,或替代被告作出普通保释保证。被告因此视为已经出庭,原告就可以继续诉讼并取得被告因缺席败诉的判决。这样在对人诉讼中,被告本人出庭不再是法院作出判决的先决条件,如果被告不出庭,法院无须继续签发强迫被告出庭的司法令状,而是经过代为登录出庭,径行作出被告败诉的缺席判决。根据上述规定,作出缺席判决需满足以下五个条件:(1)诉讼金额必须低于 10 镑(该金额后来提高到 20 镑);(2)通知被告出庭的司法令状已经亲自送达被告本人;(3)被告在司法令状回呈日或回呈日后 4 日内未出庭;(4)原告就司法令状已送达事宜作成宣誓陈述书并提交法院;(5)原告已经代被告登录出庭或提交普通保释保证。1732 年《防止无意义和恶意逮捕法》对上述制定法做了修订,其第 4 条规定除非是制定法规定金额以下的本身使用英语的司法令状,令状副本上应该载有书面的英语通知,告知被告原告的诉讼意图,后来 1747 年《恶意逮捕法》(Vexatious Arrests Act,1747)即乔治二世 21 年律目 3 制定法(Statute 21 Geo. Ⅱ,c. 3)将“避免无意义和恶意逮捕的立法”恢复效力并确定为永久立法。

虽然只是开始,对人诉讼缺席判决制度的确立具有开创性的意义,它从根本上改变了旧有强制出庭制度的格局,使直接强制出庭的司法

---

① Stephen C. Yeazell, *Default and Modem Process*, in William M. Gordon ed., Legal History in the Making, Hambledon Press, 2003, p. 131, note 21.

令状最终退出历史舞台。应注意的是,1725 年制定法规定的缺席判决只发生在诉讼启动阶段,是针对不出庭的被告作出的缺席判决,诉答阶段针对虽然出庭但不提交诉答状的被告作出的未答辩判决不包含在内。这与后世如 1998 年《民事诉讼程序规则》规定的现代缺席判决不完全相同,现代缺席判决是不出庭缺席判决和未答辩缺席判决的结合。

(二)19 世纪缺席判决制度的完全确立

18 世纪确立的对人诉讼缺席判决制度尚有诸多限制,其中一项是只有在司法令状亲自送达被告本人,被告不出庭时才能作出缺席判决;如果被告不在法院司法管辖区或者已经逃逸,因此无法亲自送达司法令状,法院就不能对之作出缺席判决。1811 年《无意义逮捕法》规定的制定法扣押财物令状部分解决了这一问题。根据该法,在以初始令状或其他令状启动但未签发拘捕令状的案件中;如果不能亲自送达传唤令状或者出庭担保令状给被告,被告在英格兰司法管辖区内有居所并有可供扣押的动产或土地收益时,原告可申请签发扣押财物令状扣押被告财产,并可将令状留置在被告居所作为送达方式。经过这些步骤,被告仍然不出庭时,原告有权代被告登录出庭,并取得对人缺席判决,原告还可以从扣押的财产中获得债务清偿。根据该法第 2 条的规定,如果被告能够亲自送达传唤令状,则不能申请签发制定法扣押财物令状;当被告不位于王国或在王国内无法找到,又在王国内无可知的居所或可供扣押财产时,原告就无法申请签发制定法扣押财物令状,只能求助于逐出法外程序。

19 世纪司法改革开始后,1832 年《统一司法令状法》就缺席判决制度做了规定。该法带来的变化主要有以下几点:首先,缺席判决不再设定 20 镑案件金额的限制。无论何种金额的对人诉讼,当传唤令状亲自送达给被告后,如果被告未在送达后 8 日内登录出庭,原告都可根据传唤令状所载条款的规定,代被告登录出庭,并取得被告败诉的缺席判决。[①] 其次,该法对制定法扣押财物令状下的缺席判决做了改进。扣押财物令状不再局限于初始令状或其他令状启动的案件,可适用于因逃避送达或在英格兰境内无法亲自送达令状给被告的各种案件,当然前

① William Tidd, *The Act for Uniformity of Process in Personal Actions*, Sauders and Benning, 1832, p. 9.

提仍是被告为英格兰居民而且在英格兰有可供扣押的财产。根据该法规定,被告应在规定时间内登录出庭;如果不登录出庭,原告可以根据扣押财物令状上背书的出庭通知条款,代被告登录出庭,并申请作出缺席判决。最后,签发拘捕令状的情况下,如果拘捕令状是不逮捕被告的送达性拘捕令状,在令状送达后8日内被告未出庭时,原告也可以代被告登录出庭,并申请取得缺席判决;但如果拘捕令状是逮捕被告的保释性拘捕令状,被逮捕的被告通过提供郡长前保释保证释放后,未在令状回呈日提供特别保释保证出庭的,原告不可以就本案代被告登录出庭并申请取得缺席判决,只能针对郡长或者根据出庭保释保证书提起诉讼。①

1852年《普通法诉讼程序法》对缺席判决制度进一步做了变革,主要表现以下几个方面:(1)该法第26条废除了原告代被告登录出庭的做法。该法第27条和第28条规定,原告在被告未出庭时,可通过提交传唤令状已送达的宣誓陈述书以及传唤令状副本,直接申请签署判决,或者先提交原告第一诉答状,在8日后如果被告不提交诉答状,再申请签署判决。这样,被告未登录出庭时,原告无须代为登录出庭即可申请缺席判决。可以说此时缺席判决在观念上发生了根本变化。先前判决的前提是被告出庭,如果被告不出庭,法院对被告就没有裁判管辖权,不能作出任何决定实体问题的判决,因此要求被告必须出庭,即便是形式上的由原告代为登录的出庭。废除代为登录出庭后,意味着彻底放弃了裁判管辖权以被告出庭为基础的观念,只要被告被送达传唤令状,知悉了被起诉之事实,法院便取得了对被告的裁判管辖权,被告不出庭不再影响法院的裁判管辖权。(2)依据该法,在适当的条件下,即使不能亲自向被告送达传唤令状,法院也可以管辖被告并作出缺席判决。过去,当不能亲自送达传唤令状给被告时,只有两种办法强制被告出庭:一是申请1811年制定法创设的扣押财物令状,但需以被告为英格兰居民并在英格兰境内有财产可供扣押为前提;二是启动逐出法外程序,但逐出法外程序复杂烦琐、费用高昂。1852年制定法废除了扣押财物令状和依据中间司法令状实施的逐出法外程序,代之以第17条规定

---

① William Tidd, *The Act for Uniformity of Process in Personal Actions*, Sauders and Benning, 1832, p. 20.

的以下做法：未能送达传唤令状时，只要原告提供宣誓陈述书证明自己"已经尽了合理努力送达令状，被告已经知悉令状或者在故意逃避令状的送达"，法院确认后，法院也可以对不出庭的被告作出缺席判决。[①]

缺席判决逐步确立的过程，就是旧的强制出庭司法令状的废止过程。1832 年《统一司法令状法》废除传唤令状、拘捕令状、续行羁押令状之外的所有普通法诉讼启动方式，1838 年《判决法》废止了通过逮捕被告人身强迫被告出庭的拘捕令状和续行羁押令状，也废除了所有普通法民事诉讼中依据中间司法令状逮捕被告的做法。1852 年《普通法诉讼程序法》废止了扣押财物令状和依据中间司法令状实施的逐出法外程序，中世纪以来的强迫被告出庭的所有强制措施至此都已不复存在。司法改革后保留下来的传唤令状只用来通知诉讼，不再有直接强制出庭的作用，司法改革后能够起到强迫被告出庭作用的只有实质上取代了旧有司法令状的缺席判决。

三、衡平诉讼缺席判决制度的确立和发展

大法官法院衡平诉讼中的缺席判决制度的确立和普通法法院对人诉讼的过程近似。早先在大法官法院衡平诉讼程序中，除非被告登录出庭，大法官法院同样不允许作出缺席判决。原告需要申请签发一系列的令状，包括附罚则传唤令状、拘禁令状、附公告拘禁令状、违抗法庭逮捕状、财产暂管令状，用以拘押被告人身或扣押被告财产强迫被告出庭。在用尽针对被告人身和针对财产的强迫出庭司法令状后，如果被告宁肯承担藐视法庭被处罚的严厉后果，让自己的人身受拘禁或财产受扣押，仍然拒绝登录出庭，原告就无任何办法继续诉讼，遑论取得缺席判决。为解决这一问题，议会 1732 年颁布了《衡平诉讼程序法》(Equity Procedure Act，1732) 即乔治二世 5 年律目 25 制定法(5 Geo. Ⅱ，c. 25)，[②]为原告提供了代为登录出庭制度。该法第 2 条规定，如果依据解交人身令状或其他司法令状(如拘禁令状)将被告带至法院后，

---

① 1852 年《普通法诉讼程序法》第 17 条规定如下，"如果可行，传唤令状应该送达被告本人。应原告基于宣誓陈述书的申请，签发传唤令状的法院或法官若能明显判断出原告已经尽了合理努力送达令状，被告已经知悉令状或者在故意逃避令状的送达而不出庭时，可依法命令原告自由继续诉讼程序，如同送达已经完成，但以满足法院或法官认为适当的条件为限"。

② *The Statutes at Large: From the Third Year of the Reign of King George the Second to the Twentieth Year of the Reign of King George the Second*, Volume 6, Charles Eyke, 1764, p. 91.

被告拒绝或怠于登录出庭,法院可以指定一名法院书记官或律师代被告登录出庭,这样如同被告已经出庭,诉讼程序得以继续。此时,被告的缺席出庭行为被视为承认原告的诉状主张,法院可作出原告胜诉的视为承认判决(decree *pro confesso*)。视为承认判决相当于普通法法院的缺席判决。

在衡平诉讼中,如果原告没有向被告送达任何令状,原告不能对被告采取强制措施或继续诉讼,因为司法令状未送达被告时,应推定被告不知悉诉状和诉讼的存在,被告不出庭就不存在藐视法庭的行为。有时被告会滥用这一规则,故意逃避令状送达。为解决这一问题,1732 年《衡平诉讼程序法》第 1 条规定,若怀疑被告离开王国或者以其他方式逃逸,从而躲避司法令状的送达,可指定某一日期要求被告出庭答辩。原告须在伦敦政府公告(London gazette)中公布被告出庭日期,并在被告最后居住的堂区的教堂宣读,然后将公告张贴于王室交易所(royal exchange);如果被告届时仍不出庭,法院可作出原告胜诉的视为承认判决。① 该条的特别之处在于将缺席判决和公告送达(service by publication)联系在了一起。②

在 19 世纪司法改革时期,议会通过了 1830 年《藐视法庭法》(Contempt of Court Act,1830)即乔治四世 11 年和威廉四世 1 年律目 36 制定法(11 Geo. Ⅳ &1 Will. Ⅳ,c. 36)。该法废止了 1732 年《衡平诉讼程序法》缺席判决的条款,但又作出了类似内容的规定。大法官法院缺席判决制度的进一步改革是通过 1845 年 5 月 8 日颁布的几部大法官法院令(Chancery Orders)实现的。③ 根据这些命令,如果被告在附罚则传唤令状送达后未能出庭,④原告不必拘禁被告,可在提供附罚则传唤令状已经送达的宣誓陈述书后,由记录和令状书记官(Record and Writ

① 3 Bl. Comm. 446.

② Robert Wyness Millar, *Civil Procedure of the Trial Court in Historical Perspective*, Law Center of New York University, 1952, p. 362.

③ Order XVI, Order XXIX, Order XXX, Order XXXI, etc; R. Lewinge Swift. The Orders of the High Court of Chancery, From Hilary Term 1828 to Trinity Term 1845, Owen Richards, 1845, p. 39 – 45.

④ 附罚则传唤令状被 1852 年《大法官法院诉讼程序法》(Court of Chancery Procedure Act, 1852)废除。

Clerk)依法院授权为被告登录出庭。[①] 这样,原告就不必使用烦琐复杂、花费大量时间和金钱的各项司法令状强迫被告出庭即可取得判决。

四、确立缺席判决制度的影响和意义

可以说,现代诉讼启动程序的发展过程,就是缺席判决取代旧时强迫出庭制度的过程,民事诉讼缺席判决制度的确立有着巨大的法律和历史进步意义。

(一)允许缺席判决改变了被告出庭的性质

先前,被告出庭是法院裁判管辖权的基础,相应地,出庭也是被告的一项义务。如果被告收到法院令状后不出庭,就是违反义务的藐视法庭行为,法院可对之采取强制出庭措施。1725 年后,人们接受了缺席判决制度,开始摒弃被告出庭是法院裁判管辖权基础的观念,被告不出庭时,法院同样可以享有裁判管辖权并作出缺席判决。出庭在诉讼中的重要性大为降低,出庭不再是被告的义务,被告可以选择出庭,也可以选择不出庭;如果被告不出庭,不再构成义务的违反,也不会因藐视法庭而被采取人身或财产上的强制措施。然而,被告仍需要对自己选择不出庭的行为负责,他将不得不承担缺席判决败诉的实体后果。可以看出,由于缺席判决的引入,被告出庭的性质发生了根本的变化,由被告的义务转变为被告的一项负担。

(二)缺席判决为强迫被告出庭提供了制度替代

扣押财物令状、拘捕令状以及逐出法外程序中签发的强迫被告出庭的司法令状程序复杂、措施严厉、僵化迟缓,原告还要为此支付高昂的费用,而所有这些令状从程序上讲不过是为了让被告出庭。被告不遵守司法令状会受到程序性的逮捕、扣押或罚没财产的惩罚,但除逐出法外者拘捕令状和制定法扣押财物令状外,原告不能从司法令状的执行中获得任何债权上的偿付。与之不同,缺席判决虽不具有程序上的惩罚性,但它不仅能够达到强迫被告出庭的目的,还可以给原告以实体上的救济。缺席判决避开了强迫出庭司法令状的申请、签发和执行的所有环节,仅须一项通知被告出庭的传唤令状,同样可迫使担心不出庭会败诉的被告积极、及时地出席法庭。不仅如此,由于缺席判决使得不

---

① Robert Wyness Millar, *Civil Procedure of the Trial Court in Historical Perspective*, Law Center of New York University, 1952, p. 363.

出庭的被告承担实体败诉的后果，原告有机会通过执行缺席判决，从被告那里快速、便利地实现诉讼请求的偿付。显然，对原告而言，相对强制出庭司法令状，缺席判决是一项更优的选择。在诉讼层面上看，缺席判决也大大减少了诉讼时间和费用的消耗，提升诉讼程序的效益和效率。

（三）缺席判决制度促使民事诉讼中惩罚性程序制度的废止

旧时民事诉讼中的强制出庭的司法令状是一项严厉苛刻的惩罚性程序制度，当事人违反司法令状，动辄人身被无限期监禁、财产罚没给国王。缺席判决制度替代强迫出庭司法令状，正可以将民事诉讼中的扣押财产令状、拘捕令状以及逐出法外程序打扫进历史的垃圾堆。废除惩罚性民事诉讼强制措施体现了人道主义的胜利，也是司法文明的巨大进步。被告再也无须因为负债这一民事负担，遭受财产罚没之苦或者拘捕带来的牢狱之灾。

（四）允许缺席判决制度简化了诉讼启动程序

诉讼启动程序先前是诉讼主程序的重要组成部分，占有极大比重。这一程序典型的过程从申请签发初始令状、初始司法令状或提交诉状开始，中间经历各种强制被告出庭的后续司法令状的签发和执行，直至被告提供特别保释保证结束，不可不谓之繁杂、冗长。缺席判决制度的确立，使扣押财产、拘捕人身的司法令状的签发、实施程序，以及随后的保释程序不再必要，诉讼启动程序大为简化和缩短。诉讼的重心也从审前转移至庭审，减轻了当事人和律师在审前程序上的负担，他们的注意力和精力不必集中于强迫被告出庭的程序问题，而可更多地放在庭审以及当事人的实体权利义务上。这从根本上改变了诉讼程序运行的方式，也为实体法的发展提供了契机。

究言之，缺席判决制度的确立标志着民事诉讼程序发展之路的一次大转折。虽然最初普通法对人诉讼缺席判决的适用范围非常有限，但诉讼法的发展方向已开始根本转变。被告必须出庭，法院才能对被告享有管辖权并作出判决的根深蒂固的规则逐渐被革除，只要传唤令状送达被告，法院即对被告享有管辖权的全新管辖规则产生。在这一规则下，法院对被告行使管辖权的起始时间从过去的被告出庭时提前到传唤令状送达之时；法院对被告的裁判管辖权通过送达传唤令状即可取得,裁判管辖权不再取决于被告的出庭,因此再无必要强制被告出庭;即使被告不出庭法院也可作出缺席判决,法院裁判管辖的主动权不再受制于被告,完全掌握在法院和原告手中。回首来看,1725 年英格兰法或许不经意地迈出了看似并无紧要的一小步,却开启了彻底结束旧有诉讼启动程序的伟大时代。

参考文献

一、外文参考书目

[1] William Searle Holdsworth, *A History of English Law*, Volume 9, Methuen & Co. Ltd, 1926.

[2] William Tidd, *The Practice of the Courts of King's Bench and Common Pleas in Personal Actions and Ejectment*, 9th Edition, Volumes 1 - 2, J. Butterworth and Son, 1828.

[3] John Baker, *An Introduction to English Legal History*, 5th Edition, Oxford University Press, 2019.

[4] William Tidd, *Forms of Practical Proceedings, in the Courts of King's Bench, Common Pleas, and Exchequer of Pleas*, 5th Edition, J. Butterworth and Son, 1819.

[5] William Tidd, *Practical Forms, and Entries of Proceedings, in the Courts of Queen's Bench, Common Pleas, and Exchequer of Pleas*, 8th Edition, Sauders and Benning, 1840.

[6] John Frederick Archbold, *The Practice of the Court of King's Bench in Personal Actions, and Ejectment*, Volumes 1 - 2, Stephen Gouli, 1823.

[7] William Tidd, *The Practice of the Court of King's Bench, in Personal Actions*, Isaac Riley, 1807.

[8] Frederic W. Maitland & Francis Charles Montague, *A Sketch of English Legal History*, G. P.

Putnam's Sons,1915.

[9] Frederic William Maitland, *Equity, also the Forms of Action at Common Law: Two Courses of Lectures*, Cambridge University Press, 1910.

[10] William M Gordon, *Legal History in the Making*, Hambledon Press,2003.

[11] Henry John Stephen, *A Treatise on the Principles of Pleading in Civil Actions; Comprising a Summary View of the Whole Proceedings in a Suit at Law*, Joseph Butterworth and Son,1824.

[12] Henry John Stephen, *A Treatise on the Principles of Pleading in Civil Actions; Comprising a Summary View of the Whole Proceedings in a Suit at Law*, Callaghan and Company,1894.

[13] Rene David, *Major Legal Systems in the World Today: Introduction to the Comparative Study of Law*, 3rd Edition, Stevens & Sons, 1985.

[14] Matthew Hale, *The History of Common Law and An Analysis of the Civil Part of the Law*, Henry Butterworth,1820.

[15] Robert Lush, *The Practice of the Superior Courts of Law at Westminster, in Actions and Proceedings*, C. Reader, Law Bookseller, 1840.

[16] Edward Poste, *Elements of Roman Law by Gaius or Gaii Institutionum Iuris Civilis Commentarii Quattuor*, 3rd Edition, Clarendon Press,1890.

[17] William Alexander Hunter, *A Systematic and Historical Exposition of Roman Law in the Order of a Code*, William Maxwell & Son, 1876.

[18] Leopold Wenger, *Institutes of the Roman Law of Civil Procedure*, trans. by Otis Harrison Fisk, Liberal Arts Press,1955.

[19] William Tidd, *Forms of Practical Proceedings, in the Courts of King's Bench, Common Pleas, and Exchequer of Pleas*, 5th Edition, J. Butterworth and Son,1819.

[20]R. C. Van Caenegem, *The Birth of the English Common Law*, 2nd Edition, Cambridge University Press, 1988.

[21]Frederick G. Kempin, *Historical Introduction to Anglo-American Law in a Nutshell*, West Publishing Co., 1990.

[22]John Impey, *The New Instructor Clericalis, Stating the Authority, Jurisdiction and Modern Practice of the Court of King's Bench*, J. & W. T. Clarke, 1823.

[23]Margaret H. Ogilvie, *Historical Introduction to Legal Studies*, Carswell, 1982.

[24]Edward Jenks, *A Short History of English Law*, Little, Brown, and Companry, 1913.

[25]Edward Jenks, *Law and Politics in the Middle Ages*, Henry Holt and Company, 1898.

[26] Alexander Martin, *Civil Procedure at Common Law*, West Publishing Co., 1905.

[27] Richard D. Freer & Wendy Collins Perdue, *Civil Procedure: Cases, Materials, and Questions*, Third Edition, Anderson Publishing Co., 2001.

[28]Philip Burton, *The Practice in the Office of Pleas of the Court of Exchequer Epitomized*, J. & W. T. Clarke, 1824.

[29] Charles Fisk Beach, *A Treatise on the Modern Practice in Equity*, Volume 1, W. H. Anderson & Ompany, 1894.

[30] Robert Wyness Millar, *Civil Procedure of the Trial Court in Historical Perspective*, Law Center of New York University, 1952.

[31]Joseph Chitty, *The Practice of the Law in All its Departments*, Volumes 1 – 3, P. H. Nicklin & T. Johnson, 1836.

[32]Joseph Chitty, *A Treatise on the Parties to Actions, the Forms of Actions, and on Pleading*, Volume 1, I. Riley, 1819.

[33] William Tidd, *The Act for Uniformity of Process in Personal Actions*, Sauders and Benning, 1832.

[34] Thomas Dax, *The Practice on the Plea Side of the Court of*

Exchequer, J. & W. T. Clarke, 1831.

[35] George Goldsmith, *The Doctrine and Practice of Equity*, John. S. Littell, 1843.

[36] Henry Maddock, *A Treatise on the Principles and Practice of the High Court of Chancery*, Volume 1, Clayton and Kingsland, 1817.

[37] Henry Maddock, *A Treatise on the Principles and Practice of the High Court of Chancery*, 3rd Edition, Volume 2, J. & W. T. Clarke, 1837.

[38] George Cooper, *A Treatise of Pleading on the Equity Side of the High Court of Chancery*, I. Riley, 1813.

[39] Frederick Pollock & Frederic William Maitland, *The History of English Law before the Time of Edward* Ⅰ, Volumes 1-2, 2nd Edition, Cambridge University Press, 1898.

[40] Frederick Pollock, *The Expansion of the Common Law*, Stevens and Sons, Limited, 1904.

[41] Theodore F. T. Plucknett, *A Concise History of the Common Law*, 4th Edition, Butterworth & Co. (Publisher) Ltd., 1948.

[42] George Booth, *The Nature and Practice of Real Actions: In their Writs and Process, Both Original and Judicial*, Stephen Gould, 1808.

[43] George Spence, *The Equitable Jurisdiction of the Court of Chancery*, Volumes 1-2, Philadephia: Lea and Blanchard, 1846.

[44] Thomas Mayhew, *A Complete History of an Action at Law*, J. And W. Clark, 1828.

[45] Benjamin J. Shipman, *Hand-book of Common Law Pleading*, West Publishing Company, 1895.

[46] George Mousourakis, *Fundamentals of Roman Private Law*, Springer, 2012.

[47] Ernest F Henderson, *Select Historical Documents of the Middle Ages*, George Bell and Sons, 1896.

[48] Earl Jowitt, Clifford Walsh & John Burke, *Jowitt's Dictionary of English Law*, Volumes 1-2, Sweet & Maxwell Ltd., 1977.

[49] Francis Hargrave, *A Collection of Tracts Relative to the Law of*

England, Volume 1, Dublin: E. Lynch,1787.

[50] Paul Brand, *Kings, Barons and Justices: The Making and Enforcement of Legislation in Thirteenth Century England*, Cambridge University Press,2003.

[51] Henry John Stephen, *New Commentaries on the Laws of England*, Volume 3,Henry Butterworth,1844.

[52]R. W. Leage & C. H Ziegler, *Roman Private Law Founded on the Institutes of Gaius and Justinian*,Second Edition,Macmillan and Co. , Limited,1932.

[53] Frederic William Maitland, *The Constitutional History of England*,Cambridge University Press,1919.

[54]L. B. Curzon,*English Legal History*,2nd Edition,Macdonald & Evans,1979.

[55]Harold Potter,*An Introduction to the History of English*,Sweet & Maxwell,1923.

[56]Baker John Sellon,*The Practice of the Courts of King's Bench and Common Pleas*,Volume 1,A. Strahan,1798.

[57] John Bouvier & Francis Rawle, *Bouvier's Law Dictionary*, Volumes Ⅰ and Ⅱ,Boston Book Company,1897.

[58]Jean Brissaud,*History of French Public Law*,trans. by James W. garnera,Little,Brown,and Company,1915.

[59]Arthur Engelmann,*History of Continental Civil Procedure*,trans. by Robert Wyness Millar,Little,Brown,and Company,1927.

[60] R. Ross Perry, *Common-Law Pleading: Its History and Principles*,Little,Brown,and Company,1897.

[61]Samuel Prentice,*Chitty's Archbold's Practice of the Court of Queen's Bench*,Volume 1,H. Sweet,1862.

[62]Henry Adams,*Essays in Anglo-Saxon Law*,Little,Brown,and Company,1905.

[63] William Searle Holdsworth, *A History of English Law*, 3rd Edition,Volume 2,Methuen & Co. Ltd. ,1923.

[64] William Searle Holdsworth, *A History of English Law*, 3rd Edition, Volume 1, Methuen & Co. Ltd., 1923.

[65] William Searle Holdsworth, *A History of English Law*, Volume 15, Sweet & Maxwell Ltd., 1965.

[66] William Francis Finlason, *The Common Law Procedure Acts of* 1852, 1854, *and* 1860, V. & E. Stevens & Sons, 1860.

[67] John Charles Frederic Sigismund Day, *The Common Law Procedure Acts and other Statutes Relating to the Practice of the Superior Courts of Common Law and the Rules of Court, with Notes*, Henry Sweet, 1868.

[68] William Downes Griffith, *The Supreme Court of Judicature Acts* 1873, 1875, & 1877: *The Appellate Jurisdiction Act*, 1876, 2nd Edition, Stevens and Haynes, 1877.

[69] Frederic Philip Tomlinson, *The Judicature Acts and Rules of the Supreme Court*, 1883, William Clowes and Sons, Limited, 1883.

[70] Duncan Mackenzie Kerly, *An Historical Sketch of the Equitable Jurisdiction of the Court of Chancery*, Cambridge University Press, 1890.

[71] R. Lewinge Swift, *The Orders of the High Court of Chancery, from Hilary Term* 1828 *to Trinity Term* 1845, Owen Richards, 1845.

[72] Jack I. H. Jacob, *The Fabric of English Civil Justice*, Stevens & Sons, 1987.

[73] Paula Loughlin & Stephen Gerlis, *Civil Procedure*, Second Edition, Cavendish Publishing Limited, 2004.

[74] David Walker, *The Oxford Companion to Law*, Clarendon Press, 1980.

[75] Henry Sumner Maine, *Ancient Law*, John Murray, 1870.

[76] Roscoe Pound, *The History and System of the Common Law*, Collier, 1939.

[77] Henry Roscoe, *A Treatise on The Law of Actions Relating to Real Property*, Volume 1, Joseph Butterworth and Son, 1825.

[78] Charles Barton & James P. Holcombe, *History of a Suit in Equity*

from its Commencement to its Final Termination, Robert Clarke & Co., 1877.

[79] John Baker, *The Oxford History of the Laws of England*, *Volume* Ⅵ: 1483 – 1558, Oxford University Press, 2003.

[80] Committee of the Association of American Law Schools, *Select Essays in Anglo-American Legal History*, Volume 1, Little, Brown, and Company, 1907.

[81] Committee of the Association of American Law Schools, *Select Essays in Anglo-American Legal History*, Volume 2, Little, Brown, and Company, 1908.

[82] Committee of the Association of American Law Schools, *Select Essays in Anglo-American Legal History*, Volume 3, Little, Brown, and Company, 1909.

[83] George Price, *Attorney's Practice in the Exchequer of Pleas, Being a Practical Summary of the Course and Forms of Proceeding at Law by the Exchequer Process*, Saunders and Benning, 1831.

[84] William Searle Holdsworth, *A History of English Law*, 3rd Edition, Volume 5, Methuen & Co. Ltd., 1945.

[85] William Tidd, *The Practice of the Courts of King's Bench and Common Pleas in Personal Actions and Ejectment*, 7th Edition, Volumes 1 – 2, J. Butterworth and Son, 1821.

[86] John Baker, *The Oxford History of the Laws of England*, Volume Ⅵ 1483 – 1558, Oxford University Press, 2003.

[87] Thomas Madox, *The History and Antiquities of the Exchequer of the Kings of England*, J. Matthews, 1711.

[88] Robert Malcolm Kerr, *An Action at Law: Being an Outline of the Jurisdiction of the Superior Courts of Common Law, with an Elementary View of the Proceedings in Personal Actions and in Ejectment*, 2nd Edition, William Henry Bond, 1855.

[89] John Impey, *The Modern Pleader: Containing the Several Forms of Commencing and Concluding Declarations in all Personal and Mixed*

Actions, in Superior and Inferior Courts, and by or Against Particular Persons, with Notes Thereon, W. Clarke and Sons, 1814.

[90] R. C. Van Caenegem, *History of European Civil Procedure*, in Mauro Cappelletti ed., International Encyclopedia of Comparative Law: Civil Procedure, J. C. B. Mohr, 1973.

[91] Stephen C. Yeazell, *Default and Modem Process*, in William M. Gordon ed., Legal History in the Making, Hambledon Press, 2003.

[92] John William Smith & William Decimus Inglett Foulkes, *Smith's Elementary View of the Proceedings in an Action at Law*, 12th Edition, Stevens and Sons, 1876.

[93] *First Report Made to His Majesty by the Commissioners Appointed to Inquire into the Practice and Proceedings of the Superior Courts of Common Law*, ordered by the House of Commons to be printed 20th Feb. 1829.

[94] Thomas Edlyne Tomlins, *The Law-dictionary: Explaining the Rise, Progress and Present State of the British Law*, Volumes 1 – 2, Payne and Foss, 1820.

[95] Arthur G. Sedgwick & Frederick S., *Wait: Treatise on the Principles and Practice Governing the Trial of Title to Land; Including Ejectment; Trespass to Try Title; Writs of Entry; Statutory Remedies for the Recovery of Real Property*, Baker, Voorhis & Co., 1882.

[96] Austin Wakeman Scott, *Fundamentals of Procedure in Actions at Law*, Baker, Voorhis & Co., 1922.

[97] Herbert Broom, *A Selection of Legal Maxims*, 7th Edition, T. & J. W. Johnson & Co., 1874.

[98] Henry Sumner Maine, *Dissertations on Early Law and Custom: Chiefly Selected from Lectures Delivered at Oxford*, John Murray, 1883.

[99] Adolf Berger, *Encyclopedic Dictionary of Roman Law*, The American Philosophical Society, 1953.

[100] Asahel Stearns, *Summary of the Law and Practice of Real Actions*, Cummings, Hilliard, & Co., 1824.

[101]H. G. Richardson & G. O. Sayles, *Select Cases of Procedure Without Writ under Henry* Ⅲ ,Bernard Quaritch,1941.

[102] Henry Campbell Black, Joseph R. Nolan & Jacqueline M. Nolan-Haley, *Black's Law Dictionary*, 6th Edition, St. Paul: West Publishing Co. ,1990.

[103] R. C. Van Caenegem, *Royal Writs in England from the Conquest to Glanvill: Studies in the Early History of the Common Law*, Selden Society,1959.

[104]William Mack & William Benjamin Hale,*Corpus Juris: Being a Complete and Systematic Statement of the Whole Body of the Law as Embodied in and Developed by All Reported Decisions*, Volume 21,The American Law Book Co. ,1920.

[105] *Fourth Report Made to his Majesty by the Commissioners Appointed to Inquire into the Practice and Proceedings of the Superior Courts of Common Law*, ordered by the House of Commons to be printed 6th March 1832.

[106]Bacon Matthew,*New Abridgment of the Law*, Volume Ⅶ,T. & J. W. Johnson & Co. ,1860.

[107]Edmund Robert Daniell,*A Treatise on the Practice of the High Court of Chancery*,Volume 1,J. & W. T. Clarke,1837.

[108]David Burton Fowler,*The Practice of the Court of Exchequer*, Volume 1,Joseph Butterworth and Son,1817.

[109] William Ball, *Lincoln's Inn: Its History and Traditions*, Stevens & Sons,Ltd. ,1947.

[110]John Mounteney Lely & William Decimus Inglett Foulkes,*The Judicature Acts*,1873 *and* 1875,2^{nd} Edition,Law Publisher,1877.

[111] Sir William David Evans,*A Collection of Statutes Connected with the General Administration of the Law; Arranged According to the Order of Subjects*, Volume 3,Saunders and Benning,1829.

[112]Clive M. Schmitthoff, *A Text-book of the English Conflict of Laws: Private International Law*,Pitman,1945.

[113]F. L. Wiswall, *The Development of Admiralty Jurisdiction and Practice Since 1800*, Cambridge University Press, 1971.

[114]Aleka Mandaraka-Sheppard, *Modern Maritime Law, Volume 1: Jurisdiction and Risks*, 3rd Edition, Informa Law from Routledge, 2013.

[115] Stuart Sime, *A Practical Approach to Civil Procedure*, 16th Edition, Oxford University Press, 2013.

[116] William H. Wicker, *The Development of the Distinction between Local and Transitory Actions*, 4 Tennessee Law Review 55 (1925).

[117]Andrew Dickinson, *Keeping up Appearances: The Development of Adjudicatory Jurisdiction in the English Courts*, 86 British Yearbook of International Law 6 (2016).

[118]George Jarvis Thompson, *Development of the Anglo-American Judicial System*, 17 Cornell Law Review 9 (1931).

[119]George Burton Adams, *Origin of the English Courts of Common Law*, 30 Yale Law Journal 798 (1921).

[120] William Wirt Blume, *Place of Trial of Civil Cases—Early English and Modern Federal*, 48 Michigan Law Review 1 (1949 - 1950).

[121]George E. Woodbine, *The Origins of the Action of Trespass*, 33 Yale Law Journal 799 (1924).

[122]W. Hamilton Bryson, *The Abolition of the Forms of Action in Virginia*, 17 University of Richmond Law Review 273 (1983).

[123] Charles E. Clark, *Cause of Action*, 82 University of Pennsylvania Law Review 354 (1933 - 1934).

[124]Nathan Levy, *Mesne Process in Personal Actions at Common Law and the Power Doctrine*, 78 Yale Law Journal 52 (1968).

[125]H. A. Hollond, *Writs and Bills*, 8 Cambridge Law Journal 15 (1942).

[126] Mauro Cappelletti, *Social and Political Aspects of Civil Procedure—Reforms and Trends in Western and Eastern Europe*, 69 Michigan Law Review 847 (1971).

[127]Abraham L. Freedman, *Imprisonment for Debt*, 2 Temple Law

Quarterly 330 (1928).

[128] Bobby G. Deaver, *Outlawry: Another "Gothic Column" in North Carolina*, 41 North Carolina Law Review 634 (1963).

[129] William Lindsay Carne, *A Sketch of the History of the High Court of Chancery from its Origin to the Chancellorship of Wolsey*, 13 Virginia Law Register 391 (1927).

[130] Philip A. Trautman, *Commencement of Actions and Service of Process in Washington*, 16 Willamette Law Review 87 (1979).

[131] Alison Reppy, *The Development of the Common-Law Forms of Action*, 22 Brooklyn Law Review 179 (1956).

[132][日]田中英夫:《英美法总论》(上),东京大学出版会 1980 年版。

二、中文参考书目

[1]薛波主编:《元照英美法词典》(缩印版),潘汉典总审订,北京大学出版社 2014 年版。

[2]周枏:《罗马法原论》,商务印书馆 1994 年版。

[3]王名扬:《英国行政法》,中国政法大学出版社 1987 年版。

[4][英]梅因:《古代法》,沈景一译,商务印书馆 1996 年版。

[5][英]梅特兰:《普通法的诉讼形式》,王云霞、马海峰、彭蕾译,商务印书馆 2009 年版。

[6][英]约翰·哈德森:《英国普通法的形成——从诺曼征服道大宪章时期英格兰的法律与社会》,刘四新译,商务印书馆 2006 年版。

[7][美]阿瑟·库恩:《英美法原理》,陈朝璧译注,法律出版社 2002 年版。

[8][美]哈罗德·J. 伯尔曼:《法律与革命——西方法律传统的形成》,贺卫方、高鸿钧、张志铭、夏勇译,中国大百科全书出版社 1996 年版。

[9][日]望月礼二郎:《英美法》,郭建、王仲涛译,商务印书馆 2005 年版。

[10][英]保罗·布兰德:《英格兰律师职业的起源》,李红海译,北京大学出版社 2009 年版。

[11][日]谷口安平:《程序的正义与诉讼》,王亚新、刘荣军译,中国政法大学出版社1996年版。

[12][比]R.C.范·卡内冈:《英国普通法的诞生》,李红海译,中国政法大学出版社2003年版。

[13][德]K.茨威格特、H.克茨:《比较法总论》,潘汉典、米健、高鸿钧、贺卫方译,法律出版社2003年版。

[14][法]勒内·达维德:《当代主要法律体系》,漆竹生译,上海译文出版社1984年版。

[15][英]S.F.C.密尔松:《普通法的历史基础》,李显东、高翔、刘智慧、马呈元译,中国大百科全书出版社1999年版。

[16][德]罗森贝克、施瓦布、戈特瓦尔德:《德国民事诉讼法》,李大雪译,中国法制出版社2007年版。

[17][英]梅特兰:《欧陆法律史概览:事件、渊源、人物及运动》,屈文生译,上海人民出版社2008年版。

[18][日]中村英郎:《新民事诉讼法讲义》,陈刚、林剑锋、郭美松译,法律出版社2001年版。

[19][美]劳伦斯·弗里德曼:《二十世纪美国法律史》,周大伟等译,北京大学出版社2016年版。

[20][法]孟德斯鸠:《论法的精神》,张雁深译,商务印书馆1961年版。

[21][德]马克斯·卡泽尔、罗尔夫·克努特尔:《罗马私法》,田士永译,法律出版社2018年版。

[22][法]艾涅斯特·格拉松:《法国民事诉讼程序的起源》,巢志雄译,北京大学出版社2013年版。

[23][意]彼德罗·彭梵得:《罗马法教科书》,黄风译,中国政法大学出版社2005年版。

[24]罗马法编写组:《罗马法》,群众出版社1983年版。

[25]储安平:《英国采风录》,东方出版社2005年版。

[26]马克垚:《西欧封建经济形态研究》,人民出版社1985年版。

[27]马克垚:《英国封建社会研究》,北京大学出版社1992年版。

[28]李红海:《普通法的历史解读——从梅特兰开始》,清华大学出

版社 2003 年版。

[29]李秀清:《日耳曼法研究》,商务印书馆 2005 年版。

[30]齐延平:《自由大宪章研究》,中国政法大学出版社 2007 年版。

[31]冷霞:《英国早期衡平法概论——以大法官法院为中心》,商务印书馆 2010 年版。

[32]由嵘主编:《外国法制史》,北京大学出版社 2002 年版。

[33]徐昕:《英国民事诉讼规则》,中国法制出版社 2001 年版。

[34]徐昕:《英国民事诉讼与民事司法改革》,中国政法大学出版社 2002 年版。

[35]程汉大、李培锋:《英国司法制度史》,清华大学出版社 2007 年版。

[36]程汉大主编:《英国法制史》,齐鲁书社 2001 年版。

[37]毛玲:《英国民事诉讼的演进与发展》,中国政法大学出版社 2005 年版。

[38]屈文生:《普通法令状制度研究》,商务印书馆 2011 年版。

[39]孟广林:《英国封建王权论稿——从诺曼征服到大宪章》,人民出版社 2002 年版。

[40]钱乘旦主编:《英国通史》(6 卷本),江苏人民出版社 2016 年版。

[41]张艳丽主编:《民事诉讼法》(第 2 版),高等教育出版社 2017 年版。

[42]齐树洁主编:《英国民事司法制度》,厦门大学出版社 2011 年版。

[43]常怡主编:《比较民事诉讼法》,中国政法大学出版社 2002 年版。

[44]谭兵主编:《外国民事诉讼制度研究》,法律出版社 2003 年版。

[45]何勤华、王帅:《中世纪英格兰的巡回审判:背景、制度以及变迁——兼论我国巡回审判制度的构建》,载《法律科学》2015 年第 2 期。

[46]马丁:《罗马法上的"诉":构造、意义与演变》,载《中外法学》2013 年第 3 期。

[47]傅郁林:《再论民事诉讼立案程序的功能与结构》,载《上海大学学报(社会科学版)》2014 年第 1 期。

附录 1　专业术语中文外文对照表

盎格鲁人 Angles

盎格鲁－撒克逊法 Anglo-Saxon Law

巴拉丁伯爵 Count Palatine

巴拉丁伯爵领地 palatine county

百户区 hundred

百户区法院 hundred court

百人审判团 *centumviri*

保单法院 Court of Policies of Assurance

保全措施 conservatory measures

保释保证能力证明宣誓陈述书 *affidavit* of justification

保释保证人批准指令 rule for allowance of bail

保释性司法令状 bailable process

保释性诉讼 bailable action

保有产 tenements

保证人 *cautiones*

报账之诉 account；action of account

暴力和武力侵害之诉 trespass *vi et armis*

暴力威胁和暴力接触令状 writ of trespass for assault and battery

暴力威胁和暴力接触侵害 assault and battery

暴力威胁和暴力接触侵害之诉 trespass for assault and battery

被告出庭担保令状 *pone*；writ of *pone*

被告第一诉答状 plea
被告所在不明 *non est inventus*
被告特权 *privilegium ex parte defendentis*
被继承人 ancestor
被逐出法外 outlawed
被逐出法外(女性) waived
本法院答辩诉状 bill *tanquam praefens in curia*
本法院纠错令状 writ of error *coram nobis*
并行管辖权 concurrent jurisdiction
驳回诉讼 strike out the proceedings
补充诉状 supplemental bill
补充诉状性质的诉状 bill in the nature of a supplemental bill
捕获法院 Prize Courts
不当扣留动产令状 writ of detinue
不当扣留动产之诉 action of detinue; detinue
不动产 real property
不动产诉讼 real action
不动产性动产 real chattel
不动产性质诉讼 action in realty
不作适当抗辩 non defendere uti oportet
不作为 nonfeasance
财产扣押执行令状 *levari facias*
财产拍卖 *bonorum venditio*
财产暂管令状 sequestration
财产暂管人 sequestrator
财产占有取得令 *missio in bona*
财产占有执行令状 *elegit*
财税法院 Court of Exchequer; Exchequer of Pleas; Exchequer
财税法院大法官法庭 Chancery of the Exchequer
财税法院内室法庭 Exchequer Chamber; Court of Exchequer Chamber

财税法院诉讼办公室 Office of Pleas
财税诉讼惯例 *cursus scaccarii*
裁断 verdict
裁量行使管辖权 assumed jurisdiction
裁判官 *praetor*
裁判官法 *ius praetorium*
裁判官告示 praetorian edicts
裁判管辖权 adjudicatory jurisdiction；adjudicative jurisdiction
裁判人 suitors
裁判审理 *in judicio*；*apud judicem*
采邑刑事法院 court-leet
偿债拘捕执行令状 *capias ad satisfaciendum*
承诺令状 writ of *assumpsit*
承诺之诉 action of *assumpsit*；*assumpsit*
承认但效力异议答辩 confession and avoidance
承审员 *judex*；*judicium*
程式 *formula*
程式书状 *formula*
程式诉讼 *formula*；formulary procedure
惩罚性盖印金钱债务证书 penal bond
褫夺私权 attainder
出示账目拘捕令状 *monstravit de computo*
出售动产令状 *venditioni exponas*
出庭 appearance；appearance in court
出庭保释保证书 bail bond
出庭保证承诺 *vadimonium*
出庭保证人 *vindex*
出庭备忘录 *memorandum*
出庭传唤 *in jus vocatio*
出庭答辩拘捕令状 *capias ad respondendum*
出庭答辩令状 *venire facias ad respondendum*；*venire ad respondendum*；

venire; *venire facias*

出庭担保令状 attachment; *pone per vaidum*; *pone*; writ of attachment

出庭担保物 gage

出庭记录簿 appearance book

出庭律师 counsel

出庭通知 notice to appear

出庭指令 *praecipe* for appearance

出现 presence

出于君主的恩惠 *de gratia regis*

初步保释保证 bail below

初步保释保证人 bail below

初审法院 trial court

初审管辖权 original jurisdiction

初始令状 original writ

初始令状指示书 *praecipe* for original writ

初始司法令状 original process

初始诉状 origial bill

初始诉状性质的诉状 bill in the nature of original bill

初始移审令状 original writ of *pone*

传唤令状 summons; writ of summons

次席书记官 secondary

村庄 village

存卷法院 Court of Record

错误判决令状 writ of false judgment

达勒姆巴拉丁伯爵领地民诉法院 Court of Pleas of the County Palatine of Durham

答辩 plea

答辩状 *libellus contradictionis*

大法官 Lord Chancellor; Chancellor; *cancellarius*

大法官法庭 Court of the Lord High Chancellor

大法官法院 Court of Chancery; Chancery Court; Chancery

大法官法院上诉法庭 Court of Appeal in Chancery
大法官法院诉状 bill in Chancery
大绝罚 major excommunication
大扣押传唤令状 grand *cape*
大陪审团起诉书 indictment
大巡回审 general eyre
大巡回审法院 General Eyre
大御前会议 *Magnum Concilium*；Great Council；Great *Curia Regis*
大主教法院 court of archbishop
大咨审团审理 grand assize
大咨审之诉 grand assize
逮捕证 warrant
代理主教法院 commissary court
待履行合同 executory contract
担保人 safe pledges；sureties
担保物和担保人 gages and safe pledges
当然令状 writ of course
当然权利令状 writ of right
当然事项 matter of course
稻草人 men of straw
德文郡和康沃尔郡锡矿区法院 stannary courts in Devonshire and Cornwall
登录出庭 entry of appearance
低级法院 inferior court
地方法院 local courts
地方自治体法院 communal courts
地区登记处 registries
地租 rents
第二拘捕令状 *alias capias*
第二拘禁令状 *alias* attachment
第二扣押财物令状 *alias distringas*

第三拘捕令状 *pluries capias*
第三拘禁令状 *pluries* attachment
第三扣押财物令状 *pluries distringas*
典狱长监禁诉状 bill *in custodia marescalli*
定额金钱债务令状 writ of debt
定额金钱债务之诉 action of debt；debt
定期保有地产 term
定期地产保有人 termor
动产 chattels；personal property
动产侵占令状 writ of trover
动产侵占之诉 trover
动产占有回复令状 writ of replevin；replevin
动产占有回复之诉 replevin；action of replevin
动产执行令状 writ of *fieri facias*
动议 motion
对人判决 judgment *in personam*
对人诉讼 personal action
对物判决 judgment *in rem*
对物送达 real service
对物性诉讼 actions savours of *res*
恩惠 favour
恩惠事项 matter of grace
恩主 patron
发还审理令状 writ of *procedendo*
罚金 fine
法定诉讼 *legis actiones*；*legis actio* procedure
法官室 chamber
法令 assize；assise
法律上不充分抗辩 demurrer
法律审理 *in jure*
法律争点 issue of law

法人 body corporate
法庭传唤 *evocatio*
法庭上承认原告请求 *confessio in jure*
法院特权 *privilegium ex parte curia*
法院指令 rule
反诉诉状 cross bill
方便法院 *forum conveniens*
妨碍圣职推荐权令状 writ of *quare impedit*
妨碍圣职推荐权之诉 *quare impedit*；writ of *quare impedit*
妨害地产咨审之诉 *assisa de nocumento*；assize of nuisance
妨害令状 writ of nuisance
非保释性司法令状 nonbailable process
非保释性诉讼 nonbailable action
非常方式 *extra ordinem*
非常令状 extraordinary writ
非常诉讼 *extraordinaria cognitio*；extraordinary procedure
非初始诉状 bill not original
非存卷法院 Court not of Record
非法监禁 false imprisonment
非属地审理地点 transitory venue
非属地事项 transitory matters
非属地诉讼 transitory action
非限嗣继承地产权 fee simple
诽谤令状 writ of words
封地法院 feudal court
封地诉讼 feudal action
否则条款 or else clause
弗里斯兰人 Frisians
弗利特监狱 Fleet
弗利特监狱典狱长 warden of Fleet
服从法院管辖 submission to the jurisdiction

附罚则传唤令状 *subpeona*
附罚则答辩传唤令状 writ of *subpoena ad repondendum*
附罚则作证传唤令状 *subpoena ad testificandum*
附公告拘禁令状 attachment with proclamations
附理由解交人身令状 *habeas corpus cum causa*；*corpus cum causa*
附属管辖权 auxiliary jurisdiction
附属司法令状 auxiliary process
附条件出庭 conditional appearance
复审诉状 bill of review
复审诉状性质的诉状 bill in the nature of a bill of review
副大法官法庭 Courts of the Vice Chancellors
副总检察长 Solicitor-General
盖印合同 covenant；special contract；specialty
盖印合同令状 writ of covenant
盖印合同之诉 action of covenant；covenant
盖印金钱债务证书 bond；obligation
港口长 portreeves
高等大法官法院 High Court of Chancery
高等法院 High Court of Justice；High Court
高等海事法院 High Court of Admiralty
高等骑士法院 High Court of Chivalry
高级保释保证 bail above
高级法院 Superior Court
高级律师 serjeant at law
告知令状 *scire facias*
更正文书 rectification
公簿地产保有人 copyholder
宫廷侍臣法院 Court of Marshalsea
拱顶法院 Court of Arches
共谋之诉 conspiracy
共用地 commons

固有自领地 ancient demesne
寡妇地产令状 writ of dower
寡妇地产权利令状 writ of right of dower
寡妇地产调整令状 writ of admeasurement of dower
寡妇地产之诉 dower
官方传唤 *bannitio*
管辖权 jurisdiction
归复地产权人限嗣继承赠与地产回复令状 writ of formedon in reverter
规制管辖权 prescriptive jurisdiction
国王法院 *coram regis*
国王和平 king’s peace
国王咨议会 King’s Council
国玺 Great Seal
过失侵权令状 writ of negligence
哈斯廷法院 Hustings
海事登记处 Admiralty Registry
海事法院 Admiralty Court；maritime courts
海事优先权 maritime lien
合理理由 probable cause
衡平法院 court of equity；equity court
衡平方面管辖权 equity side jurisdiction
衡平权益 equitable interests
衡平诉状 bill in equity
后续令状 ulterior writ
后续司法令状 ulterior process
户主权 right of householder
恢复诉讼并补充诉状 bill of revivor and supplement
恢复诉讼诉状 bill of revivor
恢复诉讼诉状性质的诉状 bill in the nature of a bill of revivor
回呈 return
毁损土地令状 writ of waste

毁损土地之诉 action of waste；waste

会议日 *dies comitales*

混合诉讼 mixed action

基本令状 primary writ

基本司法令状 primary process

基于场所特权 privilege *ratione loci*

基于承诺的特别主张侵害令状 writ of trespass on the case *in assumpsit*

基于出现管辖权 presence-based jurisdiction

基于侵占的进占令状 writ of entry sur disseisin

基于特权诉状 bill *ratione privilegii*

基于同意管辖权 consent-based jurisdiction

集市法院 court of piepoudre

记录法院 Court of Record

季审法院 quarter sessions

继承地产咨审令状 assize of mort d'ancestor；assize of mort d'ancestor；*assisa de morte antecessoris*

继承地产咨审之诉 assize of mort d'ancestor

继承人限嗣继承赠与地产回复令状 writ of formedon in descender

监护权利之诉 writ of right of wardship

监守 gaoler；turnkey

监狱出空提审委任状 commission of gaol delivery

简式合同 simple contract

简易司法令状 summary process

见证条款 *teste*

交付指令令状 *praecipe quod reddat*；*precipe quod reddat*

教会法院 ecclesiastical courts

教省法院 provincial courts

解除合同 rescission

解交人身令状 *habeas corpus*

进占权 right of entry

进占之诉 action of entry；writ of entry

禁审令状 prohibition；writ of prohibition
禁制令 injunction
纠错令状 writ of error
纠错之诉 writ of error
《旧令状论》old *Natura Brevium*
拘捕 *manus iniectio*
拘捕令状 *capias*
拘禁令状 attachment
拘禁之诉 *legis actio per manus iniectionem*
拘押要保宣誓陈述书 *affidavit* to hold a bail
具结保证 recognizance
具结保证书 recognizance
决斗审理 trial by battle
绝对令状 peremptory writ
君临御前会议 King in *Curia Regis*
君主本人见证条款 *teste me ipso*；witness ourself
君主教务代表法院 Court of Delegates
君主诉状 information；bill of information
君主特权令状 prerogative writ
君主债权减少拘捕令状 *quo minus capias*；*capias quo minus*；writ of *quo minus capias*
君主之诉 pleas of the crown
郡伯 earl of the county
郡法院 county court
郡会议 shiregemot
郡长 sheriff
郡长前保释保证 bail to the sheriff
开封权利令状 writ of right patent
开封特许状 letters patent
可继承产 hereditaments
客栈主 innkeepers

口头起诉 oral complaint

扣船证 warrant of arrest

扣押财物令状 *distringas*；distress；writ of distraint；writ of *distringas*；writ of distress

扣押传唤令状 *cape*

扣押之诉 *legis actio per pignoris capionem*

宽恕特许状 charter of pardon；pardon

离婚和婚姻案件法院 Court for Divorce and Matrimonial Causes

邻近地区 vicinity

邻居 neighbour

领主法院 court baron

领主放弃司法权权利令状 writ of right *quia dominus remisit curiam*

领主—封臣关系 lord-tenant relationship

令状保管官 *custos brevium*

令状传唤官 summoners

令状更新 renewal

令状归档官 filacer

令状录 Registers of Writs；*Registrum Brevium*

令状签发官 *Cursitor*

令状签署官 Signer of the Writs

令状全录 *Registrum Omnium Brevium*

令状通知 notice to writ

令状指示书 *praecipe*

六书记官 Six Clerks

伦敦城记录官 Recorder

伦敦市长和伦敦城法院 Mayor's and City of London Court

马夏尔西监狱 Marshalsea

马夏尔西监狱典狱长 Marshal of Marshalsea Prison

米德尔塞克斯郡令 bill of Middlesex

藐视法庭 contempt

民事法院 civil court

民事管辖权 civil jurisdiction

民事司法 civil justice

民事死亡的 *civiliter mortuus*

民诉法院 Court of Common Pleas; Court of Common Bench; Common Pleas; Common Bench

民诉法院首席法官 capitalis justiciarius de communi banco; Chief Justice of the Common Pleas

名义保释保证 straw bail

命价 wergeld

模范议会 Model Parliament

内阁 Cabinet

内心确信 inner conviction

年金之诉 action of annuity

诺福克郡 Norfolk

诺曼法 Norman Law

女恩主 patroness

排他管辖权 exclusive jursdiction

派生产权 derivative title

判决 decree

判例汇编 Law Reports

陪审团审理 trial by jury

陪审团召集地点 venue

陪审团召集令状 writ of *venire facias*

普通保释保证 common bail

普通保释保证书记官 Clerk of the Common Bails

普通财税法官 puisne barons; puny barons

普通出庭 common appearance

普通初始令状 common original

普通法法院 common law court; law court

普通法方面管辖权 law side jurisdiction

普通拘捕令状 common *capias*

普通侵入私地拘捕令状 common *capias quare clausum fregit*
普通缺席理由 common essoin
欺诈令状 writ of deceit
欺诈之诉 deceit
骑士 knight
骑士法院 Court of Chilvary
起诉保证人 pledges; pledges to prosecute
起诉担保令状 *si te fecerit securum*
起诉担保人 security
起诉状 bill of complaint; complaint; plaint; *libellus conventionis*
潜逃并流窜 *latitat et discurrit*; lurks and wanders
潜逃拘捕令状 *latitat*
强制出庭 compulsory appearance
强制答复 *tangano*
切斯特巴拉丁伯爵领地大法院 Court of Great Sessions of the County Palatine of Chester
侵夺动产侵害 *trespass de bonis asportatis*
侵害之诉 action of trepass; trepass
侵害令状 writ of trespass
侵入私地拘捕令状 writ of *capias quare clausum fregit*
侵入私地侵害 trespass *quare clausum fregit*
侵入私地侵害初始令状 original *quare clausum fregit*
侵入私地侵害令状 writ (of trespass) *quare clausum fregit*
侵入私地侵害之诉 trespass *quare clausum fregit*
亲自送达 personal service
请求出庭函 letter missive
请求给付之诉 *legis actio per condictionem*
请求书 petition
请求证据开示诉状 bill of discovery
请求指定仲裁性承审员之诉 *legis actio per iudicis arbitrive postulationem*
驱逐令状 writ of ejectment

驱逐之诉 action of ejectment; ejectment

权力开示令状 *quo warranto*

权利令状 writ of right

权利之诉 writ of right

全部财产评估执行令状 writ of *extent*

全面否认答辩 general issue

全王国道德守护者 *custos morum* of all the realm

缺席理由 essoin

缺席理由日 essoin-day

缺席判决 default judgment

确定竞合权利诉状 interpleader bill

确定土地性质咨审之诉 *assisa de utrum*; assise of *jus utrum*; assize *utrum*

日耳曼法 Germanic Law

若其不为之条款 *nisi ferecit* clause

撒克逊人 Saxons

丧失侍奉侵害 trespass *per quod servitium amisit*

商人制定法 Statutc of Mcrchants

商事裁判所 tribunals of commerce

商事法庭 Commercial Court

上请法院 Court of Requests

上诉法院 appellate court; Court of Appeal

上诉管辖权 appellate jurisdiction

上议院 House of Lords

神裁 ordeal

审理地点 place of trial; venue

审理人 trier

圣职推荐权 advowson

剩余地产权人限嗣继承赠与地产回复令状 writ of fromedon in remainder

十户连保审查法庭 view of frankpledge

十户长 tithingmen
十人审判团 *decemviri litibus iudicandis*
实际出庭 actual appearance
市长 mayor
市政官 bailiff
事实答辩 plea
事实否认答辩 traverse
事实审理 *in judicio*；*apud judicem*
事实诉讼 *actiones in factum*
事实争点 issue of fact
事实证人 witness
视为承认判决 decree *pro confesso*
释放保证 mainprize
释放保证人 mainpernors
誓金之诉 *legis actio sacramento*
收入官 accountant
首席财税法官 Chief Baron
首席法官 Lord Chief Justice
首席书记官 prothonotary
授权立法 delegated legislation
授权通知 *denuntiatio ex auctoritate*
书记官 *tabularius*
书面宣誓证词 deposition
枢密院 Privy Council
枢密院君令 Order in Council
枢密院司法委员会 Judicial Committee of the Privy Council
疏于起诉 non-prossed
属地财产 real property
属地审理地点 local venue
属地事项 local matters
属地诉讼 local action

属人财产 personal property
水利专员法院 Commissioners of Sewers
说明理由程式 *ostensurus quare* form
说明为何 *ostensurus quare*；show why
司法管辖区 jurisdiction
司法行为 judicial act
司法令状 judicial writ
司法审查 judical review
私地 clausum；close
私人传唤 private summons
私人扣押 private seizure
私人指控原则 principle of self-prosecution
死因裁判官 coroner
送达确认书 acknowledgement of service
送达性司法令状 serviceable process
诉答 pleading
诉答程序 pleading
诉答师 counter；narratores
诉答通知 notice to plead
诉答状 pleading
诉讼保释保证 bail to the action
诉讼保证人 pledges
诉讼程式 forms of action
诉讼担保 *vadium recti*
诉讼告知 *editio actionis*
诉讼记录移送令状 *recordari facias loquelam*
诉讼理由 cause of action
诉讼请求陈述书 statement of claim
诉讼请求告知书 claim form
诉讼请求状 particulars of claim
诉讼日 *dies fastus*

诉讼审理地点 venue of the action

诉讼事项 subject matter

诉讼事项管辖权 subject matter jurisdiction

诉讼书记官 Clerk of the Pleas

诉讼通知 *litis denuntiatio*

诉项 count

诉因 cause of action

诉争地产传唤令状 summons *in terra petita*

诉状 bill

诉状程序 libellary procedure

岁入法院 court of revenue

堂区 parish

堂区执事 churchwardens

特别保释保证 special bail

特别保释保证证明 bail piece

特别保释保证证明通知 notice of bail piece

特别出庭 special appearance

特别出庭答辩拘捕令状 special *capias ad respondendum*

特别初始令状 special original

特别管辖权 special jurisdiction

特别救济 special remedies

特别授权审理初始令状 original writ of justicies

特别授权审理令状 writ of justicies

特别诉讼保释保证 special bail to the action

特别主张侵害令状 writ of trespass on the case

特别主张侵害之诉 action of case; trespass on the case; action on the case; case

特定履行 specific performance

特定物占有取得令 *missio in rem*

特权出庭答辩令状 *venire* of privilege; *venire facias* of privilege

特权拘捕令状 *capias* of privilege

特权拘禁令状 attachment of privilege
特许权法院 franchise courts
特许权区 franchise
提出审理地点 lay the venue
替代送达 substituted service
调查令状 writ of inquiry
调卷复审诉状 *certiorari* bill
调卷令状 *certiorari*
调整措施 regulatory measures
通告传唤 *edictum*
通知令状 *monstravit*
同类的案件 *in consimili casu*；in like case
土地保有人 tenant
土地收益 profits of the land
土地孳息 issues
完成行为指令令状 *praecipe quod faciat*
完全产权 absolute title
完全特别保释保证 speical bail absolute
王权 *jura regalia*
王室法院 King's Court
王室猎场法院 forest courts
王室特许 royal grant
王玺 privy seal
王玺掌管大臣 Lord Keeper of the Privy Seal
王座法院 Queen's Bench
王座法院监狱 King's Bench Prison
威尔士亲王领地大法院 Courts of Great Sessions in the Principality of Wales
威斯敏斯特 Westminster
威斯敏斯特大厅 Westminster Hall
威斯敏斯特高级普通法法院 Superior Courts of Law at Westminster

违抗法庭逮捕状 commission of rebellion；*commissio rebellionis*

伪托保释保证人 sham bail

未不当扣留答辩 *non detinet*

未曾承诺答辩 *non assumpsit*

未侵占答辩 nul disseisin

未取得寡妇地产令状 writ of dower *unde nihil habet*

文秘署 Chancery

文书传唤 *litteris*

无不法行为答辩 not tort

无限次扣押财物令状 *distringas* infinite；distress infinite；writ of *distringas* infinite；writ of distress infinite

无形可继承产 incorporeal hereditaments

无须司法令状的诉状 bill without process

无责任答辩 not guilty

无债务答辩 *nil debet*

五港海事法院 Court of Admiralty of the Cinque Ports

物上送达 real service

锡矿区法院 stannary courts

习惯法院 court customary

先期措施 anticipatory measures

现场勘验 view

限嗣继承地产权 fee tail

限嗣继承赠与地产回复令状 writ of formedon

限嗣继承赠与地产回复之诉 formedon

小村庄 hamlet

小额索赔法院 Court of Requests

小扣押传唤令状 petit *cape*

小御前会议 Lesser *Curia Regis*

小咨审团 petty assize；petty assise

小咨审团审理 petty assize；petty assise

小咨审团审理令状 petty assize；petty assise

小咨审之诉 petty assize；petty assise
新近侵占 novel disseisin
新近侵占地产咨审令状 assize of novel disseisin；*assisa novae disseisinae*
新近侵占地产咨审之诉 assise of novel disseisin
星室法院 Star Chamber
刑事法院 criminal court；Crown Court
刑事管辖权 criminal jurisdiction
刑事听审委任状 commission of oyer and terminer
刑事制定法 penal statutes
续行羁押令状 writ of detainer
宣读文件 oyer
宣誓 oath
宣誓裁判 wager of law
宣誓陈述书 *affidavit*
宣誓审理 trial by compurgation；trial by wager of law；wager of law
选择令状 optional writ
血统败坏 corruption of blood
巡回法官 justices of assize
巡回法院 itinerant court
巡回陪审团审理 *nisi prius*
巡回陪审团审理委任状 commission of *nisi prius*
巡回审理委任状 commission of assize
巡回咨审法官 justices of assize
一般出庭 general appearance
一般管辖权 general jurisdiction
一般救济 general relief
一般诉状 bill at large
一般委任状 general commission
移审令状 writ of *pone*
移送郡法院令状 *tolt*
移送王室法院令状 *accedas ad curiam*

遗嘱检验法院 Court of Probate

已第 5 次拘传 *quinto exactus*

已履行合同 executed contract

议会 Parliament

议会立法 Parliament Act

异地出庭担保令状 *testatum pone*；*testatum* attachment

异地传唤令状 writ of *testatum* summons

异地拘捕令状 *testatum capias*

异地扣押财物令状 *testatum distringas*

异地米德尔塞克斯郡令 testatum bill of Middlesex

英格兰牛津剑桥两大学校长法院 Chancellor's Courts in the two Universities of England

英语诉状 English bill

永久告示 *edictum perpetuum*

有限管辖权 limited jurisdiction

有限特别保释保证 special bail *de bene esse*

御前会议 *Curia Regis*；*Aula Regis*；King's Court

御准 royal assent

原告第一诉答状 declaration；count

原告第一诉答状书记官 Clerk of the Declaration

原告特权 *privilegium ex parte querentis*

约克教区大法官法院 Chancery Court of York

再出庭担保令状 re-attachment

再传唤令状 re-summons

再次出庭保证 *cautio judicio sisti*

占有咨审之诉 possessory assize

长官法 *ius honorarium*

长有狼头 *caput genere lupinum*

掌卷主事官 Master of the Rolls

掌卷主事官法庭 Court of Master of the Rolls

掌玺大臣 Lord Keeper

仗卫官 serjeant-at-arms
朕指令程式 *praecipimus tibi* form
镇 town
镇区 township
争点 issue
争点确定程序 *litis contestatio*
正义的源泉 fountain of justice
证据开示 discovery
证据判决 proof-judgment
证明审理 trial by certificate
证人审理 trial by witnesses
证人证言保全诉状 bill to perpetuate testimony
执达官 bailiff；*viator*；*exsecutor*
执法官 magistrate；*magistratus*
执行令状 writ of execution
执行判决诉状 bill to carry a decree into execution
执行职务令状 *mandamus*
执事长法院 Court of Archdeacon
直属封臣指令令状 *praecipe in capite*
指控因欺诈取得判决诉状 bill to impeach a decree obtained by fraud
指令 precept
指令程式 *praecipe* form
指令令状 *praecipe*
制定法 statutes
制定法扣押财物令状 statutable *distringas*；statutory *distringas*
制定法上物权 statutory right *in rem*
制定法上优先权 statutory lien
质询书 interrogatories
治安法官 justices of peace
治安官 constables
致意函 compliment

中间令状 interlocutory writs
中间司法令状 mesne process
中止程序令状 writ of *supersedeas*
中止判决执行诉状 bill to suspend the execution of a decree
中止诉讼 abatement
终局令状 final writ
终局司法令状 final process
终身地产权 term of life
重伤害罪私诉 appeal of mayhem
重罪私诉 appeal of felony
朱特人 Jutes
逐出被监护人之诉 *ejectione custodiae*
逐出承租人令状 writ of *quare ejecti*
逐出法外 outlawry; *utlagaria*
逐出法外(女性) *waiviaria*; waiver
逐出法外拘传令状 exigent; writ of exigent; *exigi facias*
逐出法外拘传书记官 exigenter
逐出法外书记官 Clerk of Outlawry
逐出法外者(女性) *waviata*; waive
逐出法外者拘捕令状 writ of *capias utlagatum*
逐出租地之诉 *ejectio firmae*
主教教区法院 consistory court
专门管辖权 special jurisdiction
专员 commissioner
专员大臣 Lords Commissioners
庄园法院 court of manor
咨议会法院 conciliar courts
自行传唤 *mannitio*
自行扣押财产 distress
自由土地保有人 freeholder
自由占有 seisin

自愿出庭 voluntary appearance
自治市法院 borough courts
总检察长 Attorney-General
租赁保有地产 leasehold land
租赁保有人 leaseholder
最高法院 Supreme Court of Judicature
最终圣职推荐权咨审之诉 assise of darrein presentment

附录2　专业术语外文中文对照表

absolute title 完全产权
accedas ad curiam 移送王室法院令状
account 报账之诉
accountant 收入官
acknowledgement of service 送达确认书
action in realty 不动产性质诉讼
action of account 报账之诉
action of annuity 年金之诉
action of *assumpsit* 承诺之诉
action of case 特别主张侵害之诉
action of covenant 盖印合同之诉
action of debt 定额金钱债务之诉
action of detinue 不当扣留动产之诉
action of ejectment 驱逐之诉
action of entry 进占之诉
action of replevin 动产占有回复之诉
action of trepass 侵害之诉
action of waste 毁损土地之诉
action on the case 特别主张侵害之诉
actiones *in factum* 事实诉讼
actions savours of *res* 对物性诉讼
actual appearance 实际出庭
adjudicative jurisdiction 裁判管辖权
adjudicatory jurisdiction 裁判管辖权

Admiralty Court 海事法院
Admiralty Registry 海事登记处
advowson 圣职推荐权
affidavit 宣誓陈述书
affidavit of justification 保释保证能力证明宣誓陈述书
affidavit to hold a bail 拘押要保宣誓陈述书
alias attachment 第二拘禁令状
alias capias 第二拘捕令状
alias distringas 第二扣押财物令状
ancestor 被继承人
ancient demesne 固有自领地
Angles 盎格鲁人
Anglo-Saxon Law 盎格鲁 - 撒克逊法
anticipatory measures 先期措施
appeal of felony 重罪私诉
appeal of mayhem 重伤害罪私诉
appearance 出庭
appearance book 出庭记录簿
appearancein court 出庭
appellate court 上诉法院
appellate jurisdiction 上诉管辖权
apud judicem 裁判审理;事实审理
assault and battery 暴力威胁和暴力接触侵害;殴击
assisa de morte antecessoris 继承地产咨审令状
assisa de nocumento 妨害地产咨审之诉
assisa de utrum 确定土地性质咨审之诉
assisa novae disseisinae 新近侵占地产咨审令状
assise 法令;咨审之诉;咨审团;资审令状;咨审
assise of darrein presentment 最终圣职推荐权咨审之诉
assise of *jus utrum* 确定土地性质咨审之诉
assise of novel disseisin 新近侵占地产咨审之诉

assize 法令;咨审之诉;咨审团;咨审令状;咨审
assize of mort d'ancestor 继承地产咨审之诉
assize of novel disseisin 新近侵占地产咨审令状
assize of nuisance 妨害地产咨审之诉
assize *utrum* 确定土地性质咨审之诉
assumed jurisdiction 裁量行使管辖权
assumpsit 承诺之诉
attachment of privilege 特权拘禁令状
attachment with proclamations 附公告拘禁令状
attachment 出庭担保令状;拘禁令状
attainder 褫夺私权
Attorney-General 总检察长
Aula Regis 御前会议
auxiliary jurisdiction 附属管辖权
auxiliary process 附属司法令状
bail above 高级保释保证;高级保释保证人
bail below 初步保释保证;初步保释保证人
bail bond 出庭保释保证书
bail piece 特别保释保证证明
bail to the action 诉讼保释保证
bail to the sheriff 郡长前保释保证
bailable action 保释性诉讼
bailable process 保释性司法令状
bailiff 执达官;市政官
bannitio 官方传唤
bill 诉状
bill at large 一般诉状
bill in Chancery 大法官法院诉状
bill *in custodia marescalli* 典狱长监禁诉状
bill in equity 衡平诉状
bill in the nature of a bill of review 复审诉状性质的诉状

bill in the nature of a bill of revivor 恢复诉讼诉状性质的诉状
bill in the nature of a supplemental bill 补充诉状性质的诉状
bill in the nature of original bill 初始诉状性质的诉状
bill not original 非初始诉状
bill of complaint 起诉状
bill of discovery 请求证据开示诉状
bill of information 君主诉状
bill of Middlesex 米德尔塞克斯郡令
bill of review 复审诉状
bill of revivor and supplement 恢复诉讼并补充诉状
bill of revivor 恢复诉讼诉状
bill *ratione privilegii* 基于特权诉状
bill *tanquam praefens in curia* 本法院答辩诉状
bill to carry a decree into execution 执行判决诉状
bill to impeach a decree obtained by fraud 指控因欺诈取得判决诉状
bill to perpetuate testimony 证人证言保全诉状
bill to suspend the execution of a decree 中止判决执行诉状
bill without process 无须司法令状的诉状
body corporate 法人
bond 盖印金钱债务证书
bonorum venditio 财产拍卖
borough courts 自治市法院
Cabinet 内阁
cancellarius 大法官
cape 扣押传唤令状
capias 拘捕令状
capias ad respondendum 出庭答辩拘捕令状
capias ad satisfaciendum 偿债拘捕执行令状
capias of privilege 特权拘捕令状
capias quo minus 君主债权减少拘捕令状
capitalis justiciarius de communi banco 民诉法院首席法官

caput genere lupinum 长有狼头
case 特别主张侵害之诉
cause of action 诉讼理由;诉因
cautio judicio sisti 再次出庭保证
cautiones 保证人
centumviri 百人审判团
certiorari 调卷令状
certiorari bill 调卷复审诉状
chamber 法官室
Chancellor 大法官;文秘大臣;御前大臣
Chancellor's Courts in the two Universities of England 英格兰牛津剑桥两大学校长法院
Chancery Court of York 约克教区大法官法院
Chancery Court 大法官法院
Chancery of the Exchequer 财税法院大法官法庭
Chancery 大法官法院;文秘署
charter of pardon 宽恕特许状
chattels 动产
Chief Baron 首席财税法官
Chief Justice of the Common Pleas 民诉法院首席法官
churchwardens 堂区执事
civil court 民事法院
civiliter mortuus 民事死亡的
civil jurisdiction 民事管辖权
civil justice 民事司法
claim form 诉讼请求告知书
clausum 私地;圈地;围地
Clerk of Outlawry 逐出法外书记官
Clerk of the Common Bails 普通保释保证书记官
Clerk of the Declaration 原告第一诉答状书记官
Clerk of the Pleas 诉讼书记官

close 私地;圈地;围地
Commercial Court 商事法庭
commissary court 代理主教法院
commissio rebellionis 违抗法庭逮捕状
commission of assize 巡回审理委任状
commission of gaol delivery 监狱出空提审委任状
commission of *nisi prius* 巡回陪审团审理委任状
commission of oyer and terminer 刑事听审委任状
commission of rebellion 违抗法庭逮捕状
commissioner 专员
Commissioners of Sewers 水利专员法院
common appearance 普通出庭
common bail 普通保释保证
Common Bench 民诉法院
common *capias quare clausum fregit* 普通侵入私地拘捕令状
common *capias* 普通拘捕令状
common essoin 普通缺席理由
common law court 普通法法院
common original 普通初始令状
Common Pleas 民诉法院
commons 共用地
communal courts 地方自治体法院;社区法院
complaint 起诉状
compliment 致意函
compulsory appearance 强制出庭
conciliar courts 咨议会法院
concurrent jurisdiction 并行管辖权
conditional appearance 附条件出庭
confessio in jure 法庭上承认原告请求
confession and avoidance 承认但效力异议答辩
consent-based jurisdiction 基于同意管辖权

conservatory measures 保全措施
consistory court 主教教区法院
conspiracy 共谋之诉
constables 治安官
contempt 藐视法庭
copyholder 公簿地产保有人
coram regis 国王法院
coroner 死因裁判官
corpus cum causa 附理由解交人身令状
corruption of blood 血统败坏
counsel 出庭律师
count 原告第一诉答状;诉项
Count Palatine 巴拉丁伯爵
counter 诉答师
county court 郡法院
court baron 领主法院
court customary 习惯法院
Court for Divorce and Matrimonial Causes 离婚和婚姻案件法院
Court not of Record 非存卷法院
Court of Admiralty of the Cinque Ports 五港海事法院
Court of Appeal 上诉法院
Court of Appeal in Chancery 大法官法院上诉法庭
court of archbishop 大主教法院
Court of Archdeacon 执事长法院
Court of Arches 拱顶法院
Court of Chancery 大法官法院
Court of Chilvary 骑士法院
Court of Common Bench 民诉法院
Court of Common Pleas 民诉法院
Court of Delegates 君主教务代表法院
court of equity 衡平法院

Court of Exchequer 财税法院

Court of Exchequer Chamber 财税法院内室法庭

Court of Great Sessions of the County Palatine of Chester 切斯特巴拉丁伯爵领地大法院

court of manor 庄园法院

Court of Marshalsea 宫廷侍臣法院

Court of Master of the Rolls 掌卷主事官法庭

court of piepoudre 集市法院

Court of Pleas of the County Palatine of Durham 达勒姆巴拉丁伯爵领地民诉法院

Court of Policies of Assurance 保单法院

Court of Probate 遗嘱检验法院

Court of Record 存卷法院;记录法院

Court of Requests 上请法院;小额索赔法院

court of revenue 岁入法院

Court of the Lord High Chancellor 大法官法庭

court-leet 采邑刑事法院

Courts of Great Sessions in the Principality of Wales 威尔士亲王领地大法院

Courts of the Vice Chancellors 副大法官法庭

covenant 盖印合同;盖印合同之诉

criminal court 刑事法院

criminal jurisdiction 刑事管辖权

cross bill 反诉诉状

Crown Court 刑事法院

Curia Regis 御前会议

Cursitor 令状签发官

cursus scaccarii 财税诉讼惯例

custos brevium 令状保管官

*custos morum*of all the realm 全王国道德守护者

de gratia regis 出于君主的恩惠

debt 定额金钱债务之诉
deceit 欺诈之诉
decemviri litibus iudicandis 十人审判团
declaration 原告第一诉答状
decree 判决
decree *pro confesso* 视为承认判决
default judgment 缺席判决
delegated legislation 授权立法
demurrer 法律上不充分抗辩
denuntiatio ex auctoritate 授权通知
deposition 书面宣誓证词
derivative title 派生产权
detinue 不当扣留动产之诉
dies comitales 会议日
dies fastus 诉讼日
discovery 证据开示
distress infinite 无限次扣押财物令状
distress 扣押财物令状;自行扣押财产
distringas 扣押财物令状
distringas infinite 无限次扣押财物令状
dower 寡妇地产之诉
earl of the county 郡伯
ecclesiastical courts 教会法院
edictum perpetuum 永久告示
edictum 通告传唤
editio actionis 诉讼告知
ejectio firmae 逐出租地之诉
ejectione custodiae 逐出被监护人之诉
ejectment 驱逐之诉
elegit 财产占有执行令状
English bill 英语诉状

entry of appearance 登录出庭
equitable interests 衡平权益
equity court 衡平法院
equity side jurisdiction 衡平方面管辖权
essoin 缺席理由
essoin-day 缺席理由日
evocatio 法庭传唤
Exchequer 财税法院
Exchequer Chamber 财税法院内室法庭
Exchequer of Pleas 财税法院
exclusive jursdiction 排他管辖权
executed contract 已履行合同
executory contract 待履行合同
exigent 逐出法外拘传令状
exigenter 逐出法外拘传书记官
exigi facias 逐出法外拘传令状
exsecutor 执达官
extra ordinem 非常方式
extraordinaria cognitio 非常诉讼
extraordinary procedure 非常诉讼
extraordinary writ 非常令状
false imprisonment 非法监禁
favour 恩惠
fee simple 非限嗣继承地产权;普通继承地产权
fee tail 限嗣继承地产权
feudal action 封地诉讼
feudal court 封地法院
filacer 令状归档官
final process 终局司法令状
final writ 终局令状
fine 罚金

Fleet 弗利特监狱
forest courts 王室猎场法院
formedon 限嗣继承赠与地产回复之诉
forms of action 诉讼程式
formula 程式;程式诉讼;程式书状
formulary procedure 程式诉讼
forum conveniens 方便法院
fountain of justice 正义的源泉
franchise 特许权区;特许权
franchise courts 特许权法院
freeholder 自由土地保有人
Frisians 弗里斯兰人
gage 出庭担保物
gages and safe pledges 担保物和担保人
gaoler 监守
general appearance 一般出庭
general commission 一般委任状
general eyre 大巡回审
General Eyre 大巡回审法院
general issue 全面否认答辩
general jurisdiction 一般管辖权
general relief 一般救济
Germanic Law 日耳曼法
grand assize 大咨审团审理;大咨审之诉
grand *cape* 大扣押传唤令状
Great Council 大御前会议;大咨议会
Great Curia Regis 大御前会议;大咨议会
Great Seal 国玺
habeas corpus 解交人身令状
habeas corpus cum causa 附理由解交人身令状
hamlet 小村庄

hereditaments 可继承产
High Court 高等法院
High Court of Admiralty 高等海事法院
High Court of Chancery 高等大法官法院
High Court of Chivalry 高等骑士法院
High Court of Justice 高等法院
House of Lords 上议院
hundred 百户区
hundred court 百户区法院
Hustings 哈斯廷法院
in consimili casu 同类的案件
in judicio 裁判审理;事实审理
in jure 法律审理
in jus vocatio 出庭传唤
incorporeal hereditaments 无形可继承产
indictment 大陪审团起诉书
inferior court 低级法院
information 君主诉状
injunction 禁制令
inner conviction 内心确信
innkeepers 客栈主
interlocutory writs 中间令状
interpleader bill 确定竞合权利诉状
interrogatories 质询书
issue 争点;土地孳息
issue of fact 事实争点
issue of law 法律争点
itinerant court 巡回法院
ius honorarium 长官法
ius praetorium 裁判官法
judex 承审员

judical review 司法审查

judicial act 司法行为

Judicial Committee of the Privy Council 枢密院司法委员会

judicial writ 司法令状

judicium 承审员

judgment *in personam* 对人判决

judgment *in rem* 对物判决

jura regalia 王权

jurisdiction 管辖权;司法管辖区

justices of assize 巡回法官;巡回咨审法官

justices of peace 治安法官

Jutes 朱特人

King in *Curia Regis* 君临御前会议

King's Bench Prison 王座法院监狱

King's Council 国王咨议会

King's Court 王室法院;国王法院;御前会议

king's peace 国王和平

knight 骑士

latitat 潜逃拘捕令状

latitat et discurrit 潜逃并流窜

law court 普通法法院

Law Reports 判例汇编

law side jurisdiction 普通法方面管辖权

lay the venue 提出审理地点

leasehold land 租赁保有地产

leaseholder 租赁保有人

legis actio per condictionem 请求给付之诉

legis actio per iudicis arbitrive postulationem 请求指定仲裁性承审员之诉

legis actio per manus iniectionem 拘禁之诉

legis actio per pignoris capionem 扣押之诉

legis actio procedure 法定诉讼
legis actio sacramento 誓金之诉
legis actiones 法定诉讼
Lesser *Curia Regis* 小御前会议
letter missive 请求出庭函
letters patent 开封特许状
levari facias 财产扣押执行令状
libellary procedure 诉状程序
libellus contradictionis 答辩状
libellus conventionis 起诉状
limited jurisdiction 有限管辖权
litis contestatio 争点确定程序
litis denuntiatio 诉讼通知
litteris 文书传唤
local action 属地诉讼
local courts 地方法院
local matters 属地事项
local venue 属地审理地点
Lord Chancellor 大法官
Lord Chief Justice 首席法官
Lord Keeper 掌玺大臣
Lord Keeper of the Privy Seal 王玺掌管大臣
Lords Commissioners 专员大臣
lord-tenant relationship 领主—封臣关系
lurks and wanders 潜逃并流窜
magistrate 执法官
magistratus 执法官
Magnum Concilium 大御前会议;大咨议会
mainpernor 释放保证人
mainprize 释放保证
major excommunication 大绝罚

mandamus 执行职务令状
mannitio 自行传唤
manus iniectio 拘禁
maritime courts 海事法院
maritime lien 海事优先权
Marshal of Marshalsea Prison 马夏尔西监狱典狱长
Marshalsea 马夏尔西监狱
Master of the Rolls 掌卷主事官
matter of course 当然事项
matter of grace 恩惠事项
mayor 市长
Mayor's and City of London Court 伦敦市长和伦敦城法院
memorandum 出庭备忘录
men of straw 稻草人
mesne process 中间司法令状
missio in bona 财产占有取得令
missio in rem 特定物占有取得令
mixed action 混合诉讼
Model Parliament 模范议会
monstravit de computo 出示账目拘捕令状
monstravit 通知令状
motion 动议
narratores 诉答师
neighbour 邻居
*nil debe*t 无债务答辩
*nisi ferecit*clause 若其不为之条款
nisi prius 巡回陪审团审理
non assumpsit 未曾承诺答辩
non defendere uti oportet 不作适当抗辩
non detinet 未不当扣留答辩
non est inventus 被告所在不明

nonbailable action 非保释性诉讼
nonbailable process 非保释性司法令状
nonfeasance 不作为
non-prossed 疏于起诉
Norfolk 诺福克郡
Norman Law 诺曼法
not guilty 无责任答辩
not tort 无不法行为答辩
notice of bail piece 特别保释保证证明通知
notice to appear 出庭通知
notice to plead 诉答通知
notice to writ 令状通知
novel disseisin 新近侵占
nul disseisin 未侵占答辩
oath 宣誓
obligation 盖印金钱债务证书
Office of Pleas 财税法院诉讼办公室
Old Natura Brevium《旧令状论》
optional writ 选择令状
or else clause 否则条款
oral complaint 口头起诉
ordeal 神裁
Order in Council 枢密院君令
origial bill 初始诉状
original jurisdiction 初审管辖权
original process 初始司法令状
original *quare clausum fregit* 侵入私地侵害初始令状
original writ 初始令状
original writ of *justicies* 特别授权审理初始令状
original writ of *pone* 初始移审令状
ostensurus quare 说明为何

*ostensurus quare f*orm 说明理由程式
outlawed 被逐出法外
outlawry 逐出法外
oyer 宣读文件
palatine county 巴拉丁伯爵领地
pardon 宽恕特许状
parish 堂区
Parliament 议会
Parliament Act 议会立法
particulars of claim 诉讼请求状
patron 恩主
patroness 女恩主
penal bond 惩罚性盖印金钱债务证书
penal statutes 刑事制定法
peremptory writ 绝对令状
personal action 对人诉讼
personal property 动产;属人财产
personal service 亲自送达
petit *cape* 小扣押传唤令状
petition 请求书
petty assise 小咨审团审理;小咨审团审理令状;小咨审之诉;小咨审团
petty assize 小咨审团审理;小咨审团审理令状;小咨审之诉;小咨审团
place of trial 审理地点
plaint 起诉状
plea 被告第一诉答状;答辩状;答辩;事实答辩
pleading 诉答程序;诉答;诉答状
pleas of the crown 君主之诉
pledges 起诉保证人
pledges to prosecute 起诉保证人

pluries attachment 第三拘禁令状
pluries capias 第三拘捕令状
pluries distringas 第三扣押财物令状
pone 出庭担保令状;被告出庭担保令状
pone per vaidum 出庭担保令状
portreeves 港口长
possessory assize 占有咨审之诉
praecipe 令状指示书;指令令状
praecipe for appearance 出庭指令
praecipe for original writ 初始令状指示书
praecipe form 指令程式
praecipe in capite 直属封臣指令令状
praecipe quod faciat 完成行为指令令状
praecipe quod reddat 交付指令令状
praecipimus tibi form 朕指令程式
praetor 裁判官
praetorian edicts 裁判官告示
precept 指令
precipe quod reddat 交付指令令状
prerogative writ 君主特权令状
prescriptive jurisdiction 规制管辖权
presence 出现
presence-based jurisdiction 基于出现管辖权
primary process 基本司法令状
primary writ 基本令状
principle of self-prosecution 私人指控原则
private seizure 私人扣押
private summons 私人传唤
privilege *ratione loci* 基于场所特权
privilegium ex parte curia 法院特权
privilegium ex parte defendentis 被告特权

privilegium ex parte querentis 原告特权
Privy Council 枢密院
privy seal 王玺
Prize Courts 捕获法院
probable cause 合理理由
profits of the land 土地收益
prohibition 禁审令状
proof-judgment 证据判决
prothonotary 首席书记官
provincial courts 教省法院
puisne barons 普通财税法官
quare impedit 妨碍圣职推荐权之诉
quarter sessions 季审法院
Queen's Bench 王座法院
quinto exactus 已第5次拘传
quo minus capias 君主债权减少拘捕令状
quo warranto 权力开示令状
real action 不动产诉讼
real chattel 不动产性动产
real property 不动产;属地财产
real service 对物送达;物上送达
re-attachment 再出庭担保令状
recognizance 具结保证;具结保证书
recordari facias loquelam 诉讼记录移送令状
Recorder 伦敦城记录法官
rectification 更正文书
Registers of Writs 令状录
registries 地区登记处
Registrum Brevium 令状录
Registrum Omnium Brevium 令状全录
regulatory measures 调整措施

renewal 令状更新
rents 地租
replevin 动产占有回复令状;动产占有回复之诉
rescission 解除合同
re-summons 再传唤令状
return 回呈
right of entry 进占权
right of householder 户主权
royal assent 御准
royal grant 王室特许
rule 法院指令
rulefor allowance of bail 保释保证人批准指令
safe pledges 担保人
Saxons 撒克逊人
scire facias 告知令状
secondary 次席书记官
security 起诉担保人
seisin 自由占有
sequestration 财产暂管令状
sequestrator 财产暂管人
serjeant-at-arms 仗卫官
serjeant at law 高级律师
serviceable process 送达性司法令状
sham bail 伪托保释保证人
sheriff 郡长
shiregemot 郡会议
si te fecerit securum 起诉担保令状
Signer of theWrits 令状签署官
simple contract 简式合同
Six Clerks 六书记官
Solicitor-General 副总检察长

special appearance 特别出庭

special bail 特别保释保证

special bail *de bene esse* 有限特别保释保证

special bail to the action 特别诉讼保释保证

special *capias ad respondendum* 特别出庭答辩拘捕令状

special contract 盖印合同

special jurisdiction 专门管辖权;特别管辖权

special original 特别初始令状

special remedies 特别救济

specialty 盖印合同

specific performance 特定履行

speical bail absolute 完全特别保释保证

stannary courts 锡矿区法院

stannary courts in Devonshire and Cornwall 德文郡和康沃尔郡锡矿区法院

Star Chamber 星室法院

statement of claim 诉讼请求陈述书

statutable *distringas* 制定法扣押财物令状

Statute of Merchants 商人制定法

statutes 制定法

statutory *distringas* 制定法扣押财物令状

statutory lien 制定法上优先权

statutory right*in rem* 制定法上物权

straw bail 名义保释保证

strike out the proceedings 驳回诉讼

subject matter 诉讼事项

subject matter jurisdiction 诉讼事项管辖权

submission to the jurisdiction 服从法院管辖

subpeona 附罚则传唤令状

subpoena ad testificandum 附罚则作证传唤令状

substituted service 替代送达

suitors 裁判人
summary process 简易司法令状
summoners 令状传唤官
summons 传唤令状
summons *in terra petita* 诉争地产传唤令状
Superior Court 高级法院
Superior Courts of Law at Westminster 威斯敏斯特高级普通法法院
supplemental bill 补充诉状
Supreme Court of Judicature 最高法院
sureties 担保人
tabularius 书记官
tangano 强制答复
tenant 土地保有人
tenements 保有产
term of life 终身地产权
term 定期保有地产
termor 定期地产保有人
testatum attachment 异地出庭担保令状
testatum bill of Middlesex 异地米德尔塞克斯郡令
testatum capias 异地拘捕令状
testatum distringas 异地扣押财物令状
testatum pone 异地出庭担保令状
testatum attachment 异地出庭担保令状
teste 见证条款
teste me ipso 君主本人见证条款
tithingmen 十户长
tolt 移送郡法院令状
town 镇
township 镇区
transitory action 非属地诉讼
transitory matters 非属地事项

transitory venue 非属地审理地点
traverse 事实否认答辩
trepass 侵害之诉
trespass*de bonis asportatis* 侵夺动产侵害
trespass for assault and battery 暴力威胁和暴力接触侵害之诉
trespass on the case 特别主张侵害之诉
trespass *per quod servitium amisit* 丧失侍奉侵害
trespass *quare clausum fregit* 侵入私地侵害;侵入私地侵害之诉
trespass *vi et armis* 暴力和武力侵害之诉
trial by battle 决斗审理
trial by certificate 证明审理
trial by compurgation 宣誓审理
trial by jury 陪审团审理
trial by wager of law 宣誓审理
trial by witnesses 证人审理
trial court 初审法院
trier 审理人
tribunals of commerce 商事裁判所
trover 动产侵占之诉
turnkey 监守
ulterior process 后续司法令状
ulterior writ 后续令状
utlagaria 逐出法外
vadimonium 出庭保证承诺
vadium recti 诉讼担保
venditioni exponas 出售动产令状
venire 出庭答辩令状
venire ad respondendum 出庭答辩令状
venire facias 出庭答辩令状
venire facias ad respondendum 出庭答辩令状
venire facias of privilege 特权出庭答辩令状

venire of privilege 特权出庭答辩令状
venue 陪审团召集地点;审理地点
venue of the action 诉讼审理地点
verdict 裁断
viator 执达官
vicinity 邻近地区
view of frankpledge 十户连保审查法庭
view 现场勘验
village 村庄
vindex 出庭保证人
voluntary appearance 自愿出庭
wager of law 宣誓裁判;宣誓审理
waive 逐出法外者(女性)
waived 被逐出法外(女性)
waiver 逐出法外(女性)
waiviaria 逐出法外(女性)
warden of Fleet 弗利特监狱典狱长
warrant 逮捕证
warrant of arrest 扣船证
waste 毁损土地之诉
waviata 逐出法外者(女性)
wergeld 命价
Westminster 威斯敏斯特
Westminster Hall 威斯敏斯特大厅
witness 事实证人
writ of admeasurement of dower 寡妇地产调整令状
writ of *assumpsit* 承诺令状
writ of attachment 出庭担保令状
writ of *capias quare clausum fregit* 侵入私地拘捕令状
writ of *capias utlagatum* 逐出法外者拘捕令状
writ of course 当然令状

writ of covenant 盖印合同令状
writ of debt 定额金钱债务令状
writ of deceit 欺诈令状
writ of detainer 续行羁押令状
writ of detinue 不当扣留动产令状
writ of distraint 扣押财物令状
writ of distress 扣押财物令状
writ of distress infinite 无限次扣押财物令状
writ of *distringas* 扣押财物令状
writ of *distringas* infinite 无限次扣押财物令状
writ of dower 寡妇地产令状
writ of dower *unde nihil habet* 未取得寡妇地产令状
writ of ejectment 驱逐令状
writ of entry 进占之诉
writ of entry sur disseisin 基于侵占的进占令状
writ of error 纠错令状;纠错之诉
writ of error *coram nobis* 本法院纠错令状
writ of execution 执行令状
writ of *exigent* 逐出法外拘传令状
writ of *extent* 全部财产评估执行令状
writ of false judgment 错误判决令状
writ of *fieri facias* 动产执行令状
writ of formedon 限嗣继承赠与地产回复令状
writ of formedon in descender 继承人限嗣继承赠与地产回复令状
writ of formedon in reverter 归复地产权人限嗣继承赠与地产回复令状
writ of fromedon in remainder 剩余地产权人限嗣继承赠与地产回复令状
writ of inquiry 调查令状
writ of *justicies* 特别授权审理令状
writ of negligence 过失侵权令状

writ of nuisance 妨害令状
writ of *pone* 被告出庭担保令状;移审令状
writ of *procedendo* 发还审理令状
writ of prohibition 禁审令状
writ of *quare ejecti* 逐出承租人令状
writ of *quare impedit* 妨碍圣职推荐权令状
writ of *quo minus capias* 君主债权减少拘捕令状
writ of replevin 动产占有回复令状
writ of right 当然权利令状;权利之诉;权利令状
writ of right of dower 寡妇地产权利令状
writ of right of wardship 监护权利之诉
writ of right patent 开封权利令状
writ of right *quia dominus remisit curiam* 领主放弃司法权权利令状
writ of *subpoena ad repondendum* 附罚则答辩传唤令状
writ of summons 传唤令状
writ of *supersedeas* 中止程序令状
writ of *testatum* summons 异地传唤令状
writ of trespass 侵害令状
writ of trespass for assault and battery 暴力威胁和暴力接触令状
writ of trespass on the case 特别主张侵害令状
writ of trespass on the case in *assumpsit* 基于承诺的特别主张侵害令状
writ of trespass *quare clausum fregit* 侵入私地侵害令状
writ of trover 动产侵占令状
writ of *venire facias* 陪审团召集令状
writ of waste 毁损土地令状
writ of words 诽谤令状
writ *quare clausum fregit* 侵入私地侵害令状

附录 3　英国君主在位时间

1. 诺曼王朝(House of Norman)

1066—1087 年　威廉一世(William Ⅰ)

1087—1100 年　威廉二世(William Ⅱ)

1100—1135 年　亨利一世(Henry Ⅰ)

1135—1154 年　斯蒂芬(Stephen)

2. 安茹王朝(House of Anjou)

1154—1189 年　亨利二世(Henry Ⅱ)

1189—1199 年　理查一世(Richard Ⅰ)

1199—1216 年　约翰(John)

3. 金雀花王朝(House of Plantagenet)

1216—1272 年　亨利三世(Henry Ⅲ)

1272—1307 年　爱德华一世(Edward Ⅰ)

1307—1327 年　爱德华二世(Edward Ⅱ)

1327—1377 年　爱德华三世(Edward Ⅲ)

1377—1399 年　理查二世(Richard Ⅱ)

4. 兰开斯特王朝(House of Lancaster)

1399—1413 年　亨利四世(Henry Ⅳ)

1413—1422 年　亨利五世(Henry Ⅴ)

1422—1461 年、1470—1471 年　亨利六世(Henry Ⅵ)

5. 约克王朝(House of York)

1461—1470 年、1471—1483 年　爱德华四世(Edward Ⅳ)

1483 年　爱德华五世(Edward Ⅴ)

1483—1485 年　理查三世（Richard Ⅲ）

6. 都铎王朝（House of Tudor）

1485—1509 年　亨利七世（Henry Ⅶ）

1509—1547 年　亨利八世（Henry Ⅷ）

1547—1553 年　爱德华六世（Edward Ⅵ）

1553—1558 年　玛丽一世（Mary Ⅰ）

1558—1603 年　伊丽莎白一世（Elizabeth Ⅰ）

7. 斯图亚特王朝（House of Stuart）

1603—1625 年　詹姆斯一世（James Ⅰ）

1625—1649 年　查理一世（Charles Ⅰ）

1660—1685 年　查理二世（Chales Ⅱ）

1685—1688 年　詹姆斯二世（James Ⅱ）

1689—1694 年　威廉三世和玛丽二世（William Ⅲ and Mary Ⅱ）

1694—1702 年　威廉三世（William Ⅲ）

1702—1714 年　安妮女王（Queen Anne）

8. 汉诺威王朝（House of Hannover）

1714—1727 年　乔治一世（George Ⅰ）

1727—1760 年　乔治二世（George Ⅱ）

1760—1820 年　乔治三世（George Ⅲ）

1820—1830 年（1811—1820 年摄政）　乔治四世（George Ⅳ）

1830—1837 年　威廉四世（William Ⅳ）

1837—1901 年　维多利亚女王（Queen Victoria）

9. 萨克森 - 科堡 - 哥达王朝（House of Sachsen-Coburg-Gotha）

1901—1910 年　爱德华七世（Edward Ⅶ）

1910—1917 年　乔治五世（George Ⅴ）

10. 温莎王朝（House of Windsor）

1917—1936 年　乔治五世（George Ⅴ）

1936 年　爱德华八世（Edward Ⅷ）

1936—1952 年　乔治六世（George Ⅵ）

1952—2022 年　伊丽莎白二世（Elizabeth Ⅱ）

2022 年　查理三世（Charles Ⅲ）

附录 4　制定法明细

1072 年

《威廉一世法令》(*Ordinance of William* Ⅰ)

1166 年

亨利二世《克拉伦登法令》(*Assize of Clarendon*)

1258 年

亨利三世《牛津条令》(*Provisions of Oxford*)

1259 年

亨利三世《威斯敏斯特条令》(*Provisions of Westminster*)

1267 年

《马尔伯勒制定法》(*Statute of Marlborough*)第12章,即亨利三世52年律目12制定法(52 Hen. Ⅲ, c. 12)。

《马尔伯勒制定法》(*Statute of Marlborough*)第13章,即亨利三世52年律目13制定法(52 Hen. Ⅲ, c. 13)

《马尔伯勒制定法》(*Statute of Marlborough*)第19章,即亨利三世52年律目19制定法(52 Hen. Ⅲ, c. 19)

1283 年

《阿克顿伯内尔制定法》(*Statute of Acton Burnel*),即《商人制定法》[*Statutum de Mercatoribus* (Statute of Merchants)]

1285 年

《附条件赠与法》(*De Donis Conditionalibus*),即威斯敏斯特制定法二第 1 章(爱德华一世 13 年律目 1 制定法)[Statute of Westm. 2 (13 Edw. Ⅰ),c. 1]

威斯敏斯特制定法二第 11 章(爱德华一世 13 年律目 11 制定法)[Statute of Westm. 2 (13 Edw. Ⅰ),c. 11]

威斯敏斯特制定法二第 24 章(Statute of Westminster Ⅱ,c. 24),即爱德华一世 13 年律目 24 制定法(13 Edw. Ⅰ,c. 24)

威斯敏斯特制定法二第 27 章(Statute of Westminster Ⅱ,c. 27),即爱德华一世 13 年律目 27 制定法(6 Edw. Ⅰ,c. 27)

《巡回陪审团审理制定法》(Statute of *Nisi Prius*),即威斯敏斯特制定法二第 30 章(爱德华一世 13 年律目 30 制定法)[Statute of Westm. 2 (13 Edw. Ⅰ),c. 30]

1290 年

《格洛斯特制定法》(*Statute of Gloucester*),即爱德华一世 6 年律目 8 制定法(6 Edw. Ⅰ,c. 8)

1352 年

爱德华三世 25 年制定法五第 17 章(25 Edw. Ⅲ,Stat. 5,c. 17)

1382 年

理查二世 6 年律目 2 制定法(6 R. Ⅱ. c. 2)

1403 年

亨利四世 4 年律目 18 制定法(4 Hen. Ⅳ,c. 18)

1437 年

亨利六世 15 年律目 4 制定法(Statute 15 Hen. Ⅵ,c. 4)

1444 年

亨利六世 23 年律目 10 制定法(Statute 23 Hen. Ⅵ,c. 10)

1503 年

亨利七世 19 年律目 9 制定法(Statute 19 Hen. Ⅶ,c. 9)

1514 年

《逐出法外法》(*Outlawry Act*,1514),即亨利八世 6 年律目 4 制定法(Statute 6 Hen. Ⅷ,c. 4)

1531 年

亨利八世 23 年律目 14 制定法(Statute 23 Hen. Ⅷ,c. 14)

1543 年

亨利八世 35 年律目 6 制定法(Statute 35 Hen. Ⅷ,c. 6)

1575 年

伊丽莎白一世 18 年律目 14 制定法(18 Eliz. Ⅰ,c. 14)

1585 年

伊丽莎白一世 27 年律目 6 制定法 (Statute 27 Eliz. Ⅰ,c. 6)

1588 年

《避免秘密逐出法外法》(*Avoidance of Secret Outlawries Act*, 1588),即伊丽莎白一世 31 年律目 3 制定法(31 Eliz. Ⅰ,c. 3)

1664 年

《阻止判决中止和后续执行法》(*An Act to Prevent Arrests of Judgment, and Superseding Executions*),即查理二世 16 年和 17 年律目 8 制定法(Statute 16 & 17 Charles Ⅱ,c. 8)

1692 年

《诉讼诉答状法》(*Pleadings in Actions Act*,1692)[《向监犯送交原告第一诉答状法》(*An Act for Delivering Declarations to Prisoners*)],即威廉三世和玛丽二世 4 年律目 21 制定法(4 Will. and Mar. ,c. 21)

1700 年

《议会特权法》(*Privilege of Parliament Act*,1700),即威廉三世 12 年和 13 年律目 3 制定法(Statute 12 & 13 W. Ⅲ,c. 3)

1705 年

安妮女王 4 年和 5 年律目 16 制定法(Statute 4 & 5 Ann. ,c. 16)

1725 年

《无意义逮捕法》(*Frivolous Arrests Act*,1725),即乔治一世 12 年律目 29 制定法(12 Geo. Ⅰ,c. 29)

1730 年

《法院诉讼程序法》(*Proceedings in Courts of Justice Act*,1730),即乔治二世 4 年律目 26 制定法(Statute 4 Geo. Ⅱ,c. 26)

1732 年

《威尔士和切斯特法院法》(*Courts in Wales and Chester*,1732),即乔治二世 6 年律目 14 制定法(Statute 6 Geo. Ⅱ,c. 14)

《衡平诉讼程序法》(*Equity Procedure Act*,1732),即乔治二世 5 年律目 25 制定法(5 Geo. Ⅱ,c. 25)

《防止无意义和恶意逮捕法》(*An Act to Prevent Frivolous and Vexatious Arrests*,1732),即乔治二世 5 年律目 27 制定法(Statute 5 Geo. Ⅱ,c. 27)

1747 年

《恶意逮捕法》(*Vexatious Arrests Act*,1747),即乔治二世 21 年律目 3 制定法(Statute 21 Geo. Ⅱ,c. 3)

1770 年

《议会特权法》(*Parliamentary Privilege Act*,1770),即乔治三世 10 年律目 50 制定法(10 Geo. Ⅲ,c. 50)

1811 年

《无意义逮捕法》(*Frivolous Arrests Act*,1811),即乔治三世 51 年律目 124 制定法(Statute 51 Geo. Ⅲ,c. 124)

1825 年

乔治四世 6 年律目 16 制定法(6 Geo. Ⅳ,c. 16)

1827 年

《针对百户区救济(英格兰)法》(*Remedies Against the Hundred* (*England*) *Act*,1827),即乔治四世 7 年和 8 年律目 31 制定法(Statute 7 & 8 Geo. Ⅳ,c. 31)

《债务监禁法》(*Imprisonment for Debt Act*,1827),即乔治四世 7 年和 8 年律目 71 制定法(Statute 7 & 8 Geo. Ⅳ,c. 71)

1830 年

《藐视法庭法》(*Contempt of Court Act*,1830),即乔治四世 11 年和威廉四世 1 年律目 36 制定法(11 Geo. Ⅳ & 1 Will. Ⅳ,c. 36)

《法院开庭期法》(Law Terms Act,1830),即乔治四世 11 年和威廉四世 1 年律目 70 制定法(11 Geo. Ⅳ & 1 Will. Ⅳ,c. 70)

1832 年

《统一司法令状法》(*Uniformity of Process Act*,1832),即威廉四世2年和3年律目39制定法(2 &3 Will. Ⅳ,c. 39)

《改革法》(*Reform Act*,1832),即威廉四世2年和3年律目45制定法(2 &3 Will. Ⅳ,c. 45)

1833 年

《民事诉讼程序法》(*Civil Procedure Act*,1833),即威廉四世3年和4年律目24制定法(3 &4 Will. Ⅳ,c. 24)

《不动产时效法》(*Real Property Limitation Act*,1833),即威廉四世3年和4年律目27制定法(3 &4 Will. Ⅳ,c. 27)

《司法委员会法》(*Judicial Committee Act*,1833),即威廉四世3年和4年律目41制定法(3 &4 Will. Ⅳ,c. 41)

《民事诉讼程序法》(*Civil Procedure Act*,1833),即威廉四世3年和4年律目42制定法(3 &4 Will. Ⅳ,c. 42)

《大法官法院规范法》(*Chancery Regulation Act*,1833),即威廉四世3年和4年律目94制定法(3 &4 Will. Ⅳ,c. 94)

1838 年

《判决法》(*Judgments Act*,1838),即维多利亚女王1年和2年律目110制定法(1 &2. Vict. ,c. 110)

1841 年

《大法官法院法》(*Court of Chancery Act*,1841),即维多利亚女王5年律目5制定法(Statute 5 Vict. ,c. 5)

1846 年

《郡法院法》(*County Courts Act*,1846),即维多利亚女王9年和10年律目95制定法(9 &10 Vict. ,c. 95)

1852 年

《普通法诉讼程序法》(*Common Law Procedure Act*,1852),即维多利亚女王15年和16年律目76制定法(15 &16 Vict. ,c. 76)

《大法官法院诉讼程序法》(*Court of Chancery Procedure Act*,1852),即维多利亚女王15年和16年律目86制定法(15 &16 Vict. ,c. 86)

1860 年

《普通法诉讼程序法》(*Common Law Procedure Act*,1860),即维多利亚女王 23 年和 24 年律目 126 制定法(23 & 24 Vict.,c. 126)

1869 年

《债务人法》(*Debtors Act*,1869),即维多利亚女王 32 年和 33 年律目 62 制定法(32 & 33 Vict.,c. 62)

1870 年

《罚没法》(*Forfeiture Act*,1870),即维多利亚女王 33 年和 34 年律目 23 制定法(33 & 34 Vict.,c. 23)

1873 年

《最高法院法》(*Supreme Court of Judicature Act*,1873),即维多利亚女王 36 年和 37 年律目 66 制定法(36 & 37 Vict.,c. 66)

1875 年

《最高法院法》(*Supreme Court of Judicature Act*,1875),即维多利亚女王 38 年和 39 年律目 77 制定法(38 & 39 Vict.,c. 77)

1879 年

《民事诉讼程序法废止法》(*Civil Procedure Acts Repeal Act*,1879),即维多利亚女王 42 年和 43 年律目 59 制定法(42 & 43 Vict.,c. 59)

1938 年

《司法实施(杂项条款)法》(*Administration of Justice (Miscellaneous Provisions) Act*,1938),即乔治六世 1 年和 2 年律目 63 制定法(1 & 2 Geo. 6,c. 63)

附录5　初始令状格式示例

一、不动产诉讼和混合诉讼初始令状

（一）领主放弃司法权权利令状

乔治四世，蒙上帝恩典，大不列颠及爱尔兰联合王国国王，信仰的守护者，向________郡郡长致意。指令[*Praecipe*（Command）]乙，适当且不迟延地将位于________郡________堂区（parish）的4座住宅、4处庭院、4英亩土地以及附属建筑交予对该地产主张权利和继承权并指控上述乙不当侵夺占有的甲。若其不为之[*Et nisi fecerit*（And unless he shall so do）]，而上述甲就诉讼请求提供了担保，则遣干练传唤官在圣希拉利节（Saint Hilary）后8日内，①传唤上述乙至威斯敏斯特朕的法官面前，②说明为何（*ostensurus quare*）不如此为之的理由。届时将传唤官姓名和本令状呈交法院。

朕在位________年____月____日，于威斯敏斯特，朕作见证。③

---

① 圣希拉利节在1月13日，是纪念普瓦蒂埃的希拉利（Hilary of Poitiers）的节日。

② “威斯敏斯特朕的法官”（our justices at Westminster）指民诉法院的法官，也可说“威斯敏斯特朕的民诉法院法官”（our justices of the Bench at Westminste）。

③ Henry John Stephen, *A Treatise on the Principles of Pleading in Civil Actions; Comprising a Summary View of the Whole Proceedings in a Suit at Law*, Joseph Butterworth and Son, 1824, p. 9.

（二）继承人限嗣继承赠与地产令状格式

乔治四世，蒙上帝恩典，大不列颠及爱尔兰联合王国国王，信仰的守护者，向________郡郡长致意。指令乙，适当且不迟延地将某庄园及其附属建筑物交予甲。该地产由丙赠与丁、丁妻戊以及上述丁、戊亲身所出的继承人，上述丁、戊已经死亡，作为上述丁、戊之子和继承人的上述甲应按所声称的上述赠与方式继承。若其不为之，而上述甲就其诉讼请求提供了担保，则遣干练传唤官在圣希拉利节后 8 日内，传唤上述乙到威斯敏斯特朕的法官面前，说明为何不如此为之的理由。届时将传唤官姓名和本令状呈交法院。

朕在位________年____月____日，于威斯敏斯特，朕作见证。①

（三）寡妇地产令状格式

乔治四世，蒙上帝恩典，大不列颠及爱尔兰联合王国国王，信仰的守护者，向________郡郡长致意。指令乙，适当且不迟延地交给去世的丙的遗孀甲合理的寡妇地产。该寡妇地产应从上述丙，即甲去世的丈夫，在________堂区拥有的自由保有地产中转交，但她声称自己未收到任何部分，并控告上述乙剥夺了其占有。若其不为之，而上述甲就其提起的诉讼提供了担保，则遣干练传唤官在圣希拉利节后 8 日内，传唤上述乙到威斯敏斯特朕的法官面前，说明为何不如此为之的理由。届时将传唤官姓名和本令状呈交法院。

朕在位________年____月____日，于威斯敏斯特，朕作见证。

（四）妨碍圣职推荐权令状格式

乔治四世，蒙上帝恩典，大不列颠及爱尔兰联合王国国王，信仰的守护者，向________郡郡长致意。指令________（教区）主教壬，从骑士乙，书记官丙，适当且不迟延地允许寡妇甲推荐合适人员给她声称享有圣职推荐权的已空缺的________教堂，而她指控上述主教、乙和丙不正当地妨碍了她的权利。若其不为之，而上述甲就其诉讼请求提供了担保，则遣干练传唤官在圣希拉利节后 8 日内，传唤上述主教、乙和丙到威斯敏斯特朕的法官面前，说明为何不如此为之的理由。届时将传唤

---

① George Booth, *The Nature and Practice of Real Actions: In their Writs and Process, Both Original and Judicial*, Stephen Gould, 1808, p. 141; Henry John Stephen, *A Treatise on the Principles of Pleading in Civil Actions; Comprising a Summary View of the Whole Proceedings in a Suit at Law*, Joseph Butterworth and Son, 1824, p. 10.

官姓名和本令状呈交法院。

朕在位________年____月____日，于威斯敏斯特，朕作见证。①

（五）驱逐令状格式

乔治四世，蒙上帝恩典，大不列颠及爱尔兰联合王国国王，信仰的守护者，向________郡长致意。如果约翰·多伊就其诉讼请求向您提供了担保，则责令原________郡的上农（yeoman）理查德·罗伊，通过提供担保物和担保人，在____日来到朕面前，不管当时朕在英格兰何处（此处指王座法院，如果是民诉法院，为“在____日来到威斯敏斯特朕的法官面前”），说明为何使用暴力和武力，进占了甲租让给上述约翰·多伊一定期限的位于________郡的________住宅及其附属建筑物，以至于在期满前就将约翰·多伊驱逐出上述租地（farm），并实施其他不法侵害，造成了上述约翰·多伊的重大损害，朕的和平亦被破坏。届时将保证人姓名和本令状呈交法院。

朕在位________年____月____日，于威斯敏斯特，朕作见证。②

二、对人诉讼初始令状格式

（一）定额金钱债务令状格式

乔治四世，蒙上帝恩典，大不列颠及爱尔兰联合王国国王，信仰的守护者，向________郡郡长致意。指令原________（郡）绅士乙，适当且不迟延地交予甲英国有效合法的货币金额________镑，据上述甲称，上述乙拖欠他并不当扣留了该金钱。若其不为之，而上述甲就其诉讼请求提供了担保，则遣干练传唤官在圣希拉利节后8日内，传唤上述乙到朕的面前，无论此时朕在英格兰何处，③说明为何不如此为之的理由。届时将传唤官姓名和本令状呈交法院。

朕在位________年____月____日，于威斯敏斯特，朕作见证。④

---

① Henry John Stephen, *A Treatise on the Principles of Pleading in Civil Actions; Comprising a Summary View of the Whole Proceedings in a Suit at Law*, Joseph Butterworth and Son, 1824, p. 11.

② Alexander Martin, *Civil Procedure at Common Law*, West Publishing Co., 1905, p. 380.

③ 英文原文是“Before us, wheresoever we shall then be in England”，在令状中指王座法院。

④ Henry John Stephen, *A Treatise on the Principles of Pleading in Civil Actions; Comprising a Summary View of the Whole Proceedings in a Suit at Law*, Joseph Butterworth and Son, 1824, p. 12; William Tidd, *Forms of Practical Proceedings, in the Courts of King's Bench, Common Pleas, and Exchequer of Pleas*, 5th Edition, J. Butterworth and Son, 1819, p. 20.

（二）盖印合同令状格式

乔治四世，蒙上帝恩典，大不列颠及爱尔兰联合王国国王，信仰的守护者，向________郡郡长致意。指令原________（郡）绅士乙，适当且不迟延地履行上述乙与甲签订的盖印合同，该合同基于据称的为双方利益达成的有约束力、符合形式和有效力的某一齿形契据（indenture）。若其不为之，上述甲就其诉讼请求提供了担保，则遣干练传唤官在圣希拉利节后 8 日内，传唤上述乙到威斯敏斯特朕的法官面前，说明为何不如此为之的理由。届时将传唤官姓名和本令状呈交法院。

朕在位________年____月____日，于威斯敏斯特，朕作见证。①

（三）不当扣留动产令状格式

乔治四世，蒙上帝恩典，大不列颠及爱尔兰联合王国国王，信仰的守护者，向________郡郡长致意。指令原________郡的上农乙，适当且不迟延地交予甲价值英国合法货币价值________镑的特定动产，该动产据称由上述乙不适当地扣留不还。若其不为之，而上述甲就其诉讼请求提供了担保，则遣干练传唤官在圣希拉利节后 8 日内，传唤上述乙到朕的面前，无论此时朕在英格兰何处，说明为何不如此为之的理由。届时将传唤官姓名和本令状呈交法院。

朕在位________年____月____日，于威斯敏斯特，朕作见证。②

（四）侵害令状格式

1. 暴力威胁和暴力接触侵害令状格式

乔治四世，蒙上帝恩典，大不列颠及爱尔兰联合王国国王，信仰的守护者，向________郡郡长致意。若甲向你提供起诉的担保，则使乙，原________郡的上农，通过提供担保物和担保人，在万灵节翌日（Morrow of All Souls）③来到朕面前，无论此时朕在英格兰何处，说明为

---

① Henry John Stephen, *A Treatise on the Principles of Pleading in Civil Actions; Comprising a Summary View of the Whole Proceedings in a Suit at Law*, Joseph Butterworth and Son, 1824, p. 13; William Tidd, *Forms of Practical Proceedings, in the Courts of King's Bench, Common Pleas, and Exchequer of Pleas*, 5th Edition, J. Butterworth and Son, 1819, p. 19.

② Henry John Stephen, *A Treatise on the Principles of Pleading in Civil Actions; Comprising a Summary View of the Whole Proceedings in a Suit at Law*, Joseph Butterworth and Son, 1824, p. 16.

③ 万灵节在 11 月 2 日，基督教为炼狱中的死者魂灵祈祷的节日。

何在上述________，暴力和武力威胁上述甲，殴打、伤害、虐待他，使他生命受到伤害，并对其实施其他不法行为，给上述甲造成损害，破坏了朕的和平；届时将保证人的姓名和本令状一并带至法院。

朕在位________年____月____日，于威斯敏斯特，朕作见证。[①]

2. 侵入私地侵害令状格式

乔治四世，蒙上帝恩典，大不列颠及爱尔兰联合王国国王，信仰的守护者，向________郡郡长致意。若甲向你提供起诉的担保，则使原________郡的上农乙通过提供担保物和担保人，在万灵节翌日来到朕面前，无论此时朕在英格兰何处，说明为何以暴力和武力，闯入上述甲位于________郡________堂区的私地，并在行走时，踩踏、践躏、耗损、毁坏土地上生长的属于上述甲的具有极大价值的草皮和植被，牧草和作物，并对上述甲实施其他不法行为，造成上述甲的损害，而且破坏了朕的和平；届时将保证人的姓名和本令状一并带至法院。

朕在位________年____月____日，于威斯敏斯特，朕作见证。[②]

（五）特别主张侵害令状

1. 承诺令状格式[③]

乔治四世，蒙上帝恩典，大不列颠及爱尔兰联合王国国王，信仰的守护者，向________郡郡长致意。若甲向你提供起诉的担保，则使原________郡的绅士乙通过提供担保物和担保人，在圣希拉利节后8日内来到朕面前，无论此时朕在英格兰何处，说明为何虽然上述乙此前，即主耶稣纪元________年____月____日，于________郡的________，因上述甲应其专门要求和请求，向其出售并交付了各色货物、制品和商品，对上述甲欠有英国法定货币金额________镑的债务，而欠有该款项的上述乙随后，即于上述同一年份和日期，在上述郡的上述________，承诺并忠实允诺在此后被请求时，将向上述甲支付上述50镑款项；但是

---

① Henry John Stephen, *A Treatise on the Principles of Pleading in Civil Actions; Comprising a Summary View of the Whole Proceedings in a Suit at Law*, Joseph Butterworth and Son, 1824, p. 14.

② Henry John Stephen, *A Treatise on the Principles of Pleading in Civil Actions; Comprising a Summary View of the Whole Proceedings in a Suit at Law*, Joseph Butterworth and Son, 1824, p. 15.

③ 下文是用于违反已售出并交付货物的简式合同的承诺令状的格式。

罔顾其上述允诺和承诺，狡猾而奸诈地计划和谋划欺骗和欺诈上述甲的上述乙，尽管已随后被多次请求，仍未支付上述金额，或其中任何一部分给上述甲。应偿付上述款项或其中任何部分的上述乙，迄今完全拒绝，并仍在拒绝支付，造成了上述甲据称________镑的损害；届时将保证人的姓名和本令状一并带至法院。

朕在位________年____月____日，于威斯敏斯特，朕作见证。①

2. 动产侵占令状格式

乔治四世，蒙上帝恩典，大不列颠及爱尔兰联合王国国王，信仰的守护者，向________郡郡长致意。若甲向你提供起诉的担保，则使原________郡的绅士乙通过提供担保物和担保人，在圣希拉利节后 8 日内来到朕面前，无论此时朕在英格兰何处，说明为何虽然上述甲迄今，即主耶稣纪元________年____月____日，于________郡的________，作为自己的财产合法占有的某些动产，即 20 张桌子和 20 把椅子，该动产有巨大价值，即价值英国法定货币________镑；但是此后，即在上述年份的上述日期，在上述郡的上述________，如此占有该动产的上述甲意外失去上述动产的占有；而上述动产随后，即在上述年份的上述日期，在上述郡的上述________，被上述乙拾得并占有；而且明知上述动产为上述甲的财产，权利也属于上述甲，但狡猾而奸诈地计划和谋划欺骗和欺诈上述甲的上述乙，尽管经常被提出请求，至今仍然一直拒绝交付上述动产，或其中任何一部分给上述甲；并且之后，即在________年____月____日，于上述郡的上述________，上述乙为了自己的用益，侵占并处分了上述动产，造成了上述甲的据称________的损失。届时将保证人的姓名和本令状一并带至法院。

朕在位________年____月____日，于威斯敏斯特，朕作见证。②

---

① Henry John Stephen, *A Treatise on the Principles of Pleading in Civil Actions*; *Comprising a Summary View of the Whole Proceedings in a Suit at Law*, Joseph Butterworth and Son, 1824, p. 17.

② Henry John Stephen, *A Treatise on the Principles of Pleading in Civil Actions*; *Comprising a Summary View of the Whole Proceedings in a Suit at Law*, Joseph Butterworth and Son, 1824, p. 18.

附录6　司法改革后传唤令状格式

一、1832年《统一司法令状法》规定的传唤令状格式

威廉四世，蒙上帝恩典，大不列颠及爱尔兰联合王国国王，信仰的守护者，向________郡，________的某乙致意。

朕命令你，在本令状送达后8日内，从本令状送达之日起算，务必在朕的王座法院（民诉法院或财税法院）在某甲对你提起的允诺之诉（或债务之诉等诉讼）中登录出庭。提请注意，如果你未登录出庭，上述某甲，可以继续诉讼，直至作出判决并执行。

我们国王在位________年____月____日，于威斯敏斯特，托马斯·登曼爵士（Sir Thomas Denman）作见证。①

（令状上记载的备忘录）

备注：本令状应自所记载的日期，如果令状已更新，则自更新之日，（6）个公历月内送达，起算日为上述日期，而不是之后。

（送达前的令状的背书）

本令状由________的某丁，上述居住于________

① 托马斯·登曼爵士是当时王座法院首席法官。如果是民诉法院，由首席法官尼古拉斯·康宁厄姆·廷达尔爵士（Sir Nicolas Conyngham Tindal Knight），如果是财税法院，由首席法官林德赫斯特勋爵约翰·辛格尔顿·科普利（John Singleton Copley，Lord Lyndhurst）见证。

的原告[1]的事务律师交付(issued)。[2]

(令状送达后的背书)

本令状由某壬送达某己,[3]于18 ________年____月____日,星期一

某壬 (签名)

二、1852年《普通法诉讼程序法》规定的传唤令状格式

维多利亚,蒙上帝恩典,大不列颠及爱尔兰联合王国女王,信仰的守护者,向________郡,________的某乙致意。

朕命令你,在本令状送达后8日内,从本令状送达之日起算,务必在朕的________法院于某甲对你提起的诉讼中登录出庭。提请注意,如果你未登录出庭,上述某甲,可以继续诉讼程序,直至判决和执行。

我们国王在位________年____月____日,于威斯敏斯特,________作见证。

(令状上记载的备忘录)

备注:本令状应自所记载的日期,如果令状已更新,则自更新之日,(6)个公历月内送达,起算日为上述日期,而不是之后。

(送达前的令状的背书)

本令状由________的某丁,上述居住于________的原告的事务律师交付(或者:"本令状由居住于________的原告本人交付")。

(令状送达后的背书)

本令状由某壬送达某己,于18 ________年____月____日,星期一

某壬 (签名)

---

① 需要说明原告居所所在的市、镇或者堂区,村或街道名称,以及房屋门牌号。

② 如果没有委托律师则记载"本令状由居住于________的原告本人交付"。

③ 即被告。

三、1873年后传唤令状格式

高等法院	某甲	原告
____分庭		诉
	某乙	被告

维多利亚，蒙上帝恩典，大不列颠及爱尔兰联合王国女王，信仰的守护者，致________郡________的某乙和________的某丙

朕命令你，在本令状送达后8日内，从本令状送达之日起算，务必在朕的高等法院________分庭于某甲对你提起的诉讼中登录出庭。提请注意，如果你未登录出庭，上述某甲，可以继续诉讼程序，直至判决和执行。

我们女王在位________年____月____日，于威斯敏斯特，________作见证。

（令状上记载的备忘录）

备注：本令状应自所记载的日期，如果令状已更新，则自更新之日，

（12）个公历月内送达，起算日为上述日期，而不是之后。

被告可由本人，也可以通过律师在________的________办公室登录出庭。

（签发前的令状的背书）

原告的诉讼请求为……

本令状由________的某丁，上述居住于________的原告的事务律师交付（或者：本令状由居住于________的原告本人交付。）

（令状送达后的背书）

本令状由某壬送达某己，于18________年____月____日，星期一

某壬　（签名）

附录7　19世纪20年代承诺之诉的诉讼程序示例

以下是一个承诺之诉(assumpsit)的案件,发生于司法改革前夕的1826年。案件编译自1828年出版的《普通法诉讼的完整过程》一书,[①]各部分标题由译者为阅读方便添加。

1. 案件缘起

托马斯·乔治(Thomas George)先生,住米德尔塞克斯郡圣克莱门教堂庭院(Saint Clement's Church-yard),[②]裁缝,为约翰·詹姆斯(John James)先生做活,后者住伦敦城弗利特街(Fleet Street)。

约翰·詹姆斯对托马斯·乔治负有债务,金额21镑9先令。经过一番周折,托马斯·乔治就该款项取得一张为期2个月的承兑汇票(acceptance),汇票到期后被拒付。

托马斯·乔治持汇票找到事务律师(attorney)查理斯·阿尔弗雷兹(Charles Alfreds)先生,指示(instruct)他对约翰·詹姆斯提起诉讼索要该款项。

阿尔弗雷兹律师写信给约翰·詹姆斯请求付款,并威胁如不付款将提起诉讼。

2. 债务宣誓陈述书

因未收到满意答复,原告事务律师拟订了一份债

---

① Thomas Mayhew, *A Complete History of an Action at Law*, J. and W. Clark, 1828, p. 5 – 49.

② Church-yard 又译作彻奇耶德。

务宣誓陈述书(affidavit of debt),[1]由托马斯·乔治在令状签署官办公室(Office of the Signer of the Writs)宣誓签署。

宣誓陈述书内容如下:

伦敦

托马斯·乔治,住米德尔塞克斯郡圣克莱门教堂庭院,裁缝,宣誓声明,约翰·詹姆斯对本宣誓陈述人(deponent)确实负有金额超过21镑的债务,依据是本宣誓人曾开出的,上述约翰·詹姆斯承兑的一份汇票。汇票金额21镑9先令,凭本宣誓陈述人指示在某日付款,该日期已经届满。

托马斯·乔治

宣誓于王座法院令状签署官办公室

王座法院街(King's Bench Walk),1826年8月19日

3. 潜逃拘捕令状

下一步,律师填写了潜逃拘捕令状(writ of *latitat*; *latitat*),内容如下:

乔治四世,蒙上帝恩典,大不列颠及爱尔兰联合王国国王,信仰的守护者,向伦敦郡长(Sheriffs of London)[2]致意。鉴于朕不久前命令朕的米德尔塞克斯郡郡长(Sheriff of Middlesex),如在其郡辖区发现约翰·詹姆斯和乔布·多伊(Job Doe),则拘捕他们,予以妥善关押,以在过去某日将他们本人带至威斯敏斯特大厅朕的面前,就托马斯·乔治提起的侵害之诉(plea of trespass),以及(and also; *ac etiam*)上述托马斯根据朕前朕的法院(our court before us)的习惯呈递的针对上述约翰提出的请求偿还50镑债务的诉状作出答辩。[3] 朕的上述米德尔塞克斯郡郡长在当日对朕回呈,称未在他的郡内发现上述约翰·詹姆斯和乔布·多伊;上述托马斯·乔治在朕前朕的法院已充分宣誓证明,上述约翰和乔布确实逃跑并隐匿在你们郡中;因此,如果能够在你们郡辖区内

---

① 实质上为拘押要保宣誓陈述书(affidavit to hold a bail)。

② 伦敦指伦敦城(City of London)。伦敦城本身是郡,而且有两名郡长。John Frederick Archbold, *The Practice of the Court of King's Bench in Personal Actions, and Ejectment*, Volume 1, Stephen Gouli, 1823, p. 64.

③ 该条款因为以 ac etiam 起首,因此称为 ac etiam clause,即"真实诉因条款"。该条款前一句说明的是虚拟诉因,即侵害之诉诉因,本句说明的是真实诉因,即承诺之诉诉因。

发现他们,朕命令你们逮捕他们,妥善关押,以便在万灵节翌日(Morrow of All Souls)之后的下个星期一,将其本人带至威斯敏斯特大厅朕的面前,就上述托马斯的上述诉讼和诉状作出答复,届时你们需将本令状一并提交。——查理斯·艾伯特爵士(Sir Charles Abbott),[①]于威斯敏斯特大厅,我们君主在位7年6月14日见证。

埃伦伯勒和马卡姆(Ellenborough & Markham)

背书签署,查理斯·阿尔弗雷兹

(根据已提交的宣誓陈述书)要求21镑以上的保释保证

4. 令状指示书

随后,律师依上述潜逃拘捕令状作成令状指示书(*praecipe*; extract),书写在普通纸张上。内容如下:

伦敦。——托马斯·乔治诉约翰·詹姆斯案,一项请求50镑的基于允诺的特别主张侵害之诉的潜逃拘捕令状,应于万灵节翌日后下一个星期一回呈(returnable on Monday next after the Morrow of All Souls)。

查理斯·阿尔弗雷兹

文秘署巷(Chancery Lane),1826年8月19日

(根据已提交的宣誓陈述书)宣誓诉讼请求21镑以上。

5. 逮捕被告和出庭保释保证书

宣誓陈述书、令状、令状指示书被送交令状签署官(Signer)办公室,令状签署官将令状指示书和宣誓陈述书(需在令状签署官面前宣誓)归档,并签署令状。随后令状送至盖印官(Sealer)办公室,由盖印官盖印,然后交给伦敦郡长的下属官员。该官员根据令状向郡长副手(Secondaries)申领逮捕证(warrant),逮捕被告。

被告被逮捕后,或者被解交监狱或看守所(safe custody),或者会同2名保证人向郡长提交一份出庭保释保证书(bail bond)获得释放。

6. 潜逃拘捕令状回呈指令

在令状回呈日,即1826年11月6日,原告事务律师从指令书记官(Clerk of the Rules)处取得下述签发给郡长的回呈令状指令(rule to

① 1818—1832年任王座法院首席法官。

return writ)：

于乔治四世国王7年万灵节翌日后的下一个星期一

乔治诉詹姆斯案

兹命令伦敦郡长在本指令送交其副手后4日内,务必将针对本案当事人签发的潜逃逮捕令状回呈。

本法院

指令副本背书了逮捕被告的官员的姓名,送达给郡长副手或郡长的书记官,送达时需出示指令正本。

7. 特别保释保证证明和具结保证书

11月10日,被告事务律师爱德华·琼斯收到据以逮捕被告的潜逃拘捕令状的简短副本,根据令状在羊皮纸上填写一份特别保释保证证明(special bail piece),内容如下:

于王座法院

乔治四世国王在位7年

米迦勒节开庭期(Michaelmas Term)

(是即)伦敦城

约翰·詹姆斯在托马斯·乔治提起的诉讼中已被逮捕,移交给保释保证人伦敦城弗利特街的亚麻布商威廉·约翰斯顿(William Johnston),以及伦敦城康希尔街的鞋匠亨利·威尔逊(Henry Wilson)。

在本人位于文秘署巷的高级律师公会(Sergeant's Inn)办公室于1826年11月10日有条件取保并确认。

于本人面前

C. 艾伯特法官

宣誓金额21镑以上,事务律师爱德华·琼斯

该特别保释保证证明和保释保证人被带至王座法院法官室(Chambers),保释保证人向法官的书记官提交具结保证书(Recognizance)。书记官为此提问保证人下述问题:

"你们确定连带承诺,如果约翰·詹姆斯在托马斯·乔治提起的诉讼中被判决承担责任,他将偿付诉讼费用和损害赔偿金,否则将被交予马夏尔西监狱典狱长(Marshal of the Marshalsea)关押,或者你们将代他

偿付或受关押。

你们同意吧?”

他们回答——“同意。”

8. 保释保证人通知

同一日,被告事务律师拟订下述保释保证人通知(notice of bail)并送达原告事务律师。

于王座法院

当事人托马斯·乔治——原告

约翰·詹姆斯——被告

兹通知,本案被告已在首席法官位于文秘署巷的高级律师公会的办公室提供特别保释保证。保释保证人的姓名、地址和职业分别是威廉·约翰斯顿,住伦敦城弗利特街,亚麻布商;亨利·威尔逊,住伦敦城康希尔街,鞋匠。

1826 年 11 月 10 日

您的,云云,
爱德华·琼斯,
被告事务律师

致原告事务律师或代理人

查理斯·阿尔弗雷兹先生

9. 保释保证人异议通知

收到通知后当即或第二天,原告事务律师针对被告提供的保释保证人提出异议(exception),将其姓名写出并登录于取保法官的办公室中专门的记录簿上。登录的异议内容如下:

我对这些保释保证人提起异议。

查理斯·阿尔弗雷兹

当晚或第二天,保释保证人异议通知(notice of exception to bail)送达被告事务律师。内容如下:

于王座法院

乔治诉詹姆斯案

我已经对本案被告提出的保释保证人提出异议。

1826 年 11 月 11 日

您的,云云,
查理斯·阿尔弗雷兹
原告事务律师

致被告事务律师或代理人
爱德华·琼斯先生

10. 押交被告人身指令

原告事务律师提出异议后,在随后的星期一,即11月13日,从指令书记官处取得下述发给郡长的押交被告人身指令(rule to bring in the body):

乔治四世国王在位7年,万灵节翌日起8日后的下一个星期一(Monday next after the Octave of the Morrow of All Souls)

乔治诉詹姆斯案

兹命令伦敦郡长,在本指令通知其副手后4日之内,务必将被告本人押交法院。

本法院

本指令文本按回呈令状指令相同的方式送达郡长副手。

11. 保证能力证明通知

被告事务律师,在星期一,即13日(也可以在星期二,即14日)上午11点前,将下述保证能力证明通知(notice of justification)送达原告事务律师。

于王座法院

当事人托马斯·乔治——原告
和
约翰·詹姆斯——被告

兹通知,你先前已经知悉的本案被告提供的保释保证人——伦敦城弗利特街亚麻布商威廉·约翰斯顿,上述伦敦城康希尔街鞋匠亨利·威尔逊,将于下个星期四,在威斯敏斯特大厅的公开法庭中,提供理由说明能作为本案被告的完全合格的保释保证人。

1826年11月13日

您的,云云
爱德华·琼斯

被告事务律师

致原告事务律师或代理人

查理斯·阿尔弗雷兹先生

12. 保证能力证明通知送达宣誓陈述书

11 月 14 日,被告事务律师在法官室得到下述一份由送达人在法官面前作出的宣誓陈述书,即保证能力证明通知送达宣誓陈述书(*affidavit* of service of notice of justification)。该宣誓陈述书附随一份保证能力证明通知副本,内容如下:

于王座法院

当事人托马斯·乔治——原告

和

约翰·詹姆斯——被告

伦敦城克利福德律师公会(Clifford's Inn)的绅士斯蒂芬·杨(Stephen Young),他是爱德华·琼斯的助理(clerk),宣誓并声明他确实在当前的 11 月 13 日,已将本宣誓书所附随的通知的真实文本送达本案原告事务律师查理斯·阿尔弗雷兹先生,该通知在上述查理斯·阿尔弗雷兹位于米德尔塞克斯郡文秘署巷的律师事务所交给了他的助理。

S. 杨

在我位于文秘署巷的高级律师公会办公室我本人面前宣誓,1826 年 11 月 14 日

G. S. 霍尔罗伊德[①]

上述文件背书了保证能力证明动议摘要(brief to move to justify)。即

于王座法院

乔治
诉
詹姆斯 } 摘要

哈钦森先生(Mr. Hutchinson),

① 即乔治·索利·霍尔罗伊德(George Sowley Holroyd)(1758—1831 年)。1816 年担任王座法院法官,1828 年退休。

提出动议要求证明保释保证人合格。

爱德华·琼斯

上述摘要送达原告出庭律师(counsel)哈钦森先生,费用是10先令6便士。

13. 保释保证人批准指令

14日晚上,被告事务律师从法官办公室取得特别保释保证证明(bail piece)并签写收据。

15日,被告事务律师与保释保证人出席法院的会面,将特别保释保证证明交付主事官(Master);原告出庭律师哈钦森先生提出证明保释保证人合格的动议。法庭官员为保释保证人主持宣誓;主事官询问他们在偿还自己债务后,资产价值是否达所宣誓金额的2倍;收到肯定回答后,批准他们为保释保证人。

15日晚上,被告事务律师从指令书记官处取得了保释保证人批准指令(rule for allowance of bail)(内容见下文),并将一份副本送达原告事务律师。

乔治四世国王在位7年,万灵节翌日起8日后的下一个星期三

乔治诉詹姆斯案

听取了史蒂芬·杨的宣誓陈述书的宣读后,本法院命令,被告提出的保释保证人业已在法庭证明自己适格,因此法院根据哈钦森先生的动议,作出批准。

本法院

14. 原告第一诉答状

11月11日,原告事务律师将原告第一诉答状(declaration)的文本提交给被告事务律师。内容如下:

于王座法院

乔治四世国王在位7年米迦勒节开庭期

(是即)米德尔塞克斯郡①

托马斯·乔治(本案原告),在国王本人面前,对约翰·詹姆斯(本

① 此即原告提出的审理地点(venue)。对人诉讼中,某些情形下第一诉答状提出的审理地点必须是诉因发生地点,但大多数情况下,为了案件迅速审理,原告会提出以米德尔塞克斯郡或伦敦郡为审理地点,此时被告也可以更换审理地点至诉因发生地所在郡,但是被告很少这样做,除非为了拖延诉讼。

案被告)提起特别主张侵害之诉(trespass on the case),被告现被国王陛下马夏尔西监狱典狱长(Marshal of the Marshalsea)羁押。

鉴于上述原告当时,即公元1826年6月1日,于米德尔塞克斯郡威斯敏斯特,根据商人习惯和惯例,签发了一份记载上述年份和日期的书面汇票,向上述被告发出指令,要求上述被告于上述日期后2个月,支付原告或其指示的人款项20镑9先令,汇票对价已付。上述被告随后,即于上述同一日期,在上述郡的威斯敏斯特,根据商人习惯和惯例,于见票后承兑上述汇票,并在伦敦银行经营人霍尔先生公司(Messrs Hoare and Co.'s)处支付。

据此并依商人习惯和惯例,上述被告应根据上述汇票文义和效力,及其在汇票上作出的上述承兑,向上述原告承担支付上述汇票规定的上述款项的责任。因为这项责任,被告随后,即在上述年份和日期,于上述郡的威斯敏斯特,承诺并在当时当地允诺依据上述汇票的文义和效力及其上述承兑,支付上述原告上述汇票规定的上述款项。

上述原告宣称,此后当上述汇票按汇票文义和效力到期应偿付时,亦即在公元1826年8月3日,于上述郡的威斯敏斯特,上述汇票以适当方式在汇票应偿付的地点——上述伦敦银行经营人霍尔先生公司处提示并在当时当地请求付款,但在上述汇票如上提示付款之时或之后任何时间,上述霍尔先生公司、上述被告或任何其他代表上述被告的人没有也不愿意支付汇票规定的上述款项,或款项之任一部分。而与此相反,汇票在当时和当地被完全拒绝支付,因此上述被告完全未履行义务,上述被告对此事项随后,即于上述日期在上述郡的上述威斯敏斯特已经知悉。

鉴于此,依上述习惯的效力,根据商人习惯法,上述被告以后被提出汇票付款请求时,应向上述原告承担支付上述票据规定的款项的责任。因为承担此项责任,上述被告随后,即在上述同一年份和日期,在上述郡的威斯敏斯特,承诺并于当时当地忠实地向上述原告允诺,在随后被提出请求时支付上述原告上述票据规定的款项。

同时鉴于上述原告随后,即于公元1826年6月1日,于上述郡的上述威斯敏斯特,根据上述商人习惯和惯例,做成了某项其他书面汇票(his certain other bill of exchange in writing),记载上述同一年份和日期,于当时和当地将汇票签发给上述被告;就此,于当时当地,要求上述被告,与上述汇票记载的日期后2个月支付上述原告或其指定的人21镑9先令的金额,汇票对价已收取。上述被告随后,即在上述同一年份和日期,在上述郡的上述威斯敏斯特,根据商人习惯和惯例,见票后承兑了汇票。鉴于此,根据商人习惯和惯例,上述被告此后就汇票被提出请求时,应根据上述汇票的文义和效力,向上述原告承担支付上述票据规定的款项的责任。因为承担此项责任,上述被告随后,即在上述同一年份和日期,在上述郡的上述威斯敏斯特,承诺并于当时当地忠实地允诺,将依据上述汇票的文义和效力及其上述的承兑,支付上述原告上述票据规定的款项。

同时鉴于上述被告随后,即于上述年份的8月16日,于上述郡的上述威斯敏斯特,因上述原告在此之前应上述被告专门要求和请求,向其出售并交付各色货物、制品和商品,对上述原告欠有英国法定货币金额50镑的债务。因欠有款项,上述被告随后,即于上述同一年份和日期,在上述郡的上述威斯敏斯特,承诺并于当时当地忠实允诺在此后任何时间将应请求向上述原告支付上述50镑款项。

同时鉴于随后,即在上述年份的上述日期,在上述郡的上述威斯敏斯特,因上述原告应上述被告的上述专门请求,在此之前向被告出售并交付各色其他货物、制品和商品,上述被告承诺,并于当时和当地忠实允诺在之后任何时间将应请求按销售和交付时的合理价值向原告支付上述货物、制品和商品的相应款项;上述原告宣称,上述货物、制品和商品,在销售和交付之时,合理价值是另外的上述相同法定货币50镑(other fifty pounds of like lawful money),对此上述被告在随后,即在上述年份的上述日期已经知悉。

同时鉴于,上述被告随后,即在上述年份的上述日期,在上述郡的上述威斯敏斯特,因上述原告及其雇员在此之前为上述被告完成、履行和提供的工作和劳务,以及因应被告上述请求和要求,上述原告为上述被告找寻和提供的各色材料和必需品,以用于上述工作和劳务中,对上述原告进一步欠有上述相同法定货币50镑的债务(in the further sum of fifty pounds of like lawful money)。因为欠有债务,上述被告随后,即在上述年份的上述日期,在上述郡的威斯敏斯特,承诺于并于当时当地忠实地向上述原告允诺,在任何时候将应请求支付上述款项。

同时鉴于,上述原告随后,即在上述年份的上述日期,于上述郡的上述威斯敏斯特,因为上述原告及其雇员先前应上述被告请求,为其完成、履行和提供的其他工作和劳务,并应其同一请求和要求,为其找寻和提供的用于上述工作和劳务的各色其他材料和必需品。

同时鉴于,上述原告随后,即于上述年份的上述日期,于上述郡的上述威斯敏斯特,因为上述原告及其雇员先前应上述被告的相同请求和要求为其完成、履行和提供的其他工作和劳务,上述被告承诺,并于当时和当地忠实允诺在之后任何时间将应请求支付原告可从被告处合理取得的相应款项。事实上,上述原告声称因为其提供上述工作和劳务,并为上述工作和劳务找寻和提供需要的材料和必需品,应可合理获得另外的上述相同法定货币 50 镑的款项(other fifty pounds of like lawful money)。上述被告随后,即在上述同一年份和日期,于上述郡的上述威斯敏斯特,对此事项已经知悉。

同时鉴于,上述被告迄今,即于上述年份和日期,在上述郡的上述威斯敏斯特,对上述原告进一步欠有上述相同法定货币 50 镑的款项,这些款项是上述原告先前应上述被告上述相同请求,出借和预付给上述被告的。因为欠有债务,上述被告随后,即在上述年份上述日期,于上述郡的上述威斯敏斯特,承诺并于当时当地忠实地向上述原告允诺,在将来任何时候将应请求支付上述款项。

同时鉴于,上述被告随后,即于上述同一年份和日期,在上述郡的上述威斯敏斯特,对上述原告欠有另外上述法定货币 50 镑的款项,这些款项是上述原告先前应上述被告上述请求,并为其利益而支付、给付和花费的。因为欠有此项债务,上述被告随后,即于上述同一年份和日期,在上述郡的上述威斯敏斯特,承诺并于当时当地忠实地向上述原告允诺,在将来任何时候将应请求支付上述款项。

同时鉴于,上述被告随后,即于上述同一年份和日期,在上述郡的上述威斯敏斯特,对上述原告欠有另外的上述相同法定货币 50 镑的款项，这些款项是为上述原告利益而由上述被告收取和获得的。因为欠有此项债务，上述被告随后，即于上述同一年份和日期，在上述郡的上述威斯敏斯特，承诺并于当时当地忠实地向上述原告允诺，在将来任何时候应请求将支付上述款项。

同时鉴于，上述被告随后，即于上述年份上述日期，在上述郡的上述威斯敏斯特，对上述原告负有另外的上述相同法定货币50镑的债务，因上述原告先前应上述被告的专门请求和要求出借或预付，支付、给付上述被告或为其开支的大笔款项，上述款项已经由上述被告为原告的利益收取和获得，并应被告的专门请求和要求该款项已经多次长时间展期。上述被告欠有该款项和利息，上述被告，鉴于此随后，即于上述年份上述日期，在上述郡的上述威斯敏斯特，承诺并于当时当地忠实地向上述原告允诺，在将来任何时候应请求将支付上述款项。

同时鉴于上述被告随后，即于上述年份上述日期，在上述郡的上述威斯敏斯特，就有关上述被告之前应偿付但拖延未偿付上述原告的各种其他款项向上述原告报账，通过上述报账，上述被告当时当地被发现对上述原告拖欠另外的上述相同法定货币50镑；因为被发现如此拖欠款项，上述被告鉴于此随后，即于上述年份上述日期，在上述郡的上述威斯敏斯特，承诺并于当时当地忠实地向上述原告允诺，在将来任何时候应请求将支付上述款项。然而，上述被告罔顾其以上述方式和形式作成的上述各项允诺和承诺，而以诡计和手段谋划并故意欺诈和欺骗上述原告，仍不偿还上述各款项或者其任何一部分，尽管上述被告随后，即在上述年份的上述日期，在上述郡的上述威斯敏斯特，被上述原告请求支付上述款项；但上述被告，迄今为止，一直拒绝并仍然拒绝支付上述款项或其任何一部分，造成了上述原告50镑的损失，因此他提起诉讼，云云。

诉讼保证人：约翰·多伊

和理查德·罗伊①

① 为起诉保证人(pledges to prosecute)。在普通法诉讼中，作为原告的保证人，其名字须附于原告第一诉答状文末。后来由于不再对提出虚假请求的原告处以罚款，起诉保证人纯粹成为一种形式，一般以虚构的人名约翰·多伊(John Doe)和理查德·罗伊(Richard Roe)代替，或完全省略。

原告第一诉答状上背书了以下诉答通知(notice to plead)。

特别保释保证提供并被批准后附条件呈交,被告须在4日内对本文书作出诉答,否则,将作出判决。

1826年11月6日

15. 诉答指令

同日,诉答指令(rule to plead)被发送至指令办公室(Rule Office)。这是一项书写在普通纸张上的文件,内容如下:

于王座法院

乔治诉詹姆斯案

指令诉答。

查理斯·阿尔弗雷兹

1826年11月11日

16. 原告诉讼请求详情书传票

11月13日,被告事务律师从法官书记官(Judge's Clerk)处获得下述原告诉讼请求详情书传票(summons for particulars in writing of the plaintiff's demand),传票副本会送达原告事务律师。传票内容如下:

乔治诉詹姆斯案

请原告事务律师或代理人明日下午3点在我的高级律师公会的办公室(Chambers in Sergeant's Inn)与我会面,说明为什么不提供给被告事务律师或代理人一份原告诉讼请求详情书,为什么在此期间不中止本诉讼的所有后续程序。

1826年11月13日

G. S. 霍尔罗伊德

11月14日,传票回呈后,被告和原告的事务律师在霍尔罗伊德法官先生办公室参加会面,法官在原告诉讼请求详情书传票的原本上签字,同意其书记官拟订的下述原告诉讼请求详情书提交命令(order for particulars of plaintiff's demand):

乔治诉詹姆斯案

听取双方事务律师或代理人意见后并经同意,特正式命令原告事务律师或代理人向被告事务律师或代理人提交本案诉讼请求详情书,在此期间,所有本案诉讼程序终止,被告有义务(在需诉答时)就争点诉答。

1826年11月14日
G. S. 霍尔罗伊德

上述命令的副本当日送达了原告事务律师。

17. 原告诉讼请求详情书

11月15日，原告事务律师提交了诉讼请求详情书（particulars），内容如下：

于王座法院

当事人 托马斯·琼斯（原告）

和

约翰·詹姆斯（被告）

本诉讼的提起是为了要求偿付汇票款项（下附汇票文本）以及汇票到期日起至付款日止的利息。

21镑9先令，8月3日到期

伦敦1826年6月1日

见票后2个月，凭本人指示支付金额21镑9先令，对价收讫。

托马斯·乔治

（托马斯·乔治签名）

致伦敦弗利特街的
约翰·詹姆斯先生

承兑，于伦敦银行经营人霍尔先生公司处付款
约翰·詹姆斯

原告亦会就本案第一诉答状中某些或某一诉项（count）载明的已出售并交付给被告的货物，完成的工作或提供的材料等的索赔。

您的，云云

查理斯·阿尔弗雷兹

原告事务律师

1826年11月15日

致被告事务律师或代理人
爱德华·琼斯先生

18. 答辩请求书和诉答期限传票

同时（此时保释保证人已经证明合格）原告事务律师将下述答辩请求书（demand of plea）送达被告事务律师：

于王座法院

乔治诉詹姆斯案

原告在此请求答辩或判决。

1826 年 11 月 15 日

您的，云云

查理斯·阿尔弗雷兹

致被告事务律师或代理人

爱德华·琼斯先生

11 月 15 日，被告事务律师从法官的书记官处获得诉答期限传票（summons for time to plead），传票副本送达原告事务律师，内容如下：

乔治诉詹姆斯案

原告事务律师或代理人明日下午 3 点到我在高级律师公会的办公室与我会面，说明为什么不能给被告 1 个月的期限诉答。

1826 年 11 月 15 日

C. 艾伯特

11 月 16 日，即传票回呈之日，被告事务律师和原告事务律师参加了在首席法官办公室的会面。法官签署了传票原本，因被告采用了简短审理通知（short notice of trial），根据通常条件，首席法官同意签发一项"3 日期限内诉答命令"（order for three days' time to plead）。首席法官的书记官拟订了该命令，内容如下：

乔治诉詹姆斯案

听取双方当事人事务律师或代理人意见后，经同意，我命令被告在 3 日的期限内就争点诉答，并采用在本米迦勒节开庭期之后开庭的简短审理通知。[①]

---

① 在诉讼中，双方当事人之间的争点确定之后，一方给予另一方的通知，表明他意图在法院下一次开庭时将案件提交法庭审判。在英国高等法院的民事诉讼中，原告应当依照法院的命令，在指定期间内申请登记开庭的日期，否则被告可自行申请登记或申请法院将诉讼驳回。以前曾一度要求一方当事人在登记了开庭日期后应于 24 小时内将所登记的开庭日期通知参加诉讼的其他各方。

1826年11月16日

C.艾伯特

该命令的一份副本送达了原告事务律师。

19. 被告答辩和原告第二次诉答

11月18日被告事务律师提交原告事务律师下述答辩，即所谓全面否认答辩（plea of general issue）：[1]

于王座法院

米迦勒节开庭期，乔治四世国王在位7年

托马斯·乔治诉约翰·詹姆斯案

上述被告，通过事务律师爱德华·琼斯，前来就……不法行为和侵害作出抗辩，声称未曾以上述原告所控告的方法和方式作出承诺或允诺。就此，他将本人提交陪审团审判。云云。

对被告的答辩，原告作出第二次诉答（replication），称"上述原告作出同样诉答"（And the said plaintiff doth the like），就此制作争点记录（issue）。

20. 争点记录

争点记录包括诉讼节要（*memorandum*）（说明原告第一诉答状提交的开庭期和审理地点）、诉答状（pleadings）、尾部的陪审团召集令状裁定（award of *venire*）。具体内容如下。

（诉讼节要：）

米迦勒节开庭期，乔治四世国王在位7年

埃伦伯勒和马卡姆

（是即）米德尔塞克斯郡

谨此记录，本开庭期的万灵节翌日后的下一个星期一，托马斯·乔治，通过律师查理斯·阿尔弗雷兹至威斯敏斯特大厅在我们的国王陛下面前出庭，并将专门起诉被告约翰·詹姆斯的特别主张侵害之诉的诉状（bill of a plea of trespass on the case）带到国王本人面前的国王的法院，被告现由我们国王陛下的马夏尔西监狱典狱长羁押。兹有起诉保证人，即约翰·多伊和理查德·罗伊二人。[2]

---

① 又译概括否认答辩。

② 这二人是虚拟的起诉保证人。

（原告第一诉答状：）

上述诉状有如下文字，即［重复原告第一诉答状内容，始自“（是即）米德尔塞克斯郡”，一直至结尾，但不包括起诉保证人部分］。

（被告第一诉答状：）

上述被告，通过事务律师爱德华·琼斯到庭并否认当时曾实施不法行为和侵害，声称未曾以上述原告上面所控告的方法和方式作成承诺或允诺。就此，他将本人提交陪审团审判。云云。

（原告第二诉答状：）

上述原告作出相同诉答。

（召集陪审团令状裁定：）

因此，就该案件召集陪审团于圣马丁节（Saint Martin）起15日后的下一个星期二至威斯敏斯特我们国王陛下面前出庭，由其……调查……上述时间和地点上述当事人一应遵守。

11月20日，争点记录提交被告事务律师，并随附下述开庭审理通知（notice of trial）的背书：

兹通知，于本米迦勒节开庭期后的开庭时间在米德尔塞克斯郡内威斯敏斯特大厅审理案件。

您的，云云

查理斯·阿尔弗雷兹

原告事务律师

1826年11月20日

21. 卷宗

争点记录提交后，原告事务律师需制作一份卷宗（Roll）。[①] 卷宗是誊抄争点的一张盖印的长长的窄羊皮纸纸条。卷宗中，争点之前是原告和被告的委托书（warrants of attorney）。卷宗内容如下：

米迦勒节开庭期，乔治四世国王在位7年

埃伦伯勒和马卡姆

（原告的委托书：）

（是即）米德尔塞克斯郡

① 即争点卷宗（Issue Roll）。

托马斯·乔治,在特别主张侵害之诉案件中,委托查理斯·阿尔弗雷兹律师代理他起诉约翰·詹姆斯。

(被告的委托书:)

(是即)米德尔塞克斯郡

约翰·詹姆斯,在上述托马斯·乔治提起的诉讼中,委托爱德华·琼斯律师代理他。

(争点:)

(是即)米德尔塞克斯郡

谨此记录(重复上述争点记录内容,直至最后)。

22. 卷宗标签

在卷宗上誊抄完争点后,原告事务律师用普通纸张作成一份卷宗标签(Docket Paper),内容如下:

1826年乔治四世7年圣米迦勒节开庭期(Term of Saint Michael),由查理斯·阿尔弗雷兹绅士登录条目一项及其他事项。

米德尔塞克斯郡。

原告托马斯·乔治和被告约翰·詹姆斯在不履行承诺诉讼(plea of *non-assumpsit*)中达成的争点。	第25号

此卷宗标签提交卷宗书记官(Clerk of Dockets),书记官将其归档,并编号25,置于卷宗底部。

23. 诉讼记录

争点登录到卷宗后,原告事务律师着手拟订记录(record),①记录誊抄在羊皮纸上,首先记载法院名称条款(*placita*),再记载争点,结尾是陪审团条款(*jurata*)。具体内容如下:

(第一个法院名称条款:)

我们国王陛下面前的诉讼,于威斯敏斯特大厅,米迦勒节开庭期,

① 记录一直是原告律师拟订,而非胜诉方拟订。这一记录可称为"巡回陪审团审理记录"(record of *nisi prius*),从争点卷宗(issue roll)(实质上也是一种记录)誊抄而来。Henry John Stephen,*A Treatise on the Principles of Pleading in Civil Actions; Comprising a Summary View of the Whole Proceedings in a Suit at Law*,Joseph Butterworth and Son,1824,p. 105.

我们乔治四世国王陛下,蒙上帝恩典,大不列颠及爱尔兰联合王国国王,信仰的守护者,在位7年,即公元1826年

卷宗第25号(Roll 25)

埃伦伯勒和马卡姆

(争点:)

(是即)米德尔塞克斯郡

谨此记录(在此重复上述争点记录内容,直至结尾)

(第二个法院名称条款:)

在我们国王陛下面前的诉讼,于威斯敏斯特大厅,米迦勒节开庭期,我们乔治四世国王陛下,蒙上帝恩典,大不列颠及爱尔兰联合王国国王,信仰的守护者,在位7年,即公元1826年

(陪审团条款:)

(是即)米德尔塞克斯郡

原告托马斯·乔治和被告约翰·詹姆斯之间的在威斯敏斯特大厅我们国王陛下面前的特别主张侵害之诉的陪审团审理一直推迟至圣希拉利节起8日后下一个星期三,除非在本年11月29日的星期三前在国王本人面前受命审理案件的国王陛下的首席法官查理斯·艾伯特爵士阁下,首先抵达米德尔塞克斯郡的威斯敏斯特大厅。因陪审员尚未出庭,根据制定法有关陪审员缺席的规定,命令郡长将上述陪审员本人带来,组成上述诉讼的上述当事人之间的陪审团。上述当事人一应遵守上述时间和地点。

记录誊抄后,连同争点卷宗(issue roll)和争点副本(draft issue),[①]提交判决书记官(Clerk of the Judgments)。

24. 陪审团司法令状

此后原告事务律师填写陪审团召集令状(writ of *venire*)和陪审员财产扣押令状(writ of *distringas*),统称陪审团司法令状(jury process)。

陪审团召集令状内容如下:

乔治四世,蒙上帝恩典,大不列颠及爱尔兰联合王国国王,信仰的守护者,向米德尔塞克斯郡郡长致意:朕命令你,圣马丁节起15日后下

① 争点副本又称卷宗副本(paper-book),指初审法院制作的案件卷宗的副本,通常是为上诉法院使用的便利而作。

一个星期二,召集你们郡的12名自由、守法的人前来威斯敏斯特朕的面前,他们每一人需有年收益至少10镑的土地、保有产或租金。他们如果知道真实情况会更好,但决不能与原告托马斯·乔治或被告约翰·詹姆斯有亲属关系。由他们组成上述当事人间特别主张侵害之诉的专门的本郡陪审团,因为上述托马斯·乔治和约翰·詹姆斯业就他们之间的争议提交陪审团裁断。届时,你将陪审员名单和本令状提交法院。

查理斯·艾伯特爵士,于威斯敏斯特大厅,我们君主在位7年11月6日见证。

陪审员财产扣押令状内容如下。

乔治四世,蒙上帝恩典,大不列颠及爱尔兰联合王国国王,信仰的守护者,向米德尔塞克斯郡郡长致意。朕命令你扣押本令状所附陪审员名单上的诸人,即被传唤至朕前的朕的法院的原告托马斯·乔治和被告约翰·詹姆斯之间的诉讼的陪审员在你的郡辖区内的所有土地和动产,以便他们或他们中的任何人不会影响审判,直至你收到朕的其他关于本案的命令。

为替朕回答上述案件中的争点,朕命令你带他们本人于圣希拉利节起8日后下一个星期二来到威斯敏斯特大厅朕的面前,或者来到米德尔塞克斯郡的威斯敏斯特大厅朕的正直值得信赖、受尊敬的、在朕前的朕的法院受任命审理诉讼的朕的首席法官查理斯·艾伯特爵士面前,如果他于11月29日的星期三首先抵达,根据最近制定法的规定,就上述当事人间的特别主张侵害之诉组成专门陪审团听审案件。届时,你将陪审员名单和本令状呈交法院。

查理斯·艾伯特爵士,于我们的君主在位7年11月6日见证。

盖印官(Sealer)将两令状盖印,并将陪审员名单随附陪审员财产扣押令状之后,全部递交米德尔塞克斯郡郡长办公室,由他们负责回呈。

25.转送记录

两份令状和陪审团名单附于记录(record)后,交给首席法官办公室人员,由其整理并转送出去。随后,记录被存放在马夏尔西监狱典狱长办公室(Marshal's office)的"米德尔塞克斯郡箱子"(Middlesex box)中。

将记录转送并存放好后,原告事务律师与首席法官书记官(Chief

Justice's Clerk)安排案件审理事项。

26. 诉讼摘要

记录转送并且案件审理已作出安排后,原告事务律师向其当事人进一步了解案件具体情况,拟定诉讼摘要(brief)。本案诉讼摘要包括以下内容:

诉答状完整摘要(Full Abstract of the Pleadings)

特别主张侵害之诉(case)

本诉讼原告托马斯·乔治,住米德尔塞克斯郡圣克莱门教堂庭院,裁缝;被告约翰·詹姆斯,住伦敦城弗利特街(Fleet Street),鞋匠。

本诉讼的提起是为了要求偿付下述汇票款项21镑9先令,以及该款项到期日至支付日的利息。

21镑9先令,8月3日到期

伦敦1826年6月1日

见票后2个月,凭本人指示支付金额21镑9先令,价值收讫。

托马斯·乔治

(托马斯·乔治签名)

致约翰·琼斯先生

弗利特街,伦敦

承兑,伦敦银行经营人霍尔先生公司处支付

约翰·詹姆斯

本汇票是为了支付下述交货账单(bill delivered)的款项而签发,该货物由原告提供被告。

约翰·詹姆斯,

购自托马斯·乔治

		£.	s.	d.[①]
1件	极上品蓝色布外套,铜扣,丝绒衣领	4	10	0
1件	黑色衬衫背心	0	16	0

① £.指镑;s.指先令;d.指便士。1971年前1镑合20先令,1先令合12便士。

1条	上品黑色开士米斜纹呢裤子	1	16	0
1件	绿色极上品礼服大衣,丝绒衣领	5	5	0
3条	俄式作训裤,每条16先令	2	8	0
3件	花式瓦伦西亚背心,每件12岁先令	1	16	0
1件	极上品棕色外套	3	13	6
1条	条纹裤子	0	14	0
1条	黑色上品布绑腿	0	10	6
		21	9	0

被告诉答是“全面否认答辩”。

无要求证明对价的通知。

原告事务律师已知悉本案无任何抗辩。根据被告承兑的上述汇票这一书面证据,可认为原告有权利获得金额21镑17先令9便士的胜诉陪审团裁断,该金额包括上述汇票金额21镑9先令和汇票票到期日8月3日起至1827年1月27日,即原告将获得最终判决(如果本案中他能获得胜诉裁断)之日止的利息。

原告已准备证明上述货物为被告订购且原告交付了上述货物给被告,并因此签发了汇票。

证据

为证明被告手写的,出票日期为1826年6月1日的承兑汇票,传唤:	菲利普·布朗(Philip Brown)
为提交一份原告交付被告的已交货账单副本,——为证明被告订购原告上述各件货物时该证人在场,——该证人在上述被告房间内交付了货物,——该证人交付了一份账单副本给被告,传唤:	乔治·格林(George Green)

诉讼摘要誊抄两份,交给出庭律师(Counsel),并背书如下:

于王座法院

乔治
诉　　} 诉讼摘要
詹姆斯

斯卡利特先生(Mr. Scarlett),3 畿尼
以及您,
哈钦森先生①

查理斯·阿尔弗雷兹

27. 附罚则作证传唤令状及摘要

准备完诉讼摘要,原告事务律师填写附罚则作证传唤令状(*subpoena ad testificandum*),并制作令状指示书(*praecipe*)。

附罚则作证传唤令状内容如下:

乔治四世,蒙上帝恩典,大不列颠及爱尔兰联合王国国王,信仰的守护者,向菲利普·布朗和乔治·格林致意。朕命令你们和你们每一个人,放下手上任何其他事情,不要有任何借口,你们和你们每个人确保本人于1826年11月29日上午9点之前来到米德尔塞克斯郡的威斯敏斯特大厅受朕任命在朕前的朕的法院审理诉讼的朕的正直的、值得信赖和受尊敬的首席法官查理斯·艾伯特爵士面前,根据你们知道的情况,为本郡陪审团于上述日期在朕前的朕的法院审理的原告托马斯·乔治和被告约翰·詹姆斯之间的特别主张侵害之诉这一特定案件,给原告一方提供事实证据,直至本案审结。你们或你们中任何一人决不能不履行这一命令,否则将受到100镑的处罚。

查理斯·艾伯特爵士,于威斯敏斯特大厅,我们君主在位7年11月6日见证。

令状指示书内容如下:

米德尔塞克斯郡。——托马斯·乔治和约翰·詹姆斯一案附罚则作证传唤令状(*spa. ad test.*),为原告作证。

查理斯·阿尔弗雷兹
文秘署巷
1826年11月26日

① 斯卡利特为原告的出庭律师,哈钦森为原告的主出庭律师。

该令状由令状签署官(Signer of the Writs)签署,盖印官(Sealer)盖印。令状指示书则由令状签署官保留。随后令状副本送达证人,证人可获得称为作证费用(conduct money)的款项,弥补其作证开销。

被告如果有任何抗辩(defence),则准备自己的诉讼摘要,发传票传唤自己的证人,并以相同方式送达通知。但本案中被告无相应抗辩。原告送达被告事务律师一份通知,要求作为无抗辩案件(undefended cause)继续诉讼,并指示马夏尔西监狱典狱长向法院提交记录。

28. 案件审理和陪审团裁断

11月29日,本开庭期的开庭日,首席法官查理斯·艾伯特爵士将案件作为无抗辩案件开庭审理。

陪审团宣誓完毕,原告出庭律师哈钦森先生起立,对法官致礼后,向陪审团陈述。他首先说明当事人姓名,然后做如下效果的发言:

原告第一诉答状声称,被告对原告负有21镑9先令的债务,记载于原告签发的一张被告作出承兑的汇票上,而且原告对被告出售和交付了货物,并提供了工作和劳动。——这是通常的金钱、利息和结算的诉因(money,interest and *computassent* counts)。——被告做了概括否认诉答,因此争点达成。

随后原告的出庭律师斯卡利特先生起立,向陪审团陈述并解释案件事实,提供证人予以证明。因为没有被告出庭律师到庭,法官(在被告无律师为其出庭时)认为原告证据正确,能够证明诉讼主张(make out the case)。

在所有案件中法官会仔细查看记录,如果法官发现记录有任何错误,可驳回原告诉讼(nonsuit the plaintiff)。

原告的出庭律师完成诉讼主张证明,达到了法官满意程度,陪审团回呈了一份赔偿原告21镑17法令9便士的裁断(verdict),其中21镑9先令为所欠款项,8先令9便士为该款项的利息。

陪审团裁断回呈后,原告事务律师支付法院费用(court fees),法院事务官(Associate)将记录连同附属的背书有陪审团裁断的陪审团召集令状交给原告事务律师。

29. 判决指令

1827年1月23日,下一个开庭期的第一日(扣押陪审员财产令状回呈日),原告事务律师以书面形式提交给指令书记官一份基于诉讼程序事后说明判决指令(rule for judgment on the *postea*),该书面文件内容如下:

于王座法院

乔治诉詹姆斯案

指令作出基于诉讼情况事后说明判决。

查理斯·阿尔弗雷兹

1827 年 1 月 23 日

30. 诉讼费用单

原告事务律师随后制作诉讼费用单(bill of costs),与主事官(Maser)预约核定诉讼费用的时间。原告和被告的诉讼费用单内容如下。

原告诉讼费用单

于王座法院

乔治诉詹姆斯案

1826 年三一节休庭期(Trinity Vacation)

1826 年 8 月 19 日	£.	s.	d.
起诉指示	0	6	8
债务宣誓陈述书	0	6	0
潜逃拘捕令状	0	12	0
逮捕证和信差	0	3	6
会见、指示官员	0	3	4
支付拘捕费	0	10	6
信件等	0	5	0

米迦勒节开庭期

11 月 6 日	£.	s.	d.
寻找特别保释保证人	0	3	4

法院旁厅[1]回呈令状指令的动议	0	3	4
上述文件1先令6便士费用,制作和送达副本	0	5	0
11月11日			
通知保释保证已提交,参加会见,调查保证人资格	0	6	8
登录异议,制作副本并送达	0	7	4
11月13日			
法院旁厅提出押交被告人身指令的动议	0	3	4
上述事项支付1先令6便士费用,制作副本并送达	0	5	0
通知其他保释保证人,参加会见、调查其资格	0	13	4
原告第一诉答状指示,48单位词数(*folio*)[2]	0	6	8
拟订第一诉答状	2	8	0
送交第一诉答状副本	0	16	0
誊写诉状并归档,羊皮纸费	1	0	0
诉答指令	0	1	6
11月14日			
参加有关诉讼请求详情书传票的会见	0	3	4
复制命令	0	1	0
11月15日			
拟订诉讼请求详情书,制作副本	0	10	0
提交副本	0	3	4
请求答辩	0	8	8
11月16日			
参与有关诉答期限传票会见	0	3	4
复制命令	0	1	0
11月20日			
拟订争点记录,52单位词数	0	17	4

誊抄争点记录	0	17	4
审理通知,制作并送达副本	0	3	0
11 月 22 日			
誊抄争点于卷宗,并付费	1	14	8
委托书和卷宗标签	0	4	0
参加会见	0	3	4
拟订法院名称条款和陪审团条款	0	3	4
誊抄记录,57 单位词数	1	8	6
羊皮纸的付费	0	10	0
转送记录的付费(paid passing record)	2	12	0
会见,支付费用	0	6	8
陪审团召集令状	0	6	6
陪审员财产扣押令状	0	7	6
回呈的付费(paid returning)	0	14	0
上述目的的会见	0	3	4
安排案件审理的付费(paid setting down causes)	0	11	8
上述目的的会见	0	6	8
附罚则作证传唤令状	0	7	0
制作上述令状副本并送达给两名证人	0	10	0
给布朗先生的付费	0	1	0
给格林先生的付费	0	1	0
诉讼摘要指示	0	13	4
起草诉讼摘要,2 张纸	0	13	4
两份完整诉讼摘要副本,诉答状(每份 7 张纸)	2	6	8
支付斯卡利特先生及其助理的费用	3	8	0
会见斯卡利特先生	0	6	8

支付哈钦森先生及其助理的费用	2	4	6
会见哈钦森先生	0	3	4
拟订无抗辩案件通知,作出完整副本,送达被告律师	0	5	0
11月28日			
会见马夏尔西监狱典狱长,请求他将记录提交法庭	0	3	4
11月29日			
出席法庭,获得原告胜诉裁断	1	1	0
支付法庭费用	4	15	0
庭期费(term fee),信件等	0	14	0

[1]即side-bar。在英国指旧时设于威斯敏斯特大厅内的一个场所,在开庭期内的每个早上,律师在这里向走向各自所属法院的法官提出关于普通指令(common rule)的申请,这些指令被称为旁厅指令(side-bar rule),如被告诉答指令(rule to plead)、原告第二次诉答指令(rule to reply)。这些申请都是单方提出的,并且会当然得到许可。这一做法在1825年之前即已废止,普通指令可从指令办公室(rule office)获得,但它们仍被称作旁厅指令。参见薛波主编:《元照英美法词典》(缩印版),潘汉典总审订,北京大学出版社2014年版,词条side-bar。

[2]单位词数为计算法律文件长度的单位。英国1883年《最高法院规则》中,一单位词数是72个单词。

1827年希拉利节开庭期

1827年1月23日	£.	s.	d.
判决指令	0	1	6
拟订并誊抄诉讼程序事后说明	0	5	0
支付标注费用(paid marking)	0	0	6
会见	0	3	4
1月26日			
委托核对诉讼费用,制作副本并送达	0	3	0
诉讼费用单和副本	0	10	0
1月27日			
参加诉讼费用核定	0	6	8

支付费用	0	8	0
拟订判决,在卷宗上登录判决,参加会见	0	8	4
开庭期费(term fee),信件等	0	13	0
合计(不含执行费用)	42	19	6

被告诉讼费用单

于王座法院

乔治诉詹姆斯案

米迦勒节开庭期

	£.	s.	d.
答辩指示	0	6	8
有关令状指示书的会见,付费	0	4	4
与你会见,确定保释保证人名称	0	6	8
特别保释保证证明,付费	0	6	0
分别会见保释保证人,指定他们参加法院的会见	0	6	8
向法院提供保释保证人的费用	0	4	0
法院的会见	0	6	8
保释保证人通知,制作副本并送达	0	5	0
送达异议通知,检查异议是否登录	0	3	4
保释保证人保证能力证明会见	0	6	8
保证能力证明通知,制作副本并送达	0	5	0
送达宣誓陈述书(*affidavit* of service)	0	6	0
附随的通知副本(copy of notice to annex)	0	1	0
指示出庭律师提出动议并证明保证人资格	0	3	4
会见并指定保释保证人前往威斯敏斯特大厅	0	6	8

法官办公室参加有关保释保证证明的会见，支付2先令6便士	0	5	10
支付给哈钦森先生提出动议的费用	0	10	6
会见哈钦森先生	0	3	4
参加法庭会见，证明保释保证人保证能力	0	6	8
支付证明保释保证人保证能力的费用	0	9	0
支付保释保证人批准指令的费用，制作副本并送达	0	6	0
参加有关保释保证证明的会见，并提交归档	0	3	4
支付保释保证证明和归档费用	0	1	4
查询诉答指令(searching for rule to plead)	0	3	4
诉讼请求详情书传票，制作副本并送达	0	5	0
参加有关诉讼请求详情书的会见	0	3	4
原告诉讼请求详情书提交命令，制作副本并送达	0	5	0
诉答期限传票，制作副本并送达	0	5	0
参加上述会见	0	3	4
诉答命令，制作副本并送达	0	5	0
答辩指示	0	6	8
拟订并誊抄全面否认答辩诉答状	0	3	0
诉讼摘要指示	0	13	4
拟订诉讼摘要(2张纸)	0	13	0
两份诉讼摘要完整副本(6张纸)	2	0	0
支付布鲁厄姆先生(Mr. Brougham)及其助理的费用	3	5	6
会见布鲁厄姆先生	0	6	8
支付凯利先生的费用	2	4	6
会见凯利先生	0	3	4
会见，确定案件理由	0	6	8

附罚则作证传唤令状	0	7	0
制作令状副本并送达两证人	0	10	0
支付罗伯特·詹姆斯先生(Mr. Robert James)费用	0	1	0
支付威廉姆斯先生(Mr. Williams)费用	0	1	0
出席法庭	1	1	0
开庭期费,信件等	0	14	0

希拉利节开庭期

	£.	s.	d.
查询判决指令	0	3	4
参加诉讼费用核定	0	6	8
开庭期费,等	0	14	0
合计	21	14	8

上述费用不包括向郡长提供的出庭保释保证书等的费用,根据债务金额,该费用可能是 5 镑 5 先令。

31. 诉讼情况事后说明

1827 年 1 月 24 日,原告事务律师在记录背面誊写诉讼情况事后说明(*postea*),内容如下:

事后(Afterwards),①亦即,在记录记载的时间和地点,在记录提及的查理斯·艾伯特爵士阁下和作为上述首席法官的陪席法官的约翰·亨利·艾伯特从骑士(John Henry Abbott, Esquire)面前,根据制定法规定的效力,记录中所称的托马斯·乔治通过记录中所称的律师出席了法庭,记录中所称的约翰·詹姆斯(尽管已正式要求)未能出席法庭。为判定记录中记载的事项的真实情况,法院召集了记录中所称的陪审团对缺席的被告作出裁断。上述陪审团的陪审员已经过传唤、挑选、询问(tried),并已经宣誓入庭。他们根据宣誓,宣布约翰·詹姆斯确实以

① 拉丁文为 *postea*,记录中这一部分内容以该词起始,故名。

托马斯·乔治对其起诉时提到的方式和形式作出了承诺和允诺。陪审团因记录中提及的允诺和承诺(promises and undertakings)未被履行,判定上述托马斯·乔治损害赔偿额,除了提起诉讼的费用和开支外,数额为21镑17先令9便士,被告需偿付诉讼费用和开支40先令。

1月27日,上述说明由诉讼情况事后说明书记官(Clerk of *Postea*)作出标注(marked),之后主事官核定诉讼费用并在记录背面的诉讼情况事后说明下方,将该费用添加到陪审团裁断的费用之上。

32. 动产执行令状

如果被告未偿付判决债务和核定的诉讼费用(cost taxed),原告事务律师填写下述执行令状(writ of execution),称为动产执行令状(*fieri facias*)。内容如下:

乔治四世,蒙上帝恩典,大不列颠及爱尔兰联合王国国王,信仰的守护者,云云,向伦敦郡长致意。朕命令你扣押约翰·詹姆斯在你辖区内的动产(goods and chattels),价值100镑,这是朕的法官在威斯敏斯特大厅朕的法院里裁决给托马斯·乔治的,以弥补记录上记载的,上述约翰·詹姆斯未能履行对他的特定允诺和承诺而使他遭受的损失,以及他为自己利益提起的上述约翰·詹姆斯被判承担责任的诉讼中花费的诉讼费用和开支。

你在圣希拉利节起15日后下一个星期二将上述款项带至威斯敏斯特大厅朕的面前,交给上述托马斯·乔治,并在彼时彼地递交本令状。

查理斯·艾伯特爵士,于威斯敏斯特大厅,我们君主在位7年1月23日见证。

批注:扣除郡长费用、官员费用,拍卖费用等全部费用外,扣押拍卖后取得64镑17先令3便士。

令状提交盖印官办公室,盖印官查看诉讼情况事后说明,在令状上加盖印章。随后令状交给郡长下属官员,由其从郡长副手处获得郡长扣押证(warrant)。

33. 诉讼和判决的延续记录

原告事务律师随后在卷宗上登录诉讼和判决的延续记录(continuance of process and judgment),内容如下:

（紧接在争点尾部）

随后，上述当事人的诉讼程序，在威斯敏斯特大厅，我们国王陛下面前，至圣希拉利节起8日后下一个星期二的陪审团审理将继续进行，除非受国王陛下任命在国王面前审理诉讼的正直的、值得信赖和受尊敬的首席法官于11月29日的星期三首先来到米德尔塞克斯郡的威斯敏斯特大厅。在此日，上述原告通过他的律师出庭，在威斯敏斯特大厅上述首席法官面前审理上述争点，他的记录送至此处，记载了下述内容，即（随后，在此重复诉讼情况事后说明的内容）。

上述陪审团，裁断被告偿付原告按上述方式核算的损害赔偿金，外加42镑19先令的诉讼费用和开支，并由我们上述国王陛下的法院在此判决给上述原告，并经其同意，全部损害赔偿金64镑17先令3便士；上述被告听候发落（in mercy），[①]云云。

1月26日，卷宗完成，被送至王座法院的令状保管官（*custos brevium*）处。令状保管官随后将之送至财政署内室（Treasury Chamber）归档。

34. 动产执行令状回呈指令和出售动产令状

在执行令状回呈日，即1827年1月30日，可从指令书记官处取得动产执行令状回呈指令（rule to return the writ of *fieri facias*），内容如下：

乔治四世国王8年圣希拉利节起15日后下一个星期二

乔治诉詹姆斯案

兹命令伦敦郡长，在本指令通知送交郡长副手后4日内，务必无条件回呈上述在当事人的案件中签发的动产执行令状。

本法院

阿尔弗雷兹

指令副本送达郡长副手，并在送达时出示指令的原本。在指令期满时，令状回呈可在财政署内室查询。

如果郡长回呈他已将物品扣押，但找不到买家，原告的事务律师则

---

① 旧时的判决中往往会注明败诉的一方当事人听候法庭发落以表明哪一方输了官司。如"原告因提出虚假主张而听候发落"（*in misericordia pro falso clamore suo*）。参见薛波主编：《元照英美法词典》（缩印版），潘汉典总审订，北京大学出版社2014年版，词条 in mercy。

填写下述令状,称之为出售动产令状(*venditioni exponis*),并制作一份令状指示书。令状内容如下:

乔治四世,蒙上帝恩典,大不列颠及爱尔兰联合王国国王,信仰的守护者,云云,向伦敦郡长致意。鉴于朕最近命令你扣押约翰·詹姆斯在你郡内的动产,这是朕的威斯敏斯特大厅的法官在朕前的朕的法院里托马斯·乔治可以获得的,用以弥补因为上述约翰·詹姆斯未能履行对他的特定允诺或承诺使其遭受的损失,以及在记录上显示的他为自己利益在上述约翰·詹姆斯被判承担责任的诉讼中花费的诉讼费用和开支,而记录显示,上述约翰·詹姆斯已被宣告承担责任,你要将款项在圣希拉利节起15日后下一个星期二,带到威斯敏斯特大厅朕的面前,以交给上述托马斯·乔治作为他的损害赔偿金;鉴于你在当日在威斯敏斯特向朕回呈,称你已经将上述约翰的与上述损害赔偿金等值的动产扣押,上述动产因无买家而未曾售出,仍然保管在你的手中:因此,由于希望上述托马斯能够获得上述损害赔偿金的偿付,朕命令你拍卖以上述方式取得的上述约翰的上述动产及其每一部分,或以能够获得的最佳的至少能够偿付损害赔偿金的价格出售。事毕将出售产生的款项于洁净节(Purification)起8日后下一个星期一在威斯敏斯特大厅带至朕的面前,交给上述托马斯·乔治偿付上述损害赔偿金,并将本令状彼时彼地提交。

查理斯·艾伯特爵士,于威斯敏斯特大厅,于我们的君主在位7年1月23日见证。

下文是令状指示书:

米德尔塞克斯郡。——托马斯·乔治诉约翰·詹姆斯案出售动产执行令状,用以偿付64镑17先令3便士损害赔偿金,洁净节起8日后下一个周一回呈。

查理斯·阿尔弗雷兹
文秘署巷
1827年2月4日

该令状由令状签署官签字并由令状盖印官盖印,随后提交郡长副手。令状签署官需保留令状指示书。

郡长于是出售足够量的被告动产,偿付出售费、郡长费用、郡长官员费用及其他费用后,将扣押拍卖的款项交给原告事务律师或支付给法院。

诉讼终于结束。这就是债务索赔的程序,无论债务多么微小,只要超过 40 先令,即可使用该程序。

35. 结语

尚有另外五种诉讼程式,例如驱逐之诉(ejectment)、侵害之诉(trespass)、定额金钱债务之诉(debt)、动产侵占之诉(trover)、不当扣留动产之诉(detinue),但所有上述程序都有相同的性质,同样的烦琐和费用高昂。

本诉讼中,获得判决的时间大约是 6 个月;但需要提及的是,本案是在首次开庭日接受审理,如果有任何拖延,通常审理要持续至第二年的三一节开庭期(Trinity sittings)。这样,判决不可能在第二年 11 月 10 日前签署,这样就是诉讼开始后 1 年 3 个月的时间。

如果案件重新审理,就无法计算什么时间案件将得到判决。所有的拖延自然将增加大量诉讼费用。

后　记

本书是在我的博士论文基础上修改而成，从开始写作到现在定稿经历了 4 年的时间。转入英格兰诉讼程序史这个对我而言全新的领域，是个很大的挑战。论文的写作，一直在古和今、大和小、全和精、深和浅、论和述之间徘徊。写作伊始，内心就想着写得教科书一点。在我看来，字字珠玑、全面精当的教科书，似乎是专著的最高境界，法学领域尤为如此。然而以我有限的能力和精力，即使努力，也难企及万一，而我又必须写出一篇论文来，最后的结果，就呈现出本书的样子了。无论如何，终究完成了攻读学位的初衷和愿望——逼迫自己做一本小书。初心实现，着实是一件欣喜的事情。

本书的完成得益于导师张艳丽教授。感谢她的信任和支持，给了我读博的机会，并宽许我写一篇英格兰法律史的论文。她治学严谨，学养非凡，勤勉尽责，使我不敢生丝毫懈怠之心。论文若得有些许成果，完全归功于她的督促和鼓励。她的宽勉、理解和一直以来的关心和帮助让我感恩萦怀。

感谢韩君玲教授在我论文写作困惑时，给我以莫大的鼓舞和信心。

感谢赵秀梅教授一直的关心、支持、鼓励和照顾。

感谢齐延平教授、于兆波教授、孟强教授、孙天全教授、彭海青教授、于鹏教授、周建华教授、徐昕教授、龚向前教授、王国语教授，感谢国际法所和诉讼法所的所有同事们。

感谢参加论文开题、预答辩、答辩的贺卫方教授、周大伟教授、刘荣军教授、杨秀清教授、刘毅教授。

本书的出版,得到北京理工大学法学院的资助,向李寿平院长和同事们的慷慨相助表示衷心的感谢。

感谢父母、姐姐、妻儿,他们支持和理解,使得我能专心完成这部作品。

虽在最后,但却最需感谢的是格兰维尔英美法术语机构。在这里我接受了普通法的熏陶,没有这里的工作,我不可能寻见终身的学术志趣所在,不可能有机会埋头于英格兰法的研究中。

敬谢机构高山仰止,激励我前行的博雅端诚的东吴大学的先生们。感谢潘汉典先生、郭念祖先生、王毓华先生、许之森先生、陈忠诚先生、周承文先生,能有机会向他们请教和学习,能够受到他们的一点点熏陶,是我人生的最大财富。谨以此书敬献给东吴大学高贵纯粹、伟大静穆的先生们。

感谢对英美法识见不凡的卓越的机构同人们,感谢车雷教授、阳平教授、金海军教授、李红海教授、杨伟东教授,特别感谢文高气轩、馥郁诗华,为英美法智识的传播作出无与伦比贡献的鱼且鲁先生。

运用历史的方法撰写一本书,于我是第一次,越研究越发现自己水平局限,功底欠缺。褚小杯大,绠短汲深,错谬之处必多,第恐贻笑大方耳。也希望阅者高明,能够不吝批评指教。

“英格兰律法是人类法律先驱”(引自尊敬的论文匿名评阅人),有机会作此方面研究,幸何甚哉。本书的完成,只算到达了一个小站,研究还继续在路上。

出版之际,不能不衷心感谢法律出版社周丽君老师的宽容和耐心,她的辛苦帮助和付出,使本书能够顺利面世。

张江涛

2022 年 3 月 20 日